LÜYOU ZHIYE LIYI GUIFAN YU XUNLIAN

旅游职业
礼仪规范与训练

礼仪的基本原则 01

个人基本礼仪 02

服务用语礼仪 03

常用交际礼仪 04

酒店接待服务礼仪 05

旅行社接待礼仪 06

国际交往礼仪 07

主　编／王春林　副主编／杨伟华　逄爱梅　隆　铃　郑旭华

華東理工大學出版社
EAST CHINA UNIVERSITY OF SCIENCE AND TECHNOLOGY PRESS

图书在版编目(CIP)数据

旅游职业礼仪规范与训练/王春林主编. 一上海：华东理工大学出版社，2010.9(2019.7重印)

ISBN 978-7-5628-2879-2

Ⅰ.①旅… Ⅱ.①王… Ⅲ.①旅游服务—礼仪—高等学校—教材 Ⅳ.①F590.63

中国版本图书馆CIP数据核字(2010)第158372号

旅游职业礼仪规范与训练

主　　编/王春林
副 主 编/杨伟华　逄爱梅　隆　玲　郑旭华
责任编辑/刘　军
责任校对/金慧娟
封面设计/戚亮轩
出版发行/华东理工大学出版社
地址：上海市梅陇路130号，200237
电话：(021)64250306(营销部)
传真：(021)64252707
网址：press.ecust.edu.cn
印　　刷/江苏省句容市排印厂
开　　本/787 mm×960 mm　1/16
印　　张/18.75
字　　数/366千字
版　　次/2010年9月第1版
印　　次/2019年7月第8次
书　　号/ISBN 978-7-5628-2879-2/G·444
定　　价/32.00元

联系我们：电子邮箱 press@ecust.edu.cn
官方微博 e.weibo.com/ecustpress
淘宝官网 http://shop61951206.taobao.com

内容提要

本教材按照旅游行业理论与实践结合人才培养模式的要求，着重体现旅游职业礼仪应用性、实践性和可操作性的特色，紧扣旅游职业人员的形象塑造和旅游接待礼仪规范的完善之主题，以切实提升学生的职业素质和职业能力。

全书共分8个单元，围绕旅游职业人员应具有的服务接待礼仪规范和人际交往礼仪规范展开，内容包括旅游职业礼仪的基本原则与规范、个人基本礼仪、服务用语礼仪、常用交际礼仪、酒店接待服务礼仪、旅行社接待礼仪、国际交往礼仪、涉外常见礼俗等。每个单元包括两个模块：礼仪规范和礼仪训练。

本书编写体例的创新点在于：每个单元都有实际操作训练项目，将旅游业对职业人员行业要求的礼仪规范和礼仪训练合而为一，打破旅游礼仪教学单一的规范知识传授的常规，形式活泼、材料新颖、寓教于乐，是一部编写体例和样式创新的“换代型”教材。

前 言

旅游业各类从业人员的敬业精神、职业道德、行业言行举止等特定的礼仪修养和规范，是旅游业形象的灵魂，被称为旅游业的无声招牌，它对于旅游业的声誉和发展有着极其重要的影响。因此，职业礼仪教育是改善旅游业软环境，促进旅游业不断发展的一个重要环节。

为适应21世纪旅游职业礼仪教学模式的改革，实现教学内容与旅游从业人员职业礼仪要求的无缝对接，把职业标准引入课程标准，充分体现旅游从业人员基本职业素质和礼仪规范的要求，我们编写了这部《旅游职业礼仪规范与训练》教材。

旅游职业礼仪具有很强的应用性、实践性、可操作性，因此，本书全面、系统、通俗地论述了旅游业接待的服务礼仪规范、旅游职业人员的交际礼仪规范，并遵循礼仪教育与培训中的课程教学、训练并重的特点。全书分8个单元，每个单元包括2个模块：模块1为礼仪规范和模块2为礼仪训练。

模块1 礼仪规范：设计有学习目标、礼仪知识和礼仪规范，论述前有引导案例，论述中插入“小思考”、“小案例”、“相关链接”、“相关案例”、“相关规范”、“补充知识”、“补充案例”、“规范应用”、“知识链接”等，最后部分的“复习与练习”题，包括主要概念、学习理解、判断题、选择题和案例分析，通过复习与练习，可加强对模块1教学内容的理解和接受。

模块2 礼仪训练：设计有和本单元相关的训练项目，每一项训练项目有“训练目的”、“训练内容”、“训练要点和标准”，并配有训练的标准图片、翔实的训练步骤和各种操练方法，方便学生有效地进行学习演练，从而达到在操练中学习掌握系统的礼仪规范之目的。

本书充分体现了教材编写的科学性、规范性和针对性，以旅游职业素质和职业礼仪基本规范为主线，按照旅游行业的“工学结合”人才培养模式思路，在编写设计体例上，打破传统教材体系，注重礼仪规范的实际训练，将旅游职业礼仪规范的学习和礼仪训练实践相结合，实现了学习、训练、模拟演练的联动，寓教于练、寓教于乐，贴近社会、贴近行业，具有较强的时代感和鲜明的旅游职业特色，是21世纪旅游礼仪教学的创新型、换代型教材。因此，本书特别适合作为高等旅游院校和中等旅游职业学校的礼仪教学用书，同时也适合作为各旅游企业对旅游职业人员的礼仪培训用书。

本书是上海旅游高等专科学校“礼仪教学团队课程建设”成果的展示，它汇聚了有行业实践经验的教授和骨干教师的智慧，也是他们长期从事旅游礼仪教学实践的结晶。本书由王春林老师设计编写体例和大纲，并负责主要内容的撰写和全书的统稿。具体分工是：王春林老师撰写第一单元、第二单元的模块2、第七单元、第八单元；隆玲老师撰写第二单元的模块1、第三单元；逄爱梅老师撰写第四单元；郑旭华老师撰写第五单元；杨伟华老师撰写第六单元。在本书的写作中，我们参考了诸多业内同行的研究成果、文献资料和现成案例，在此特向他们表示衷心的感谢。对本书编写中可能存在的不足和问题，敬请读者不吝指正。

编　者

2010年8月

目　录

第一单元

旅游职业礼仪绪论

学习目标

☆ **应知**：了解礼仪的简要历史发展线索、礼仪的基本概念、旅游职业礼仪的基本概况。

☆ **应会**：掌握历史礼仪和现代礼仪的知识、旅游职业礼仪的基本原则、旅游职业人员的基本素质。

☆ **能力**：能够运用礼仪的功能和原则，具备一个旅游职业人在旅游业岗位的职业道德、科学文化、业务技术和职业心理等素质。

引导案例：东港大酒店的"礼仪礼貌周"

浙江宁波东港大酒店自被评为四星级饭店以后，一直处于营业的高峰期，随着时日的延续、业务量的持续，一些员工过于劳累，原先的服务操作程序开始有点走样，客人中出现了一些关于服务质量的投诉，饭店领导觉察到这一细微变化后，抓住苗头进行整改，在员工中间开展"礼仪礼貌周"活动。

"礼仪礼貌周"定于每月的第一周，届时在员工通道上有一位礼仪礼貌示范员迎送过往的住店客人。示范员每天换一位，连总经理们都轮流充当服务员，在员工中引起很大反响。为配合"礼仪礼貌周"，员工餐厅在这一周利用广播媒介，宣传以礼仪礼貌为中心的优质服务，有发言、有表演、有报道、有介绍，内容生动活泼，形式丰富多彩，安排紧凑得当，员工从中获得很大的启迪和教育。饭店同时在员工进出较频繁的地方张挂照片，宣传文明服务的意义，示范礼仪礼貌的举止行为，介绍礼仪礼貌方面表现突出的员工。

在东港大酒店每月第一周的"礼仪礼貌周"活动期间，员工和客人会领略到这样的情景：在大酒店员工餐厅的通道上，一位二十来岁的姑娘，肩上斜套着一块宽宽的绸带，上面绣着：礼仪礼貌规范服务示范员。每当一位住店客人在此经过，示范员小姐便展露微笑问候致意。餐厅里，喇叭正在朗诵着一篇描写饭店员工文明待客的散文诗，或者员工畅谈自己对礼仪礼貌的认识和体会。

从1996年3月1日起，一月一周的"礼仪礼貌周"活动在东港大酒店已成为一项雷打不动的制度。在饭店开展这样的活动，有助于使礼仪礼貌意识在每一个员工头脑中牢牢扎根，通过不断的强化活动，使讲究礼仪礼貌成为员工的一种自觉行为。此外，饭店领导以身作则示范礼仪礼貌，对广大员工也是一股强大的鞭策力。再则，在这个活动期间，通过视觉和听觉等方面的刺激，强化礼仪礼貌意识，其效果胜过单纯的课堂教育或培训。从此，整个饭店的礼仪礼貌水平大大提高。

（资料来源：蒋一驱主编《酒店管理180例》，上海东方出版中心1997年版）

一、礼仪概述

在中国五千年的历史进程中，不仅形成了一整套完善的礼仪思想和礼仪规范，而且重礼仪、守礼法、讲礼信、遵礼义已内化为民众的一种自觉意识而贯穿于社会活动的各个方面，成为中华民族的重要文化特征。礼仪的历史发展轨迹，现代礼仪的表现形式、功能和特点等，是旅游职业人员礼仪服务应掌握的基本知识，也是服务接待遵循礼仪准则和规范旅游服务行为的前提条件。

（一）礼仪的形成与发展

1. 礼仪的形成

现代礼仪源于礼，礼之产生，可以追溯到远古时代。

礼首先起源于人与人的交往，是人类为协调主客观矛盾的需要。在原始社会，人们常常有意无意地用一些象征性动作，比如原始人用拍手、击掌、拥抱等来表达他们的意向、感情，用手舞足蹈庆贺狩猎的胜利。当不同部落里的人相遇时，如果双方都怀有善意，便伸出一只手来，手心朝前，向对方表示自己手中没有石头或其他武器；走近之后，两人互相摸摸右手，以示友好。这一源于交往安全需要的动作沿袭下来，便成为今天人们常用的表示友好的握手礼了。这些就是最初的礼节。

从仪式上说，礼起源于原始的宗教祭祀活动。从繁体字"禮"的造字结构来看，左边"示"代表神，右边"豊"是向神进贡的祭物。因此，汉代学者许慎在《说文解字》中说"禮，履也，所以事神致福。"就是说用祭物奉祀神和人的这种仪式谓之"禮"。可见"禮"和宗教祭祀有着密切的关系。在原始社会，人类还处在蒙昧时代，生产力水平极端低下，征服和改造自然界的能力也极其微弱。人们对来自大自然的许多现象，如雷电风雨、地震、洪水等都无法理解和解释，看到威力无比的自然力，便产生了对未知世界、对自然力量的恐惧和敬畏。因此，把"天"或"神"看作是宇宙间最高的主宰，对之顶礼膜拜。为了表达这种崇拜之意，人类生活中就有了祭祀活动，并在祭祀活动的历史发展中逐渐完善了相应的规范和制度，正式形成为祭祀礼仪。

这些活动就是最早的也是最简单的以祭天、敬神为主要内容的“礼”。

礼仪的正式形成，应当始于奴隶社会。进入奴隶制社会，大规模的奴隶劳动使社会生产力有了很大提高，社会文明也进一步发展，人与自然、人与人之间的关系也更加深入和复杂。在这种情况下，礼仪仅作为一种祭天祭神的形式已经不能起到在社会生活中节制人们行为的作用了，于是礼仪便从单纯事神的领域跨入了事人的领域，开始了对人们社会生活的全面干预。在这一阶段，奴隶主统治者为了维护本阶级的利益，巩固统治地位，修订了比较完整的国家礼仪和制度，提出了许多重要的礼仪概念，确定了崇古重礼的文化传统。

2. 礼仪的发展

我国素有“礼仪之邦”的美称，是具有悠久历史文化的文明古国，很早就形成了系统而完备的礼仪规范。中华民族制礼的历史最悠久，中国古代礼制仪法最完备，从夏、商、周以来，礼仪成为中国传统文化的重要组成部分。

夏、商、周三代所处的奴隶社会，整个礼仪的思想构架都建立在上帝、鬼神、天命的迷信基础上。商代的礼主要是祭祀祖先和鬼神，礼制则始于殷而成于周。周人把“礼”与“德”结合起来，成了区分贵贱、尊卑、顺逆、贤愚的人际交往准则。例如，周代出现的《周礼》、《仪礼》、《礼记》(简称“三礼”)，就反映了周代的礼仪制度，这也是被后世称道的“礼学三著作”。“三礼”中的《仪礼》分为冠、婚、丧、祭、射、乡、朝、聘八礼，多为礼俗；《周礼》为天官、地官、春官、夏官、秋官、冬官之职掌，实则经纬万端，包举万事万物，是一部治国安邦之汇典；《礼记》主要内容是阐述礼仪的作用和意义。这三部传世“礼经”，对后代治国安邦、施政教化、规范人们行为、培育人格都起了不可估量的示范作用。“三礼”的出现标志着“周礼”已达到了系统、完备的阶段；礼仪的内涵，也由单纯祭祀天地、鬼神、祖先的形式，跨入了全面制约人们行为的领域。

封建社会的礼仪进入了一个发展、变革的时期。在这一时期，礼仪的明显特征，就是将人们的行动纳入了封建道德的轨道，形成了以儒家学说为主导的正统封建礼教。奴隶社会的尊君观念在这一时期被演绎为“君权神授说”的完整体系，即“惟天子受命于天，天下受命于天子，天不变，道亦不变”，并将这种“道”具体化为“三纲五常”。这个时期，礼仪的主要作用是维护封建社会的等级秩序，而“君为臣纲”、“父为子纲”、“夫为妻纲”和仁、义、礼、智、信等封建伦理道德都是为等级秩序服务的。

盛唐时期，礼仪随着文化的兴盛也发达起来了。封建统治者不仅推崇礼教，还把《仪礼》、《礼记》等著作升格为《礼经》，唐代镌刻的《礼经》石碑至今还陈列于西安碑林。到了宋代，礼仪在封建体制下又有了长足发展，成为封建礼教发展的又一高峰。礼的发展主要在两个方面：一是程、朱理学的出现；二是礼仪向家庭迅速扩延。“家礼”的兴盛是宋代礼仪的特点之一。道德和行为规范是这一时期封建礼教强调的中心,"三从四德"成为这一时期妇女的道德礼仪标准。按照当时封建统治者的设想,只要人人在家尽"孝",在社会尽"忠",每个妇女对丈夫尽"节",那么封建社会各阶级就会"和谐相处",封建统治就会长治久安了。

明、清二朝延续了宋代以来的封建礼仪,并有所发展。明朝大力推崇礼教,使礼仪之风盛行。并制定了祭祖、祭天、祈年等仪式仪程,明确了君臣之礼、尊卑之礼、交友之礼等社会活动规范,形成了政治统治所需要的一系列礼仪。同时,使"家礼"向深层发展,详细规定了家庭成员及亲属间各种相互关系的礼仪礼节,"忠、贞、节、烈、孝"等各种名目的礼也日益繁多起来,将人的行为限制到"非礼勿视、非礼勿听、非礼勿言、非礼勿动"的范畴,从而使封建礼仪更加完善。

近代以后,礼仪的范畴逐渐缩小,礼仪与政治体制、法律典章、行政区划、伦理道德等基本分离,现代礼仪一般只有仪式和礼节的意思,去掉了繁文缛节、复杂琐细的内容,吸收了许多反映时代风貌、适应现代生活节奏的新形式。现代礼仪简明、实用、新颖、灵活,体现了高效率、快节奏的时代旋律。现在,我国对重大活动,对重要事件的仪式、程序、出席人士的安排等都作出了具体规定,日常的行政、经济、文化、军事活动中的各种公务礼仪礼节也不断完善。随着社会活动的发展以及文明程度的提高,各种礼仪更加深入人心,新的礼仪形式不断出现,交际礼仪、节庆礼仪、人生礼仪等各种新的形式越来越为人们广泛接受。

(二) 礼仪的基本概念

涉及礼仪的基本概念主要有礼、礼貌、礼节、礼仪,都是人们在交往中相互表示敬重和友好,其本质都是尊重人、体贴人,但它们又各有其自身的特殊含义和要求。

1. 礼

礼的本意为敬神,今引申为表示敬意的通称,是表示尊敬的言语或动作,是人们在长期的生活实践与交往中约定俗成的言行准则。在古代,礼特指奴隶社会或封建社会等级森严的社会规范和道德规范。今天,礼的含义比较广泛,但在一般意义上,可作为礼仪、礼节、礼貌的通称,它既指为表示敬意或隆重举行的仪式,也泛指社会交往中的礼貌和礼节。

2. 礼貌

礼貌,是人与人之间在接触交往中,相互表示敬重、友好的语言和行动。它体现了时代的风尚与人们的道德品质,体现了人们的文化层次和文明程度。礼貌是礼仪的基础,是待人接物时的外在表现,它通过言谈、表情、姿势等表示对人的尊重。

礼貌可以分为礼貌行为和礼貌语言两个部分。礼貌行为是一种无声的语言,如微笑、点头、欠身、鞠躬、握手、合十、拥抱、鼓掌等。礼貌语言是一种有声的行动,"您好"、"请"、"谢谢"、"对不起"、"再见"等礼貌语言充分体现了语言文明的基本形式。在日常生活中,我们可以看到凡讲礼貌的人往往待人谦恭、大方热情,行为举止显得很有教养；相反，如果一个人衣冠不整、出言不逊、动作粗鲁、傲气十足，那么肯定是没有礼貌的。

【相关案例 1-1】　林肯总统向老年黑人脱帽致礼

一天，林肯总统与一位南方的绅士乘坐马车外出，途遇一老年黑人恭敬地向他鞠躬。林肯点头微笑并也摘帽还礼。同行的绅士问道："为什么你要向黑鬼摘帽？"林肯说："因为我不愿意在礼貌上不如任何人。"1982 年美国举行民意测验，要求人们在美国历届的 40 位总统中挑选一位"最佳总统"时，林肯名列前茅。

（资料来源：［美］卡耐基著，刘家裕译《林肯传》，中国少年儿童出版社 2009 年版）

3. 礼节

礼节，是指人们在日常生活特别是在交际场合相互表示尊重、友好的惯用形式。礼节是礼仪的基本组成部分，是礼貌的具体表现形式。如中国古代的作揖、跪拜，当今世界各国通行的点头、握手，南亚诸国的双手合十，欧美国家的拥抱、接吻，少数国家和地区的吻手、吻脚、拍肚皮、碰鼻子等，都是礼节的表现形式。与礼貌相比，礼节是形式，但这绝不是表明礼节仅仅是一种表面形式，而是表明尊重他人的内在品质必须通过一定的形式才能体现出来。如欢迎他人到来，可以通过见到客人起立、握手等礼节来表示；得到别人帮助，可以说声谢谢来表示感激的心情。借助这些礼节，对别人尊重友好的礼貌也就得到了适当的表达。因此，礼节不单纯是表面上的动作，而是一个人尊重他人的内在品质的一种外化。

4. 礼仪

礼仪，是指在较大、较隆重的正式场合，为表示敬意、尊重、重视等所举行的合乎礼节规范和道德规范的仪式。礼仪就是表示礼节的仪式，这种仪式自始至终以一定的、约定俗成的程序方式来表现律己、敬人的完整行为。在礼的系统中，礼仪是有形的，语言（书面的和口头的）、行为表情、服饰器物是构成礼仪最基本的三大要素。一般说来，任何重大典礼活动都需要同时具备这三种要素才能完成。礼仪仪式有很多种：外宾来访时的迎宾仪式；签订合同时的签字仪式；颁奖大会时的颁奖典礼；展览会开幕或大厦落成时的剪彩仪式、大型工程开工时的奠基仪式以及备受世人瞩目的奥运会、亚运会、世界杯、世博会的开幕式、闭幕式等，均属礼仪的范畴。

【补充知识 1-2】　奠基仪式常规程序

- 主持人宣布典礼开始（奏乐）
- 主席致辞（上级领导）
- 报告（工程筹建委员会介绍工程简况）
- 来宾致辞
- 奠基（奏乐），奠基人双手持铁锹培土

● 奠基完毕，来宾依次按身份的高低向主人祝贺

（资料来源：百度知道网·社会民生 http://zhidao.baidu.com）

（三）现代礼仪的特征和功能

现代礼仪，泛指人们在社会交往活动过程中形成的、共同遵守的行为规范和准则。现代礼仪作为一种约定俗成的规范和准则，和其他的社会规范和行为准则相比，又有着自己的特点和功能。

1. 现代礼仪的特征

（1）传统性。礼仪是一个国家、民族传统文化的组成部分。在我国，现代礼仪是以中华民族的传统文化为核心，并不断吸收其他民族的优秀文化，在长期的社会生活实践中，不断发展和完善起来的。它根植于传统文化这块沃土，因而有着深刻的传统性。中华民族修礼、崇礼、习礼的传统文化，深深地融入现代礼仪之中，约束和规范着现代人的行为。

（2）共同性。礼仪作为一种文化现象，是全人类的共同财富。它跨越了国家和地区的界线，为世界各国人民共同拥有。尽管不同的国家、不同的民族、不同的社会制度所构成的礼仪有一定差异性，但在讲文明、懂礼貌、相互尊重原则基础上形成的完善的礼节形式，已为世界各国人民所接受并共同遵守。礼仪的内容大都以约定俗成的民俗习惯、特定文化为依据，集中地反映了一定范围内人们共同的文化心理和生活习惯，从而带有明显的共同性特点。礼仪又被应用于人们的社会交往之中，其范围和准则必须得到广泛的认可，才能在相当的范围内共同遵守，这也决定了礼仪的共同性特点。由于交往范围不断扩大，原先因地域和文化交流限制所形成的礼仪规范的差异逐渐被打破，许多礼仪形式被越来越多的人接受和认可，礼仪的共同性特点将会日趋明显。

（3）差异性。礼仪作为约定俗成的行为规范，在拥有共性的同时，又表现出一种较为明显的民族、国别差异性。不同的国家、不同的民族，由于其历史文化传统、语言、文字、活动区域的不同，由于其各自的人民在长期历史发展过程中形成的心理素质特征的不同，使各个民族、各个国家的礼仪，都带有本国家、本民族的特点。这些特点便使礼仪在不同民族和国家表现出差异性。如东方人见面习惯于拱手、鞠躬；西方人见面习惯于接吻、拥抱。我国是一个多民族的统一国家，在辽阔的中华大地上，有十分完备的、统一的中华民族的礼仪规范，但又不拒斥各民族、各地区的具体特点。56个民族，各有体现本民族特点的礼仪规范，使我国各地区、各民族的礼仪呈现百花齐放、多彩多姿的形态。

（4）时代性。随着社会经济的不断发展、人际交往的日益频繁，礼仪已经渗透到社会生活的各个方面，表现出较为强烈的时代特色。礼仪的时代性具体体现为：首先要符合现代观念。现代社会的道德观、价值观，以遵循相互平等、尊重为原则。不论是个人之间、集体之间，或国家之间，不因大小强弱，都应当一律平等。其次要

符合现代生活特点。现代生活讲求快捷、实效，与之相应的现代礼仪活动，理所当然地以快捷、简明、实效为特征。最后要符合时代发展要求。现代生活具有多元、丰富、多变的特点，这就要求作为能够反映时代社会生活精神，体现新的社会道德规范，体现新型人际关系的现代礼仪，必须在实践中不断更新丰富其内容和形式，发展建设新的、符合时代要求的现代礼仪。

【小思考1-3】　现代礼仪与我国古代礼仪有什么不同?

从总体上讲，现代礼仪与我国古代礼仪存在三点差异：其一，两者的基础不同。古代礼仪是以封建等级制度为基础的，现代礼仪虽承认身份差异，但更强调人格平等、社会平等，并且以尊重人作为自己的立足点与出发点。其二，两者的目标不同。古代礼仪以维护封建统治秩序为目的，而现代礼仪则重在追求人际交往的和谐与顺利。其三，两者的范围不同。古代礼仪所讲究的是"礼不下庶人"，因而礼仪与平民百姓无关，而现代礼仪则适用于任何交际活动的参与者。

(资料来源：金正昆编著《涉外礼仪教程》，中国人民大学出版社 2008 年版)

2. 现代礼仪的功能

礼仪的功能，概括地说，是调整和处理不同地位的人们相互间关系的手段。作为一种手段，礼仪总是围绕着一种社会目的、社会目标而发挥着重要的作用。礼仪的功能是多方面的，其中最重要的功能集中表现在以下几个方面：

(1) 约束行为的功能。礼仪作为行为规范，对人们的社会行为，特别是非礼的、不道德的行为具有很强的约束作用。在社会生活和活动中，人们很多不文明、不道德的行为无法通过行政手段或法律手段去干预，经常的和大量的则是靠道德规范的作用、社会舆论的导向来引导和约束。任何一个生活在某一种礼仪习俗和规范环境中的人，都需要自觉或不自觉地受到礼仪的约束。只有自觉地接受社会礼仪约束的人，才会被人们认为是一个"成熟的人"，符合社会要求的人。如果一个人我行我素，不能遵守社会上普遍的礼仪要求，他就会受到道德和舆论的谴责，甚至被施以法律手段对他加以强迫约束。

(2) 施行教化的功能。礼仪作为一种道德规范，它对全社会的每个人，都在施行教化。礼仪是社会传统文化的重要组成部分，世代相继、世代相传。通过对礼仪施行教化，使国民懂得，一个有道德、有修养、有文化、有学识的人，才能"知书达礼"，才能严于律己，宽以待人，才能懂得尊重别人就是尊重自己。懂得遵守并维护社会公德，就是为自己创造了一个文明知礼的生活环境的道理，才能成为一个明辨礼与非礼之界限的知礼的人。

【补充案例1-4】　不要弄脏别人的衣服

有一位美国教育学家怀特先生来到我国某市访问，所在县里的一所学校辗转联络请这位专家做一次演讲，派车去接他。这天碰巧下起了大雨，从市区到县里的一段路正在大修，恰好是中午下班的高峰时间，路上，泥水、雨水，自行车、小汽车交织在一起，路面上积水一块块，车轮飞过，躲闪不及的人大多会被溅起的水弄脏。起先怀特先生没在意，依然在车里谈笑风生。在司机不断按喇叭的响声里，他警觉地往窗外望，才发现走的这条路路况很差，他立刻一边摆手一边扯着嗓门大叫“NO、NO、NO”，司机赶忙刹车。英语老师以为是怀特先生不舒服，说请坚持一会儿，马上就到了，路面整修呢。怀特先生直摇头，说：“我不是这个意思。”后来终于明白他是担心飞转的车轮把泥水溅到行人身上，因而提了两个要求：一是这段路上不得按喇叭催促行人和其他车辆；二是遇到小水潭要先让行人通过。问他为什么，他只有一个理由：因为我们坐得比他们舒服。

后来他在讲座上谈到“尊重学生”的问题，举了这个例子。他说“尊重”就是你别弄脏人家的衣服，而不是弄脏了之后再去道歉和清洗。

（资料来源：《报刊文摘》2006 年 10 月 11 日）

(3) 协调关系的功能。协调的功能，即礼仪在协调社会关系中的作用。人们在社会交往过程中发生着各种关系，这主要有经济关系、政治关系和道德关系，三者构成了人们的社会关系。这些关系的形式，不论是个体间的交往，或群体间的交往，还是团体与个体间的交往，也不论在交往中体现的是何种关系，都和“礼”有着共同的联系。在人际交往中，为了维护自身利益，人们在行为方式上往往不同程度地带有“利己排他”的倾向，这就必然会使交往双方发生不同程度的矛盾和冲突。一旦人际关系中出现了不和谐，或者需要作出新的调节，往往要借助于某些礼仪形式、礼仪活动。例如，宴请、联谊、联欢活动的开展将促进健康良好的人际关系的建立和发展。礼仪的原则和规范，约束着人们的动机，指导着人们立身处世的行为方式，从而很好地协调着人与人、人与社会的关系，使人们在相互理解、相互尊重的前提下友好相处，使社会秩序井然有序。

(4) 修养道德的功能。修养道德，是指个人在道德上的自我修炼，以及由此达到的较高的道德水平和道德境界。有德才会有礼，无德必定无礼。修礼宜先修德，即应在加强道德修养上下工夫。判断一个人道德品质好坏的标准，不在于其言，而在于其行。人们的道德行为是多方面的，而文明礼仪行为就是其中之一。所谓文明礼仪行为，是指人们在社会交往和在社会公共生活中，遵循社会公德，并以此处理一般常见的道德关系的行为。今天，人们在人际交往中互相尊重、联络感情、增进友谊的行为，是一种道德，也是一种文明礼仪的行为。在我国古代，道德修养被认为是一种很高的德行，并把是否有道德作为衡量一个人是否是君子的重要标准。在社会交往中，古人有“仁、义、礼、智、信”的要求，在对人的态度上有“温、良、恭、俭、让”的要求。我们今天许多礼貌规范是由传统的道德品行规范发展而来的，这些待人的礼貌道德规范在今天的人与人交往中仍应提倡。

二、旅游职业礼仪与服务规范

（一）旅游职业礼仪的基本要求

1. 旅游职业礼仪界定

旅游职业礼仪，是指旅游业从业人员在旅游职场这个特定范围内所要讲究的行为规范。旅游职业礼仪的专业性、特殊性决定了它比生活礼仪和社会礼仪有更多、更严格的"规矩"。旅游职业礼仪是从业人员对自己、对他人、对工作负责任的体现。

旅游职业礼仪既具有礼仪的一般特征，同时又具有行业特点，也就是说其服务性更加突出。要发挥好旅游业这一服务行业的"窗口"作用，提高其服务质量，必须牢固树立"宾客至上"的服务意识。以礼待客，即讲究礼仪接待是旅游接待优质服务的重要组成部分，是称职员工必备的行为规范和素质条件。旅游业的优质服务包括：热情服务、周到服务和礼节礼貌服务。礼节礼貌服务是优质服务的一个重要部分。要树立旅游企业良好的形象和社会声誉，就要求我们每一位接待人员做到热情、周到和符合礼仪规范的服务。

【相关案例 1－5】　周到服务

有一位穿梭于各个城市做生意的"空中飞人"，经常入住酒店。他有个习惯，就是睡觉的时候喜欢"高枕无忧"，因为酒店的枕头都不高，他总是用另一张床上的枕头垫在自己的枕头下面才能睡得着。有一次他入住一家酒店，第一天晚上的"高枕无忧"像往常一样自己动手。而第二天晚上回到酒店的时候，却发现了一个小小的变化：枕头变了，下层是一个普通枕头，上层是一个散发淡淡药香的保健枕头，而且比普通枕头要高。从此，他只要到了这个城市，就会入住这家酒店，而且还介绍朋友入住。周到的服务，善于洞悉并满足客户的需求，带给客人的又何止是这一次的满意和惊喜。

（资料来源：未来之舟编著《服务礼仪》，中国经济出版社 2006 年版）

2. 学习旅游职业礼仪的基本要求

学好旅游职业礼仪，最重要的是必须做到礼仪规范知识与旅游职业人实践活动相结合，学以致用，只有把礼仪的各种常识和与之相应的行为规范，融会贯通在旅游职业人各个工作岗位的实际需要上，才能真正达到学习和教学目的。为此，要做到以下几点：

（1）把礼仪与日常的职业养成，和培养旅游职业习惯相结合。培养职业习惯要从平时的行为规范做起，严格要求、持之以恒才能收到良好的效果。要有平等待人、尊重他人的思想，对待任何人都应以礼相待，友好相处。做到在旅游职业工作的任何场合，对亲者、疏者一视同仁，给予一样的热情和尊重。这种热情和尊重是通过旅游职业人员的言行举止来体现的。

(2) 把礼仪与日常的语言文明，和培养旅游服务用语相结合。注意日常说话使用敬语和谦语，坚决彻底改掉讲粗话、脏话的陋习。只要有语言文明意识，才能养成旅游职业人员良好的礼貌用语的习惯。礼貌服务用语是旅游业职业人员在接待宾客时需要使用的一种礼貌语言，正确地使用礼貌服务用语应成为每一个旅游职业人员的职业习惯。

(3) 把礼仪与日常的举止文明，和培养服务仪表仪容仪态相结合。从平时生活中的点点滴滴小事小节做起，克服不良的举止习惯。如衣着要整洁，勤洗勤换；面容要修饰，常洗头理发，勤刮胡须；举止要文明大方，彬彬有礼等。因为旅游业工作性质决定了工作人员要注重端庄大方的仪表、整洁美观的仪容、优美大方的仪态。培养良好的仪表仪容仪态既表示对宾客的尊重，又体现自尊自爱。

(4) 把礼仪与日常工作岗位的工作内容相结合。旅游职业礼仪所表现的言行和仪表仪容等贯穿于接待服务的全过程，贯穿于旅游活动自开始到结束的始终。因此，它要求在旅游业所有岗位上的每一个旅游职业人员，在接待服务时全面体现礼貌服务、宾客至上，从而使客人有宾至如归的感觉。日常岗位接待礼仪主要表现在全心全意为客人服务、尊重关心客人、讲究接待服务的方法和艺术、尊重客源国风俗习惯和宗教仪式等方面，做好不同岗位的礼仪接待服务，才能使客人满意。

(5) 把礼仪与开阔视野，提高和完善从业人员素质相结合。旅游业接待服务的特点就是以"礼"服人。从事旅游涉外接待服务工作，要与来自世界各国各民族的朋友交往，既要求我们的接待工作符合礼仪，也需要熟知旅游者习惯的礼节，同时，应尊重各国各民族的风俗习惯。每一位旅游职业人员，除了学习旅游接待礼仪的基本知识和操作规范，还需要了解世界各国各民族的基本情况、风俗习惯和禁忌等，这将有助于开阔视野、增强工作的适应性，完善旅游职业人员的形象。

(二) 旅游业服务规范

旅游业在国际上被称为"无烟工业"，或"出售服务和风景的行业"，它以直接为旅游者提供各种服务，提供方便、舒适的活动条件为宗旨。旅游业接待服务工作具有有形性与无形性相结合的特点。

无形服务，是指旅游职业人员的行为举止和言谈举止中的非物质方面的因素，主要表现在职业道德、工作态度、礼貌修养、心理素质等方面，无形服务是服务质量的可靠保证。提供优质"无形"产品，以达到最有效的服务，并不是轻而易举之事。如何提高优质服务的"产品"，国内外都有许多成功的经验和做法。现代旅游业流行的一些口号，如"一切为旅客着想"，"旅客总是正确的"，"旅客就是上帝"等，都反映出旅游业服务的规范表现，并且在服务的指导思想和措施上充分考虑旅游者的心理因素，通过有形设施和无形服务，使旅游者得到物质上和精神上的满足，真正获得"宾至如归"的享受。在旅游接待服务中，讲求礼节、礼仪，礼貌待客，这是最起码也是最有效的优质"产品"。

旅游业服务是一项要求很高的工作。在英语中，“服务”一词为“SERVICE”，有人认为，构成这个词的每一个字母都代表着对旅游职业人员行为规范的一种要求。

第一个字母S，即Smile(微笑)，其含义是接待人员应该对每一位宾客提供微笑服务。

第二个字母E，即Excellent(出色)，其含义是接待人员应该将每一个程序、每一次微小的服务都做得很出色。

第三个字母R，即Ready(准备好)，其含义是接待人员应该随时准备好为宾客服务。

第四个字母V，即Viewing(看待)，其含义是接待人员应该将每一位宾客都看作是需要提供优质服务的贵宾。

第五个字母I，即Inviting(邀请)，其含义是接待人员应该在每一次接待服务结束时，主动邀请宾客再次光临。

第六个字母C，即Creating(创造)，其含义是每一位接待人员应该设法精心创造出使宾客能享受其热情服务的氛围。

第七个字母E，即Eye(眼光)，其含义是接待人员应该始终以热情友好的眼光关注宾客，适应宾客心理，预测宾客要求，及时提供有效的服务，使宾客时刻感受到接待人员在关心自己。

从以上解释可以看出，对旅游接待服务工作的要求是全面的、高标准的。

【补充规范1-6】　旅游行业的“100－1＝0”

旅游行业有一个著名的公式：“100－1＝0”，这个公式包含三层含义：一是旅游企业有100项工作，99项工作做得很出色，仅有1项客人不满意，就等于都没做到位；二是一项工作，做到了99%，但有1%没有做到，就等于都没做到位；三是有100名员工，99名员工做得很好，仅有1名员工没能做好，就等于工作都没做好。

100项中有1项没做好，尽管不合格率为1%，但对于得到不良产品或服务的客人来说，却等于买了100%的不良产品(或服务)，企业将失去这名客人及他所能影响的客人。

(资料来源：马宜斐编著《旅游人际沟通》，中国人民大学出版社2007年版)

(三) 旅游业服务的特点

为了有针对性地为宾客提供优质服务，必须掌握旅游业服务工作的基本特点。

1. 直接性

接待人员面对面地为宾客提供服务，满足宾客的需要。在服务过程中，接待人员的举止、仪态、态度、语言等都完全展示在宾客面前，宾客可以直接对接待人员的工作进行评价。

2. 即时性

在接待服务过程中，接待人员提供的服务产品与该产品的交换和消费是在同一时间、同一空间进行的，这就是服务的即时性特点。因此，除了服务工作必须适时、适量提供外，还要在服务过程中讲究技巧和特色，适应不同宾客的要求。服务时要做到轻、稳、敏捷、优美，使宾客得到物质上和心理上的满足。这种即时性的服务工作一旦出现差错，后果往往是难以挽回的。

3. 感受性

宾客在接受服务的过程中，其需求是多层次和全方位的。接待人员不仅要满足宾客在物质方面的需求，而且还应满足他们高层次的精神需求，如社交、尊重、审美等。服务这种特殊商品吸引宾客的魅力往往在于宾客的感受如何。

4. 模糊性

模糊性，是指服务工作中的非物质内容是无形的，对其质量标准一般无法进行定量的准确衡量，只能进行定性的测定。

第一，由于接待人员的气质、服务技巧、情绪等各种因素的影响，以及服务对象、环境等因素的变化，服务质量会产生较大的可变性，难以保持在一个固定的标准上。

第二，宾客对服务工作的要求比较注重个人感受，没有统一的客观标准，在评价服务质量时往往带有较大的主观性。

第三，由于服务工作有限时性的特点，宾客不可能让接待人员先展示一遍服务过程，然后决定是否购买服务，而只能在服务与消费同时结束后才能评价是否"物有所值"。因此，宾客在购买服务时总有一种担风险的心理，这样更增加了评价服务质量的主观性。但无论如何，宾客的要求总是对的，接待人员应根据服务工作的这种特点，设法为宾客提供令人满意的服务。

5. 艺术性

服务工作要讲究艺术性。在接待服务过程中，旅游职业人员要有在技术基础上的艺术化的本领。技术的高度发展是艺术，技艺相接，使原本枯燥单调的操作变成优美的技艺，提高服务质量。同时，职业人员还应当通过日积月累的观察和关注，了解宾客心理，善解人意，提高工作技巧与说话艺术。讲究艺术性可以使服务工作充满情趣和美感，使宾客真正得到"上帝"般的享受。

从旅游业服务工作的特点可以看出，面对面与宾客打交道的旅游服务行业，注重礼仪对旅游职业人员来说具有特别重要的意义。旅游业服务工作与礼貌、礼节和礼仪行为有着密不可分的联系。要使优质服务的"产品"实现，前提必须是有规范的礼节操作规程、礼貌的待客态度、完美的礼仪服务。

【小案例 1－7】 细致服务

客人王先生这几天上火了，弄得整个人的心情都不好。一天中午，他去餐厅吃饭的时候，一摸口袋，牛黄解毒丸吃完了，便懊恼地将空袋子扔进餐厅的垃圾筒里。没想到，就是这么一个小小的举动被餐厅的服务员小葛发现了，几分钟后，一杯热开水和一袋牛黄解毒丸就送上来了。王先生的心里着实一热，没想到一个人只身在外，也能感受到家的温暖。从此，王先生便成了这家酒店的"免费宣传员"。

（资料来源：李莉编著《现代酒店礼仪规范》，湖南科学技术出版社 2005 年版）

三、旅游职业礼仪的基本原则

旅游业不同企业、不同部门、不同岗位的职业服务礼仪虽然千变万化，但一些具有普遍性、指导性的礼仪规律，即礼仪的基本原则应自觉遵守，从而更有效地体现尊重宾客的礼仪内涵和"宾客至上"的礼仪服务宗旨。旅游职业礼仪的基本原则应遵循以下几个方面：

1. 以我为主，尊重他人

以我为主，即在旅游接待服务过程中，以我国的礼貌语言、礼貌行动、礼宾规程作为行为准则，使外宾感到中国不愧是礼仪之邦。在此前提下，充分考虑到国情、民族、文化背景的不同，当我们的接待方式不适应宾客时，可适当地运用他们的礼节、礼仪，以表示对宾客的尊重和友好。从欧美来的客人用餐时习惯使用刀叉，当请客人用餐时，礼貌的做法应该是，桌上按中国习惯摆放碗筷，否则就失去了中餐的特色，同时又要备有刀叉，使不习惯用筷子的客人选用刀叉。在见面或告别时，我们习惯施握手礼，而西方人却常常相互拥抱亲吻。我们在与客人交往时，尊重自己的礼节习惯，即以握手礼节为前提。当客人主动拥抱你的时候，一般也予以接受，以示尊重他们。又如西方国家普遍存在着"女士优先"的礼仪，尊重妇女被看成是一种美德，是衡量一位男士是否是绅士的首要标准。而我国有些人由于受男尊女卑思想的影响，至今仍有不尊重妇女的言行，在旅游接待工作中应特别注意。

2. 不卑不亢，自尊自爱

不卑不亢，即既不自卑也不傲慢，要求旅游接待人员在接待工作中要自尊自爱，端庄稳重，大大方方，堂堂正正，体现我国旅游接待人员的主人翁精神。在讲究礼貌问题上，从来都是人们相互之间的事情。应该充分认识到职务有高低，工作无贵贱，尊重别人也就是尊重自己的道理。接待人员向客人提供礼貌服务时，我们必须讲究自尊、尊严，讲人格国格。作为客人也会对我们的文明接待工作给予应有的尊重。因此在客人面前应该彬彬有礼，但不能失态，不能自卑，不能低三下四，做到既不盛气凌人，也不妄自菲薄。如果对外宾卑躬屈膝，就会让人看不起，有损于我国旅游工作者的风度和国家的形象。

3. 一视同仁，真诚关心

在旅游接待活动中，具体运用礼仪时，允许因人而异，根据不同的交往对象，采取不同的具体方法。但是，旅游接待礼仪的核心，即尊重交往对象、以礼相待这一点上，对任何交往对象都必须一视同仁，给予同等程度的礼遇。具体来说，对每一位宾客的优质服务水准要标准划一。不论服务对象是外宾还是内宾，也无论宾客身份地位是高是低，都要满腔热情地对待每一位客人，决不能有任何看客施礼的意识，更不能有仅凭衣冠外貌取人。应本着"来者都是客"的真诚友好态度，坚持服务质量的高标准和前后一致性原则，不可出现前紧后松、前优后劣的做法。应以周到的礼仪体现优质服务，使旅游者乘兴而来，满意而归。

4. 理解宽容，得礼让人

理解，就是懂得别人的思想感情，理解别人的观点、立场和态度，而且能体谅别人；宽容，就是宽宏大量，能原谅别人的过失。在旅游接待工作中，最怕的就是互相缺乏理解，甚至产生误解，误解则往往导致失礼。理解别人应特别注意理解自己看不惯、不喜欢的人，理解有缺陷、有隐衷、有自卑感的人，这样对方才能够推心置腹地与你交往。

得礼让人，就是要学会宽容别人。宾客有时会提出一些失礼甚至无理的要求，我们应耐心地加以解释，决不要穷追不舍，要给客人体面的下台阶的机会，以保全客人的面子。宽容别人即要以宽大的胸怀容人。我们不能要求所接待的客人都有使自己满意的处世方法，尤其是有的客人缺乏礼貌修养，也有并非出自本意的不敬失礼行为。遇到这些情况，如果不容人，则无法使交往继续进行，甚至造成很难弥合的感情裂痕。宽容别人、得礼让人，不但能显示出自己的良好修养，而且能使行为不良的人得到感化。

【补充知识 1-8】 服务礼仪的"三 A 原则"

三 A 原则是指：

Acceptance——接受对方。不轻易说 YES 或 NO，不说是非。

Attention——重视对方。在接受交往对象之后，需要重视交往对象。

Admiration——赞美对方。正确地赞美别人，才能迅速拉近你和对方的心理距离。

在服务礼仪中，三 A 原则要求在向对方提供服务时，以自己的实际行动去接受对方、重视对方、赞美对方。

（资料来源：搜搜问问网 · 礼节礼仪 http://wenwen.soso.com）

四、旅游职业人员的基本素质

旅游职业人员处于接待工作的第一线，直接为宾客提供服务。他们的言谈举止、行为规范代表着旅游企业的形象，他们的服务水平及工作质量直接影响着旅游企业的服务效果，而职业人员的工作质量取决于他们自身的素质。做一个合格的旅游涉外行业的员工，讲究礼貌礼节服务是其基本素质要求之一，此外，还必须具备良好的职业道德、丰富的科学文化和业务知识、娴熟的服务技能以及健康的心理等基本素质。

（一）职业道德素质

道德是一种调整人与人之间、个人与社会之间相互关系的行为准则。所谓职业道德，就是人们在从事各项职业活动时，从思想到行为所应遵循的道德规范以及与之相适应的道德观念、道德情操和道德品质等。国家旅游局根据社会主义道德的基本要求，总结了我国旅游工作者多年的道德实践活动，于 1996 年 11 月 20 日下发了《关于加强旅游行业精神文明建设的意见》，“意见”明确提出了“旅游企业一线员工职业道德规范”，具体如下：

1. 爱国爱企，敬业爱岗

这是旅游职业道德体系中最重要和最基本的规范，也是从事各个行业的人都应当共同遵守的基本道德规范。它要求旅游从业人员热爱国家，热爱企业，尽职尽责，忠于职守。树立高尚的职业理想和敬业爱岗精神，要求从业人员对自己所从事的工作有一种职业荣誉感，热爱这项工作，把宾客的满意作为自己最大的快乐。

2. 热情大度，清洁端庄，耐心细致，宾客至上

这是旅游职业道德最基本的道德规范，它包括了职业认识、服务态度、仪表仪容等方面的要求。它要求每一位旅游从业人员在接待过程中，发扬我国热情好客、礼仪之邦的优良传统，做到微笑服务、热情服务和细致服务，始终把宾客放在首位，一切为宾客着想，努力满足宾客的合理、正当要求，克服冷淡、粗暴、懒散等违反旅游职业道德的不良行为。

3. 文明礼貌，优质服务

它要求旅游接待人员在接待工作中，举止端庄，说话和气，态度友善，服务周到，急客人所急，想客人所想，使客人有宾至如归之感。优质服务，是旅游工作业务的集中表现，也是每一位旅游接待人员最重要的道德义务。要坚决克服旅游服务中“冷、硬、顶”，粗心大意，不负责任，办事拖拉，互相推诿等消极现象。

4. 遵纪守法，公私分明

这是处理个人与集体、国家利益关系的行为准则。它要求旅游从业人员要自觉遵守职业纪律和有关法律要求，廉洁奉公，反对和纠正行业不正之风。秉公办事，自觉以国家和集体利益为重，模范遵守国家的法律法令，认真执行旅游业的行纪行规，坚决与一切贪污浪费、损公肥私、徇私违法行为作斗争，抵制索要回扣，索取小费、礼品等不正之风，维护旅游业的声誉。

5. 自尊自强，不卑不亢，一视同仁

这是民族自尊心、自信心以及国格、人格的体现，是爱国主义精神在旅游职业道德规范方面的具体展示。它首先强调的是人人平等，既反对民族自卑感，也反对大国沙文主义；既谦虚谨慎，又不妄自菲薄；既学习先进，又不盲目崇洋；既要热爱祖国，又不妄自尊大。在具体的旅游职业活动中，对接待对象则体现为“六个一样”，即高低一样、内外一样、华洋一样、东西一样、黑白一样、新老一样。

6. 克勤克俭、诚实善良

克勤克俭要求本着节约的原则为旅游者提供服务。诚实善良则要求旅游从业人员要讲究诚信道义，与人为善，特别是在旅游服务的过程中要诚实可靠，信誉第一。认真维护旅游者的利益，做到遵守合同、遵守信用，不弄虚作假，不欺骗或刁难旅游者。坚持质量标准，做到收费公道、买卖公平、货真价实。同时，把旅游企业的信誉放在首位，不允许出现旅游经营活动中的不讲信誉、胡乱收费、以次充好、变相涨价、克扣宾客等侵犯旅游者合法利益的不良行为。

7. 团结服从，大局不忘

这是一种处理旅游业内部同事之间、部门之间、行业之间相互关系的道德行为准则，它是旅游业发展的可靠保证。要摆正个人、集体、国家三者的关系，努力做到个人利益服从长远利益，树立全局观念。要求旅游从业人员个人服从整体利益和目标，顾全大局，以大局为重，组合良好的工作团队。在具体的工作过程中，要求从业人员发扬主人翁精神，团结协作，相互配合、相互理解、相互支持，从大局出发，处理有关问题和事项。在旅游业内部建立起团结、友爱、平等、互助的社会主义新型关系。

8. 好学向上

旅游业的发展要求从业人员不断提高自身的素质和专业水平，这是个人发展的需要，也是职业道德规范的要求。“好学向上”要求旅游从业人员积极进取，努力钻研业务，不断提高职业技能，以便更好地服务旅游者。学习有三种方式：一是通过书本和资料学习；二是向周围的老师、同事和领导学习；三是向旅游发达国家学习，吸收先进经验。

(二) 科学文化素质

旅游接待人员必须提高科学文化素质。现代旅游企业的服务对象越来越具有较高的文化修养，旅游企业的服务设施、管理方法也越来越现代化。只有具备现代科学文化知识的人，才能掌握科学的操作技术，为宾客提供优质的服务。没有文化素养，仅靠和气、听话、勤快是无法适应现代服务工作的。

旅游接待人员应当具备各方面的科学文化知识和社会知识，包括：

第一，具有一定的文学知识，能够提高理解问题的能力、语言表达能力。

第二，具有一定的哲学、历史、心理学知识，能够提高分析问题、认识问题的能力，善于处理经营服务中的各种矛盾，协调各方面的关系，掌握顾客心理，根据不同顾客的特点和要求，运用不同的方法，使他们满意。

第三，具有一定的经济学、法律知识，能够掌握经济规律，提高经营管理水平，依法办事，取得较好的经济利益。

第四，具有一定的美学、音乐、绘画方面的知识，能够陶冶情操、净化心灵，使人情趣高雅，充满活力，潇洒自信。

第五，具有一定的民俗文化知识，了解各地的风俗民情，熟悉本地区的经济、文化、交通、娱乐等方面的情况，广泛涉猎各国、各民族的民俗知识。

有了科学文化知识和素质，才能使自己有礼貌、懂礼节，才能对各种问题进行周到分析和思考、得当处理和解决，才能给宾客留下深刻的印象。

（三）业务技术素质

旅游接待人员应具备良好的业务技术素质，这对于提高旅游业的服务质量和工作效率，降低成本，增强竞争力，提高宾客满意度有着重要作用。业务技术素质的基本要求有：

1. 熟练的专业操作技能

掌握专业操作技能是做好服务工作的基本条件。旅游业的专业操作技能表现为四个方面：

(1) 先进设备设施的操作、保养和维修的技术。

(2) 大量仍然以手工劳动或需辅以手工劳动的简单的、但又是必不可少的日常服务技能。如餐厅的摆台、折花、上菜、斟酒、端茶；客房的做床、整理房间、洗衣、擦鞋等。

(3) 烹调技术。这是反映中国旅游特色的一项专门技能。

(4) 服务接待艺术。操作水平的高低直接影响着服务效率和服务质量。因此，每个旅游接待人员都应当努力学习，刻苦训练，熟练掌握岗位操作技术，达到服务规范化、标准化。做到不仅使宾客得到良好的服务，而且通过自己娴熟的技艺使宾客得到美的享受。

2. 良好的语言表达能力

语言表达能力在很大程度上影响着接待人员的服务质量和经营效果。接待人员不仅要用简洁的语言准确地表达语义，而且要表现出热情、诚恳的态度。因此接待人员必须加强语言和职业技能的修养。此外，由于经常接待国外宾客，因此要求接待人员掌握一门以上的外语。旅游业中的各种职业对外语的要求虽然不同，如对导游、陪同和许多在一线天天接触外国客人的接待人员的外语要求就高一些，而对负责技术和管理工作的，其要求相对可低一些，但不管怎样，最起码的日常生活会话和本职工作范围内常用到的词汇和用语还是要掌握的。

3. 规范的礼节礼貌修养

旅游职业人员良好的礼节礼貌修养，体现在他们的一举一动、一言一行中，这是优秀的接待人员必须具备的素质。具体表现为：

(1) 仪表端庄。这是旅游接待人员的精神面貌和文化道德修养的外在表现。接待人员的容貌姿态和服饰要讲究，发型要大方，面容要清洁。上岗时按规定着装，衣服干净、平整，表情自然，站立挺直，行走要稳重、轻快，给人以美好的印象。

(2) 言行节制。说话和行为要适合身份，合乎情理，符合规范。对宾客说话要用尊称和尊敬的语言，不能像老朋友那样随便，也不能用命令式的语句或口吻；在公共场所，动作要轻，说话要细，不要影响别人，不可大声喧哗；说话办事要讲文明，讲礼貌，符合社会主义道德和旅游职业道德要求。

(3) 讲究卫生。做到个人面貌整洁，服装干净，身无异味；坚持每日早晚刷牙，上班前不吃葱、蒜、韭菜等食物，保持口腔清洁卫生；保证工作岗位整洁，做到工作环境清洁、整齐、美观；食品餐具卫生要符合食品法的要求。

(4) 遵时守信。遵守时间、讲求信用，这是人际交往中建立和维护良好关系的基本前提。在旅游接待中，遵守规定或约定的时间，不得违时，更不可失约。要讲信用，不可言而无信。失约和言而无信都是失礼的行为。限定时间的聚会或活动应按照规定的时间稍微提前或按时到达。

(5) 尊老爱幼。这是中华民族的美德。尊重、关心老年游客，帮助他们解决旅游过程中碰到的困难；爱护幼小儿童，在旅游服务中尽量给予携带小孩的游客方便，尊重妇女也是旅游礼貌服务的重要方面，特别是对欧美国家的旅游者更应加以注意。

【参考案例 1-9】 “南风”法则

“南风”法则也称“温暖”法则，源于法国作家拉封丹写过的一则寓言：北风和南风比威力，看谁能把行人身上的大衣脱掉。北风首先来一阵冷风，凛冽、寒冷、刺骨，行人为了抵御北风的侵袭，把大衣裹得紧紧的。南风则徐徐吹动，顿时风和日丽，行人因为觉得温暖上身，始而解开纽扣，继而脱掉大衣，南风获得了胜利。

(资料来源：汝勇健编著《沟通技巧》，旅游教育出版社 2007 年版)

(四) 职业心理素质

1. 职业心理素质的要求

旅游接待人员应具有良好的职业心理素质。要求做到：

(1) 学习旅游心理学知识，以便更好地了解旅游者的思想、需要和爱好，掌握他们在食、住、行、娱乐等方面的具体要求，从而更好地为宾客服务。

(2) 保持健康积极的心态，没有健康积极的心态，就很难对宾客表现出主动热情，也不可能做到彬彬有礼，自信自尊。有些接待人员在待人接物时缩手缩脚，羞于见人，究其原因，往往是由于缺乏积极的心态。有的人由于自卑胆怯，害怕受到别人的轻视和排斥；其实这些人真正缺乏的不是能力，而是缺少信心，缺少积极健康的心态，只要调整好心态，增强信心和勇气，就能够挖掘出难以估量的潜能。

2. 健康心态的特点

有的旅游工作者过分炫耀自己，洋洋自得，油腔滑调，吹嘘夸张，这是心态不成熟的表现。健康积极的心态通常有以下特点：

(1) 保持乐观而稳定的情绪，在工作和生活中充满热情和活力。

(2) 有较强的事业心和目标意识，能够与组织行为和公众利益协调一致。

(3) 能够正确地认识自己，并能公正地评价别人，豁达宽容，既自尊又尊人，建立和保持和谐的人际关系。

(4) 积极进取，勇于追求，意志坚强，善于自我克制。

(5) 能够坦然冷静地接受所发生的各种事情，迅速作出应变的反应。

健康良好的心态是实施礼仪，搞好接待工作的重要因素。旅游业需要具有良好职业心理素质的员工。

复习与练习

一、主要概念

1. 周代"三礼"　2. 礼貌　3. 礼节　4. 旅游职业礼仪　5. 职业道德

二、学习理解

1. 简述礼仪是如何形成的。

2. 简述礼仪的发展过程。

3. 学习旅游职业礼仪的基本要求有哪些？

4. 旅游职业道德规范有哪些具体内容？

5. 旅游职业人员礼节礼貌修养有哪些具体表现？

三、判断题

1. 从仪式上说，礼起源于原始的宗教祭祀活动。(　　)

2. 语言、行为表情、服饰器物是构成礼仪最基本的三大要素。(　　)

3. 旅游职业礼仪具有行业特点，是说其服务性更加突出。(　　)

4. 旅游业的优质服务包括：热情服务，周到服务，微笑服务。(　　)

5. "文明礼貌，优质服务"是旅游职业道德体系中最重要、最基本的规范。(　　)

四、选择题

单选题

1. 在较大较隆重的正式场合，为表示敬意、尊重、重视等所举行的合乎礼节规范和道德规范的仪式被称为：（　　）。

A. 礼　　B. 礼节　　C. 礼貌　　D. 礼仪

2. 以下哪一点不属于无形服务的表现：（　　）。

A. 物有所值　　B. 职业道德　　C. 工作态度　　D. 礼貌修养

3. 旅游职业礼仪和一般礼仪相比，它的一个突出的特点是：（　　）。

A. 礼貌性　　B. 共同性　　C. 服务性　　D. 差异性

多选题

1. 现代礼仪的特征主要有：（　　）。

A. 传统性　　B. 区域性　　C. 共同性　　D. 差异性

E. 时代性

2. 现代礼仪的主要功能表现在：（　　）。

A. 约束行为　　B. 施行教化　　C. 协调关系　　D. 修养道德

E. 真诚平等

3. 旅游职业礼仪的基本原则包括：（　　）。

A. 以我为主，尊重他人　　B. 不卑不亢，自尊自爱

C. 谈吐文雅，表达得体　　D. 理解宽容，得礼让人

E. 一视同仁，真诚关心

五、案例分析

案例：细节决定成败

某年春天，北京的导游杨小姐接待了一个德国的旅游团。接待过程中，有的游客要求她帮助解决一些生活上遇到的小问题，一位客人说，他摄像机的电池需要充电，但中国的电源输出的电压与德国的不同，需要找一个转换器；另一位客人说，她的旅游鞋开口了，但穿惯了不愿买新的，希望能找个地方修鞋；还有一位客人行李箱的小锁坏了，希望能修好……杨小姐仔细倾听了他们的要求，表示回饭店后尽快帮助他们解决。她回到饭店后，立即联系饭店的前台，为用摄像机的客人借了一个电源转换器，又拿上客人需要维修的物品去修理……客人们非常高兴，纷纷向她表示感谢，夸奖她的服务周到、热情，给他们带来了方便。

（资料来源：马宜斐编著《旅游人际沟通》，中国人民大学出版社 2007 年版）

案例思考题：

1. 你同意“细节决定成败”这一观点吗？为什么？

2. 服务中的小事对提高旅游服务质量有什么意义？

第二单元

旅游职业人员个人基本礼仪

学习目标

☆ **应知**：认识旅游职业人员个人基本礼仪的重要意义；了解旅游职业人员的仪容、仪表、仪态礼仪的具体要求。

☆ **应会**：较好地掌握旅游职业人员在仪容修饰、服饰穿戴、姿态举止、手势表情等方面的具体要求和礼仪规范。

☆ **能力**：将所学的个人基本礼仪知识和规范运用到职业生活中，在接待工作和人际交往中展示良好的个人形象。

模块1 个人基本礼仪规范

引导案例：出色的领位员

玛丽是某酒店咖啡厅的领位员。咖啡厅比较繁忙。这天午饭期间，玛丽刚带几位客人入座，就看见一位先生走了进来。“中午好，先生。请问贵姓?”玛丽微笑着问道。“您好，小姐。您不必知道我的名字，我就住在你们酒店。”这位先生漫不经心地回答。“欢迎您光临。不知您愿意坐在吸烟区还是非吸烟区?”玛丽礼貌地问道。“我不吸烟。不知你们这里的头盘和大盘有些什么?”先生问道。“我们的头盘和大盘菜有猪排、牛排、鸡、鸭、鹅、海鲜等，您要感兴趣可以坐下来看菜单。您现在是否准备入座了？如果准备好了，请跟我去找一个餐位。”玛丽说道。这位先生看着玛丽的倩影和整洁、漂亮的衣饰，欣然同意，跟她走向餐桌。“不，不，我不想坐在这里，我想坐在靠窗的座位，这样可以观赏街景。”“请您先在这里坐一下。等窗口有空位了我再请您过去，好吗?”在征得这位先生同意后，玛丽对盯桌的服务员交代了几句，便离开了。当玛丽再次出现在先生面前告诉他窗口有空位时，先生正与同桌的一位年轻漂亮的女士聊得热火朝天，并示意不换座位了，要赶快点菜。玛丽微笑着走开了。

（资料来源：崔佳山主编《旅游接待礼仪》，科学出版社 2005 年版）

心理学上，把不相识的人第一次见面后所形成的直观感觉称为第一印象，而仪表、仪容和仪态是第一印象中最直观、最重要的方面。旅游接待工作者端庄、整洁的仪表仪容和良好得体的仪态举止，可以给宾客留下深刻的印象和美好的回忆，从而产生亲切感和信任感，为顺利开展接待服务工作创造了有利条件。所以，仪表、仪容和仪态不仅体现着旅游接待工作者个人良好的精神面貌和文明程度，同时也代表着旅游企业的形象，是旅游企业管理水平和服务质量高低的重要标志。

一、旅游职业人员仪容礼仪

仪容，是指一个人的容貌，包括按照社会的审美观念进行修饰以后的容貌，是外表美的重要组成部分。旅游接待工作者端庄清洁的容貌、大方的发型和得体的化妆，往往会给宾客留下美好的第一印象，让宾客赏心悦目。

（一）面部修饰礼仪

1. 面部护理

皮肤是仪容的重要基质，尤其是面部皮肤的经常护理和保养，是旅游接待工作者实现仪容美的首要前提。

不同类型的皮肤需用不同的方法加以护理和保养。皮肤一般分三种类型：干性皮肤、中性皮肤和油性皮肤。确定自己皮肤类型的办法简便易行：晨起洗脸前，以数块纸巾贴于额、鼻侧、两颊等处，一分钟后，纸巾湿而油的为油性皮肤，毫无油分的为干性皮肤，中型皮肤取其中间。

干性皮肤油脂分泌较少，经不起风吹日晒，对外界的刺激十分敏感，极易出现色素沉着和皱纹。因此，每天在洗脸的时候，可以在水中加入少许蜂蜜，湿润整个面部，用手拍干。坚持一段时间，就能改善面部肌肤，使其光滑细腻。中性皮肤比较润泽，对外界的刺激不太敏感，比较易于护理。可以在晚上用冷水洗脸后，再用热水捂脸片刻，然后轻轻抹干。油性皮肤毛孔粗大，油光满面，易生痤疮等皮脂性皮肤病，但适应性强，不易显皱。洗脸时可在热水中加入少许白醋，以便有效地去除皮肤上过多的皮脂、皮屑和尘埃，使皮肤富有光泽和弹性。

皮肤的护理是必要的，皮肤的保健更是十分必要的。皮肤保健要做到以下几个方面：

（1）精神愉快是最好的美容保健方法。俗话说“笑一笑，十年少”。笑的时候，面部肌肉舒展活动，皮肤的新陈代谢加快，从而能促进血液循环，增强皮肤弹性，可以使面色红润，使人年轻和健康。

(2) 充足的睡眠是美容保健不可缺少的条件。在睡眠状态下，人体的所有器官能够自动休整，细胞加速更新，皮肤可以获得更多的氧。睡眠充足，精神才能振作，才能容光焕发。如果晚上经常熬夜，时间长了皮肤会干涩无光。

(3) 合理的饮食是美容保健的根本。人体需要多种养分，有了养分，皮肤才有自然健康的美。因此，在日常的生活中应注意饮食上的均衡膳食，多吃富含维生素的食物，少吃刺激性食物，保持吸收、消化系统的畅通。

(4) 养成多喝水的习惯。因为皮肤的弹性和光泽主要是由它的含水量决定的。要使皮肤滋润细嫩，就要多喝水。

【相关案例 2-1】　吴菲成功的原因

吴菲毕业后就职于一家公司做文员。为适应工作需要，上班时，她毅然放弃了“清纯少女妆”，化起了整洁、漂亮、端庄的“白领丽人”妆：不脱色粉底液，修饰自然、稍带棱角的眉毛，与服装色系搭配的灰度高偏浅色的眼影，紧贴上睫毛根部描画的灰棕色眼线，黑色自然型睫毛，再加上自然的唇型和略显浓艳的唇色，虽化了妆，却好似没有化妆，整个妆容清爽自然，尽显自信、成熟、干练的气质。但在公休日，她又给自己来了一个大变脸，化起了久违的“清纯少女妆”：粉蓝或粉绿、粉红、粉黄、粉白等颜色的眼影，彩色系列的睫毛膏和眼线，粉红或粉橘的腮红，自然系的唇彩或唇油，看上去娇嫩欲滴，鲜亮淡雅，整个身心都倍感轻松。

心情好，自然工作效率就高。一年来，吴菲以自己得体的外在形象、勤奋的工作态度和骄人的业绩，赢得了公司同仁的好评。

(资料来源：刘桦、秦建平、李洪兵主编《礼仪训练教程》，四川教育出版社 2008 年版)

2. 化妆

俗话说“三分长相，七分打扮”。今天，化妆越来越被人们所重视，它不但可以使自己变得更漂亮，同时也是对他人尊重的一种礼貌表现。所以，女性服务人员应该化妆上岗。但旅游接待工作者的化妆要少而精，突出和强调自己所拥有的自然美，做到“饰而无痕”，追求自然美与装饰美的和谐统一，一般以淡妆、浅妆为宜。

(1) 化妆的基本原则：

① 审美原则。化妆不仅仅是描眉、涂眼、抹口红，而是要借助这些化妆技术，体现化妆者的形象。所以，化妆前，对自己要有一个整体和理想的形象设计。具体来说：就是要符合自己的年龄、工作性质、职业身份、面容特征和色彩搭配，做到浑然天成，恰到好处。

② 科学原则。化妆品一般可分为美容、润肤、芳香和美发四大类。在化妆时必须合理选择和使用化妆品，避免使用有害皮肤，与自己肤质、类型不适合而引起副作用的化妆品。

③ 协调原则。化妆应随时间、地点、场合、年龄、身份的不同而不同。日常工

作生活中，旅游职业人员以化淡妆为宜。淡妆显得自然大方、朴实无华、素净雅致，这样才与自己特定的身份相符，才会被宾客认可。在夜晚的社交娱乐场合中，则可化得浓艳一些。年龄越大，身份越高则更应以自然、清淡为主，切忌人工痕迹过重，否则有失身份。

化妆注意的地方主要有：第一，不在岗上化妆，工作妆应在上岗前完成，不允许在工作岗位上进行。第二，化妆后应检查，不可残妆示人，这样既有损自己的形象，也显得对宾客不礼貌。第三，补妆时不可当众操作，补妆应选择无人在场的地方或洗手间进行。第四，不要非议他人的化妆，化妆没有定势，不可对他人品头论足。第五，不要借用他人的化妆品，这是出于卫生和礼貌的需要。

(2) 化妆的基本步骤：

① 清洁面部：用洁面乳等清洁类化妆品清洗面部，用水冲净，然后涂以护肤类化妆品。使用这类化妆品的目的既可以滋润皮肤，还可以起隔离作用，防止带色彩的化妆品直接进入毛孔。

② 打粉底：选择质量好、接近肤色的粉底，以改善肌肤的颜色和光泽。注意扑打粉底时要涂抹均匀。

③ 眉毛和眼睛的修饰：一般从眉头开始，按照眉毛的自然生长方向描画。

④ 上腮红：上腮红的目的，一是表现皮肤的健康红润，二是利用腮红的位置和方向来矫正脸形。

⑤ 涂口红：口红能为女性增添无穷魅力，用口红在轮廓内涂抹，注意不能超出唇线。口红颜色的选择应和年龄、服装、场合、职业和季节等协调(参见表 2－1)。

表 2－1　规范应用——脸形与眉型的完美结合

脸形	眉形	特点	画眉诀窍	效果
方脸	上扬眉	强调弧度	从眉峰描画到眉尾时，必须将线条慢慢地减细，并且顺着眉形微微上扬	使过于方正的脸形稍显圆润，用以冲淡严肃的表情
倒三角脸	自然眉	略带弯度	顺着眉毛生长的形状描绘，使得从眉头到眉尾，呈现缓和的自然弧度	缓和脸部的线条，使脸形显得柔和
长脸	一字眉	两条直线	眉形平坦没有弧度、或是眉峰高度不够的女孩，顺着自己的眉形，一般不需要大修改，就能画出一字眉	使脸形看起来感觉不那么长，两颊也修饰得圆润一些
圆脸	高挑眉	高挑弧度	将眉毛后半部分完全剔除，靠着手工技巧，也可以画出让你自傲的时尚眉形	在圆脸中拉出适当的距离，让脸部的五官不那么集中，也使得脸被拉长了

(资料来源：李莉编著《现代酒店礼仪规范》，湖南科学技术出版社 2005 年版)

（二）发型修饰礼仪

“完美形象——从头开始”。人们在互相打量时，通常是从头到脚，发型的适当与否，直接影响到对方对你的印象。因此，美发就成为人们塑造仪容美的重头戏。旅游接待工作者发型修饰的基调是：活泼开朗、朝气蓬勃、干净利落、端庄持重。

1. 女士发型要求

旅游职业女士发型基本要求：女服务员发不遮脸、刘海不过低，不可将头发染成五颜六色，发型也不可过于前卫时尚，还要避免使用色泽太鲜艳的发饰。

旅游从业人员在为自己选择发型时，应考虑自己的脸形、身材、年龄等相关因素。

(1) 要与脸形结合起来。比如长脸形在选择发型时，轮廓应平伏些，尤其是前额的刘海应留得长而多一些。

(2) 要与职业相协调。岗位不同，头发长短亦不同。旅游职业女性除了礼宾小姐、前厅等一线接待人员以外，一般不允许长发披肩。

(3) 要与年龄相称，比如20～35岁，各种新颖、别致而又健康、大方的发型都相宜。

2. 男士发型要求

旅游职业男士发型基本要求：头发长度要适中，前不及眉，旁不遮耳，后不及领，不留长发和大鬓角，不留络腮胡子和小胡子。

从事旅游接待工作的男士在发型的选择上掌握三点原则：

(1) 要体现刚毅有力的阳刚特点，不能把自己弄得不男不女、不伦不类。

(2) 要突出自己的个性特点，在选择发型时注意和自己的脸形、体形、服装等相协调。

(3) 要体现职业特点，选择发型应大方、得体。发型的风格要庄重中略带保守，不能标新立异以及选择过于前卫的发型。

（三）个人卫生规范

清洁卫生是仪容美的关键，也是礼仪的基本要求。旅游职业人员在个人的仪容卫生方面要求严格做到以下几点：

1. 注意面部清洁

男士应养成勤洗脸、勤剃须的习惯。脸、颈及耳朵绝对干净，胡子刮干净。头发应经常清洗，保持干净，梳理整齐。接待客人或出席社交场合，一般不留胡须和大鬓角，以免给别人留下不修边幅之感。女士除了要使脸、颈绝对干净外，为使容貌焕发青春，保持皮肤的洁净、润泽并富有弹性是至关重要的。

2. 养成良好的个人卫生习惯

做到勤洗澡、勤换内衣，使身上无烟味、无酒味、无汗酸味。保持牙齿的清洁卫生，坚持做到每天“三个三”，即：三顿饭后都要刷牙；饭后三分钟内刷牙；每次刷牙不少于三分钟。同时，上班前要注意不喝酒，忌吃大葱、大蒜、韭菜等有刺激性气味的食物，并保持口气的清新。

3. 注意手的干净

要随时清洁双手，指甲要及时修剪与洗刷，以保持指甲的清洁。不得留长指甲。不能涂有色指甲油，只能涂无色透明指甲油。在工作岗位上不可乱用双手，例如揉眼睛、掏耳孔、抠鼻、剔牙、搔头发、挠痒痒、脱鞋，或是双手四处乱摸、抓捡地上的物品，都是极不卫生的。

【小思考 2-2】 小李的业绩为什么上不去?

小李的口头表达能力不错，对公司产品的介绍也得体，人既朴实又勤快，在业务人员中学历又最高，老总对他抱有很大期望。可做销售代表半年多了，业绩总上不去。问题出在哪儿呢？原来他是个不修边幅的人，双手拇指和食指喜欢留着长指甲，里面经常是藏污纳垢；脖子上的白衣领经常是酱黑色，有时候手上还记着电话号码；他喜欢吃大饼卷大葱，吃完后，不知道去除异味的必要性。这样在多数情况下，他根本没有机会见到想见的客户。

（资料来源：刘桦、秦建平、李洪兵主编《礼仪训练教程》，四川教育出版社 2008 年版）

二、旅游职业人员仪表礼仪

仪表即人的外表，它包括服饰、容貌、姿态三个方面。穿着得体、容貌端庄、举止文雅是旅游职业人员审美情趣和文化修养的外在表现。在人与人交往的过程中，视觉因素给人的整体印象中所占的比重达 55%，充分说明仪表美的重要性。

（一）着装礼仪规范

着装大方和整洁有一种无形的魅力，它是表现仪表美的重要因素。服装还是一种“语言”，它在表达对人是否尊重的同时，也表达一个人的社会地位、文化品位以及生活态度等。

1. 着装的基本原则

（1）色彩搭配原则。不同的色彩有着不同的象征意义，不同颜色的服装穿在不同人的身上会产生不同的效果，因此，服装色彩的搭配是很有学问的。基本搭配方法有三种：

① 同色搭配法。这种搭配法被称为是最保险的配色法。它既包括上下装同色即套装，如男士西装、女士职业套装等，也包括把同一种颜色按照色系中深浅、明暗度不同进行搭配，以造成一种统一、和谐的审美效果。如墨绿色配浅绿色、红色配深红色等。

② 相似搭配法。这是指两种比较相似的颜色，即相邻的颜色进行搭配的方法。如橙配黄、黄配草绿、白配灰、红配橙红。相似搭配由于富于变化，色彩有差

异，服装更显活泼与动感。

③ 主辅搭配法。这是以一种色彩为整体的基调，再适当辅之以其他色彩的搭配，各种颜色不失各自特点，相映生辉。但在搭配时要注意对比效果，既鲜明又不要太刺眼。

无论采用哪一种搭配方法，都应掌握一条共同的原则：调和（协调）。调和就是美，但调和不等于没有对比，没有变化。不过全身颜色搭配最好不超过三种颜色，而且以一种颜色为主色调，颜色太多则显得乱而无序，不协调。

（2）TPO 原则。TPO 是英文 Time（时间）、Place（地点）、Occasion（场合）三个单词的缩写。着装的 TPO 原则是指人们的穿着打扮要兼顾时间、地点、场合并与之相适应，是欧美国家通行的着装打扮的最基本的原则。

① 与时间相适应。首先着装要富有时代特色，把握时代主流，既不太超前，也不能滞后，应散发时代气息。其次是合乎季节的时令，不能冬衣夏穿和夏衣冬穿。在西方，还讲究白天夜晚不同的穿着。如男子白天不能穿小礼服（也称晚礼服或便礼服），夜晚不能穿晨礼服；女子在日落前不应穿过于裸露的服装。

② 与地点相适应。这是指要考虑不同国家、不同地区所处的地理位置、自然条件以及生活习俗等。地方不同，着装也应有所区别。特定的环境应配以与之相适应、相协调的服饰，才能获得视觉和心理上的和谐美感。豪华宾馆铺着丝绒地毯的会客室与陈旧简陋的会客室，穿着同一件服装得到的心理效应是截然不同的，给人的感觉也是不同的。

③ 与场合相适应。这主要指在上班、社交、休闲等不同场合应有不同的着装。上班时间着装应遵循端庄、整洁、稳重、美观、和谐的原则，能给人以愉悦感和庄重感。正式社交场合，着装宜庄重大方，不宜过于浮华。参加晚会或喜庆场合，服饰则可明亮、艳丽些。参加殡葬仪式则要求以深色、素色为主，忌穿新潮的时装或鲜艳的服装，以免与现场悲哀、肃穆的气氛不协调。节假日休闲时间着装应随意、轻便些，西装革履则显得拘谨而不适宜。

2. 职业制服着装规范

旅游业众多工作岗位的工作人员都有各自的制服，上班在岗必须要穿制服，这是本行业工作的需要。旅游职业人员穿上醒目的制服，不仅是对宾客的尊重，而且便于宾客辨认，同时也使穿着者有一种职业的自豪感、责任感和可信度，是敬业、乐业在服装上的具体表现。穿着制服时需要符合制服的着装规范，具体要做到以下几点：

（1）佩戴好工号牌。无论是哪一家旅游企业、哪一个具体部门的工作人员，身着制服时应同时佩戴表明其姓名、职称、部门的工号牌，这可以促使工作人员更积极、主动地为宾客服务，认真约束自己的言行，同时也便于客人辨认。因此，每一位接待人员应抱着对自己职业的自豪感去工作，自觉地把工号牌端正地佩戴在左胸上方。

(2) 大小合身。工作制服应“量体裁衣”。注意四长(袖至手腕、衣至虎口、裤至脚面、裙至膝盖)和四围(领围以插入一指大小为宜,上衣的胸围、腰围、臀围及裤裙的臀围以穿一件羊毛衫为宜)。

(3) 干净整洁。制服的美观整洁既突出了人的精神风貌,也反映了企业的管理水平和卫生状况。穿制服要特别注意袖口和领子的清洁,做到衣裤无污渍、油渍、异味,给人以干净、清爽之感,整齐挺括。

(4) 穿着规范。内衣不能外露、不挽袖卷裤、不漏扣掉扣、领带领结与领口的吻合要紧凑且不系歪;衣裤不起皱,穿前烫平,穿后挂好。做到上衣平整、裤线笔挺、款式简洁、高雅,线条自然流畅。不能制服便服混穿不配套,给人以杂乱无章的感觉,显得极为不规范。

(5) 鞋袜须合适。鞋是制服的一部分。每天应当把皮鞋擦得干净、光亮,破损的鞋子应及时修理。通常男员工的袜子应跟鞋子的颜色和谐,以白色黑色最为普遍。女员工应穿与肤色相近的丝袜,袜口不要露在裤子或裙子外边。

(6) 体现文明。根据接待礼仪的基本规定,身着制服上岗时要使之显示自己文明高雅的气质,主要是避免下述三个方面的禁忌:

第一,过分裸露。胸部、腹部、腋下、大腿,是公认的身着正装时不准外露的四大禁区。

第二,过分透薄。身着的制服若是过于单薄或透亮,弄不好就会让自己的内衣甚至身体的敏感部位“公布于众”,使人十分难堪。

第三,过分瘦小。接待人员所穿着的工作制服,肥瘦大小必须合身。制服若是过分的肥大,会显得松松垮垮、无精打采;若是过分的瘦小,则又有可能捉襟见肘,给工作带来不便。

【补充知识 2-3】 鞋袜小规则

穿皮鞋时必须做到五点:鞋内无味,鞋面无尘,鞋底无泥,鞋垫相宜,尺码恰当。

穿袜子时须做到三点:袜子干净,袜子完整,袜子合脚。

(资料来源:范莹、王子弋、卢隽美主编《礼仪基础》,华东理工大学出版社 2006 年版)

3. 西服着装规范

西服是目前国际上最流行的正统服装,也是现代社交活动中最得体的服装。穿着一套符合礼仪规范的西服可以充分展示穿着者潇洒、稳健的翩翩风采。穿着西服的礼仪规范体现以下几个方面:

(1) 讲究规格。

第一,西服有两件套、三件套之分,正式场合应穿同质、同色的深色毛料套装。两件套西服在正式场合不能脱下外衣。三件套西服,按国际惯例不能加毛背心或毛衣。

第二，衬衫下摆要放在裤腰里，系好领扣和袖扣。西服领子应紧贴衬衫并低于衬衫 1 厘米左右，袖长以达到手腕为宜，衬衫的袖长应比西装的袖子长出 1.5 厘米左右。衣长以垂下手时与虎口平为宜，胸围以穿一件厚羊毛衫松紧适宜为好。

第三，领带的领结要饱满，与衬衫的领口吻合。领带的长度以系好后下端正好触及腰上皮带扣上端处为最标准。领带夹一般夹在衬衫第三粒与第四粒扣子间为宜，西装系好纽扣后，不能使领带夹外露。

第四，领带打好后，应被置于合乎常规的既定位置。穿西装上衣系好扣子后，领带应处于西装上衣与衬衫之间。穿西装背心、羊毛衫、羊毛背心时，领带应处于它们与衬衫之间。

第五，穿西服时内衣要单薄，最合乎规矩的搭配就是衬衫、领带、外套。天太冷在我国至多也只能加一件 V 字领羊毛衣，否则显得十分臃肿，以致破坏西服的线条美。

第六，西装的衣袋除了胸前口袋中可放置装饰性为主的手帕外，一般不应存放物品。记事本、名片夹、香烟等物应放在上衣的左右内袋。

(2) 搭配协调。

穿西服时应注意三个搭配协调：

一是与衬衫搭配协调。衬衫颜色的深浅，应与西装的颜色形成对比，不宜选择同类色，否则搭配后分不出衬衣与西装的层次感。

二是与领带搭配协调。领带、领结的颜色和图案，应与衬衣和西装搭配协调。一般应选用衬衣和西装的中间过渡色。

三是与皮鞋搭配协调。穿西服一定要穿皮鞋，不能穿旅游鞋、轻便鞋或布鞋，也不能穿白色袜子和色彩鲜艳的花袜子。男士宜着深色线织中筒袜，切忌穿半透明的尼龙或涤纶丝袜。

(3) 纽扣规矩。

西服有双排扣、单排扣之分，单排扣西装常有两粒扣和三粒扣之分。穿双排扣西服时一般要求把纽扣全部都系上，以示庄重。单排两粒扣，只扣上面一粒纽扣。三粒扣西服则扣中间一粒。穿单排扣西服时，坐下时纽扣可解开不扣，站立时应按规则扣好。

【相关链接 2-4】　领带佩戴的七个注意事项

一要注意场合。在上班、办公、开会或走访等公务的场合，以打领带为好。在参加宴会、舞会、音乐会时，为表示尊重主人，亦可打领带。

二要注意服装。穿西装套装必须打领带。穿单件西装时，领带可打可不打。

三要注意男女有别。在商务活动中，领带仅适合男士佩戴，领带是商界男士的基本标志之一。一般商界女士在正式活动中不宜打领带。

四要注意位置。穿西装上衣与衬衫时，应将领带置于两者之间。在西装上衣与衬衫之间加穿西装背心与羊毛衫、羊绒衫时，应将领带置于西装背心、羊毛衫、羊绒衫与衬衫之间。

五要注意结法。领带结基本要求是：挺括、端正，在外观上呈倒三角形。领带结大小基本与衬衫衣领大小形成正比。

六要注意长度。领带打好后，最标准的长度是下端的大箭头正好抵达皮带扣的上端。

七要注意配饰。依照惯例，打领带时可不用任何领带的配饰。即使使用领带夹，也不宜令其处于外人视野之内。

（资料来源：千舒、陈秋玲编著《商务礼仪的N个细节》，海潮出版社2005年版）

4. 套裙着装规范

女性着装应当体现女性的职业特点、性格特征和个性魅力。职业女性的最好服装是西装套裙。西装套裙以其独特的端庄、典雅、美丽、含蓄以及流畅的线条美而受到现代职业女性的青睐。西装套裙非常讲究配套，穿着西装套裙时需要注意以下几点：

第一，上装和裙子的色调应统一而稳重，具有成熟感。

第二，着装时应成套穿着，并配上与之相协调的衬衣、高领羊绒衫或有领T恤衫，与衬衣搭配时，领口可以系上领结、领花或丝巾。

第三，穿套裙一定要穿皮鞋，最好是有跟的皮鞋（中跟或高跟均可）。布鞋、旅游鞋、轻便鞋与西装套裙搭配不相适宜。

第四，如穿裙子一定要穿长丝袜，袜口切忌露在裙摆之下，配裙子的丝袜以肉色、黑色最常用。不要穿有挑丝、有洞或用线自己补过的袜子。

第五，穿着套裙时，对衬衣、袜子、鞋子、饰物甚至皮包的选择，都应注意搭配协调。

（二）饰品佩戴礼仪

饰品，是指能够起到装饰点缀作用的物件。饰品的佩戴是服饰礼仪的重要组成部分，饰品也是一种文化，饰品的选择和佩戴也能体现一个人的内在涵养和素质。

1. 饰品佩戴的原则

（1）少而精。饰品佩戴不可盲目求多，应让饰品起到画龙点睛的作用，否则会给人过分炫耀、画蛇添足之感。

（2）饰品的佩戴应与自身条件相协调。在佩戴饰品时应考虑到自身的条件，比如自己的体形、脸形、发型、肤色、年龄、气质等因素，使佩戴的饰品和自身达到和谐，从而有效地提升个人形象，增强个人魅力。

（3）饰品的佩戴应和服装相协调。穿工作制服一般不适宜佩戴饰品，但在某些景区点，比如着少数民族服装的导游，适当佩戴饰品会起到锦上添花的作用。

【补充知识 2-5】 首饰佩戴八条规则

(1) 数量规则。数量上以少为佳。　(2) 色彩规则。色彩上力求同色。
(3) 质地规则。质地上争取同质。　(4) 身份规则。要令其符合身份。
(5) 体形规则。弥补体形上缺陷。　(6) 季节规则。要与季节相符合。
(7) 搭配规则。尽力与服饰协调。　(8) 习俗规则。要遵守地区习俗。

(资料来源：李慧中著《现代礼仪讲座》，中国商业出版社 2002 年版)

2. 几种常见饰品的佩戴规范

(1) 戒指。戒指是爱情的信物、富贵的象征、吉祥的标志。当今，戒指已成为世界各国男女的一种装饰品。但礼仪性的戒指是不能随便戴的，佩戴时既要注意和手指形态、场合、季节等搭配，还要注意不同佩戴所暗含的意义。

戒指从某种程度上讲是一种沉默的语言，是信号或标志，暗示着佩戴者的婚姻和择偶情况，所以戒指戴在不同手指上所含的意义是不同的。例如：戴在食指上，表示无偶或求婚的意思；戴在中指上，表示已有意中人，正在恋爱中；戴在无名指上，表示已订婚或结婚；戴在小指上，则暗示自己是一位独身主义者。一般情况下，大拇指不戴戒指。

不论男士或女士参加越正式的活动，佩戴的首饰就应当越少，通常情况下，左手只戴一枚戒指，戴两枚或两枚以上都不适宜。佩戴多枚戒指，暗示的含义是不明确的，有过分炫耀和故弄玄虚之嫌。

(2) 耳环。耳环是女性的主要首饰，使用比较普遍，其使用率仅次于戒指。选戴耳环应注意和下列几个方面的配合：

第一，与脸形配合协调。比如圆脸，适宜戴各种款式的长耳环或垂坠或耳珠，不宜选戴长垂挂形以及有横向扩张感的耳环。长脸形所佩戴的耳环，浅色比深色的效果好。因为浅色在人的色彩心理感应上有扩张感，对增加脸宽有好处。

第二，与肤色配合协调。一般肤色白皙的女性适宜戴红色、绛红、翡翠绿等色彩较为鲜艳的耳环；皮肤偏黑的女性，宜选用色调柔和的白色、浅蓝、天蓝、粉红色耳环。金色耳环适合于各种肤色的人佩戴。

第三，与服饰配合协调。服饰色调鲜艳的，选配的耳环色泽宜淡雅或者同色调。穿大衣时可以选用无穗或大圆形耳环，穿连衣裙时，选用无穗式小圆形耳环。身穿礼服时，所佩戴的耳环不仅要与高档的面料相称，耳环的造型也不能随心所欲，否则，会影响整体形象的格调与品位。

第四，与年龄配合协调。比如年纪大的女性不要佩戴粗大或凸出的夹式耳环；花朵形的夹式耳环宜与连衣裙相配，并且是年轻女性佩戴较为适合。

(3) 项链。项链的种类很多，大致可分为金属项链和珠宝项链。对于各类项链进行恰当的选择和佩戴能够起到扬长避短、画龙点睛的修饰作用。在佩戴时应注意和自己的形体特征、服装、年龄及场合相协调。

对于脖子长的女士要戴颗粒大而短的项链，使其在视觉上能缩短脖子的长度；脖子短的女士则要戴颗粒小而长、造型简洁明了的项链，不宜选用多层或短而宽的项链。

佩戴项链应与服装和谐呼应。身着柔软、飘逸的丝绸衣衫裙时，佩戴精致、细巧的项链，看上去会更加动人。单色或素色服装，佩戴色泽鲜明的项链，能使首饰更加醒目，在首饰的点缀下，服装色彩也显得活跃、丰富。

年轻人肤色滋润，佩戴象牙、珍珠项链更和谐、文静，而佩戴五颜六色的珠宝项链则会显得神采奕奕。年纪大的女性选择翡翠、绿松石项链会显得年轻、端庄。

上班时，应适当地搭配一条不要太粗的金项链或银项链，以免有过分招摇的感觉。晚间去参加舞会或宴会，可选用发光发亮、光彩度较亮且柔和的项链，并与服装巧妙搭配，增加自己稳重、端庄的气质。特长珠链(24 寸、30 寸)适合特别隆重的场合佩戴。

【小思考 2-6】 如何别胸针更好？

别胸针的部位多有讲究。穿西装时，应别在左侧领上；穿无领上衣时，则应别在左侧胸前；发型偏左时，胸针应当居右；发型偏右时，胸针应当偏左，以达成一种和谐的美感。胸针的具体高度，应在从上往下数的第一粒、第二粒纽扣之间。

(资料来源：顾诚编著《商务礼仪大全》，哈尔滨出版社 2005 年版)

三、旅游职业人员仪态礼仪

仪态包括姿态、动作、表情，是指一个人举止的姿态与风度。旅游职业人员的仪态主要指在接待工作和与客人交往时的姿势、举止，如站立姿势、走路步态，说话声音、面部表情、手势动作等。仪态礼仪就是我们常说的“体态语言”，它作为一种无声语言，在旅游接待服务中有着重要的作用。

(一) 站姿礼仪规范

站姿是旅游职业人员在工作中最基本的举止，所谓“站有站相”，是优雅举止的基础。站姿的规范和优雅会给宾客留下舒展俊美、精力充沛、充满自信的良好印象。对站姿的基本要求是：端正、挺拔、优美、典雅。

1. 站姿三标准

正：头正、眼正、肩正，即头要正，双目要平视，双肩要舒展。

直：身体直立，腰要直，双腿挺立。

挺：挺胸、收腹。男子站立时，应讲究挺拔、笔直，使之有稳定感，即“站如松”。女子站立时，应讲究挺直、舒展，古人常用“亭亭玉立”来形容。

2. 男士站姿规范

男士站姿一：身体立直，挺胸抬头，下颌微收，双目平视，两膝并严，脚跟靠紧，脚掌分开呈“V”字型，提髋立腰，吸腹收臀，双手置于身体两侧自然下垂。

男士站姿二：身体立直，挺胸抬头，下颌微收，双目平视，两腿分开，两脚平行，比肩略窄些，双手在身后交叉，贴在臀部。

3. 女士站姿规范

女士站姿一：身体立直，挺胸抬头，下颌微收，双目平视，两膝并严，脚跟靠紧，脚掌分开呈“V”字型，提髋立腰，吸腹收臀，双手在腹前交叉，右手搭在左手上，贴在腹部。

女士站姿二：挺胸抬头，下颌微收，双目平视，两膝并严，提髋立腰，吸腹收臀，两脚尖向外略展开，右脚（左脚）在前，将右脚跟（左脚跟）靠于左脚（右脚）内侧，身体中心在两脚上。双手在腹前交叉，右手搭在左手上，贴在腹部。

旅游职业人员禁忌的站姿有：站立时弯腰驼背，左右摇晃，双手叉腰、抱胸；身体东倒西歪或倚靠其他物体；或手插入衣袋，双手做小动作等。

（二）坐姿礼仪规范

端庄优美的坐姿会给人以文雅、稳重、自然大方的美感，而且也是展现自己风范的重要形式。

1. 坐姿基本要领

入座时要轻稳，动作协调从容，走到座位前，转身后退，入座时要轻柔和缓，起座时要端庄稳重，不宜猛起猛坐。

上体自然坐直，两腿自然弯曲，双脚平落地上，双膝并拢，臀部坐在椅子的中央，腰部靠好；两手放在膝上，胸微挺，腰伸直；目平视，嘴微闭，面带笑容。

一般只坐满椅子或沙发面的 2/3 以上，当着长辈、上司、贵宾更不能坐满座位，这是利用坐姿表示对他人的敬意。

2. 男士坐姿规范

男士坐姿：上体挺直，下颌微收，双目平视，两腿分开，不超肩宽，两脚平行，小腿与地面呈垂直状，手放置在膝盖上或放于大腿中前部，体现出男子的自信、豁达。

3. 女士坐姿规范

女士坐姿：上体挺直，下颌微收，双目平视，双腿可以居中，两膝两腿并拢，两脚脚跟靠紧，脚尖略开。或两腿并拢，两脚同时向左放或向右放，两手叠放，置于左腿或右腿上。女士在侧坐时，把右脚尖向前斜伸出，显得悠闲；或把左腿跷在右腿上，给人一种高贵大方的感觉，但不能跷得过高，不然会有失风度。就座谈话时不可跷腿。无论何种坐姿，上身都要挺直。

不雅的坐姿有：坐椅时前俯后仰、东倒西歪；过于放松，瘫坐于椅内；架起“大二郎腿”，悬空的脚尖朝天；单腿甚至双腿抖动；双腿直挺挺地伸向前方或双手抱在腿上；将上身往前倾或以手支撑着下巴。在接待宾客的过程中或在正规的社交场合，这些不雅的坐姿既不尊重客人，也不符合礼仪规范要求。

【补充案例 2-7】 抖腿抖掉了合同

有一位美国华侨，到国内洽谈合资企业，谈了好几次，最后一次来之前，他对朋友说，这是我最后一次会谈，我要跟他们最高领导谈，谈得好，就可以拍板了。过了两个星期他回到美国，朋友问：谈成了吗？他说：没谈成。朋友问为什么，他回答："对方很有诚意，进行得也很好，就是跟我谈判的这个领导坐在我的对面，当他跟我谈判时，不时地抖着他的双腿，我觉得还没有跟他合作，我的财都被他抖掉了。"

（资料来源：张文编著《酒店礼仪》，华南理工大学出版社 2002 年版）

（三）蹲姿礼仪规范

对于旅游职业人员尤其是一线服务接待人员来说，在某些场合免不了要采取蹲姿进行服务的。所以，规范的蹲姿对提高服务质量是十分有必要的。

1. 标准蹲姿基本要求

蹲是由站立的姿势转变为两腿弯曲和身体下降的姿势，是在比较特殊的情况下所采取的一种暂时性体态，如对工作岗位进行清理、收拾时，提供必要服务时，捡拾地面物品时。标准蹲姿的基本要求如下：

(1) 下蹲拾物时，应自然、得体、大方，不遮遮掩掩。

(2) 下蹲时，两腿合力支撑身体，避免滑倒。

(3) 下蹲时，应使头、胸、膝关节在一个角度上，使蹲姿优美。

(4) 女士无论采用哪种蹲姿，都要将腿靠紧，臀部向下。

(5) 男士蹲下时两腿间则可有适当距离。

2. 蹲姿注意要点

采用蹲姿时要避免以下几点：

(1) 突然下蹲。下蹲时速度不宜过快。在行进中需要下蹲时，要特别注意这一点。

(2) 离人太近。下蹲时注意与他人保持一定距离，与他人同时下蹲时，更不能忽略双方距离，以免迎头相撞。

(3) 方位失当。在他人身边下蹲，尤其是在客人身旁下蹲时，最好与之侧身相向。正面或背对他人下蹲，通常是不礼貌的。若用右手捡东西，可以先走到东西的左边，右脚向后退半步后再蹲下来。

(4) 失态暴露。弯腰捡拾物品时，不可两腿叉开，不可臀部向后撅起，不可内衣暴露，在大庭广众之下下蹲时，身着裙装的女性服务员，一定要避免个人隐私暴露在外。

（四）走姿礼仪规范

走姿是站姿的延续动作，是在站姿基础上展示的人的一种动态。走姿是最引人注目的体态语言，最能表现一个人的风度和活力，走姿优美，可增添人的魅力。

1. 基本要领

正确的走姿要以端正的站姿为基础。上体正直，不低头，眼平视，面带笑容。两臂自然前后摆动，前摆臂摆至与身体夹角35度，后摆臂摆至与身体夹角15度为宜，肩部放松。重心可以稍向前，这有利挺胸、收腹，身体重心落在脚掌前部。步伐稳健，要有节奏感，并大致走在一条等宽的直线上。

2. “三步”规范

“三步”即步态、步位、步幅，即走路时步态、步位和步幅要合乎规范。

步态：正常的行走应该是脚掌、脚尖朝前，脚印应是正对着前方，如果走起路来两脚脚尖向内或向外歪，就是“内八字”或“外八字”步，内八字或外八字形走步的步态是不正确、不规范、不雅观的步态。

步位：即脚落在地面时的位置。特别是女性职业人员两脚交替应走在一条直线上，称“一字步”以显优美。男性职业人员在行进时，一般两脚所踩的应是两条平行线，两脚落在地上的横向距离大约3厘米左右。

步幅：就是跨步时两脚间的距离。标准步幅是前脚跟与后脚尖间的距离为一脚长。因此对不同的人来说，标准步幅的大小是不同的，这是随身材高矮而定的。在正常情况下，旅游职业人员每分钟走60～100步左右。使用标准步幅可以使步态更美。

不良的走姿主要有：挺胸腆肚、扭腰摇臀、左顾右盼、脚步迈得太大、脚步拖泥带水或将手插在裤兜里走路等。

（五）手势礼仪规范

手势语是通过手和手指的动作来传情达意，是人们交往时不可缺少的一种富有表现力的体态语言。旅游职业人员在与宾客交流时，使用得体适度的手势，可增强感情的表达，起到锦上添花的作用。

1. 手势规范要点

手势动作要讲究礼仪。旅游职业人员的手势使用要给人一种庄重含蓄、彬彬有礼、自然适度的感觉。

一般认为：掌心向上的手势有一种诚恳、尊重他人的含义；掌心向下的手势意味着不够坦率、缺乏诚意等；伸出手指来指点是要引起他人的注意，含有教训人的意味。因此，在引路、指示方向等时，应注意手指自然并拢，掌心向上，以肘关节为支点，指示目标，切忌伸出食指来指点，这是极不礼貌的。

使用手势时的动作规律是：欲扬先抑，欲左先右，欲上先下，运用手势的曲线宜软不宜硬，速度不要太快，要注意手势与面部表情和身体其他部位动作的协调，才能真正体现出尊重和礼貌。同时注意手势使用不宜过多，动作不宜过大，严禁手舞足蹈。

【小知识 2-8】 旅游服务常用的十种手势

正常垂放，手持物品，递接物品，展示物品，招呼别人，介绍别人，引领客人，举手致意，与人握手，挥手道别。

（资料来源：章洁编著《现代酒店礼仪礼貌服务标准》，蓝天出版社 2004 年版）

2. 注意手势的文化差异

同样一种手势，在不同的国家、不同的地区可能有不同的含义，千万不能乱用。旅游接待工作者在涉外接待时应注意手势所表现的文化差异。接待不同国家、民族、地区的宾客时，要懂得他们的手势语言，以免闹出笑话，引起误会。参考表 2-2：

表 2-2 知识链接——手势的不同含义

手势动作	不同含义	适用国度
竖起大拇指	好，干得好，了不起，高明 男人，您的父亲，最高 首领，自己的父亲，部长，队长 祈祷幸运 顺便搭车	中国 日本 韩国 澳大利亚、墨西哥、荷兰 美国、法国、印度
伸出食指	让对方久等 请求，拜托 最重要 请来一杯啤酒	美国 缅甸 新加坡 澳大利亚
伸出中指	被激怒和极不愉快 不满 侮辱 下流的行为	法国、美国、新加坡 墨西哥 澳大利亚、突尼斯 法国
伸出小指	女人、好孩子、恋人 妻子、女朋友 小个子 朋友 要去厕所 打赌	日本 韩国 菲律宾 泰国、沙特阿拉伯 缅甸、印度 美国、尼日利亚
食指往下弯曲	数字九 偷窃 死亡 钱、或询问多少价格、数量	中国 日本 美国、菲律宾、马来西亚 墨西哥
拇指与食指尖组成一圆圈手心向前	OK 诅咒 钱	美国 巴西、阿拉伯世界、希腊 日本

（资料来源：吴忠军主编《中外民俗》，东北财经大学出版社 2001 年版）

（六）表情礼仪规范

表情是心情的体现，也是人性的镜子。心理学家指出，交际双方的相互理解＝语言(7%)＋语调(38%)＋表情(55%)。可见表情语的重要性。对于旅游职业人员来说，良好亲和力的营造主要是在和蔼可亲的表情上。旅游职业人员在与宾客沟通交流时，运用比较多的表情主要是目光语和微笑语。

1. 目光语

旅游职业人员需要懂得合理、适当地运用眼神来帮助表达情感，促进与对方之间的交流与沟通。在对客交流中，目光的运用应把握好注视的部位、注视的时间和注视的方式。

(1) 注视的部位

在与宾客交流沟通过程中，应用热情、友好的目光看着宾客的脸，与宾客进行直接的目光接触和交流。人的脸部可以分为两个区域，额头至双眼之间是正视区，注视这一部位表示双方谈话都处于严肃认真状态。从双眼到嘴部之间是社交区，注视这里有利于传递礼貌友好的信息，旅游职业人员在对客交流中，应将自己的目光多投向宾客的社交区。

(2) 注视的时间

旅游职业人员对客沟通时应将自己的目光不时地投向宾客，不可以说话不看着宾客，也不可以直盯住宾客不放，目光不要躲躲闪闪、羞羞答答，应自然大方地与宾客进行目光交流。让宾客在你的目光中看到亲切、友好与自信，感到温暖和舒服。与人交谈时，视线接触对方脸部的时间应占全部谈话时间的30%～60%，否则会影响交际效果。

(3) 注视的方式

旅游职业人员应了解注视方式的不同含义。正视对方是交往中一种基本礼貌，其含义表示重视对方。平视对方表现出双方地位平等与本人的不卑不亢。在与宾客沟通交流时，应正视宾客、平视宾客，能让宾客感到你是自信的、坦诚的和认真的。与多名宾客相处时，也可以环视各位，以避免不在自己视野中的宾客产生冷落感和遗弃感，但切忌斜视宾客、窥视宾客，或盯视和居高临下地俯视宾客。

2. 微笑语

在笑容里面，最常见、用途最广、效益最大的是微笑。微笑在旅游业服务接待中是一种特殊的语言——情绪语言，它可以代替语言上的欢迎。在客人眼中，旅游职业人员是以东道主身份出现，面带微笑的服务实质上就是一种欢迎。因此，甜美而真诚的微笑，是旅游职业人员的基本功之一，要贯穿于接待服务工作的全过程和各个环节。

【相关链接 2－9】 “今天你微笑了没有？”

美国希尔顿酒店业创始人、董事长唐纳·希尔顿在五十多年里，不断地到设在世界各地的希尔顿酒店视察，视察中他总是经常问下级一句话："今天你微笑了没有?"唐纳·希尔顿曾经说过："酒店的第一流设备重要，而第一流的微笑更为重要。如果没有服务人员的微笑，就好比花园失去了春日的阳光和春风。"他确信，微笑将有助于希尔顿酒店在全世界的发展。他要求员工切记一个信条："无论酒店本身遭到何种困难，服务员脸上的微笑永远是属于顾客的阳光。"

（资料来源：王春林主编《旅游接待礼仪》，上海人民出版社 2006 年版）

在旅游接待中如何正确地运用好微笑呢？这一方面要靠必要的礼貌修养，另一方面还要靠技巧或训练，这样才能把最美的微笑奉献给客人。旅游接待工作者在微笑服务时应注意以下要求：

(1) 发自内心。只有发自内心的笑，才会甜美而真诚，才能显得自然、亲切和动人。旅游职业人员的微笑，应是自己愉快心情的外露，也是对宾客一片真情的奉送。微笑的关键在于"含笑"于面部，给人以亲切、甜美和真诚感，使人回味。因为发自心底里的笑，极容易感染宾客，使宾客产生情感上的共鸣。

(2) 合乎规范。微笑是旅游职业人员的基本功之一，这种笑不能勉强敷衍，不能机械呆板，不能为笑而笑，无笑装笑，因为假笑也好，装笑也好，都是皮笑肉不笑，其结果必然使宾客反感。所以微笑应合乎规范，要做到四个结合：口眼结合，笑与神情、气质结合，笑与语言结合，笑与仪表、举止、场合结合。

(3) 注意场合。微笑服务是旅游职业人员的一种总体要求，在具体运用时，必须注意服务对象的具体情况。有些情况下微笑是不允许的，如：进入气氛庄严的场所时，客人满面哀愁时，客人有某种先天的生理缺陷时，客人出了洋相而感到极其尴尬时。

【知识链接 2-10】 微笑的"四要"和"九个一样"

要塑造美好的笑容，必须加强微笑的艺术和礼仪修养，做到"四要"和"九个一样"：

四要：一要口眼鼻眉肌协调，做到真笑；二要神情结合，显出气质；三要声情并茂，相辅相成；四要和端庄的仪表举止形成完美的统一。

九个一样：领导在场和不在场一样，内宾外宾一样，本地客与外地客一样，生客熟客一样，大人小孩一样，生意大小一样，买与不买一样，购物与退货一样，主观心境好坏一样。

（资料来源：北京未来之舟编著《服务礼仪》，中国经济出版社 2006 年版）

(七) 塑造美好的风度举止

风度是一个人整体形象的评价，它又是人们在交往活动中一切言行举止的概称。风度是气质、阅历、教养共同作用所创造出的举止和姿态。而气质是指人的相当稳定的个性特点、风格和气度，简单地说就是人们平常所说的性情和脾气。风度是气质的外露。在旅游服务和社会交往中，美好的风度举止总是受人欢迎的。要塑造美好的风度举止,应注意做到以下几个方面。

1. 表现得体的风度

由于人们的职业性质和生活环境的影响,自然而然地养成一种职业风度。风度是褒义词,只适用于高尚的人。风度美不仅指人的某些动作举止,而且主要指人的全部生活姿态所提供给人们的综合印象,包括精神状态、个性气质、品德情趣、文化素养、生活习惯。

神采奕奕、精力充沛,显得自信和富有活力,在与人交往中,就能激发对方的交往动机,活跃交往气氛。如若萎靡不振、无精打采,即使你有交往诚意,对方也会感到索然无味。

现代人尤其是年轻人比较重视自己的风度,但应当记住风度不是故作姿态和装腔作势。有些年轻女士与人相见,总喜欢甩甩自己满头的秀发,或者把头稍稍歪一点。在所有场合对所有人都是如此,便是过分了,要是过度地张扬自己的女性美,是不成体统的,也谈不上风度美。

2. 倡导优良的品德

为人诚恳、心地善良是不可缺少的。我们在服务场合和社交场合,要提倡一个"诚"字,就是诚恳、诚实的人品。首先,真诚待人是非常美好的风度,对人对事要实事求是,不说谎骗人,不捉弄人,不侮辱人;对别人要有正确认识,相信人、尊重人,如果把别人都看成"自私小人",那你就无法真诚待人。其次,诚实做人,就是要做老实人,办老实事,说老实话,一是一,二是二,做到表里如一,言行一致。正派是做人的一个准则。正派的人行为光明磊落,正直公道,不搞拍马奉迎、见风使舵那一套。在社交中,一个人能不能赢得别人的尊敬与信赖,与自己的作风、行为是不是正派有很大关系。

【补充案例 2－11】 做一个诚实守信的人

一个在日本的中国留学生,课余为日本餐馆洗盘子以赚取学费。日本的餐饮业有一个不成文的行规,即餐馆的盘子必须用水洗上七遍。洗盘子的工作是按件计酬的,这位留学生计上心头,洗盘子时少洗一两遍。果然,劳动效率便大大提高,工钱自然也迅速增加。一起洗盘子的日本学生向他请教技巧,他毫不避讳地说:"你看,洗了七遍的盘子和洗了五遍的有什么区别吗?少洗两次嘛。"日本学生与他渐渐疏远了。

餐馆老板偶尔抽查了盘子清洗的情况。一次抽查中,老板用专用的试纸测出盘子清洗程度不够并责问我们这位留学生时,他振振有词:"洗五遍和洗七遍不是一样保持了盘子的清洁吗?"老板只是淡淡地说:"你是一个不诚实的人,请你离开。"

为了生计,他又到另一家餐馆应聘洗盘子。这位老板打量了他半天说:"你就是那位只洗五遍盘子的中国留学生吧。对不起,我们不需要!"第二家、第三家,他屡屡碰壁。他痛心疾首地告诫准备到日本留学的中国学生:"在日本洗盘子，一定要洗七遍呀！”

（资料来源：广通编著《经典培训故事全集》，地震出版社 2006 年版）

3. 加强性格的修养

性格通过行为表现出来，因此与风度密切相关。如性格孤傲的人，风度就显得傲慢，孤芳自赏，咄咄逼人；性格软弱的人，风度就显得委婉、优柔寡断；性格活泼的人，风度就显得洒脱、挥洒自如。

当然人无完人，谁都有性格上的弱点、风度上的缺陷，比如果断者易流于粗率、活泼者易流于轻佻、严肃者易流于呆板、温柔者易流于怯懦。

活泼的人在社交场合是很受欢迎的。活泼是指举止愉快、活泼，爱说爱笑，风趣幽默。但活泼不等于轻浮。活泼不是拿别人开心，不是和异性不分场合地打闹拉扯，或在大庭广众说粗俗的话。

谦虚是人类的美德，对于人际交往很重要，谦虚的人在社交场合总是有许多朋友的。但谦虚不是拘谨，有些人没有掌握好谦虚的分寸，走向了另一个极端——拘谨、谨小慎微。在社交场合拘谨者总是怯于与人交往，拘谨是收不到交往中的好效果的，也是缺乏风度的。

因此，我们要使自己的风度得到别人的赞美，就要加强性格的修养，努力做到：大方而不轻佻，自重而不自傲，谦虚而不拘谨、不虚伪，活泼而不轻浮。

4. 培养文雅的举止

在工作和社交场合，和客人或朋友初交，互相打量，立刻产生好的印象，这个好感，除了言谈之外，就是举止的作用了。文雅的举止要求做到，没有落后愚昧的习惯动作，熟知各种礼仪规范，对待不同身份、不同地位、不同年龄、不同性别、不同关系的人，都能准确无误地使用相应的礼节，使人觉得文明素养很高。同时要求在交际场合动作要潇洒，而过分拘谨，会显得笨手笨脚，小里小气，但也不可粗鲁散漫，什么都无所谓，显得狂妄傲慢，没有节制，一切举动都应当自然大方，利索，不卑不亢，应付自如。

【小案例 2-12】 一口痰吐掉一项合作

国内某医疗器械厂与美国客商达成了引进“大输液管”生产线的协议，第二天就要签订合同了。可是，当这个厂的厂长陪同外商参观车间时，向墙角吐了一口痰，然后再用鞋底去擦。这一幕让外商彻夜难眠，结果造成一口痰“吐掉”一项合作。

（资料来源：李彦芳编著《优秀主管商务礼仪》，中国纺织出版社 2002 年版）

当然动作举止的优美是靠平时培养的。当别人给你敬烟，你应该站起来接受，并主动给对方点火。下级面对上级或小辈面对长辈，如跷起二郎腿，手里叼根香烟，这是性情浮躁、行事草率的举止行为。

在社交场合，同异性交往，不论熟悉与否，都不要当着对方的面眨眼睛、摸鼻子、吹口哨、捻手指。在许多国家和地区，这类动作暗含着调戏之意。

女子一般都爱笑，但一定要笑得自然，如果过分地装出一副笑脸来，给人的感觉会不舒服。女性抿嘴而笑，则被认为是讥讽或轻浮。一般来说，在陌生人面前，女子内向一些比外向一些好，含蓄一些比夸夸其谈要好。

有时不少无意中的小动作会降低自己的人格。比如在人前交头接耳，会被认为疑心病；有的男士从椅子立起时，常会有提提裤腰的动作，这是令人厌恶的动作，若在女性面前拉裤子更是绝对禁止的行为；饭后剔牙对欧美人来说好像看见了野蛮人。

一个人要做到风度举止优美，是需要长期刻苦锻炼的，只要常常提醒自己，从日常生活中的点点滴滴着手，有意识地模仿别人的优雅动作，随时纠正自己的一些不好习惯，是能够达到预期效果的。

【补充案例 2-13】　不拘小节的女市长

国内一女市长出访荷兰时，欲与某城市结好。为促成此事，吴建民在大使官邸宴请双方。餐后，女市长竟在餐桌上手无遮拦地用牙签剔牙，不仅如此，还将剔出物连“呸”四下吐进盘子。对荷兰市长斜睨她之表情，女市长视而不见。

（资料来源：李荣建、宋和平编著《礼仪训练》，华中科技大学出版社 2005 年版）

复习与练习

一、主要概念

1. 仪容　2. 仪表　3. 仪态　4. TPO 原则　5. 风度

二、学习理解

1. 旅游职业人员在个人卫生方面应注意哪些礼仪规范？

2. 旅游职业人员发型的基本要求是什么？

3. 简述职业妆化妆的基本程序。

4. 旅游职业人员穿着工作制服时有哪些具体要求？

5. 什么是走姿的“三步”规范？

三、判断题

1. 双排扣西装在正规场合应全部扣好。（　）

2. 戒指戴在中指上，表示无偶或求婚的意思。（　）

3. 当着长辈、上司、贵宾坐满椅子或沙发面的 2/3 以上，这是利用坐姿表示对他人的敬意。（　）

4. 手势礼仪中掌心向上和掌心向下其含义基本一样。（　）

5. 与人交谈时，视线接触对方脸部的时间应占全部谈话时间的80%比较恰当。(　)

四、选择题

单选题

1. 穿着西服套裙时应配：(　　)。

A. 肉色短袜　B. 肉色长筒袜　C. 彩色丝袜　D. 黑色短袜

2. 使用标准步幅可以使步态更美。在正常情况下，旅游职业人员每分钟走(　　)左右。

A. 60～100步　B. 50～80步　C. 60～80步　D. 70～100步

3. 友好合理的感情表达可以增进相互之间的理解，心理学家给出的公式为：(　　)。

A. 感情的表达＝语言(38%)＋语音(7%)＋表情(55%)

B. 感情的表达＝语言(7%)＋语音(55%)＋表情(38%)

C. 感情的表达＝语言(7%)＋语音(38%)＋表情(55%)

D. 感情的表达＝语言(55%)＋语音(38%)＋表情(7%)

多选题

1. 化妆的主要禁忌包括：(　　)。

A. 当众化妆　B. 残妆示人

C. 非议他人化妆　D. 在公开场合补妆

E. 借用他人化妆品

2. 以下(　　)是符合西装穿着礼仪规范的。

A. 三粒纽扣只扣中间一粒

B. 领带夹位置在衬衫的第三至第四粒纽扣处

C. 领带的长度以系好后下端正好触及腰上皮带扣上端

D. 衬衫下摆要放在裤腰外

E. 记事本、名片夹、香烟等物应放在西装上衣的衣袋内

3. 旅游职业人员在服务中不宜使用的目光有：(　　)。

A. 盯视　B. 斜视　C. 窥视　D. 正视

E. 平视

五、案例分析

案例：如何维护好个人形象？

郑伟是一家大型国有企业的总经理。有一次，他获悉有一家著名的德国企业的董事长正在本市进行访问，并有寻求合作伙伴的意向。他于是想尽办法，请有关部门为其双方牵线搭桥。让郑总经理欣喜若狂的是，对方也有兴趣同他的企业进行合作，而且希望尽快与他见面。到了双方会面那一天，郑总经

理对自己的形象刻意进行了一番修饰。他根据自己对时尚的理解，上穿夹克衫，下穿牛仔裤，头戴棒球帽，足蹬旅游鞋。无疑，他希望自己能给对方留下精明强干、时尚新潮的印象。

然而事与愿违，郑总经理自我感觉良好的这一身时髦“行头”，却偏偏坏了他的大事。德方同行认为：此人着装随意，个人形象不合常规，给人感觉尚欠沉稳，合作之事当再作他议。

（资料来源：金正昆著《涉外礼仪教程》，中国人民大学出版社 2005 年版）

案例思考题：

1. 郑总经理的错误在哪里？
2. 在涉外场合中，旅游职业人员应如何维护个人形象？

模块 2　个人基本礼仪训练

训练项目一：旅游职业人员仪容修饰训练

【训练目的】　熟悉面部化妆和发型修饰的基本规则和技巧，能熟练地化出淡雅自然的旅游职业妆，梳理出精神大方的发型，从而达到旅游职业人员仪容修饰的良好效果：美观、淡雅、简洁、适度、庄重。

【训练内容】

（一）旅游职业妆化妆

（二）发型的修饰

【训练要点和标准】

（一）旅游职业妆（淡妆）化妆的训练要点和标准

1. 掌握化职业妆的步骤和要领

标准：

(1) 小组讨论化职业淡妆的步骤。

(2) 小组成员熟悉化职业妆的如下步骤和要领。

第一步：清洁面部。用滋润霜按摩面部，使之完全吸收。

第二步：打粉底。打粉底时把海绵扑浸湿，然后用与肤色接近的底霜，轻轻点拍。

第三步：定妆。用粉扑沾干粉轻轻揉开，主要在面部的 T 字区定妆，余粉定在外轮廓。

第四步：画眼影。眼部化妆应自然、干净、柔和，重点放在外眼角的睫毛根部，然后向上向外逐渐晕染。

第五步：勾眼线。应紧贴睫毛根，细细地勾画，上眼线外眼角应轻轻上翘较有魅力。

第六步：画眉毛。首先整理好眉形，然后用眉形刷轻轻描画。

第七步：贴睫毛：用睫毛夹紧贴睫毛根部，使之卷曲上翘，然后顺睫毛生长的方向刷上睫毛液。

第八步：上腮红。职业妆的腮红主要表现自然健康的容颜。涂的范围不过眉，低不过嘴角，内不过眼长的1/2处。颜色要涂匀，使之显得自然。

第九步：涂口红。选用亮丽、自然的口红颜色。勾画唇线，线条要柔和、圆润，在轮廓内涂抹，不超出唇线。

2. 小组化妆操练

标准：

(1) 以小组为单位两个一对互相给对方化妆。

(2) 小组每个人给自己化妆。

(3) 互相评价打分。

(4) 找出对方化妆的优缺点。

3. 班级化妆交流

标准：

(1) 小组各推选出化妆得高分的一名学生。

(2) 各小组的学生代表进行化妆比赛演示。

(3) 选出化职业妆最快和最好的一位学生。

(4) 教师最后对比赛点评和总结。

(二) 发型修饰的训练要点和标准

1. 不同脸形所适合的发型

标准：

(1) 对主要脸形适合的发型进行小组讨论。

(2) 小组总结出不同脸形的适合发型：

圆形脸：应尽量从两侧鬓角向下拉长做文章。

方形脸：侧重于以圆破方，以发型来增长脸形。

长形脸：应加重脸形的横向，可适当地用刘海遮盖前额，使脸看上去丰满些。

瓜子脸：额角覆盖些头发，头发可在耳后散下。

梨形脸：短发，头发尽量梳高，并覆盖前额和太阳穴。

2. 不同体形所适合的发型

标准：

(1) 对主要体形适合的发型进行小组讨论。

(2) 小组总结出不同体形的适合发型：

高瘦形：比较适宜于留长发、直发，且要使头发显得厚实、有分量。

矮小形：秀气、精致的发型为主，适宜短发和盘发。

矮胖形：造成一种有生气的健康美，如运动式发型。

高大形：以大方、简洁为好。一般以直发为好，或者是大波浪卷发。

3. 小组梳理发型的实操练习

标准：

(1) 学生互相帮助梳理发型。

(2) 每个学生为自己设计出最合适的发型。

(3) 互相评价打分。

(4) 找出各自发型的优缺点。

训练项目二：领带的各种系法训练

【训练目的】 熟悉系领带的基本方法，通过训练能熟练地系出三种以上领带结，效果良好，从而体现旅游职业人员良好的仪表礼仪规范。

【训练内容】

(一) 领带的各种系法

(二) 领带系法交流比赛

【训练要点和标准】

(一) 领带各种系法的训练要点和标准

1. 平结系法

标准：

(1) 适用于各种材质的领带。

(2) 把握好领带的长度和位置。

(3) 领结系好后下方所形成的凹洞需让两边均匀且对称。

(4) 按以下系法步骤操练(参见图 2-1)：

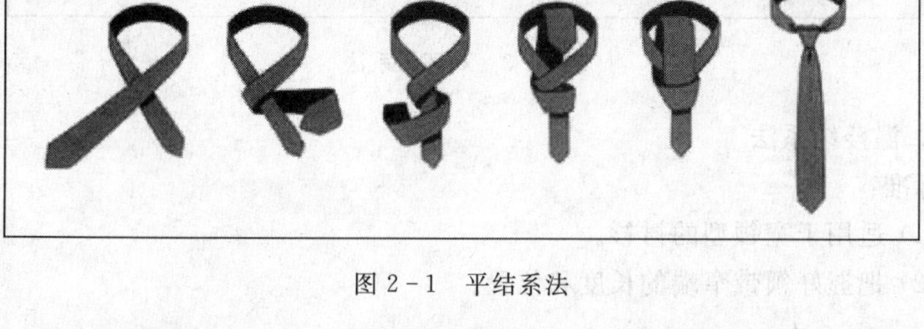

图 2-1　平结系法

2. 交叉结系法

标准：

(1) 适用于单色素雅质料且较薄领带。

(2) 把握好领带宽端的长度和位置。

(3) 打好后应在领结处有交叉线痕显示。

(4) 按以下系法步骤操练(参见图 2－2)：

图 2－2 交叉结系法

3. 双环结系法

标准：

(1) 适用于质地细致的领带。

(2) 把握好领带窄端的长度和位置。

(3) 打好的领结第一圈应稍露出于第二圈之外，别刻意给盖住。

(4) 按以下系法步骤操练(参见图 2－3)：

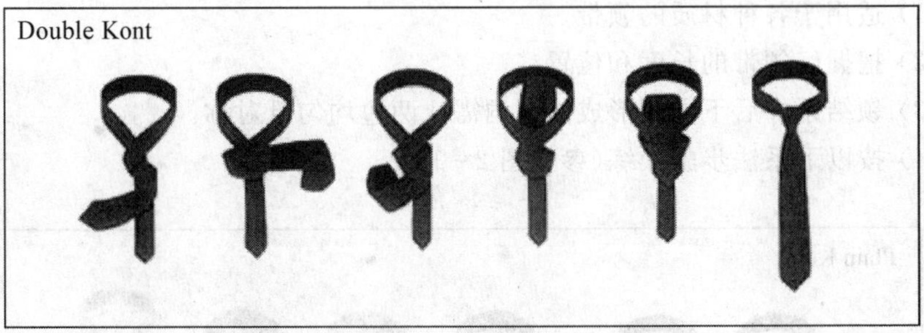

图 2－3 双环结系法

4. 温莎结系法

标准：

(1) 适用于宽领型的衬衫。

(2) 把握好领带窄端的长度和位置。

(3) 打好的领结应多往横向发展,但勿打得过大。

(4) 按以下系法步骤操练(参见图 2-4):

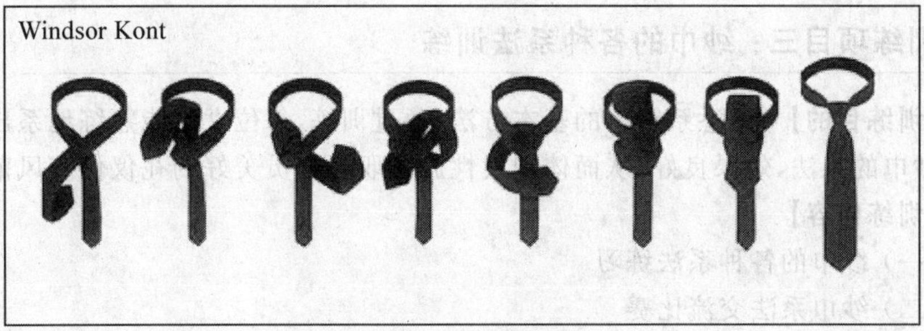

图 2-4　温莎结系法

5. 双交叉结系法

标准:

(1) 适合正式活动场合选用。该领结多适用素色丝质的领带。

(2) 把握好领带窄端的长度和位置。

(3) 在宽端预留较长空间,在绕第二圈时尽量贴合在一起。

(4) 按以下系法步骤操练(参见图 2-5):

图 2-5　双交叉结系法

(二) 领带系法交流比赛

1. 小组交流比赛

标准:

(1) 小组交流如何系领带又快又好。

(2) 任选一种系法在小组内比赛。

(3) 选出领带系得最好的一位学生。

2. 班级交流比赛

标准:

(1) 请各小组派出两名学生:穿好白衬衫,衬衫下摆塞到西裤里边。

(2) 任选一种系法进行比赛。

(3) 选出最快最好的前三名学生。

训练项目三：纱巾的各种系法训练

【训练目的】 熟悉系纱巾的基本方法，通过训练，每位女生能熟练地系出五种以上纱巾的系法，效果良好，从而体现女性旅游职业人员美好的礼仪仪表风范。

【训练内容】

(一) 纱巾的各种系法练习

(二) 纱巾系法交流比赛

【训练要点和标准】

(一) 纱巾各种系法的训练要点和标准

1. 潇洒和稳重式系法及训练

标准：

图 2-6：在自然敞开的上衣衣领下，把丝巾十分自然地松松一挽，形成了活泼自然、潇洒不羁的风度，此种系法适合于青年人在郊游等一些非正式场合采用。

图 2-7：给人一种沉稳持重的感觉。方法是把丝巾叠成长条状，整齐地系在脖子上，一端放在衣领里面，另一端露出领外，这种系法适合于击剑领等立领服装。

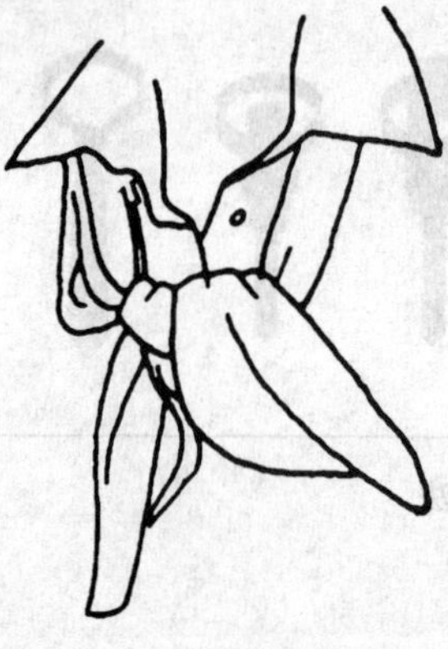

图 2-6 活泼自然系法

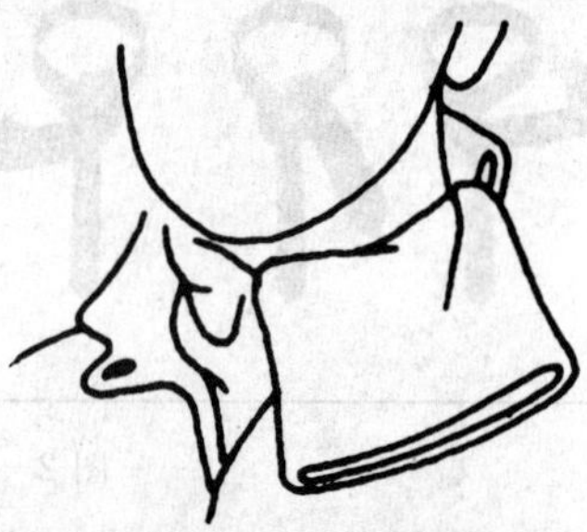

图 2-7 沉稳持重系法

2. 优雅和活泼式系法及训练

标准：

图 2-8：一条长丝巾，它采用打领带的系法，产生了领带的装饰效果，特别是紫红色的纱巾与浅色的西服搭配，十分优雅和引人注目。

图 2-9：此种系法最适合活泼的少女，从浓郁的青春气息中流露出一丝顽皮，颇惹人喜爱。方法是把方巾对折成三角形，再叠成长条，按系红领巾的方法系住即

可，只是纱巾角要留得短些。

图 2-8　优雅系法

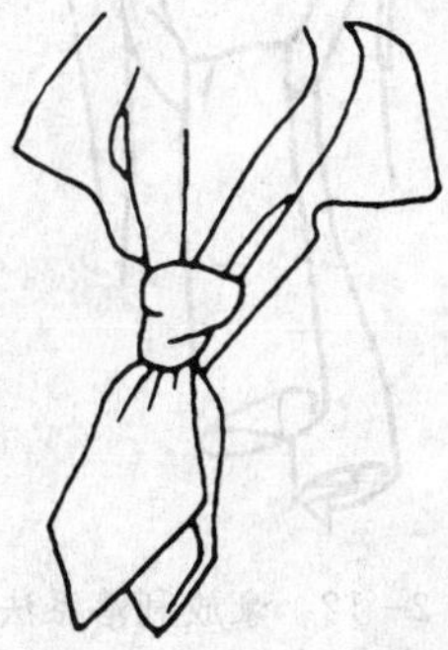

图 2-9　顽皮系法

3. 华丽大方式系法及训练

标准：

图 2-10、图 2-11：这两种系法尤其适合于少妇，华丽大方中又体现出优雅。特别是图 2-11，把方巾对折成三角形后，搭围在肩上，有意形成一种不对称的风格，显得十分别致，如果穿一件薄薄的羊毛衫，它的效果会更好。这两种系法最好都用色彩艳丽的丝巾，尤其是华丽的金黄色底色丝巾效果更佳。

图 2-10　华丽大方系法

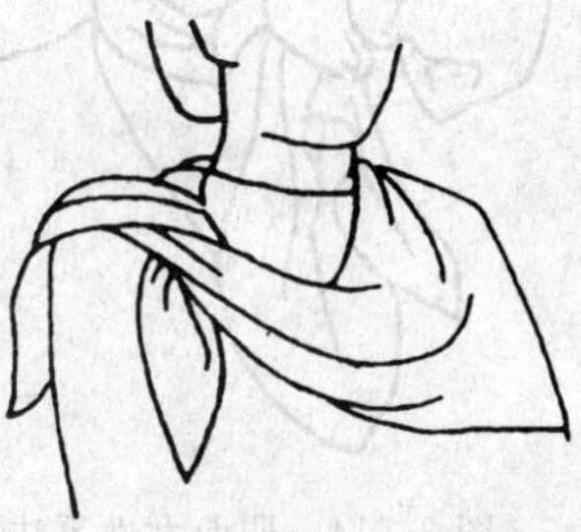

图 2-11　风格别致系法

4. 现代豪放式系法及训练

标准：

图 2-12、图 2-13：这两种系法都需要较长的丝巾，否则不易产生这种效果。图 2-12 的方法是把长丝巾在脖子上绕一圈后随便系在胸前；而图 2-13 干脆不系，只是随便地搭在胸前。这两款都显示出一种豪放利落的气派，具有现代式风格，特别适合性格爽朗的女孩，与夹克衫搭配，装饰效果则更强烈。

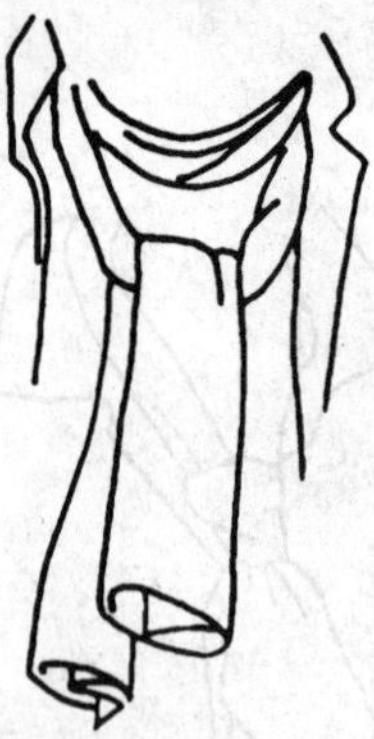

图 2-12　豪放利落系法

图 2-13　现代风格系法

5. 高雅端庄式系法及训练

标准：

图 2-14：适合于各种职业的年轻女性，最好选择色调柔和的颜色，若配上淡雅的衣服，会增添女性娇柔的魅力。

图 2-15：这种系法看起来普通，但能使年轻女孩显得高雅端庄大方。年纪大的女性采用这种系法时，最好选择对比度强烈的丝巾，不论衬在西服还是衬在大衣里面，都会显得艳而不俗，既有色彩感，又不失沉稳大度。

图 2-14　职业女性系法

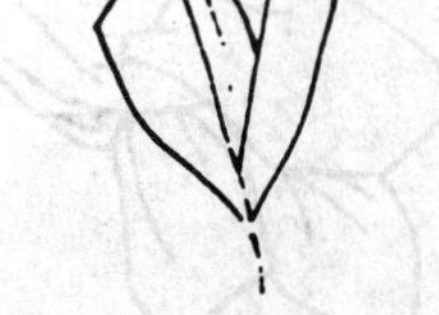

图 2-15　端庄大方系法

（二）纱巾系法交流比赛

1. 小组练习和交流比赛

标准：

(1) 分成小组进行各种系法的练习

(2) 要求每位女生都能熟练系出十种样式或更多。

(3) 选出五种系法在小组内比赛。

(3) 选出纱巾系得又快又好的一位学生。

2. 班级交流比赛

标准：

(1) 请各小组派出两名女生参加班级比赛。

(2) 教师指定五种系法并规定时间进行比赛。

(3) 选出最快最好的前三名学生。

训练项目四：站姿、坐姿、蹲姿、走姿训练

【训练目的】 通过训练，掌握站姿、坐姿、蹲姿和走姿的礼仪规范，从而体现旅游职业人员美好的礼仪仪态规范和优雅的气质和风度。

【训练内容】

(一) 站姿训练

(二) 坐姿训练

(三) 蹲姿训练

(四) 走姿训练

【训练要点和标准】

(一) 站姿的训练要点和标准

1. 站姿训练步骤

标准[参见图 2-16(一)(二)(三)(四)]：

(1) 教师按要求从上至下分项讲解，边讲边示范。

(2) 学生按教师的要求跟着练习。

(3) 指出学生站姿中的问题，并加以纠正。

(4) 引导学生进行自我调整，并寻找良好的感觉。

(5) 延长训练时间，达到训练标准。

2. 站姿训练方法

标准：

(1) 达到要求：头正、双目平视、嘴唇微闭、下颌微收、面容自然平和、双肩放松、不要耸肩。挺胸、收腹、立腰、收臀、身体重心上移，使躯体挺拔、向上。

(2) 顶书训练。把书本放在头顶中心，为使书不掉下来，头、躯体自然会保持平衡，否则书本将滑落下来。这种训练方法可以纠正低头、仰脸、头歪、头晃及左顾右盼的毛病。

(3) 背靠背训练。两人一组，背靠背站立，两人的头部、肩部、臀部、小腿、脚跟紧靠，并在两人的肩部、小腿部相靠处各放一张卡片，不能让其滑动或掉下。这种训练方法可使学生的后脑、肩部、臀部、小腿、脚跟保持在一个水平面上，使之有一个完美的后身。

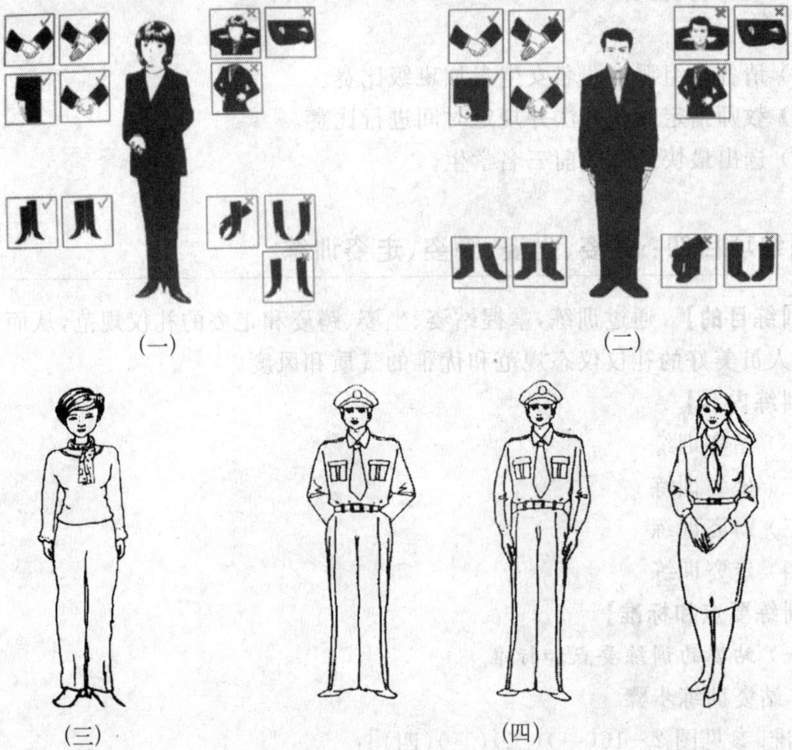

图 2-16　站姿训练步骤

(4) 背靠墙训练。把身体背着墙站好，使你的后脑、肩、臀部及脚跟均能与墙壁紧密接触，这说明你的站立姿势是正确的，假若无法接触，那就是你的站立姿势不正确。

(5) 对镜训练。每人面对镜面，检查自己的站姿及整体形象，看是否歪头、斜肩、含胸、驼背、弯腿等，发现问题及时调整。

(6) 站姿训练每次应控制在 20～30 分钟，训练时最好配上轻松愉快的音乐，用以调整心境，既可以防止训练的单调性，又可以减轻疲劳感。

(二) 坐姿的训练要点和标准

1. 坐姿规范分解训练

标准：

(1) 入座起座训练。

● 一般讲究左入座左离座。

● 先侧身走近座椅，背对着座椅站立，右腿后退一点，以小腿确认一下座椅的位置，然后随势坐下。必要时，用一只手扶着座椅的把手。

● 坐的时候动作要轻；坐下一般要求用背部接近座椅，不可背对着对方。

● 离座的动作要轻缓，不要“拖泥带水”，弄响座椅。右脚向后收半步，而后起立。

(2) 标准坐姿训练。

● 上体正直舒展，两肩放松，头正颈直，腰部挺直，上身稍向前倾。两臂贴身自然下垂，两手随意放在自己腿上。

● 顶书训练端坐后，可将一本书放在头顶正中，训练时不能让书本掉下来。

● 对镜练习：坐在镜子面前，按照坐姿的要求进行自我纠正，重点检查手位、腿位和脚位。

(3) 手的摆放训练。

通常可以把手放在两条大腿上。可以双手各自扶在一条大腿上，也可以双手叠放或相握后放在腿上。

(4) 腿、脚放置训练。

分别就男生、女生的不同摆放姿态逐一进行练习，训练优雅、端庄的坐姿，从练习到自然习惯，再到自然展示职场人员美好的坐姿[参见图 2－17(一)(二)(三)(四)]。

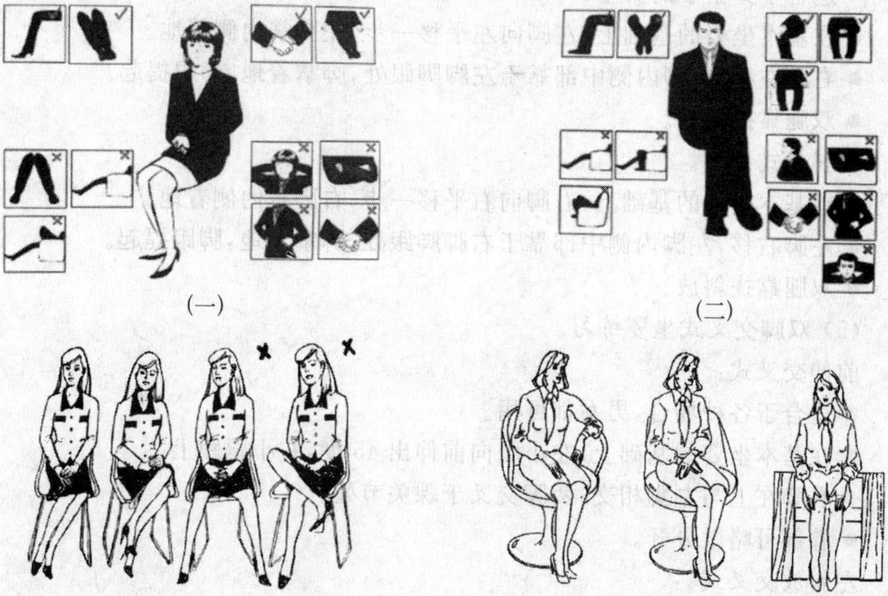

(一)　(二)　(三)　(四)

图 2－17　腿、脚放置训练

2. 各式坐姿训练要点

标准：

(1) “正襟危坐”式坐姿练习。

● 适用于最正规的场合。

- 上身和大腿、大腿和小腿，都应当形成直角，小腿垂直于地面。
- 双膝、双脚包括两脚的跟部都要完全并拢。

(2) 垂腿开膝式坐姿练习。

- 男性正规坐姿。
- 要求上身和大腿、大腿和小腿都成直角，小腿垂直于地面。
- 双膝允许分开，分的幅度不要超过肩宽。

(3) 双腿交叠式坐姿练习。

- 适合穿短裙的女士采用。
- 在基本坐姿的基础上，左右小腿内收，脚尖向下。
- 左小腿起支撑作用，右腿交叠于左腿上。
- 交叠的两小腿紧靠，呈一条直线。

(4) 双腿斜放式坐姿练习。

左斜放式：

- 适合于穿裙子的女士。
- 在基本坐姿的基础上，左脚向左平移一步，左脚掌内侧着地。
- 右脚左移，右脚内侧中部靠于左脚脚跟处，脚掌着地，脚跟提起。
- 双腿靠拢斜放。

右斜放式：

- 在基本坐姿的基础上，右脚向右平移一步，右脚掌内侧着地。
- 左脚右移，左脚内侧中部靠于右脚脚跟处，脚掌着地，脚跟提起。
- 双腿靠拢斜放。

(5) 双脚交叉式坐姿练习。

前伸交叉式：

- 适合于各种场合，男女都可用。
- 在基本坐姿的基础上，左小腿向前伸出 45 度，右小腿跟上。
- 右脚在上与左脚相交，两脚交叉于踝关节处。
- 膝部可略微分开。

左斜放交叉式：

- 适合于女士。
- 在基本坐姿的基础上，左脚向左平移，左脚掌及脚跟内侧着地。
- 右脚在上与左脚交叉，右脚掌外侧着地，脚跟提起，两脚交叉于踝关节处。
- 双小腿成斜放，两腿靠拢。

右斜放交叉式：

- 适合于女士。
- 在基本坐姿的基础上，右脚向右平移，左脚掌及脚跟内侧着地。

● 左脚在上与右脚交叉，左脚掌外侧着地，脚跟提起，两脚交叉于踝关节处。

● 双小腿成斜放，两腿靠拢。

● 特别注意：无论是前伸交叉，还是左、右斜放交叉坐姿，都不得将双脚伸得太远。

后收交叉式：

● 在基本坐姿的基础上，双脚后收于椅下，两脚脚掌着地，脚跟提起，两腿靠拢。

● 适合于座椅凳下为空者，坐沙发类椅子不宜采用此坐姿。

(6) 前伸后曲式坐姿练习。

● 适合于女士。

● 在基本坐姿的基础上，右脚后收，脚掌着地，右脚呈后曲状。

● 左脚前伸，全脚着地，左腿呈前伸状。

● 两脚前后在一条直线上，膝部靠拢。

(三) 蹲姿的训练要点和标准

1. 交叉式蹲姿训练

标准[参见图 2-18(一)]：

(1) 通常适用于女性，特别是身穿短裙女士采用。基本特征是蹲下后双腿交叉在一起。

(2) 右脚置于左脚的左前侧，右腿从前面与左腿交叉。左脚跟抬起。

(3) 两腿前后靠紧，合力支撑身体。

(4) 臀部向下，上身稍前倾。

2. 高低式蹲姿训练

标准[参见图 2-18(二)]：

(1) 下蹲时，左脚在前，全脚着地。

(一)

(二)

图 2-18　高低式蹲姿训练

(2) 右脚稍后,脚掌着地,后跟提起。

(3) 右膝低于左膝。

(4) 臀部向下,身体基本上由右腿支撑。

(5) 女性应靠紧两腿,男性可以适度地分开。

3. 半蹲式蹲姿训练

标准:

(1) 一般是在行走时临时采用,它的正式程度不及前两种蹲姿。

(2) 身体半立半蹲。下蹲时上身稍许弯下。

(3) 臀部务必向下,不是撅起。

身体重心放在一条腿上,两腿之间不要分开过大。

4. 蹲姿训练方法

标准:

(1) 蹲下训练。

身体直立,男生脚前后站立,迅速蹲下;女生丁字步站立,理顺裙后优雅蹲下。在练习动作的同时,注意体会技术要领。

(2) 起身训练。

并脚蹲下,身体直立,然后起身。在动作练习的同时,注意体会技术要领。

(3) 蹲式服务训练。

蹲前左手拿盘右手拿杯,蹲下后,右手放杯,起身。

5. 蹲姿训练技巧

标准:

(1) 听到口令后,左脚向前跨半步迅速蹲下,双手五指由放身体两侧迅速滑到两膝上方,手指与膝盖并齐,上身挺直、挺胸、收腹、立腰,身体的重心放在右大腿部分。身体形成两个重心:一是腰部,二是右大腿。目视正前方,颈要直,下颌微收,肩要平,不可塌肩。重心要稳,不可晃动。

(2) 重点:手指放膝盖上方,手指与膝并齐。上身挺直、挺胸、收腹、立腰。

(四) 走姿的训练要点和标准

1. 走姿训练技巧

标准:

(1) 双目向前平视、下颌微收、面容平和自然,双肩平稳、双臂前后自然摆动,幅度以 30 度~35 度为宜。

(2) 双肩不可过于僵硬,上身挺直、头正挺胸、收腹立腰,重心稍前倾,双脚的内侧落地时正确的行走线迹是一条直线,步幅适当,一般应是脚跟与后脚的脚尖相距一脚长,跨出的步子应是全脚掌着地、膝和脚腕不可过于僵直。

(3) 重点:双肩平稳、双臂自然摆动为 30 度~35 度、上体立直、头正挺胸、收腹立腰、走路呈直线、步幅的适当运用[参见图 2-19(一)(二)]。

(一)

(二)

图 2-19　走姿训练技巧

2. 双臂摆动训练

标准：

(1) 身体直立，以两肩为支点，双臂前后自然摆动，摆幅在 10 度～30 度。

(2) 纠正双肩过于僵硬、双臂左右摆动不均等问题，使双臂摆动优美自然。

3. 走直线训练

标准：

(1) 在地上画一条直线，沿直线行走，检查自己的步位和步幅是否符合要求。

(2) 规范走姿，纠正“内八字”、“外八字”步。

(3) 纠正步幅过大或过小，保持步态的节奏感。

4. 顶书行走训练

标准：

(1) 在规范走姿基础上，要求学生头顶着一本书行走。

(2) 纠正走路时身体摇摆，或摇头晃脑、东张西望的问题，从而保持行走时头正、颈直、目不斜视的好习惯。

5. 步态综合训练

标准：

(1) 重点在于训练各种动作的协调统一性。

(2) 行走时，身体平衡，双臂摆动对称，各种动作协调一致。

(3) 训练时可配上节奏感较强的音乐，掌握好走路时的速度、节拍。

6. 不同着装的走姿训练

标准：

(1) 穿西装行走时，后背平正，两腿立直，走路步幅可稍大些，手背放松，伸直摆动。

(2) 穿套裙行走时，除了要突出挺拔、大方的特点外，还应表现出轻盈、敏捷的女性特有的风格。步幅不宜过大，步速可稍快。

(3) 穿旗袍行走时，要求身体挺拔，挺胸，下颌微收。走路的幅度不宜过大，两脚跟前后走在一条直线上，脚尖稍向外。两肩放松，两臂在体侧摆动。

(4) 穿长裙行走时，步态要平稳，步幅可稍大。身体转动时，要注意头和身体协调配合。

7. 穿不同鞋的走姿训练

标准：

(1) 穿平跟鞋行走时，脚跟先着地，用力均匀适度。步幅可稍大，尤其注意收腹、提髋，身体要挺拔。

(2) 穿高跟鞋行走时，身体重心前移，要保持身体平衡。立直膝盖和腰部，收紧腹部和臀部，挺胸稍抬头。挺直踝关节、膝关节、髋关节。步幅切勿过大，膝盖不能太弯，脚尖稍分开。

训练项目五：服务手势训练

【训练目的】 通过训练，正确掌握各种手势的规范使用，学会运用不同手势表达不同服务意图，增强表情达意的效果，给人一种优雅、含蓄、礼貌、有教养的感觉。

【训练内容】

(一) 手势综合训练

(二) 各种服务手势训练

【训练要点和标准】

(一) 手势综合训练要点和标准

1. 手势幅度把握

标准：

手势的上界一般不要超过对方的视线，下界不低于自己的腰所在的水平线，左右摆动的范围不要太宽，应在人的胸前或右方进行。

2. 手的姿态把握

标准：

摊开手掌，五指伸直并拢，注意将拇指相并。掌心斜向上方，手掌与地面成45度角。腕关节伸直，手与前臂成直线。做动作时，以肘关节为支点。

3. 手的位置把握

标准：

一般手位在头位和腰位之间，手势分高位、中位、低位三种。

低位手势：手位在腰线，所示意义为距离在1米左右。

中位手势：手位在腰与肩之间，一般为胸位，所示意义为距离在 2～5 米左右。

高位手势：手位在头与肩之间，一般为眼部位，所示意义为距离 5 米以外的较远或较高处。

4. 身体姿势把握

标准：

呈标准站姿的同时，身体稍前倾，肩不上提。面部表情方面，在运用手势时，一定要目视来宾，面带微笑，体现出对宾客的尊重、友好。

（二）各种服务手势训练

1. 举手致意手势训练

标准：

(1) 应全身直立，面向对方，至少上身与头部要朝向对方，在目视对方的同时，应面带微笑。

(2) 致意时应手臂自下而上向侧上方伸出，手臂既可略有弯曲，亦可全部伸直。

(3) 掌心向外，即面对对方，指尖朝向上方，同时，切记伸开手掌。

2. "横摆式"手势训练

标准：

(1) 迎接来宾，示意请进时，可采用"横摆式"手势，即按手势规范标准。

(2) 以肘关节为轴，手从腹前抬起向右摆动至身体右前方，不要将手臂摆至体侧或身后。

(3) 同时，脚站成右丁字步，左手下垂，目视来宾，面带微笑。应注意一般情况下要站在来宾的右侧，并将身体转向来宾。

3. "直臂式"手势训练

标准[参见图 2－20(一)]：

(1) 示意来宾请往前走，给来宾指引方向时，可采用"直臂式"手势。

(2) 五指伸直并拢，屈肘由腹前抬起，手臂的高度与肩同高，肘关节伸直，再向要行进的方向伸出前臂。

(3) 应注意在指引方向时，身体要侧向来宾，眼睛要兼顾所指方向和来宾。

4. "曲臂式"手势训练

标准[参见图 2－20(二)]：

(1) 示意来宾里边请，可采用"曲臂式"手势。

(2) 以右手为例：五指伸直并拢，从身体的侧前方，由下向上抬起，上臂抬至离开身体 45 度的高度，然后以肘关节为轴，手臂由体侧向体前向左摆动成曲臂状。

5. "双臂横摆式"手势训练

标准：

(1) 面对众多来宾示意诸位请，如果是面向来宾，可采用"双臂横摆式"。

(一) (二)

图 2-20 “直臂式”、“曲臂式”手势训练

(2) 两手从腹前抬起，双手上下重叠，手心朝上，同时向身体两侧摆动，摆至身体的侧前方，上身稍前倾，微笑施礼向来宾致意，然后退到一侧。

(3) 如果是站在来宾的侧面，可采用“双臂向下一侧横摆式”，即两手从腹前抬起，手心朝上，同时向一侧摆动，两手臂之间保持一定的距离。

6. “双臂竖摆式”手势训练

标准：

(1) 当向全场来宾发出信号开始某一程序时，为了使前后来宾都能看到手势，可采用“双臂竖摆式”手势。

(2) 将双手手指相对，由腹前抬至头的高度，或再向上超过头的高度，再向两侧分开下划到腰部。

(3) 在手臂向两侧分开的同时，目光从左至右环视全场来宾，并微笑伴以恰当的祝语。

7. “斜式”手势训练

标准：

(1) 接待宾客入坐时，可采用“斜式”手势。

(2) 要用双手扶椅背将椅子拉出，然后一只手屈臂由前抬起，再以肘关节为轴，前臂由上向下摆动，使手臂向下成一斜线，表示请宾客入坐。

8. 挥手道别手势训练

(1) 道别时，可用右手，也可双手并用。

(2) 单手臂应尽力向前伸出，手臂不要伸得太低或过分弯曲。

(3) 挥手道别时要保持掌心向外，将手臂向左右两侧轻轻来回挥动，但尽量不要上下摆动。

9. 拿、递物品手势训练

标准：

(1) 用双手或右手，手掌向上，轻而稳地拿、递，并使用礼貌言辞。

(2) 在介绍商品时，正面或商标面向着客人。

(3) 双手托物，轻拿轻放，熟练、自然地边展示边做介绍。

训练项目六：表情训练

【训练目的】 熟悉表情语，通过对人际交流中主要表情眼神、微笑的训练，从而打造出有亲和力的表情，让对方感受到有礼貌，很热情，并产生良好的第一印象。

【训练内容】

(一) 眼神的训练

(二) 微笑的训练

【训练要点和标准】

(一) 眼神的训练要点和标准

1. 不同注视区域的练习

做到对不同对象恰到好处的目光把握。

标准(参见图 2-21)：

图 2-21　眼神训练

(1) 在工作交往中，联系业务、洽谈生意及外事谈判场合，注视对方前额假定区域。

(2) 非常熟悉的人、社交场合遇到的人、不熟悉的人，注视对方双眼至嘴巴的倒三角区域。

(3) 非常亲近亲密的人，注视对方双眼至胸部的倒三角区域。

(4) 当问候对方、听取诉说、征求意见、强调要点、表示诚意、向人道贺或与人道别时，注视对方的双眼，但时间不宜过久。

2. 不同注视角度的练习

让双方感觉到平等和不卑不亢。

标准[参见图 2-22(一)(二)(三)]：

(1) 正视(重视对方)：即与对方正面相向，同时还必须将上身前部朝向对方。

(2) 平视(平等和不卑不亢)：即在注视他人时，身体与对方处于相似的高度。

(一)　　　　　　　　(二)　　　　　　　　(三)

图 2-22　不同注视角度练习

(3) 仰视(尊敬和敬仰)：即在注视他人时所处位置比对方低，而需抬头向上仰望对方。

3. 注视时间的练习

让目光交流达到很舒服的感觉(占总时间的 1/3)。

标准：

(1) 两个人一组对练：被注视三分钟——感受不自在。

(2) 两个人一组对练：被盯视五分钟——感受不礼貌。

(3) 两个人一组对练：几乎不被注视——感受被冷落。

(4) 两个人一组对练：被很适宜注视——感受被尊重。

4. 不同意义眼神的练习

感受并体会在人际交流中不同眼神的积极和消极影响。

标准：

(1) 眼神综合定位练习：用不同的眼神表示愤怒、怀疑、惊奇、不满、害怕、高兴、感慨、遗憾。

(2) 每分钟眨眼次数(标准 5～8 次/分钟)练习：频繁眨眼——心不在焉。过慢眨眼——轻蔑厌恶。

(3) 眼皮瞳孔开合大小练习：大开眼皮大开瞳孔——欢畅、惊愕；

大开眼皮小开瞳孔——愤怒，仇恨；

小开眼皮大开瞳孔——欣赏，快乐；

小开眼皮小开瞳孔——算计，狡诈。

5. 人际交流眼神运用的观察练习

标准：

(1) 在借书、购物、买饭菜等情景中，观察服务接待人员的眼神和工作态度之间的关系。

(2) 与亲朋好友进行交谈时的目光交流，注意考察眼神是否与其思想感情相符。

(3) 在校园里与擦肩而过的同学进行眼神接触，试着揣摩对方的心理。

(二) 微笑的训练要点和标准

1. 微笑训练的重点和步骤

标准[参见图 2-23(一)(二)]：

(一)

(二)

图 2-23 微笑训练

(1) 微笑的基本特征是齿不露、声不出。

(2) 微笑的最高境界是“眼神笑”，也就是目光中含笑脉脉。

(3) 训练步骤：

第一，基本功训练。

- 课堂上，每个人准备一面小镜子，做脸部运动。
- 配合眼部运动。
- 做各种表情训练，活跃脸部肌肉，使肌肉充满弹性；丰富自己的表情；充分表达思想感情。
- 观察、比较哪一种微笑最美、最真、最善，最让人喜欢、接近、回味。
- 经常反复训练。
- 出门前，心理暗示“今天真美、真高兴”。

第二，创设环境训练——假设一些场合、情境，让员工调整自己的角色，绽放笑脸。

第三，具体工作和社交环境训练——遇见每一个熟人或打交道的人都展示自己最满意的微笑。

2. 常见的微笑训练方法

标准：

(1) “眼神笑”训练法。拿一张厚纸遮住眼睛下边部位，对着镜子，心里想着最使你高兴的事情，这样，你的整个脸部就会露出自然的微笑。这时候，你眼睛周围的肌肉也处在微笑的状态。然后放松面部肌肉，嘴唇也恢复原样，但这时候目光中仍然含笑脉脉，这就是“眼神笑”的境界。

（2）对镜训练法。端坐镜前，衣装整洁，以轻松愉快的心情，调整呼吸自然顺畅；静心 3 秒钟，开始微笑，双唇轻闭，使嘴角微微翘起，面部肌肉舒展开来。或像婴儿学语时那样，说“E——”、“G——”、“钱——”，让嘴的两端朝后缩，微张双唇。同时注意眼神的配合，使之达到眉目舒展的微笑面容。如此反复多次。自我对镜微笑训练时间长度随意。为了使效果明显，放背景音乐。

（3）模拟微笑训练法。

步骤：

- 轻合双唇。
- 两手食指伸出（其余四指自然并拢），指尖对接，放在嘴前 15 厘米～20 厘米处。
- 让两食指尖以缓慢匀速分别向左右移动，使之拉开 5 厘米～10 厘米的距离。同时嘴唇随两食指移动速度而同步加大唇角的展开度，并在意念中形成美丽的微笑，并让微笑停留数秒钟。
- 两食指再以缓慢匀速向中间靠拢，直至两食指相接；同时，微笑的唇角开始以两指移动的速度，同步缓缓收回。需要提示的是，训练微笑缓缓收住，这很重要。切忌让微笑突然停止（如此反复开合训练 20～30 次）。

（4）情绪诱导训练法。情绪诱导就是设法寻求外界物的诱导、刺激，以求引起情绪的愉悦和兴奋，从而唤起微笑的方法。诸如，打开你喜欢的书页，翻看使你高兴的照片、画册，回想过去幸福生活的片断，播放你喜欢的、容易使自己快乐的乐曲等，以期在欣赏和回忆中引发快乐和微笑。

（5）观摩欣赏训练法。这是几个人凑在一起，互相观摩、议论，互相交流，互相鼓励，互相分享开心微笑的一种方法。也可以平时留心观察他人的微笑，把精彩的“镜头”封存在记忆中，时时模仿。

（6）含筷训练法。这是日式训练法。道具是选用一根洁净、光滑的圆柱形筷子（不宜用一次性的简易木筷，以防拉破嘴唇），横放在嘴中，用牙轻轻咬住（含住），以观察微笑状态。

（7）口型对照训练法。通过一些相似性的发音口型，找到适合自己的最美的微笑状态。如“一”、“茄子”、“呵”、“哈”等。

（8）牙齿暴露训练法。笑不露齿是微笑，露上排牙齿是轻笑，露上下八颗牙齿是中笑，牙齿张开看到舌头是大笑。

第三单元

旅游职业人员服务用语礼仪

学习目标

☆ **应知**：认识旅游职业人员在接待工作中讲究服务用语礼仪的重要意义；了解旅游职业人员服务用语礼仪的具体要求。

☆ **应会**：较好地掌握旅游职业人员在问候、称呼、迎送、请托、应答、征询、推托、致谢、道歉、赞赏等方面服务用语礼仪规范。

☆ **能力**：能将所学的服务用语礼仪知识运用到职业生活中，在接待工作中体现良好的语言素养，提高语言服务和语言交际能力。

模块1 服务用语礼仪规范

引导案例：委婉的语言艺术

某酒店总台。一位女服务员正在给915房间的客人办理离店手续。闲聊中，这位客人环顾左右，从上衣内袋里摸出一枚戒指，偷偷塞到服务员手里低声道："我下星期还要来长住一段时期，请多多关照。"

服务员略一愣，旋即镇定自若地捏着戒指翻来覆去地欣赏一会儿，然后笑着对客人说道："先生，这枚戒指式样很新颖，好漂亮啊，谢谢你让我见识了这么漂亮的戒指，不过您可要藏好，丢了可就麻烦了。"随着轻轻的说话声，戒指自然而然地回到了客人手中，客人显得略有尴尬。

服务员顺势转了话题："欢迎您光顾我店，先生如有什么需要我帮忙，请尽管吩咐，您下次来我店，就是我店的常客，理应享受优惠，不必客气。"客人正好下了台阶，忙不迭说："谢谢啦，谢谢啦。"客人转身上电梯回房。

这时，电话铃响，服务员拿起话筒。电话中客房服务员说915房的预订客人即将到达，而915房的客人还未走，其他同类房也已客满，如何通知在房的客人迅速离店，而又不使客人觉得我们在催促他，从而感到不快呢？

总台服务员拨打电话。“陈先生吗，我是总台的服务员，您能否告诉我打算什么时候离店，以便及时给您安排好行李员和出租车。”915房间陈先生哈哈大笑说：“我懂你的意思啦，安排一辆的士吧。”

服务需要委婉的语言，而委婉的语言是一门艺术，需要刻意追求与琢磨才能到位。有道是：一句话惹人哭，一句话逗人笑。处理得当，锦上添花；处理不当，前功尽弃。

（资料来源：中国酒店业门户网站·资料 Meadin. COM 迈点）

服务用语是旅游职业人员用来向宾客表达意愿、交流思想情感和沟通信息的重要交际工具，是在接待服务工作中使用的对宾客表示友好和尊重的语言。旅游接待服务的过程，就是从问候宾客开始，到告别宾客结束，语言是完成各项接待工作的重要手段。因此，旅游职业人员的语言修养十分重要，正确地使用礼貌服务用语应成为每一位旅游职业人员的职业习惯。

一、旅游职业服务用语的基本要求

服务行业在语言上的一个特点就是礼貌用语的广泛运用，礼貌用语具有体现礼貌和提供服务的双重特性，礼貌用语是我们接待人员接待客人时需要使用的一种语言。目的就是表示对客人的尊敬和友好，而对自己表示谦虚和谦让。

（一）说话态度要热情、真诚

人们常说：“言以传情，情以动人”，旅游接待工作者说话时的态度是非常重要的。热情、真诚的态度能使宾客产生宾至如归的感觉，感受到温暖、友好、舒心和愉悦。而如果态度冷漠、虚伪、居高临下，即使嘴上说得非常动听，也会令宾客怀疑、抗拒，甚至产生强烈的反感情绪。具体来讲要做到以下几点：

1. 与人为善是基本

说话要有善意。所谓善意，也就是与人为善。说话的目的，就是要让对方了解自己的思想和感情。俗话说：“好话一句三冬暖，恶语伤人恨难消。”在人际交往中，如果把握好这个“分寸”，那么，你也就掌握了礼貌说话的真谛。

2. 稳定情绪需具备

要以热情和真诚的态度，充分体现出语言的“敬、诚、雅、暖、谦”的风格，切不可随个人情绪变化而失态。要以不变应万变，时刻注意到“三个一样”，即情绪好坏一样和蔼，生人熟人一样热情，忙与不忙一样周到。

3. 习惯用语要记住

正确使用常规的礼貌用语应成为旅游职业人员的职业习惯，也是衡量旅游职业人员素质高低的一个重要标准。比如做到服务接待时要有“五声”：宾客到来时有问候声，遇到宾客时有招呼声，得到协助时有致谢声，麻烦宾客时有致歉声，宾客离店时有道别声。

4. 语言仪态应一致

说话时要注意自己的神态和表情，把说话与仪态举止统一起来，不要说得挺好听，而行为却与之不相称。例如，接待人员在接待宾客时，尽管使用了礼貌用语，但面无笑容，目光冷漠；或目光游移，思想不集中；或者一边还在做其他的事，甚至坐着与站立在面前的宾客说话等，这样是起不到礼貌服务用语的作用的。

（二）服务用语要礼貌、文雅

1. 言辞的礼貌性

旅游行业言辞的礼貌性，主要表现在接待人员在接待工作中正确地使用敬语。敬语包括尊敬语、谦让语和郑重语三个方面的基本内容。

（1）尊敬语。说话者把听话者视为上位者，直接表示对听话者敬意的语言叫尊敬语。如，“先生，对不起，让您久等了”。尊敬语应力求让宾客感受到自己在接待人员心目中所占有的地位，以及自己作为一名旅游者在旅游活动中所享有的敬重和礼遇。

（2）谦让语。说话人要表明自己是下位者，利用自谦表示对听话者敬意的语言叫谦让语。如，“晚上我去看望您”。谦让语充分体现了“退让以敬人”的礼仪原则，将宾客放在自己之上，从而让宾客享受被尊重的快乐。

（3）郑重语。说话人不表明与听话者是否上下关系，使用客气、礼貌的语言间接向听话者表示敬意，叫作郑重语。如“你们看着办吧！我就不去了”。

敬语的最大特点是：彬彬有礼，热情庄重。使用时语调要甜美柔和。敬语是旅游职业人员在接待服务中应使用的语言形式，即使在心里对某宾客的行为不满意，语言表达形式也一定要用敬语。

2. 注意禁用忌语

忌语指忌讳之语，即在旅游接待服务时不宜使用的语言。忌语的最大恶果在于它出口伤人。一个好的旅游职业人员，应懂得“入境而问禁、入国而问俗、入门而问讳”，文明礼貌地与宾客打交道，提高自己的语言服务水平。旅游职业人员在接待服务中应严禁使用：不尊重之语、不友好之语、不耐烦之语和不客气之语。养成用委婉、商讨的说话方式，客气、耐心地接受宾客的意见和建议，使宾客体会到被尊重的感受，从而赢得宾客的理解、支持和信任。

【相关案例 3-1】　越帮越忙的郭子

郭子来饭店工作时间不长，工作踏实，乐于助人，很得同事们的好感。

最近办公室行政工作量不大，她见餐厅那边很忙，正缺人手，于是就主动向餐厅经理要求去“客串”服务人员帮忙。

她穿上服务人员的工作装，走进一个包间，看到客人的菜都上齐了，就热情地问："几位要饭吗?"有几位谈兴正浓的客人一下子就拉下脸来了，终于有一位客人大吼一声："谁是要饭的？出去!"郭子吓了一跳，逃也似地离开了这个包间。

第二天，一对新人来餐厅办婚宴。郭子想，既然是喜事那我就应该说一些吉利话让他们高兴，想想结婚生子是头等大事，便祝福他们早立贵子，可是由于方言的原因，她发音不准，把"立"发成"离"了，使这对新人恼羞成怒，把经理都招呼出来了。

（资料来源：未来之舟编著《服务礼仪》，经济出版社 2006 年版）

（三）语音语调要优美、动听

使用礼貌服务用语时要注意语音、语调和语速，同样的说话内容，因为语音、语气语调和语速的不同，给人的感觉会有很大差别，产生的效果也完全不同。

1. 语音准确

语音是语言表达的基本形式。读音准确、吐字清楚是对旅游职业人员规范使用服务用语的最基本要求。旅游接待工作者无论使用普通话、外语、方言，咬字都要清晰，尽可能讲得标准；嗓音要动听，增加语言的感染力和吸引力；音量要适中，避免过高或过低，通常以宾客听清楚为准，轻声总比提高嗓门令人感到悦耳，切忌大声说话，语惊四座。

2. 语调柔和

语气语调直接传达着讲话人的心态，语气语调得当，可以充分表达对宾客的尊重和礼遇，使宾客倍感亲切和热情。所以，旅游职业人员在使用服务用语时，语气要谦虚和蔼、充满诚意，语调要高低适中、自然柔和，使宾客感受到亲切、热情、友善和温暖。在任何情况下，要避免语气语调急躁、生硬、冷漠、狂妄、厌烦或无精打采等。

3. 语速适中

语速的快慢，会影响到沟通的效果。一般来说，语速过快会给人紧张、仓促、不自信的感觉，语速太慢又会使人觉得怠慢、拖沓。旅游职业人员在说话时语速要适中，尽可能娓娓道来，给宾客留下自信、稳健的印象。同时，语速的快和慢要灵活掌握、因人而异，这样才能恰到好处。

（四）语言表达要灵活、恰当

使用生动、灵活、随机的语言能达到融洽气氛、化解抱怨等效果，同时针对不同的场合、不同的情况和不同的对象，灵活运用不同的服务用语，才能与宾客达到真正有效的沟通。

1. 灵活使用服务用语

旅游行业有许多规范的服务用语，对不同部门、不同工种、不同层次的员工所使用的语言作出基本规定是必要的，然而在实际操作中，有些旅游接待工作者往往因为使用"模式语言"欠灵活，接待宾客或处理问题时，鹦鹉学舌、滥用敬语，以致惹得宾客不愉快。

礼貌用语应当是生动的、丰富多彩的。如果在接待工作岗位上只是简单重复地使用一句问候语，就不可能取得好的效果，应当灵活地用不同的敬语来招呼宾客，使其产生亲切感和新鲜感。另外，在说话时还要注意语调的高低起伏、抑扬顿挫，避免过于单调呆板，以增强说话的效果。

2. 因人而异运用语言

在使用礼貌用语时察言观色，随时注意宾客的反应，针对不同的对象、不同的性格特点、不同的场合，灵活地说不同的话语。一般来说，可以通过宾客的服饰、语言、肤色、气质等去辨别宾客的身份，通过宾客的面部表情、语气的轻重、走路的姿态、手势等行为举止来领悟宾客的心境。遇到语言激动、动作急躁、举止不安的宾客，要特别注意使用温柔的语调和委婉的措辞。对待宾客投诉，说话时更要谦虚、谨慎、耐心、有礼，要设身处地为宾客着想，投其所好、投其所爱。要学会善于揣摩宾客的心理，以灵活应对各种宾客。

【小案例 3-2】 洗过澡的苍蝇

一个旅游团中的一位游客在宾馆用完早餐后就在旅游车上大声对导游员说："快拿消毒巾来，我的手碰到苍蝇了，我们那里的苍蝇都是洗过澡才飞出来的。"导游员立刻听出他话里的挑衅意味，十分严肃地回敬道："那么就请你抓个苍蝇，洗个澡给大伙儿看看！"车上的人都笑了起来，那位游客显得很尴尬。

（资料来源：马宜斐编著《旅游人际沟通》，中国人民大学出版社 2007 年版）

二、常用的旅游职业服务用语规范

从事不同职业的人，都使用着具有自己职业特点的语言，这些语言的产生和运用都与特定行业、特定职业有关。旅游职业人员不仅要处处注意使用礼貌服务用语，而且还要特别注意正确掌握旅游职业服务用语规范。

（一）问候用语

问候，又称问好或打招呼。问候礼仪要求旅游职业人员在服务接待工作和日常交际中使用规范化问候词语，即善于根据时间、场合、对象等情况来使用问候用语。

1. 问候的时机

旅游接待工作者使用问候用语的主要时机有：一是主动为宾客服务时；二是宾客有可能需要提供服务时；三是宾客进入自己的服务区域时；四是宾客与自己相距过近或四目相对时；五是自己主动与他人进行联络时。

2. 问候的顺序

一般情况下，两人之间见面，身份低者应当先问候身份高者，年轻者应当先问候年长者。如果被问候者不止一人时，可采取三种方法问候：一是统一问候，即统一向大家问候，不再一一具体到每一个人，例如："大家好"，"各位早上好"；二是先高后低，先问候身份高者，然后问候身份低者；三是由近而远，被问候者身份相似时，先问候与本人距离较近者，然后依次问候其他人。

3. 问候的内容

问候宾客的具体内容应当简练规范，要注意一些传统的习惯用语与现代社会的不同，并且要注意不同国家、不同民族的风俗习惯。例如，中国传统的问候"您吃了吗"、"上哪儿去"之类的问候语已不宜再使用，西方国家的宾客会产生误会，或者认为是干涉他的私事。与西方客人见面问候，不可以涉及婚姻、年龄、收入、住址、工作、经历、信仰、身体等。

【补充案例 3-3】 "您出去呀"惹来的麻烦

有一次，一位美国小姐入住某酒店，由于为人比较随和，服务人员就很喜欢与她打招呼。这天，美国小姐从她的房间走出来，经过客户服务台的时候，值班服务人员礼貌地向她打招呼："小姐，您好！您出去呀？"

美国小姐略通中文，她说："你说的'小姐您好'我懂，那'您出去呀'是什么意思？"服务人员解释道："我们平时见到朋友，习惯问'你出去呀，你去公园，你去工作呀等'。"但是，美国小姐听完后却说服务人员侮辱她，便与服务人员争吵起来。原来在美国，没事去公园工作的人只有妓女，因此，美国小姐非常生气。

（资料来源：杨宏建编著《酒店服务礼仪培训标准》，中国纺织出版社 2006 年版）

4. 问候的种类

一般来说，适用于旅游职业人员采用的问候用语主要有以下三种类型：

(1) 标准式问候用语。这是在任何时间都可以使用的问候语。例如，"您好"、"大家好"、"欢迎光临"、"您好，见到您很高兴"、"您好！××小姐(先生)，我们一直恭候您的光临"等。

(2) 时效式问候用语。这是指在一定的时间范围内使用的问候用语。如每天不同的时刻问候宾客，使用"您早"、"早上好"、"下午好"、"晚上好"、"晚安"等问候语。遇到节日、生日等喜庆日子，应说"祝您圣诞快乐"、"祝您生日快乐"、"新年好"、"恭喜发财"、"大吉大利"等。而对香港、广东籍宾客，习惯上说愉快而不说快乐。因"乐"与"落"同音，是商人忌讳之字。

【小思考 3-4】 什么叫"七色问候"？

在服务行业中，推崇"七色问候"。"七色问候"是指服务员在一个星期中，每天用不同的语言来问候客人，从而使问候语各有特点和生动活泼，使客人更感到热情和亲切，这种方式称为"七色问候"。

（资料来源：中华礼仪网·《实用礼仪》教材 http://www.zhlyw.net）

(3) 针对式问候用语。针对式问候用语只能对特定的人物或事件使用。例如，"早上好！部长阁下"、"陈总好"；当气候发生变化时应说："请多添衣服，当心感冒(着凉)”、“请带好雨具”；宾客若患病或身体不适时，则主动表示关心，可以说：“请多保重”、“祝您早日康复”；对经过旅途劳顿的宾客应该说：“晚上好！夫人(太太)，旅途辛苦了”；对体育、文艺代表团应说：“祝您在比赛中获胜”、“祝您演出成功”等。

【规范应用 3－5】　致意问候礼仪

有些场合人们不需要用语言，但需要用动作来表达问候，这种问候称为致意。致意的具体做法有：招手、点头、微笑、欠身等。致意的基本规则是：次要者先向重要者致意问候。

招手通常适用于向与自己的空间距离较远的人打招呼。正确方法是：伸出右手，右胳臂伸直高举，掌心朝着对方，轻轻摆一下。

点头作为一种致意方式，适用于需要肃静的公共场合，如图书馆、音乐厅、医院、教堂和某些特定的社交场合如舞会，还有一天内不断见面，不需要用语言来表达问候，此时即可点头为礼。

微笑即面带笑容，不显著、不出声的笑，可用于在社交场合与不相识者见面之时，也可用于在同一场合反复见面的朋友。

欠身用于有人为坐着的人做介绍时，坐着的人应当站立起来，欠身致意，并握手问好。具体做法是：身体自然挺直，稍向前倾，但不一定低头，表情应当自然，面带微笑。

(资料来源：千舒、陈秋玲编著《商务礼仪的 N 个细节》，海潮出版社 2005 年版)

(二) 称呼用语

称呼也叫称谓，主要是指人们在交往过程中彼此的称谓语，它表示人与人之间的关系。在旅游接待和人际交往时，不论是用口头语言还是用书面语言，称呼都是十分重要的。旅游接待人员在工作中，正确恰当地使用称呼，既可以显示出接待人员的修养和风度，也是向客人表示尊重的一种礼仪。

1. 中国人常用称呼

在接待工作中，对人的称呼总是亲切、彬彬有礼，而且规范合适，即善于根据人的姓名、职务、身份特点等有礼貌地称呼，这样才符合礼仪。

一般情况下，中国人的称呼习惯通常是：第一，常以职衔相称。单称职务或姓氏加职务，如“局长”、“王处长”、“徐总”。第二，以职业身份相称。单称职业或姓氏加职业，如“医生”、“李律师”、“张老师”。第三，以身份特点相称。男士统称为“先生”，女士称“小姐”或“女士”。见到工人称“师傅”，见到农民称“老乡”。在非正式场合，对年长者可亲切地称之为“大妈”、“大伯”、“大爷”、“叔叔”、“阿姨”等。

2. 涉外常用称呼

在涉外交往与接待外国旅游者时，称呼方面应当遵循国际上通行的关于称呼的习惯，不得有丝毫的马虎大意。涉外称呼习惯一般有这样几种情况：

第一，以性别相称。最为普通的称呼是“先生”(Mr)、“夫人”(Mrs)、“女士”(Ms)、“小姐”(Miss)。对不负政治、经济、文化等使命的外国旅游者，男士一般称为“先生”或姓氏加先生，或职称、衔称加先生，如布克先生、议员先生、市长先生等，而并不论其年龄大小。对女士不能因其年长而贸然地称呼夫人，在不了解女宾婚姻状况时可以称小姐。

第二，以官职相称。对地位高的政府官员、外交使节，军队中的高级将领，按不同国家的习惯，可称“阁下”，以示尊重；对君主制国家应称国王、王后为“陛下”，称王子、公主、亲王为“殿下”；对有爵位的人士既可以称其爵位，也可称“阁下”、“先生”，其配偶一般称“夫人”。

第三，以宗教职称相称。对教会中的神职人员，一般可称教会的职称，或姓氏加职称，或职称加先生，如“福特神父”、“传教士先生”、“牧师先生”等。

第四，以军衔相称。对军人一般称军衔或军衔加先生，知道姓名的可冠以姓与名。如“上校先生”、“莫利上校”、“威尔斯中尉先生”等。有些国家对将军、元帅等高级军官称阁下，如戴维斯将军阁下。

【规范应用 3-6】 记住客人的姓名

有一位客人在服务台高峰时进店，服务问讯小姐突然准确地叫出：“××先生，服务台有您一个电话。”这位客人又惊又喜，感到自己受到了重视，受到了特殊的待遇，不禁添了一份自豪感。

另外一位外国客人第一次前往住店，前台接待员从登记卡上看到客人的名字，迅速称呼他以表示欢迎，客人先是一惊，而后作客他乡的陌生感顿时消失，显出非常高兴的样子。简单的词汇迅速缩短了彼此间的距离。

称呼客人的姓名及相应头衔能使其产生极大的亲切感。西方营销学把“姓名辨认”归为一种营销手段，足见其重要性。

(资料来源：中国酒店业门户网站　迈点 Meadin.com)

3. 称呼注意事项

恰当地使用称呼可体现一个人有礼貌、懂礼节，不正确地使用或不看场合、对象地使用称呼，往往被视为缺乏教养的表现，也会令对方不愉快。称呼别人应注意以下几点：

(1) 注意恰当称呼。如“师傅”、“同志”是我国除了亲属以外的一种常用礼貌称呼，但是，不注意对象就会适得其反。例如，到医院称呼医生为“师傅”，在学校见老师也叫“师傅”，看见西方国家的来宾称“同志”等，都会让人啼笑皆非。

(2) 注意文化差异。在我国，称年长的人谓“老”，是对长者的敬重，但是西方一些国家却忌讳别人称自己“老”。在涉外场合，不易使用“爱人”这个称呼，因为“爱人”(Honey)在英语里是“情人”之意，这容易引起误解。西方国家有重学历而轻职衔的习惯，如称“基辛格博士”。

(3) 注意礼貌规范。尊重一个人，首先要从有礼貌的友好称呼开始，这对展示一个人的风度、形成良好的人际关系和社会风尚是十分重要的。旅游职业人员在服务中切忌用“喂”来招呼宾客，即使宾客离你距离较远，也不能这样高声呼喊，而应主动上前去恭敬称呼。也不能使用“的”字结构，如“戴黑帽子的”等，这是很不礼貌的称呼方式。至于使用带有歧视、侮辱性的称呼(如洋毛子、洋妞、黑鬼等)，在正式场合使用低级、庸俗的称呼或用绰号作称呼(如哥们儿、姐们儿等)也是不允许的。

【案例链接3-7】　称呼老夫人带来的问题

有一次，中国留学生在美国中西部的一个城市举行盛大聚会，宾客如云。当地一所名牌大学的校长和他的母亲也光临盛会。留学生代表在致欢迎词时特别提到：某某老夫人的光临使我们全体同学感到荣幸。不料，“老夫人”这个“老”字却触痛了这位校长的母亲，当时她脸色骤变，十分尴尬，从此再也不在中国留学生的聚会上露面了。

(资料来源：范莹、王子弋、卢隽美主编《礼仪基础》，华东理工大学出版社2006年版)

(三) 迎送用语

在服务接待礼仪中，迎送客人是常规的工作程序，除了要随时保持端庄的姿势、优雅的微笑迎送每一位客人以外，还要有相应的礼貌迎送语言。

1. 欢迎用语

欢迎用语一般在见面时或宾客光临自己的工作岗位时使用。有时也在接待过程中使用。欢迎用语使用得当，宾客会感到非常亲切，感到自己是一个受欢迎、受尊敬的人。旅游职业人员在使用欢迎用语时需要注意以下几点：

一是欢迎用语大多带有“欢迎”一词。如“欢迎光临”、“欢迎各位参加我们旅行社的旅游”、“很高兴您到我们这里来就餐”等。

二是当宾客再次光临时，应以欢迎用语表明自己记得对方，以使对方产生被重视的感觉。如：“您好！××小姐，欢迎您又一次光临我们的酒店”、“××先生，我们又见面了”、“欢迎您的再次光临”。

三是使用欢迎用语时，常常一并使用问候用语，并可向宾客施以其他见面礼，如点头、微笑、鞠躬等。

2. 送别用语

当宾客离开自己的服务岗位，离开饭店、旅行社，或一次服务过程结束时，应有礼貌地和宾客告别，自然、贴切的送别用语可以圆满地结束接待任务，并给宾客留下深刻美好的印象。

常用的送别用语有“再见”、“慢走”、“多谢光临”、“欢迎再来”、“一路平安”、“祝您旅途愉快”等。使用外语时要注意不同词语的使用方法，如“Goodbye”与“See you later”的区别。当宾客没有消费时，旅游接待工作者仍要一如既往保持送别的礼貌风度，千万不可在对方离去时默不作声。

（四）请托用语

请托用语，通常指的是在请求他人帮忙或是托付他人代劳时应当使用的专项用语。在一般情况下，旅游职业人员经常使用的请托用语可以分为以下三种。

1. 标准式请托用语

它的内容，主要就是一个"请"。当服务人员向宾客提出某项具体要求时，只要加上一个"请"字，例如："请稍后"、"请让一下"、"请跟我来"等，往往更容易被宾客所接受。

2. 求助式请托用语

这一形式的请托用语，最为常见的有："劳驾"、"拜托"、"打扰了"、"借光"以及"请关照"等。它们往往是在向他人提出某一具体的要求时，比如请人让路、请人帮忙、打断对方的谈话，或者要求对方照顾一下自己时，才被使用。

3. 组合式请托用语

将标准式请托用语和求助式请托用语混合在一起使用，这便是所谓的组合式请托用语。例如，"请您帮我一个忙"、"劳驾您替他签收一下"、"拜托大家爱护卫生，不要随地吐痰"等，都是较为典型的组合式请托用语。

（五）应答用语

应答用语，是指旅游职业人员在工作岗位上用来回应宾客的召唤或答复其询问时的用语。使用应答用语的基本要求是：随听随答，有问必答，灵活应变，热情周到。旅游接待中常用的应答用语主要有三种具体形式。

1. 肯定式应答用语

肯定式应答用语主要是用来答复服务对象的请求。如"好的，我明白"、"是的"、"好，马上就来"、"好，很高兴能为您服务"等。一般不允许服务人员对客人说"不"字，更不允许对客人置之不理。

2. 谦恭式应答用语

当宾客对所提供的服务满意，或直接对服务人员感谢、赞扬时，一般宜用此类应答语。如"请不必客气"、"这是我们应该做的"、"请多多指教"、"谢谢，过奖了，不敢当"、"您太客气了"等。

3. 谅解式应答用语

主要用来应答宾客向自己表示歉意的应答用语，在宾客因故向自己致歉时，应及时予以接受并表示谅解。如"不要紧"、"没关系"、"这算不了什么"、"我不会介意"等。

（六）征询用语

在服务过程中，旅游接待工作者往往需要用礼貌的语言主动征询宾客的意见，以便更好地为宾客服务。在进行征询时，唯有使用必要的礼貌语言，才会取得良好的反馈。

1. 征询用语的时机

旅游职业人员在自己的岗位上为宾客服务时，遇到这样五种情况一般应当采用征询用语：一是主动提供服务时；二是了解宾客需求时；三是给予宾客选择时；四是启发宾客思路时；五是征求宾客意见时。

2. 征询用语的形式

接待服务往往需要以礼貌语言向客人进行征询，以取得良好的反馈。征询用语有以下几种形式：

(1) 主动式征询用语。

多适用于主动向服务对象提供帮助时。例如："我能帮您做点什么吗？""您需要帮忙吗？""您需要点什么？""您想要哪一种？"等。主动式征询用语的优点是节省时间，直截了当。缺点则是一旦时机把握不好，会令人感到有些唐突、生硬。

(2) 封闭式征询用语。

多用于向宾客征求意见或建议时，只给对方一个选择方案，以供对方决定是否采纳。例如："不来一杯咖啡吗？""您觉得餐厅环境怎么样？""您是不是喜欢这种样式？""您不介意我来帮助您吧？"等。

(3) 开放式征询用语。

也称选择式征询用语，其做法是提出两种或两种以上的方案供对方选择。例如："您打算观光游，还是休闲游？""您喜欢辣的，微辣的，还是不辣的？""这里有多种颜色，您喜欢哪一种呢？"等。开放式征询用语给予了对方更多的选择机会，比封闭式征询用语显得更尊重对方。

【相关链接 3-8】　您还要饭吗？

有一次，一个台湾的旅游团在国内一家饭店用午餐。当大家吃得差不多的时候，服务人员发现一位 70 多岁的老人面前的饭碗空了，心想老人可能没吃饱，于是就轻步走上前，礼貌地问道："请问老先生，您还要饭吗？"老人不言语，摇了摇头。

服务人员以为老人吃饱了，就想把餐具撤了，于是问道："那先生你完了吗？"

这时，这位老人冷冷一笑说："小姐，我今年 70 多岁了，自食其力，这辈子还没落到要饭吃的地步，怎么会要饭呢？我的身体还硬朗着呢，不会一下子就完的。"

（资料来源：杨宏建编著《酒店服务礼仪培训标准》，中国纺织出版社 2006 年版）

（七）推托用语

推托用语用于宾客提出的要求难以满足或宾客的请求无法接受时。使用推托用语时不可以直接用否定语，应注意技巧，婉言推托，这样才能既拒绝了对方，又给宾客保留了面子，让人觉得你是通情达理的。在工作岗位上，旅游接待工作者适宜采用的推托用语，主要有三种具体形式。

1. 道歉式推托用语

当宾客的要求难以被立即满足时，应直接向宾客表达自己的歉意，以求得宾客的谅解。比如当宾客提出过分或无礼要求时，旅游接待工作者应用委婉的语言拒绝，如："这恐怕不行吧"、"对不起，中国人还没有这种习惯。"此时，必须沉得住气，婉言拒绝，表现得有风度、有教养。

2. 转移式推托用语

即不纠缠于对方的某一具体细节问题，而是主动提及另外一件事情，以转移对方的注意力。如："您可以去对面的酒店看一看"、"这道菜其实和您刚才想要的差不多"、"我可以为您再向其他航空公司询问一下"等。

3. 解释式推托用语

在推托对方时，尽可能说明具体缘由，以使对方觉得自己的推托合情合理、真实可信。例如："很抱歉，现在是旅游旺季，我们的客房已全部出租了，欢迎以后再来"、"对不起，我无权这么做"、"旅行社有规定，不能乱开发票"等。

（八）道歉用语

如果在接待工作中未能及时提供服务或者出现某种失误，给对方带来不便，或妨碍、打扰对方时，应使用道歉用语向宾客表示歉意。最常用的道歉用语主要有："抱歉"、"对不起"、"请原谅"、"请多多包涵"、"真不好意思"、"真过意不去"等。

在使用时，一定要注意语气的柔和自然，以及语调的真诚恳切，并注意结合具体情况表达自己的歉意。如听不清或未听懂宾客问话时，应说："对不起，请您再说一遍"；"很对不起，我还没有听清，请重复一遍好吗"；不能立即接待宾客时应说："对不起，请您稍候"、"真不好意思，让您久等了"、"抱歉，麻烦您稍等一下"；接待失误或给宾客添麻烦时应说："实在对不起，给您添麻烦了"、"非常抱歉，刚才疏忽了，今后一定注意不再发生这类事，请您多多包涵"等。

（九）致谢用语

致谢用语又称道谢用语、感谢用语。使用致谢用语，意在表达自己的感激之意。旅游职业人员在接待工作中适当使用致谢用语，不但会给宾客留下彬彬有礼的良好印象，同时会拉近和宾客之间的关系。

1. 致谢用语使用时机

在六种情况下理应及时使用致谢用语，以表达自己的感激之意：一是获得宾客帮助时，二是得到宾客支持时，三是赢得宾客理解时，四是感到宾客善意时，五是婉言谢绝宾客时，六是受到宾客赞美时。

2. 致谢用语主要形式

(1) 标准式致谢用语。

它是最简单、最基本的致谢用语，主要内容通常只包括一个词汇："谢谢"。在任何需要致谢之时，均可采用此种致谢形式。在许多情况下，如有必要，可在前面加上尊称或人称代词，如："××先生，谢谢"，"谢谢××小姐"等，这样做，可使对象性更为明确。

(2) 加强式致谢用语。

在标准式致谢用语前加上具有感情色彩的副词，以强化感谢之意，表达说话者发自内心的真挚情感。如："十分感谢"、"万分感谢"、"多谢"、"真的太谢谢啦"等。

(3) 具体式致谢用语。

一般是因为某一具体的事情向人致谢。在致谢时，常常会提及致谢的原因。如："谢谢，让您费心了"、"上次给您添了不少麻烦"、"那件事情真的太感谢您了"等。

在使用致谢用语时，还需注意两点：其一，当宾客帮助了你，致谢一定要及时。其二，事情无论大小，致谢一定要真诚。

(十) 赞赏用语

赞赏用语主要适用于称赞或者肯定他人之时。使用赞赏用语时，一定要注意少而精，恰到好处，真诚自然地赞赏宾客，否则，很容易弄巧成拙，引起宾客的反感。在接待服务时常用的赞赏用语主要有以下三种形式。

1. 评价式赞赏用语

主要适用于旅游服务人员对宾客的所作所为给予正面的评价。例如："您真有眼光"、"真不错"、"太好了"、"对极了"、"相当棒"等。

2. 认可式赞赏用语

主要适用于旅游服务人员对宾客的某些正确见解作出认可。例如："您的看法很正确"、"还是您懂行"、"看来您一定是内行"等。

3. 回应式赞赏用语

主要适用于旅游服务人员对宾客的夸奖之后的回应。如："哪里哪里，我做得还不够"、"承蒙夸奖，真不敢当"、"我做得不像您说的那么好"等。

三、旅游职业人员良好语言能力的培养

旅游业是一个与人高度接触的行业，对于旅游职业人员来说，每天工作的内容就是以各种不同的方式与各种人打交道。俗话说："一言使人笑，一言使人跳"，礼貌而有技巧地说话，对于旅游职业人员来说是非常重要的。因此，培养良好的语言能力应该成为每一位旅游职业人员的必修课。

(一) 培养良好口才的途径

口才是一个人素质的全面体现，它集中体现一个人的文化素质、心理素质、道德素质、智慧和才干。要培养良好的口才，旅游接待工作者需要从以下几个方面入手：

1. 丰富的知识积累

“口才是浪花，内涵是海水。”我们的心灵和大脑相对于我们的嘴来说，就好像是一口井，它源源不断地向我们的嘴输送源泉，当我们这口井很满时，我们所知道的东西就会像流水一样从我们的嘴里自然地流出来；而一旦知识欠缺，肚里没货，我们的表达就会空洞无物、捉襟见肘。所以，要成为一名优秀的旅游接待工作者，必须要用丰富的知识来武装自己。

良好的口才需要三种知识积累：第一，科学文化知识积累，这是一个人基本的文化素质修养所必须具备的；第二，文学知识积累，文学知识会大大地丰富谈话的内容，增强了语言感染力，尤其在辩论、演讲中，适当地运用一些文学语言，会收到意想不到的效果；第三，社会学知识积累。这些学科知识的学习，可以懂得人的需要，人的情感、气质、性格等心理特征，从而在人际交往活动的语言表达中做到知己知彼、游刃有余。（试比较以下两个案例）

案例一：

情景 1：

客人：肉沫烧饼，好吃吗？

服务员：肯定好吃，来一份吧。

客人：……

情景 2：

客人：肉沫烧饼，好吃吗？

服务员：肉沫烧饼是一道宫廷御点，不但味道奇香，口感酥脆，而且据说还有个故事。传说慈禧太后有一天晚上做梦梦到自己吃烧饼，醒来一看御膳房真的给她准备了烧饼，所以慈禧说吃这种烧饼可以梦想成真。怎么样？先生们，是不是值得一尝啊?!

客人们笑着说：是吗？那太有趣了！我们当然得尝尝，来一份吧！

案例二：

情景 1：

游客：这龙华寺的山门有什么特别之处吗？

导游：它有五门，别的地方都是三门。

情景 2：

游客：这龙华寺的山门有什么特别之处吗？

导游：这个问题问得好！各位朋友，请大家看一下，龙华寺山门有几门呢？

游客：五门。

导游：那么你们是否知道中国的佛寺山门有几门呢？

游客：三门吧。

导游：对，中国的佛寺山门一般是三门。龙华寺的山门有五门，有三层含义：一是明代皇帝曾给龙华寺赐额赐印，龙华寺便享有皇家建筑的风格；二是体现了中国古代的阴阳五行的哲学思想；三是代表东西中南北，意为普天之下，莫非佛土。

在上述两个案例中，情景 1 中的旅游接待人员因为不知道或知道的知识太少，所以言语空洞、干瘪，客人听不到有价值的内容，很难对他们的话建立起信任感。而情景 2 中的旅游接待人员的言谈有内容、有价值、有文化含量、有说服力，让宾客感到信服。由此可见，每位旅游职业人员要想在客人面前侃侃而谈、娓娓道来，就必须丰富自己的心灵和大脑，不断积累更多的知识，这样才能面对宾客时侃侃而谈，妙语连珠。

2. 积极的实践锻炼

语言表达是一种能力，能力的获得离不开实践的锻炼。以下两个方面是重要的途径：

(1) 勤讲多练。语言的实践，很重要的一点就是要勤讲多练。即多说，多实践，表达的过程是越练越快速、越准确，越不练越迟钝。在生活中，你会发现，大多数被人们公认为口才好的人都有个特点：喜欢说话，乐于表达，他们越说越会说，越能说，对语言的驾驭能力就越强；而那些被人们称为口才很差的人也大都有这样的特点：不爱说话，他们总觉得自己说不好，于是就不愿意说，越不说就越说不好，甚至感觉表达不出来了。

(2) 持之以恒。一个人从笨嘴拙舌到口若悬河的过程，实际上是一个永不懈怠的锻炼与实践的过程，所以，语言实践锻炼还应该做到持之以恒。从时间的跨度来讲，持之以恒要求不懈的努力、不断的进取。要知道作为一种能力训练，一个人的口才不可能在短时间内达到理想的境界。从空间跨度来讲，持之以恒要求认真地对待每一次待人接物、登台发言的机会，充分利用这些机会来锻炼提高自己的语言表达能力。

【相关案例 3－9】　灵活的语言化解了尴尬

一家宾馆的餐厅里发生了这样一件事：一名餐厅服务员为同一旅游团体里不分位次的 10 人餐桌服务，其中有一位沉默寡言的英国人。倒酒、分菜按规定顺序进行，三次恰好最后一人都轮到这位沉默寡言的先生。这位客人突然发难，将餐具往桌子上一放，非常不满地说："小姐，为什么总是最后才轮到我？是否我应该受到这种歧视？"事情突然，出人意料，回答不好就会弄成僵局，闹出一场不愉快。经验丰富、礼仪周到的服务员没有多加解释，仅甜甜一笑说："先生，您大概还不了解我们的习惯，我总是把最后一位客人当作重点来接待的，把您留在最后是尊敬您呀。现在请您吩咐吧，需要我为您做点什么？"一场骤然而起的风波在轻松的语言艺术中化解了。

（资料来源：王春林主编《旅游接待礼仪》，上海人民出版社 2006 年版）

（二）培养倾听的能力

语言的交流沟通具有双向性，良好的沟通是一个成功合作的过程。一位优秀的旅游职业人员不但要会说话，还必须学会倾听。倾听宾客是一种重要的语言交流技能，需要具备较强的察言观色的能力，即听其言、观其行、察其意。

1. 会听话

首先，旅游职业人员要学会根据口音和语种基本判断出宾客来自什么地区，是四川的、湖南的、广东的、上海的、东北的，还是日本的、美国的、法国的等。正如俗话所说："听话听声、锣鼓听音。"

其次，要学会通过听到的宾客的言语，来鉴别宾客的性格特征。常言道："言为心声"，因为语言是表现人内心活动的一个重要方面。比如，性格外向的人一般爱讲话，比较健谈；内向的人在大庭广众之下不爱大声说笑；性格刚直的人，说话坦率，言语爽朗；而看重个人得失的人说话常吞吞吐吐、拐弯抹角。

最后，要学会善于根据说话的情境、言语的表达方式、音量、音调、音速、重音等，听懂对方的弦外之音，即对方到底想表达什么想法。会听话是一门艺术，只有听出对方的言外之意，才能做到心中有数，才能更有效地为宾客提供高质量的服务。

2. 会观察

每位旅游职业人员不但要会听，同时还要会看、会观察。学会留意宾客说话时的表情、举止来准确揣摩宾客的心理和需求。如：宾客的衣冠服饰能显示其社会等级、工作职业、性情爱好、文化修养、信仰观念、生活习惯及民族地域等信息；宾客的面部表情是反映其内心情感状态的晴雨表，宾客的喜怒哀乐等情绪变化，均可在面部有所反映。宾客的体态动作常常传递和展示出宾客的情绪变化、精神状态等方面的真实情况等。所以，旅游职业人员需要通过细心观察来调整自己的言谈和服务策略，从而向宾客传递有效信息并达成共识。

3. 会倾听

在人际沟通过程中，要使信息的交流更有效，就必须做到投入地倾听。我们可以从一个"听"字来学习什么叫作投入地倾听。

"聽"，是"听"的繁体字，这个字的组成告诉我们：

耳：用耳朵听。当宾客和你说话时，服务接待人员应该用耳朵仔细聆听，不是听而不闻，似听非听。

目：用眼睛看着。当宾客和你说话时，服务接待人员必须停下手头工作，将目光转向宾客，认真地看着宾客，既不是边忙边听，更不是不理不睬。

心：用心灵感受。当宾客和你说话时，服务接待人员应用心灵去感受宾客的想法，是理解性的倾听，不是听过则已。

王：王者为尊，尊重对方。服务接待人员应该尊重宾客，把宾客当成王者给予礼遇和尊重。

如果服务接待人员在与宾客沟通时，能做到上述的“用耳朵听、用眼睛看、用心灵感受、尊重对方”，将一定会从倾听中获得巨大收益，与宾客沟通的质量一定会得到显著提高。

复习与练习

一、主要概念

1. 服务用语　2. 敬语　3. 服务忌语　4. 口才　5. 倾听

二、学习理解

1. 旅游职业服务用语的基本要求有哪些？

2. 规范化的问候礼仪有哪些具体表现？

3. 使用称呼用语需要注意哪些地方？

4. 旅游职业人员应如何提高自己的语言表达能力？

5. 客人点了四只烤乳鸽，端上来时却只有七条腿，一位客人指着一条腿的那只鸽子“幽默”地问道：“服务员，这只鸽子参加残奥会了吗？”你怎么回答？

三、判断题

1. 说话者把听话者视为上位者，就需要使用谦让语。（　）

2. 旅游职业人员在拒绝宾客时可以直接采用否定的语言。（　）

3. 两人之间见面问候，符合礼仪的做法是：身份高者应先向身份低者问候。（　）

4. 在使用标准式致谢用语时，在前面加上尊称会使对象性更明确。（　）

5. 评价式赞赏用语主要适用于旅游服务人员对宾客的夸奖之后的回应。（　）

四、选择题

单选题

1. 说话人要表明自己是下位者，这是服务用语中的：（　）。

A. 谦让语　　B. 尊敬语　　C. 郑重语　　D. 赞赏语

2. 服务接待中的“五声”是指：（　）。

A. 问候声、谅解声、应答声、致谢声、致歉声

B. 征询声、应答声、问候声、道别声、招呼声

C. 问候声、招呼声、致谢声、致歉声、道别声

D. 应答声、请托声、招呼声、致歉声、道别声

3. 涉外交往中称呼别人应亲切有礼，不可以称呼(　　)。

A. 博士　B. 夫人　C. 陛下　D. 洋妞

多选题

1. 如果要向多人问候，问候方法有(　　)。

A. 统一问候　B. 具体问候

C. 先低后高　D. 先高后低

E. 由近而远

2. 在语言交际礼仪中，以下(　　)是符合西方人习惯的。

A. 问候交谈不涉及年龄、婚姻等个人私事

B. 交谈话题选择体育比赛、电影电视、旅游度假等问题

C. 男士不论年龄大小一律称呼“先生”

D. 送别客人时常用“请慢走”

E. 称呼用语时对长者敬重常使用“老”字

3. 旅游职业人员培养自己的倾听能力，三点很重要，即(　　)。

A. 会说话　B. 会感受

C. 会听话　D. 会观察

E. 会倾听

五、案例分析

案例：“对不起”无效！

一天晚上，有一对外国夫妇来就餐，点了几个菜，还要了一瓶红酒，主管写完菜单，服务员为客人送上毛巾，随手上了一碟小食。15分钟后，服务员又拿来红酒，给客人验完酒后，便为他们倒酒。又过了半个小时，还没有上菜，客人对服务员说：“先生，为什么我们点的菜半天都没上呀？你让我们就吃这碟小食？请帮我催一下吧。”服务员望一望桌上，除了红酒，就只有一碟孤零零的小食，他立即说：“对不起，先生，请……”这句话还没有说完客人马上接口说：“别说‘对不起’了，我们已‘稍等’了很长时间了，快点儿上菜吧！”服务员尴尬地住了口，随后就跑进厨房。

很快，客人的菜炒好了，服务员立即将菜端上，以为这下可以松口气了。谁知道客人只看菜就是不动餐具，而且满脸不悦，服务员问：“有什么问题吗？”“我们点的不是这个菜”，客人答道。服务员急了，不知怎么向客人解释，便立刻把主管找来，由于语言问题，主管只知道客人在向他发牢骚，而不知他们具体在说什么。服务员只好充当临时翻译。主管听了之后，态度诚恳地说：“真的很抱歉，这是我们的失误，假如我是你们的话，也会生气，马上去把菜给您换了，您看怎样？”客人已经气得满脸通红了：“算了，我们的肚子可不能再等。”“那好吧，为表示我们的歉意，我们免费送您一盘什锦果

盘,您看如何?"主管说,客人没做任何表示,只是吃他的饭,用餐完毕,埋单后离去。

(资料来源:严金明、徐文苑编著《旅游与酒店管理案例》,北京交通大学出版社 2004 年版)

案例思考题:

1. 在这个案例中,为什么服务员说"对不起"却让客人更不高兴?
2. 你认为案例中主管身上有哪些优点?存在哪些问题?

模块 2　服务用语礼仪训练

训练项目一:礼貌服务用语训练

【训练目的】 熟练掌握旅游职业用语的礼仪规范,通过常用礼貌语言训练,以及面对不同接待对象、不同情境语言针对性训练,达到语言表达文明规范,学会对语音、音量、语调、语速和语气的恰当把握。

【训练内容】

(一) 问候、称呼、应答用语训练

(二) 其他常用礼貌用语训练

【训练要点和标准】

(一) 问候、称呼、应答用语的训练要点和标准

1. 问候用语训练要求

标准:

(1) 仪表整洁,仪容端庄,仪态规范。

(2) 精神饱满,思想集中。

(3) 问候时不要像例行公事那样千人一面、千篇一律,要投入感情,让对方感受到你的诚意。

(4) 问候客人时,语调要平缓有起伏,同时行目光礼和微笑礼。

(5) 应强化外语口语训练,用多种语言问候来自不同国家的客人。

2. 不同问候用语互相对练

标准:

(1) 标准问候语互相对练:"您好!""各位好!""小姐好!""××先生好!""××经理好!"

(2) 时效问候语互相对练:"早上好!""上午好!""晚安!""各位下午好!""××经理早上好!"

(3) 特殊问候语互相对练："祝生日快乐！""祝健康长寿！""恭祝婚姻美满！""祝早日康复！""保重身体！""新年好！""春节好！""圣诞快乐！"

3. 情景问候模拟训练

标准：

(1) 两位学生一组分别扮演客人和服务员。

(2) 模拟前台接待第一次见面的问候。

(3) 模拟在餐厅门口接待客人的问候。

(4) 模拟在电梯中遇到客人时的问候。

4. 称呼用语训练要求

标准：

(1) 态度恭敬，彬彬有礼。

(2) 使用尊称，发音清晰准确。

(3) 面带微笑，注视对方。

(4) 注意称呼的对象，要准确称呼对方。

(5) 注意东西方差异，不要引起误解。

5. 称呼用语互相对练

标准：

(1) 正式场合称呼语互相对练："国王、王后陛下"，"王子、公主、亲王殿下"，"总统先生阁下"，"总理先生阁下"，"部长先生阁下"，"法官先生"，"西蒙教授"，"基辛格博士"，"上校先生"，"卡特中尉"，"布莱克中校先生"。

(2) 非正式场合称呼语互相对练：

对成年男士可统称为"先生"；

对未婚女子称"小姐"；

对已婚女子称"夫人"或"太太"；

对不明婚姻状况的女子或比较成熟的职业女性可称"女士"；

对年事已高的男士，尊称其为"张老"、"李老"。

(3) 询问对方姓名互相对练："初次见面，不知怎么称呼您？""请问您怎么称呼？""请问贵姓？""请问尊姓大名？"

6. 应答用语训练要求

标准：

(1) 随听随答，有问必答。随机应变，反应迅速。

(2) 音量适中，不要高声叫喊，以客人能听清楚为宜。

(3) 语速适中，语调柔和，吐字清晰，发音准确。

(4) 接听电话，铃响三声必接听，超过四声接听说："对不起，让您久等了。"

(5) 尽量使用肯定式应答语，尽可能不使用否定句。

(6) 对不能及时满足客人要求的各种情况能应对自如。

7. 两人一组对各种情景的应答用语实战演练

标准：

(1) 一方提出无理要求，另一方应答："实在抱歉，目前还没法满足您的要求。""很抱歉，我无法满足您的这种要求。""这件事我需要同主管商量一下。"

(2) 一方有事吩咐，另一方应答："好，马上就来！""好，知道了！请您稍等。""好，听明白了！请您放心！""好，听清楚了，马上派人过来修理。"

(3) 一方嫌排队时间太长开始抱怨，另一方应答："对不起，请您稍候片刻。""请稍等一下，好吗？""麻烦您，等一下好吗？"

(4) 一方语速过快或含糊不清，另一方应答："对不起，请您说慢一点好吗？""对不起，请您再说一遍，好吗？"

(5) 一方赞扬时，另一方应答："谢谢，您过奖了，不敢当。""承蒙夸奖，谢谢您了。""谢谢您的夸奖，这是我应该做的。"

(二) 其他常用礼貌用语的训练要点和标准

1. 迎送语训练要求

标准：

(1) 音量适中，不要高声叫喊，以客人能听清楚为宜。

(2) 语气亲切，语调柔和，语速适中，声音中饱含热情。

(3) 主动热情。欢迎客人时，在客人行至面前1.5米左右，即主动开口。

(4) 送别客人时主动开口，真诚道别，即便客人没有消费也不可默不作声。

(5) 表情自然亲切，面带笑容，目视对方，身体稍稍前倾。

(6) 对新老客人灵活使用不同的迎送语。

(7) 注意"Goodbye"与"See you later"的区别。

2. 中英文迎送语互相练习

标准：

(1) 练习使用欢迎语："您好！""欢迎光临。""您好，见到您很高兴。""您好，先生(小姐)，欢迎您光临我们酒店。""您好(各位好)，欢迎光临我们餐厅。""怀特先生，欢迎光临！""李小姐，我们又见面了！""欢迎再次光临！""欢迎您又一次光临本店！"

(2) 练习使用送别语："再见！""明天见！""谢谢光临，欢迎再来。""祝您一路平安！""祝您旅途愉快！"

3. 征询语训练要求

标准：

(1) 音量适中，语气亲切自然，语调谦和真诚。

(2) 面部表情自然友好，两眼注视客人。

(3) 使用主动式征询语时注意时机的把握,以免唐突、生硬。

(4) 灵活使用封闭式和开放式征询语。

(5) 向宾客提问时必须是有效提问,切忌无效提问。

4. 对以下征询语用中英文互相练习

标准:

"您有什么事吗?""我能为您做些什么?""需要我帮您做些什么?""您还有别的事吗?""这样会不会打扰您?""现在可以为您点菜吗?""有什么可以为您效劳的吗?"

5. 道歉语训练要求

标准:

(1) 道歉要发自内心,真实可信。

(2) 表情认真,态度和蔼,语气语调真诚恳切。

(3) 结合实际情况,表达内心歉意。

(4) 语速不可过快,灵活使用各种道歉语。

6. 常用致歉语中英文互相练习

标准:

"对不起!""请原谅!""实在抱歉!""真过意不去!""请不要介意!""失礼了!""抱歉,打扰您了。""对不起,让您久等了。"

7. 致谢语训练要求

标准:

(1) 表情自然,面带微笑,目视对方。

(2) 语气语调真诚恳切,声音中充满感激之意。

(3) 语速、音量适中。

(4) 不能千篇一律都说"谢谢",灵活使用各种致谢语。

8. 两人一组用中英文练习不同形式致谢语

标准:

(1) 标准式致谢用语练习:"谢谢!""××先生,谢谢!""谢谢××小姐!""谢谢您(张总、大家)!"

(2) 加强式致谢用语练习:"十分感谢!""万分感谢!""非常感谢!""多谢!"

(3) 具体式致谢用语练习:"谢谢您的配合!""让您替我们费心了,谢谢您的好意。""谢谢您给我们提出的宝贵意见。""谢谢您的理解(夸奖)。""××先生,感谢您给我们提出的批评、指导意见,非常感谢您。""××先生,您及时让我们知道服务中的差错,这一点太好了,非常感谢您。""谢谢您,××夫人,您指出我们服务项目的欠缺和不足,使我们及时发现并得以纠正。"

训练项目二：模拟服务用语场景训练

【训练目的】 通过模拟在各种场景下接待客人时各类服务用语的训练，帮助学生熟悉和掌握各种旅游接待服务用语，并能熟练地运用到实际工作中。

【训练内容】

（一）对酒店客人再次光临的模拟训练

（二）对客人向大堂副理打电话投诉的模拟训练

（三）对接待酒店商场购物客人的模拟训练

【训练要点和标准】

（一）对酒店客人再次光临的训练要点和标准

场景描述：罗森先生是来自德国的一位博士，他以前入住过某五星级酒店。三个星期前他又预定了该酒店的一间英式套房，这天晚上，他来到这家酒店前台办理入住手续。

1. 学生模拟场景训练要求

标准：

(1) 着装整洁，精神饱满。

(2) 仪容端庄，笑脸相迎。

(3) 接待主动热情，态度和蔼可亲。

(4) 称呼语准确，应称呼对方"罗森博士"。

(5) 使用时效式和针对式问候语。

2. 学生分别扮演客人和服务员现场进行演练

客人：(进入大厅，走向前台)

服务员：晚上好！您好！罗森博士，旅途辛苦了！

客人：你好！

服务员：欢迎您再次光临！(欢迎您又一次光临我们酒店；我们又见面了；我们一直期待您的到来等)您有预约吗？

客人：有，三个星期前已预订了客房。

服务员：好的，请稍候，罗森博士，我查一下客单。

(接着服务员要求查看客人有效证件并请客人填写入住登记表)

服务员：我能看一下您的护照吗？(归还证件时说：)非常感谢您的配合。(接着说：)请您填一下住宿登记表。

服务员：(当客人填写完毕，将房卡双手递给客人并使用请托语和祝福语：)这是您的房卡，请妥善保管。罗森博士，祝您在这儿过得愉快！

客人：好的，谢谢你！

服务员：不用谢，罗森博士，再见。

（二）对客人向大堂副理打电话投诉的训练要点和标准

场景描述：亨德森先生进房半小时了，他的行李还迟迟未到。他打电话向大堂副理投诉。

1. 模拟训练要求

标准：

(1) 铃响三声内接听电话。

(2) 一接来电，敬语当先。

(3) 规范使用应答服务用语。如“下午好！我是大堂副理，请问我能为您做点什么？”

2. 请学生分别扮演客人和大堂副理进行演练

标准：

(1) 先向客人表示歉意。“对不起”、“实在不好意思”、“非常抱歉，给您带来不便”等道歉服务用语要及时用。

(2) 弄清事情的缘由与真相。如“对不起，先生，请问发生什么不愉快的事？”

(3) 在客人诉说过程中，要耐心认真倾听。

(4) 对客人表示同情、进行安慰的语言不可少。如“我理解您的感受，如果是我也会很着急”、“我明白，这事发生在谁身上都会生气的”等。

(5) 表明自己解决问题的态度。如“亨德森先生，请不用担心，我会给您一个满意的答复”、“恐怕行李员将您的行李送错房间了，我将尽快通知行李员找到它，并送到您房间”、“我保证此类事情以后不会再发生了”等。

(6) 感谢客人来电，再次致歉，等客人先挂断电话。如“谢谢您的来电，给您带来了如此不便，再次向您表达我们的歉意。亨德森先生，再见！”

（三）对接待酒店商场购物客人的训练要点和标准

场景描述：比特先生独自来到酒店商场，想为喜欢珠宝的太太买一件生日礼物。服务员热情地招呼他。

1. 模拟训练要求

标准：

(1) 仪表、仪容、仪态符合礼仪要求。

(2) 见到客人主动问好，致问候语和欢迎语。如“下午好，先生，欢迎您光临”。

(3) 对客人的询问要耐心、细致地回答。

(4) 对客人的需求要耐心、周到地服务。

2. 请学生分别扮演客人和商场服务员进行演练

标准：

(1) 恰当使用征询服务用语。

如：“请问您想看点什么？”“您太太喜欢珠宝一类的礼品吗？”“那就买一条镶有鸡心宝石的项链怎么样？”“这三条项链款式、色泽都很棒，您更喜欢哪一条呢？”等。

(2) 恰当使用赞美服务用语,促进销售。

可赞美客人,让客人高兴。如"有您这样的先生,您太太真幸福"、"您真有眼光,这条 18 K 的绿玉项链的确更有品位"。可赞美自己,让客人放心。如"您不必担心,先生,我们的商场是值得信任的,在我们这里顾客发现假货,一律都有奖赏"等。

(3) 恰当使用致谢语、祝贺语和道别语。

当客人夸奖服务员诚实可信时,应使用致谢语。如"谢谢您的信任"、"谢谢您,这是我应该做到的"等。当把客人买好的礼物交给客人时应致祝贺语。如"祝您太太生日快乐"。客人离开时应使用告别语。如"谢谢您的光临,再见"。

训练项目三:角色扮演的语言训练

【训练目的】 通过让学生分别扮演服务员和客人,体验不同表达带来的不同心理感受。引导学生强化使用旅游接待服务用语的意识,养成在任何情况下都能礼貌、友好地接待宾客的职业素养。

【训练内容】

(一) 游客和导游冲突语言训练

(二) 叫醒服务失误投诉语言训练

【训练要点和标准】

(一) 游客和导游冲突语言的训练要点和标准

情景描述:飞机误点,导游员请求饭店午餐等候。当旅游团抵达饭店后,餐厅已经撤台。一名游客将怒火发在导游身上。

请学生分别扮演导游和游客,用冲动和理智的语言分别表演两种情形:

1. "冲动的导游"语言情形训练

游客(怒气冲冲):你是导游,这么不负责任,我们出钱不是让你游手好闲的。

导游:我已经和饭店说过,问题出在他们那,又不在我这里。

游客:我们可不管问题出在哪儿!现在我们很饿,请你解决我们的吃饭问题!

导游:你嗓门儿那么大,我还以为你不饿呢!

游客:你什么态度?我要投诉你!

导游:你什么态度我就什么态度!

2. "礼貌、理智的导游"语言情形训练

游客(怒气冲冲):你是导游,这么不负责任,我们出钱不是让你游手好闲的。

导游:真对不起,我们接待工作出现了失误,请您原谅。现在,我马上同餐厅联系,解决吃饭问题。

(吃过午饭,游客仍然怒气未消)

导游:对于刚才发生的不愉快的事,我再一次表示歉意。希望您忘掉,不要因为此事把大家的主要目的给丢了。我想，大家吃饱了，就痛痛快快地去游览。好吗？

3. 总结性点评

标准：

(1) 请扮演游客的学生谈谈面对不同旅游接待者的心理感受，使同学们懂得只有那些尊重宾客、礼待宾客的旅游接待工作者，才能让宾客感到舒服和温暖，才能赢得宾客的理解和接受。

(2) 无论遇到怎样怒气冲天、蛮横无理的客人，旅游接待工作者都要沉住气，冷静理智，记住使用道歉式应答语言，并且表情认真，语气语调真诚恳切，道歉语言发自内心，令人感到真实可信。同时迅速为客人解决问题，引导坏事向好的方向转化。

(二) 叫醒服务失误的投诉语言训练要点和标准

情景描述：刘先生入住一家五星级酒店，头天晚上 11 点左右曾委托总台李服务员叫醒，但李服务员未能准时叫醒客人，从而耽误了航班，引起客人投诉。

请学生分别扮演刘先生 G 和大堂副理 A，用不同的语言表达来表演两种情形：

1. 不会说话的主管情景演练

A：您好，先生，请问发生了什么事？

G：什么事你自然知道，我耽误了飞机，你们要赔偿我的损失的。

A：您不要着急，请坐下慢慢说。

G：你别站着说话不腰疼，换了你试试。

A：如果这件事发生在我身上，我肯定会冷静的，所以，我希望你也冷静。

G：我没你修养好，你也不用教训我，我们没什么好说的，去叫你们经理来。

A：您可以叫经理来，但您应对我有起码的尊重，我是来解决问题的，不是来受气的。

G：你不受气，难道让我这花了钱的客人受气？真是岂有此理！

2. 会说话的经理情景演练

M：您好，刘先生，我是前厅部经理。首先我应该代表饭店向您表示歉意，耽误了您宝贵的时间，您看我现在可以帮您做些什么以补救我们的过失呢？

G：你们应当赔偿我的损失。

M：刘先生请放心，我们肯定会认真研究您的要求，并按惯例处理好此事，同时我们也会对有过失的员工给予必要的处罚，另外，您看是否要我们赶紧为您联系下一班的机票，以尽量减少您的损失？

G：好吧，请帮我解决机票，但我仍希望知道饭店给我什么样的补偿。你们刚才那个员工的服务非常差，他不具备在这样的酒店工作的资格。

M：谢谢先生对我们酒店的评价，酒店业人员流动很快，尽管做了很多培训，但仍然不足，希望您多谅解，我想这样，请我们的值班经理陪您到咖啡厅稍坐片刻，我马上去为您安排机票的事情，并请示饭店如何给您以经济赔偿，我很快回来见您。您看可以吗？

G：好吧。

M：谢谢您！刘先生，一会儿见！

3. 总结性点评

标准：

(1) 请学生对主管和经理的语言进行点评。

(2) 教师作出总结性点评。

训练项目四：案例情景语言训练

【训练目的】 通过正反案例的对比分析和思考，从而让学生强烈感受何谓"一言使人笑，一言使人跳"，从而理解礼貌和技巧的语言表达对于旅游接待工作者的重要性。

【训练内容】

(一) 灵活使用敬语的训练

(二) 面对客人过失行为的语言表达的训练

【训练要点和标准】

(一) 灵活使用敬语的训练要点和标准

1. 案例再现(1)

某天下午，外宾布朗先生下榻中国某五星级酒店。他准备到餐厅去用午餐。当他走出电梯时，站在梯口的一位女服务员很有礼貌地向客人点头，并且用英语说："您好，先生！"布朗微笑地回答道："中午好，小姐。"当布朗走进餐厅后，引宾员讲了同样一句话："您好，先生！"布朗微笑地点了一下头，没有开口。布朗吃好午饭，顺便到酒店内的庭院走走，当走出内大门时，一位男服务员又是同样一句话："您好，先生！"这时布朗只是敷衍地略微点了一下头，已经不耐烦了。布朗重新走进内大门时，不料迎面而来的仍然是那个男服务员，又是"您好，先生！"的声音传入客人的耳中，此时布朗已产生反感，默然地径直乘电梯回客房休息，谁知在电梯口仍碰见原先那位服务员小姐，又是一声："您好，先生！"布朗终于忍耐不住了，开口说："难道你不能说一些其他的话同客人打招呼吗？"

2. 案例再现(2)

布朗先生曾下榻曼谷的东方大酒店，却有了完全不同的经历。他从客房出来准备去吃午餐，正好碰上一位楼层服务员，她礼貌地向布朗点头，并微笑着用英语说："中午好，布朗先生！"她知道我是谁?！布朗很高兴，微笑地回答道："中午好，小姐。我要去用餐，请问餐厅怎么走?""餐厅在二楼，您可以乘电梯。祝您用餐愉快!”当布朗走进餐厅后,引宾员微笑着对他说:“下午好,布朗先生! 欢迎您光临这里。不知您愿意坐在吸烟区还是非吸烟区?”她也知道我是谁? 布朗很惊喜。吃好午饭,布朗返回客房时又碰上了刚才那位楼层服务员,她微笑着对布朗说:“布朗先生好! 我们又见面了!”布朗也笑了,他觉得心情非常愉快。

3. 案例点评

标准:

(1) 某五星级酒店服务员使用敬语为何令布朗先生不高兴?

(2) 曼谷东方大酒店的服务人员在使用敬语上带给我们哪些启示?

(3) 请学生发言点评。

4. 老师给出总结性点评

标准:

(1) 在饭店培训员工的教材中规定有“您早,先生(夫人、小姐)”、“您好,先生……”等敬语例句。但A酒店服务员在短短时间内多次和同一客人照面,机械呆板地使用同一敬语,像机器人一样使用着工作语言,这自然会令客人产生反感。

(2) 礼貌规范的服务用语标志着一家饭店的服务水平,员工们不但要会讲,而且还要会灵活运用,这也是当前国际饭店业个性服务化的趋势。曼谷东方大酒店之所以被称为国际公认的服务最好的酒店,正是因为其服务员在服务用语的使用上既懂得规范使用,又懂得灵活运用。他们能快速而准确地叫出客人的名字,能根据时间、地点等具体情况变换对同一客人的问候语,让客人感觉亲切自然,感觉受到尊重和礼遇。由此可见,在旅游接待服务中,并非敬语用得多就一定好,鹦鹉学舌、滥用敬语,只会产生负面效应。只有用得恰当,用得巧妙,才会收到好的效果。

(二) 面对客人过失行为的语言表达的训练要点和标准

1. 案例再现

一位外国客人在中国餐厅用餐,他对餐厅使用的景泰蓝筷子非常喜欢,当他用餐完毕时,随手就将自己刚刚用过的一双景泰蓝筷子插进了西装口袋,准备带走。

作为餐厅服务员,你不能让餐厅受损失,你该怎样做? 下面是客人在两家中国酒店的不同遭遇。

A酒店:服务员冲着客人大叫:“站住!”客人被吓了一跳,服务员快步走过来,接着对客人说:“先生,您想去哪里? 您似乎带走了不该带走的东西! 请把筷子放回餐桌。”客人窘得满脸通红。

B酒店:女服务员微笑着走向客人,她手里托了一个丝绒盒,用亲切的语气对客人说:“您好! 先生,感谢您对中国景泰蓝工艺的欣赏,经餐厅经理批准,我把一双图案更精美,并经过严格消毒的景泰蓝筷子送给您,并以最优惠的价格记在您的账上,您看可以吗?”客人笑着说:“谢谢! 那我就以旧换新吧!”他把口袋里的筷子拿出来交给服务员,接过丝绒盒去付账了。

2. 案例点评

标准：

(1) A酒店的服务员错在什么地方？

(2) B酒店服务员在服务理念、说话的方式上有哪些地方值得我们借鉴？

(3) 请学生对案例情景进行点评。

3. 老师给出总结性点评

标准：

(1) A酒店的服务员从说话的内容，到说话的语气语调都没有注意给客人留面子，她直接指出客人错了，虽然追回了景泰蓝筷子，保住了餐厅的利益，却让客人感觉很“丢脸”，下不来台。

(2) 从B酒店服务员身上，我们可以看到：首先，旅游接待人员在服务理念上要懂得“把对的让给客人”，我们常说“客人永远是对的”，这并不意味着在所有具体事情上客人的说法、做法都是对的，我们提倡“客人永远是对的”是一种服务的理念，是一种说话的技巧；其次，旅游接待人员在说话时应注意言辞的礼貌、文雅，必须养成用委婉、商讨的语气和客人说话的习惯。B酒店的服务员就是用委婉、谦和、真诚、友好的语气语调，给客人铺设了台阶，她不但维护了餐厅的利益，又给客人留足了面子，让客人觉得亲切、舒服。

训练项目五：服务对话训练

【训练目的】 引导学生思考服务员在对客服务时语言使用上常会出现哪些问题，从而在实际工作中避免类似问题，提高服务质量和服务水平。

【训练内容】

(一) 如何接听电话训练

(二) 如何应答宾客提问训练

【训练要点和标准】

(一) 如何接听电话的训练要点和标准

1. 学生模拟客人和服务员进行对话

● 情形对话(1)

服务员：喂(语气生硬)！

客人：您好！请问是××酒店的人力资源部吗？

服务员：对，怎么了？(不耐烦)

客人：请问李经理在吗？

服务员：他不在(不耐烦)。

客人：哎呀，他和我说好了让我9点打电话找他，他怎么会不在呢？

服务员：(不说话，懒得理对方)

客人：他去哪里了？

服务员：我怎么知道？(发火了)

客人：麻烦您帮我找找，我有急事找他。

服务员：找找？到哪儿去找？找不到！(态度粗暴，挂断电话)

● 情形对话(2)

服务员：喂(声音像要睡着了)！

客人：您好！请问是××酒店的人力资源部吗？

服务员：对(有气无力)。

客人：请问李经理在吗？

服务员：他不在。

客人：哎呀，他和我说好了让我 9 点打电话找他，他怎么会不在呢？

服务员：他刚才还在，他现在不在(无精打采)。

客人：他去哪里了？

服务员：我不知道。

客人：他什么时候回来？

服务员：我不清楚。

客人：那……我下午两点钟再打电话来找他，您看可以吗？

服务员：随便(挂断电话)。

2. 对话点评

标准：

(1) 在这两段对话中，服务员是否存在问题？

(2) 哪一段对话是无礼的？为什么？

(3) 请学生对对话情形加以点评。

3. 老师给出总结性点评

标准：

(1) 这两段接听客人的电话都表现出对客人的无礼。

(2) 第一段对话是我们非常熟悉的一种无礼——态度粗暴蛮横。这位服务员欠缺基本的礼貌修养，在接听客人电话时语气语调生、冷、硬，不耐烦，发火，态度蛮横粗暴，完全忘记了自己的身份是一个服务者，是为宾客服务的。这种服务态度会让宾客不满，惹宾客生气，甚至令宾客感到气愤。出现此类情况会给企业形带来非常负面的影响。

第二段对话同样是对客人的无礼。听上去这位服务员既没发火，也没生气，不凶，也不蛮横，但是她的无精打采、推卸责任，同样让客人莫明其妙，无所适从，找不到方向。她的声音是温柔的，温柔得都快睡着了。这种不尊重客人、不解决问题的做法同样会令客人不满，甚至导致客人生气。

（二）如何应答宾客提问的训练要点和标准

1. 学生模拟客人和服务员进行对话

● 情形对话(1)

(A 宾馆客房，上午 8 点)

宾客：小姐，请问，餐厅在几楼？

服务员：《服务指南》上写得一清二楚，你自己去看！

宾客：我请你直接告诉我。

服务员：可我现在没空！

宾客：现在正是在你的有效服务时间之内，为什么没空？

服务员：我还有那么多的宾客，怎么能为你一个人服务！

宾客：你有那么多时间与我争论，早就可以告诉我餐厅的位置！

服务员：你有那么多时间，早就可以自己去看一下！

● 情形对话(2)

(B 宾馆餐厅，下午 6 点半)

宾客：小姐，来个“大盆蟹粉扒鱼酪”！

服务员：卖光了。

宾客：那么换个“蟹黄养汤丸”吧！

服务员：没有了。

宾客：又没有？那你们有什么？

服务员：有清蒸苏眉仔。

宾客：清蒸的，好吃吗？

服务员：当然，吃的人可多呢！

宾客：吃的人多就一定好吃？算了，还是先点饮料吧，你们有什么饮料？

服务员：饮料品种多着呢！你们要喝什么？

宾客：有没有柠檬红茶？

服务员：没有！

宾客：餐厅开着却要啥没啥?!

服务员：谁说的，是你点的没有而已！

宾客：这餐我们不吃了！

2. 对话点评

标准：

(1) 在这两段对话中，两家宾馆的服务员存在的共同问题是什么？

(2) 第二段对话中服务员具体错在哪些地方？

(3) 请学生对对话情形加以点评。

3. 老师给出总结性点评

标准：

(1) 这两家宾馆的服务员存在的共同问题是：应答宾客的提问不仅态度恶劣，而且语言生硬，很不规范。他们与宾客唇枪舌剑，不难想象，在如此恶劣的服务语言的“摧残”下，宾馆的社会形象无疑大受其害。

(2) 第二段对话中的服务员的具体错误：第一，在宾客的需要不能得到满足时，应该注意使用道歉式应答语；第二，缺乏推销常识，对如何引导宾客消费欠缺技巧，显得无能为力；第三，语气语调生硬，缺乏礼貌、热情。

第四单元

旅游职业人员常用交际礼仪

学习目标

☆ **应知：**认识旅游职业人员掌握常用交际礼仪规范是重要的文明行为，熟悉旅游人际交往常用的礼仪形式和运用规范。

☆ **应会：**较好地掌握见面、聚会、交谈、通信、馈赠、舞会、女士优先、宴请宴饮等常用的交际礼仪规范。

☆ **能力：**较好地将学会的常用交际礼仪规范在旅游人际交往中熟练地加以运用，成为一个有着较强礼仪修养能力的旅游职业工作者。

模块1 常用交际礼仪规范

引导案例：一个彩铃误了50万生意

文先生是个喜欢新潮的年轻人，喜欢使用美妙悦耳的手机彩铃声，各种各样的彩铃他都想试一试。这不，上个星期他又下载了"我不接，不接，就不接……"的彩铃。

五天前，公司和客户洽谈一笔50万元的业务，公司让文先生负责和对方联络。在决定由哪家公司接这笔生意的那天早上，客户想和文先生的老总碰面，于是打手机通知文先生。

由于手机的信号不好，客户连续打了五次都因为话音不清晰而被迫中断，每次通话中断后重新再拨，手机中听到的就是"我不接，不接，就不接……"的声音。那家公司的老总被这种行为惹烦了，拒绝再和文先生联系。第三天，公司得知这件事情后，这笔业务已经彻底泡汤了。

（资料来源：未来之舟编著《商务礼仪》，中国经济出版社2006年版）

交际礼仪，是泛指人们在社会交往活动过程中形成的应共同遵守的行为规范和准则。具体表现为礼节、礼貌、仪式、仪表等。旅游职业人员需要与客人密切接触、交往，注意交际、交往礼仪就变得十分重要，因此，熟悉并很好地掌握和运用各种交际礼仪规范是每个职业人员的基本要求。

一、常用见面礼仪

在旅游接待及社交场合，不可避免地要与人会面，会面应有相应的礼节。常用见面礼仪的基本形式有握手、鞠躬、拥抱、接吻、合十、名片、介绍等。见面礼仪的规范掌握与否，直接会影响到旅游接待和交际效果。

（一）握手礼

握手是使用最多的见面礼仪，是人际交往中最常见的一种见面、离别、祝贺或致谢的礼节，握手贯穿在人们交往、应酬的各个环节，期间的讲究、礼数是决不能忽视的。一般说来，握手应掌握以下几个要素。

1. 握手姿势

握手有单手握和双手握。单手握是最为普通的握手方式，即双方各自伸出右手，手掌均呈垂直状态，四指并拢，拇指张开，肘关节微曲抬至腰部，上身微前倾，目视对方与之右手相握，并可适当上下抖动以示亲热。握手一定用右手，这是约定俗成的礼仪，如果伸出左手是十分失礼的。双手握是为了表示对对方加倍的亲切和尊敬时运用，即自已同时伸出双手，握住对方右手。但是，这种握手方式不宜每次都用，它的适用范围只在年轻者对年长者、身份低者对身份高者或同性朋友之间握手时使用。男子对女子一般不用双手握手。

2. 伸手次序

在握手时，讲究由谁先伸出手，这主要是为了尊重对方的尊严、感情、爱好、意见等。一般说来，伸手次序应是重要者先伸手，次要者后伸手。通常年长者、女士、职位高者、上级、老师先伸手。来访时主人先伸手，以表示热烈欢迎，并等候多时了。告辞时待客人先伸手后，主人再伸手与之相握，才合乎礼仪，否则有逐客的嫌疑。朋友和平辈之间谁先伸手不作计较，一般谁伸手快，谁更为有礼。若一个人要与许多人握手，最有礼貌的顺序是：先长者，后晚辈；先上级，后下级；先主人，后客人；先女士，后男士。

3. 握手力度和时间

握手要注意力度。不可用力过猛或有气无力，在一般情况下，握手不必用力，握一下即可。男士与女士握手不能握得太紧，用力轻一些，如果是故友重逢或与嘉宾相见时，可稍加用力。西方男士往往只握一下女士的手指部分，但老朋友可以例外。

握手时间的长短可根据握手双方的亲密程度灵活掌握。初次见面者，一般应控制在三秒钟左右。男士与女士握手除了用力要轻，时间也要短些，长久地用力握住女士的手是失礼的行为。即使握同性的手时间也不宜过长。老朋友或关系亲近的人则可以边握手边问候，甚至双手长时间地握在一起。

4. 握手禁忌

(1) 贸然伸手。遇到上级、长者、贵宾、女士时，自己先伸出手是失礼的。

(2) 抓指尖式。握手时仅轻轻触一下对方指尖，给人以很勉强，很冷淡的感觉。表现为过于软弱无力、时间过短、左顾右盼、心不在焉等，给人一种十分冷漠、很不情愿的感觉。

(3) 交叉握手。多人同时握手切忌交叉，要等别人握完后再伸手。有的国家视交叉握手为凶兆的象征，交叉成“十”，意为十字架，认为必定会招来不幸。

(4) 忌戴手套。男士在握手前应脱下手套、摘掉帽子。军人不脱帽先行军礼，然后再握手。在社交场合女士戴薄纱手套或网眼手套亦可不脱，但在商务活动中讲男女平等，女士亦摘手套。

(5) 敷衍了事。上级遇到下级，年长者遇到年轻者，女士遇到男士，在需要握手致意的场合，前者不主动先伸出手握手，以示个人的情感和意向是失礼的。

【小思考 4-1】　哪些场合适合握手呢？

通常，以下所列举的几种情况都是适合握手的场合：

(1) 在比较正式的场合和认识的人道别。

(2) 在以本人作为东道主的社交场合迎接或送别来访者时。

(3) 拜访他人后，在辞行的时候。

(4) 被介绍给不认识的人时。

(5) 遇到较长时间没见面的亲朋故友或上司时。

(6) 表示感谢、恭喜、祝贺时。

(7) 向别人赠送礼品或颁发奖品时。

(8) 向别人表示理解、支持、肯定时，得知别人遭受不幸而去探望时。

（资料来源：朱瑞编著《商务礼仪》，中国长安出版社 2006 年版）

(二) 鞠躬礼

鞠躬，即弯身行礼。鞠躬礼起源于中国商代，不仅是我国的一种传统礼仪，也是日本、韩国、朝鲜等国的传统礼节。鞠躬礼是人们在生活中对别人表示恭敬的一种礼节，既适用于庄严肃穆、喜庆欢乐的仪式，也适用于一般的社交场合。在我国台湾、香港的一些地区，鞠躬礼也是常用的。

1. 鞠躬礼形式

在我国，鞠躬礼一般分为两种：一种是三鞠躬，鞠躬前，应脱帽，身体立正，目光平视。鞠躬时，身体上部向前弯约 90 度，然后恢复原状，这样连续三次。三鞠躬适用于传统婚礼、悼念活动。另一种是一鞠躬，几乎适用于一切社交场合。行礼时，身体上部向前倾斜约 15 度，随即恢复原态，只鞠躬一次，受礼者立即还礼，但长辈对晚辈、上级对下级不鞠躬，欠身点头还礼即可。

2. 鞠躬礼的要领

先说问候语再鞠躬（说话和鞠躬不可同时进行）。鞠躬应在距对方 2 米左右时进行，目光应向下看，表示一种谦恭的态度，不可以在弯腰的同时抬起眼睛望着对方。鞠躬礼毕直起身时，目光应有礼貌地注视对方，如果目光旁视，会让人感到行礼不是诚心诚意的。施礼者和受礼者在施礼过程中要相互注视。

注意的问题有：脱帽，面带笑容，保持正确的站立姿势，两腿并拢，脖子不可伸得太长，上半身和头部呈一直线，目视受礼者。男士双手自然下垂，贴放于身体两侧裤线处，女士的双手下垂搭放在腹前。鞠躬的幅度可根据施礼对象和场合决定，一般为 30 度，而 90 度大鞠躬常用于特殊情况。

3. 行鞠躬礼的先后顺序

地位较低的人要先鞠躬，鞠躬幅度要相对深一些。晚辈对长辈、学生对老师、下级对上级、表演者对观众等都可行鞠躬礼。领奖人上台领奖时，向授奖者及全体与会者鞠躬行礼；演员谢幕时，对观众的掌声常以鞠躬致谢；演讲者也用鞠躬来表示对听众的敬意。

【相关案例 4－2】 背后鞠躬

一天，一位留学生来到了日航大阪饭店的前厅。那时，正是日本国内旅游旺季，大厅里宾客进进出出，络绎不绝。一位手提皮箱的客人走进大厅，行李员立即微笑着迎上前去，鞠躬问候，并跟在客人身后问客人是否需要帮助提皮箱。这位客人也许有急事吧，嘴里说了声："不用，谢谢。"头也没回径直朝电梯走去，那位行李员朝着那匆匆离去的背影深深地鞠了一躬，嘴里还不断地说："欢迎，欢迎！"这位留学生看到这情景困惑不解，便问身旁的日本经理："当面给客人鞠躬是为了礼貌服务，可那位行李员朝客人的后背深鞠躬又是为什么呢？""既为了这位客人，也为了其他客人。"经理说："如果此时那位客人突然回头，他会对我们的热情欢迎留下印象，同时也是给大堂里的其他客人看的，他们会想，当我转过身去，饭店的员工肯定对我一样礼貌。"

（资料来源：栗书河主编《饭店服务礼仪训练手册》，旅游教育出版社 2006 年版）

（三）拥抱礼

所谓拥抱礼，指的是交往双方互相以自己的双手揽住对方的上身，借以向对方致意。拥抱礼是欧美各国、中东及南美洲国家流行的一种见面礼节，在国际社会和国际交往中，也被人们广泛地运用，在迎宾、祝贺、感谢等隆重场合，无论是官方或民间的仪式中经常采用。

1. 拥抱礼的规范

拥抱礼的标准做法是：两人正面对立，右臂偏向上，左臂偏向下，右手扶在对方左后肩，左手扶在对方右后腰，按各自的方位，两人头部及上身都向左相互拥抱，然后头部及上身向右拥抱，再次向左拥抱，礼毕。拥抱时，还可以用右手掌拍打对方左臂后侧，以示亲热。

拥抱时间的长短，视双方关系亲密程度而定。礼节性的拥抱一般时间较短，双方身体也不必贴得很紧。礼节性的拥抱多行于男士之间或女士之间，男士与女士之间不采用这种方式。

2. 行拥抱礼注意要点

对于拥抱礼，主要应注意下面几点：

第一是具体区域。一般来讲，拥抱礼在西方国家广为流行。在中东欧、阿拉伯各国、大洋洲各国、非洲与拉丁美洲的许多国家，拥抱礼也颇为常见。但是在东亚、东南亚国家，人们对此却不以为然。

第二是具体场合。在庆典、仪式、迎送等较为隆重的场合，拥抱礼最为多见，在政务活动中尤为如此。在私人性质的社交、休闲场合，拥抱礼则可用可不用。在某些特殊的场合，诸如谈判、检阅、授勋等，人们则大都不使用拥抱礼。

第三是具体人员。在欧洲、美洲、澳洲诸国，男女老幼之间均可采用拥抱礼。而在亚洲、非洲的绝大多数国家，尤其是在阿拉伯国家，拥抱礼仅适用于同性之间，与异性在大庭广众之下进行拥抱，是绝对禁止的。

（四）接吻礼

接吻礼是西方国家、东欧和阿拉伯国家流行的一种见面和告别礼节，同时人们也常用接吻礼来表达爱情、友情、尊敬或爱护。

1. 接吻的规矩

一般说来，男子见到女子不能随便拥抱和亲吻。欧美人对于亲朋好友或是为了表示亲热，往往以拥抱和接吻代替握手。在社交场合，则应先握手，再拥抱和接吻。长辈吻晚辈，只吻对方的额部；晚辈吻长辈，只吻对方的下颌；同辈朋友、兄弟姐妹之间，只是脸颊相贴；只有夫妻之间、情人之间，才是嘴对嘴地亲吻。

2. 接吻的习俗

在不同的国家接吻也有不同的习惯。欧美大部分国家习惯亲吻对方左右面颊；阿拉伯国家只亲吻对方一边的面颊且限于男性之间；俄罗斯等国的男女，久别重逢即互相吻嘴唇。在当代，许多国家的迎宾场合，宾主往往以握手、拥抱、左右吻面或贴面的连续性礼节表示敬意和热烈气氛。

在当今西方一些国家，接吻的部位不同，所表示的内涵也不一样。如：吻额表示友情，吻眼表示幻想，吻颊表示喜欢，吻唇表示恋爱，吻手表示敬意，吻掌表示热望。

（五）合十礼

合十礼又称“合掌礼”，属佛教礼节，通行于印度和东南亚信奉佛教的国家与地区，我国傣族聚居区也用合十礼。行礼时，两掌合拢于胸前，十指并拢向上，掌尖和鼻尖基本齐平，手掌向外倾斜，头略低，神情安详、严肃。合十礼可分为跪合十礼、蹲合十礼、站合十礼三类。

跪合十礼适用于佛教徒拜佛祖或僧侣的场合，行礼时右腿跪地，双手合掌于两眉中间，头部微俯，以表恭敬虔诚。

蹲合十礼是盛行佛教国家的人拜见父母或师长时所用的礼节，行礼时身体下蹲，将合十的掌尖举至两眉间，以示尊敬。

站合十礼是信奉佛教的国家平民之间、平级官员之间相见，或公务人员拜见长官时所用的礼节，行礼时端正站立，将合十的掌尖置于胸部或口部，以示敬意。行合十礼时，可以问候对方或口颂祝词。因佛教中不兴握手，所以在我国，一般非佛教徒对僧人施礼，也以行站合十礼为宜。

（六）名片礼

交换名片是人际交往中一种重要的自我介绍方式，人们在见面、交往及商务活动等场合，通过名片不但推销了自己，也能很快地使自己与对方熟悉。名片还可以作为礼节性用品，用来表示祝贺、感谢、委托、慰问、留言等社会交往活动。使用名片要注意其礼仪效应。

1. 名片规格和分类

名片的大小规格，一般为 9 厘米长、5.5 厘米宽。名片通常在下列情况下使用：第一，带有商业性质的横向联系和交际；第二，社交场合中的拜访、交流等。第三，在某些表达感情或表示祝贺的场合，如用来表示欢迎、祝贺、感谢、辞行、委托、慰问、留言等。当你入住饭店时，饭店经理欢迎你下榻该店，派人送水果到客房内，并附上名片以示欢迎。

名片可分为个人名片、商用名片和组织名片三种。个人名片是印有个人的名字、职务或头衔的名片；商用名片除印有个人的姓名、职务外，还需印上地址、办公电话、电报挂号、传真和邮政编码；组织名片则是印有组织的名称、地址和电话、邮政编码的名片。

2. 名片递送规范

名片的递送先后没有严格的讲究，但一般顺序是：地位低的人先向地位高的人递名片，男士先向女士递名片。当分送对象不止一人时，应先将名片递给职务较高或年龄较长者，或是先向距自己较近的、对面的人递名片，即由近及远，依次进行，不可跳跃式进行，以免对方误认为有厚此薄彼之感。

初次相识，双方经介绍后，如果有名片则可取出名片送给对方。如果是事先约定好的面谈，或事先双方都有所了解，不一定忙着交换名片，可在交谈结束、临别之时取出名片递给对方，以加深印象，表示愿意保持联络的诚意。

接受他人递来的名片，应当恭恭敬敬，双手捧接，除了长者及女性外，应起身或欠身。

3. 名片使用注意要点

使用名片是现代人交际的重要手段，名片的使用也讲究礼节。使用名片时，应注意以下几点：

(1) 不滥发名片。名片代表一个人的身份，递送名片时，应注意分寸，要有的放矢地使用名片，不可滥发，应根据自己的需要确定递赠对象。在未了解对方来历之前不要轻易递出名片，否则不仅有失庄重，日后还可能出现其他麻烦。

(2) 不索要名片。为了尊重对方的意愿，也尽量不要向对方索要名片。不能像在收集名片一样，逢人便要，其实，过分地热衷于名片的交换，反而有失礼仪，使人敬而远之，甚至遭人鄙视。

(3) 注意保管。名片的保管要用较精致的名片夹，把名片放在钱包和月票夹内的做法都是应当避免的。名片是个人身份的代表，应像对待其主人一样尊重和爱惜。

(4) 交换名片时应站立。当你坐着时而对方刚到，此时你需站起来递上名片，不可坐着递出名片。同理，当你站着时对方坐着，他也应该站起来递名片。这时你不可在他站起来前，就马上坐下递出名片，这是很失礼的。

【小规范 4-3】　接过名片一定要看

接过对方的名片一定要看，这意味着是否尊重对方。世界各国对此都有比较具体的规定，比如在东南亚一些国家，要求接过名片不仅要看，而且要看一分钟左右，因为一分钟可以看三四遍，看三四遍就记得很清楚了。有些国家要求更高，不仅要看，还要在嘴里作出默读状，或发现对方有重要头衔，要诵读出来，并称颂："董事长，这么年轻就是董事长，看不出来。"

（资料来源：范莹、王子弋、卢隽美主编《礼仪基础》，华东理工大学出版社 2006 年版）

（七）介绍礼

介绍是日常接待工作中必不可少的一个环节，是人际交往和接待工作中相互了解的基本方式。正确的介绍可以使不相识的人抛弃陌生感和畏惧感，扩大交际面，其中的奥妙在于懂得介绍礼节。介绍的途径有自我介绍、他人介绍、集体介绍、正式介绍和非正式介绍。

1. 自我介绍

成功的自我介绍应给对方留下主动、热情、大方，愿与对方交往的良好印象。

自我介绍时，前提是不妨碍对方工作和交谈，介绍时要面带微笑且充满自信，切忌羞怯。首先应大方地称呼并问候对方，先说一声"先生，您好"或"我可以自我介绍一下吗？"要善于用眼神去表达自己的友善及渴望沟通的愿望。

开始自我介绍，可以先从自己的姓名、身份、单位谈起，打开僵局。如"我是国际旅行社导游，姓刘，请多关照！"

不论在什么场合作自我介绍时，需要做到：第一，举止庄重大方，充满自信；第二,表情真诚自然;第三,要考虑对象,即介绍后要给对方留下一个印象并认识你;第四,语言简洁明了。

【小知识 4-4】 自我介绍的时机

一是对方有兴趣时,二是对方有空闲时,三是对方情绪好时,四是对方干扰少时,五是对方有要求时。

(资料来源:朱瑞编著《商务礼仪》,中国长安出版社 2006 年版)

2. 他人介绍

他人介绍,是指在社交场合,由他人将你介绍给别人或为他人介绍。

(1) 由他人介绍。

在社交场合,有时你很想认识某一个人,但又不便直接去做自我介绍,于是可以找一个既认识自己又认识对方的人做介绍。尤其是想结交一位素不相识的异性朋友时,采用由他人介绍是最好的方式。

自己处于当事人位置,当你被人介绍时,应面向对方站立,以表示出结识对方的诚意。如果你是身份高者或年长者,听他人介绍后,应立即与对方握手,表示热情欢迎、很高兴认识对方;如果你是身份低者或年轻者,当将自己介绍给对方时,应根据对方的反应来作出相应的反应。如对方主动伸手与你握手,你要立即将手伸出与对方相握,对方愿意交谈,你应表示高兴交谈。

被介绍者在介绍人介绍完毕后,应面带微笑,双方握手问好:"你好!认识你很高兴。"

(2) 为他人介绍。

在社交场合和旅游接待场合,为他人做介绍是常有的事。为他人做介绍时,必须对被介绍人双方情况都比较了解,这是介绍的前提。还要了解双方有无相识的愿望,要使双方有思想准备,不致感到唐突。为他人作介绍时,还可以说明与自己的关系,便于新结识的人相互了解与信任。

为他人做介绍时应掌握的要点有:一是手势动作文雅;二是语言简洁、清楚、有礼貌;三是要客观,掌握分寸;四是要掌握介绍规则。在社交场合和较为正式的场合,为别人做介绍时应了解介绍的基本通则。介绍有先后之别,一般讲,次要者先介绍,重要者后介绍(为两个人介绍时)。在介绍过程中,先提到某个人的名字是对此人的尊敬。

3. 正式介绍

这是指在较为正规、庄重的场合进行的介绍。正式介绍应注意以下几点:

(1) 掌握好介绍规则,即:为单个人做介绍,总是先介绍身份次者,然后介绍身份高者;为集体做介绍,总是先介绍身份高者,然后介绍身份低者。

(2) 介绍时一般用"请允许我向你介绍……"的说法。如"曹总,请允许我向你介绍一下李先生"。

(3) 当你将男士介绍给女士时应先征得女士的同意。可以这样说:“我可以介绍王先生与你相识吗?”得到女士的同意之后,则可做介绍:“张小姐,这位是王先生”,“这位是张小姐”。

(4) 向众人介绍一人时,应有一个类似征求大家意见的表示,如“请允许我把王先生介绍给诸位”。

4. 非正式介绍

这是指在一般的非正规场合中进行的介绍。在一般的、非正式的场合的介绍,则不必过于拘泥礼节,假若大家又都是年轻人,就更应以自然、轻松、愉快为宗旨。介绍人一句:“我来介绍一下”,然后即作简单的介绍,也不必讲究先介绍谁,后介绍谁的规则。最简单的方式莫过于直接报出被介绍者各自的姓名:“王芳、李晓茵、张力”。也不妨加上“这位是”、“这就是”之类的话以加强语气,使被介绍人感到亲切和自然。

【相关链接 4-5】 各不相同的见面礼节

在美国,初次见面,通常的客套话是“您好吗?”但对方不会答复你。因为这只是双方见面时互用的一句话。在西方、拉美等地,男子见面除握手之外,还有相互拥抱的习惯。但男子见到女子不仅不能随便拥抱,而且连握手也有规矩,一定要等到女子主动伸出手来,女子如不伸手,只要点头致意即可。对比较熟悉且亲近的女子,有的是吻腮的两旁,有的是吻她的右手背。老年人对小孩的疼爱,一般是吻孩子的脸额。东欧人,多以拥抱表示亲热。但如在见面时你能送一束鲜花给他们,那就显得更为尊重。在丹麦,女人(特别是未婚的),对有身份的男子要一边行屈膝礼,一边伸手给对方。男子相逢彼此握手时,切不可四人交叉,否则对方就认为这是非常倒霉的事。

(资料来源:龙源期刊网　http://www.qikan.com.cn)

二、聚会礼仪

人际之间、社会组织之间、个人与企业之间都少不了拜访聚会。拜访聚会是人际交往活动中的一种重要形式,也是社交的一种重要手段。不管是礼节性还是商务性的拜访聚会,都应该遵循一定的礼仪规范。

(一) 事先预约

聚会务必选好时机,事先约定,这是聚会的首要原则。通常,先打电话与聚会的人取得联系,然后约定双方都认为比较合适的时间和会面地点,并且告诉对方聚会的意图。

1. 时间的选择

这是对方是否接受聚会的首要条件。如果是公务性聚会,应该选择对方上班的时间;如果是私人聚会,以不影响对方休息为原则,尽量避免在用餐、午休或者晚间的10点钟以后登门。一般情况,上午9～10点钟,下午3～4点钟或晚上7～8点钟是最适宜的时间。

2. 地点的选择

通常,上班时间聚会地点会选在办公室;私人聚会则可在家中,也可在公共娱乐场所,比如茶楼、饭店、咖啡厅等。

3. 预约的方式

预约的方式有电话预约、当面预约或者书信预约等。无论是哪种预约,口气和语言一定是友好、请求、商量式的,而不能用强求命令式的口气要求对方。在交往中,未曾约定的拜访聚会,是属于失礼的表现,很不受欢迎。如果有要紧的事必须前往时,一定要表示歉意并解释清楚。

(二) 赴约礼仪

当预约得到肯定答复后,要认真做好赴约的准备。准备充分与否,直接影响到聚会目的的实现。

1. 仪表得体

正式的公务拜访,穿着要整齐大方、干净整洁,和自己的职业相称。朋友间的拜访聚会可以随意一些。

2. 资料详细

拜访前一定要充分准备好相关内容,以免措手不及。东拉西扯,浪费时间,会让对方感觉自己办事不踏实。拜访前,自己的名片一定要提前备好,放在容易取出的地方。

3. 按时到达

约定了会面的具体时间,作为访问者应该守约守时如期而至。在西方国家,准时赴约是判断对方可信、可靠度的一个最基本的原则。迟到、失约会动摇一个人的信誉基础。人们的时间都是一样珍贵。因故不能赴约必须提前通知对方,以便别人安排其他事务,如果估计要迟到,一定要及时通知对方,告诉对方自己预计到达的时间,并对自己的迟到表示歉意。到达时,不要再喋喋不休地解释原因。早到容易打乱别人的安排,提前3～5分钟赴会是最佳时间。

4. 举止文雅

无论是到办公室还是寓所拜访,一定要做到彬彬有礼、衣冠整洁、谈吐得体。进入室内,应该先敲门或按门铃,待到有回音或有人开门相让,才可以进门,不可冒冒失失随意进入。作为商务拜访,要体现自己的职业感。入室前,有鞋垫要先在鞋垫上擦净鞋底,不要把脏物带进室内。戴帽子或墨镜,进入室内应该脱下。当主人上茶时,应欠身双手相接并致谢。喝茶应慢慢品饮,不要一饮而尽。不要随便抽烟。

5. 言行适当

拜访者的语言要适度，表达准确，不夸大其词，也不要过于谦卑。特别是在商务性的拜访中要做到：有能力做到的事大胆自信地接受；做不到的事以实相告，说任何话都要留有余地。

（三）做客礼仪

做客时要梳洗干净、穿戴整洁，准时赴约。尽可能带些小礼品以致感谢。如果你做客时能做到以下几个方面，你一定会受到主人的欢迎。

1. 掌握好时间

若非要事，做客之前应与被拜访者事先商定时间，并届时如约而至。确定具体时间时，切记客随主便，以不干扰主人的生活与休息为原则，避免当不速之客。如果迟到，要进行解释并致歉。除了事先约定外，一般可在假日的下午或平时的晚饭以后，不宜在早晨和饭前时间造访。一般地讲，第一次做客时间不宜太久。

2. 要敲门或按门铃

不管是到拜访对象家里或者办公室，进门前都要敲门或按门铃，等到有人应声允许进入或出来迎接时方可进去，切勿推门而入。不打招呼就擅自闯入，即使门原来就敞开着，也是非常不礼貌的。

雨伞等物，应留于室外或主人指定处。进门后，必要时应脱下大衣、帽子、手套，并换上拖鞋，然后在主人指定之处入座，未请坐，不可坐下。见到主人的家人或朋友应主动问候，不可不理。做客时，要彬彬有礼，举止稳重，尊重主人的规矩和生活习惯。

3. 注意行为规范

到了主人家，应先向主人问好。要清楚与主人的关系，明白怎样称呼主人，向主人致以问候。主人问话时要大方、清楚地回答，不扭捏羞怯。当主人端上糖果糕点、茶水时，应先道谢，然后用双手去接。

在主人家不要不拘小节。不经主人允许，不能随意乱逛、乱翻、乱动摆设和物品，更不能任意开抽屉、柜子门、冰箱等。即便是至亲好友也应先打招呼，征得主人同意。

4. 掌握交谈礼仪

交谈时，要掌握好时间，了解对方的心情，不要强人所难，谈吐要文明。离开时要主动告别，不辞而别是极不礼貌的，道别时要向在座的其他人致意，如有新客到来，要等候新客坐稳，方能告辞。注意坐姿适当和自然，如坐得笔挺，不敢动弹，未免拘束，主人也尴尬；坐没坐相，跷腿乱抖，过于放肆，主人会难堪。做客交谈时不可始终不作声，也不要常常看手表，或作出心烦意乱的样子。

5. 用餐文明

如在亲友家用餐，要注意用餐时的礼仪。不能抢先入座，并先动食品。要请长辈先坐下，长辈动筷后再动筷子。有长辈在，双肘不能放在桌子上。要小口进食，闭起嘴咀嚼，不要发出声响来，端碗时不要大把托着。夹菜时应先用公筷将菜肴夹到自己的碟盘中，然后再用自己的筷子慢慢食用。夹菜、舀汤时动作要轻，应选择离自己最近的菜下箸。夹菜时不要在碗碟里乱翻找，不要光夹自己爱吃的菜。夹菜一次不宜过多，也不要对菜的味道评头论足。饭后，坐好略陪大家一会儿，或者说："我用好了，请慢用。"然后再离座去别的房间休息。

6. 控制做客时间

拜访者一般不宜在主人家待的时间太久，要根据情况控制好逗留的时间。要善于察言观色，如果主人情绪较好、谈兴较浓，待的时间可长一点；如果发现主人心不在焉，说明主人有厌倦情绪，应该及时收住话题，适时起身告辞。

告别时，对主人要说"谢谢"、"再见"，"今天真高兴"、"欢迎到我家去"。出门时请身份高者、年长者和女士先走。回到家后别忘了打个电话给主人报平安。

（四）待客礼仪

家里有客人来访，应提前做好准备。主人的服饰要整洁，家庭布置要干净美观，孩子要妥善安排并预先教导。水果、点心、饮料、烟酒、菜肴等要提前备好。如果是正式宴请，如婚礼、寿诞等，还要预先送请柬或电话邀请，确定宴请时间、场所，排好座次，落实宴请形式、规模、档次。

1. 迎接客人

客人在约定时间到达，主人应提前到门口迎接，不宜在房中静候。如果有客人突然临门，要热情相待，若室内未清理，应致歉并适当收拾，但不宜立即打扫，因为立即打扫有逐客之意。

2. 问候寒暄

见到客人，应热情招呼，女主人应主动上前握手。如果客人手提重物，应主动帮忙，对长者或体弱者可上前搀扶。进入室内应把最佳位置让给客人坐，如果客人是初次来访，应向家人和其他客人作介绍。主人要面带微笑，步履轻松，不能有疲惫心烦之相。

3. 敬茶或饮料

一般情况下，来客是男士，一落座应马上冲泡茶水或倒饮料。冲泡茶时首先要清洁茶具，每杯茶水量以斟 2/3 为宜，应双手捧上放在客人的右手上方。

4. 陪客交谈

客人坐下，与之交谈，话题内容可因实际而定。一般来说应谈一些客人熟悉的事情，若无法陪客人交谈，可安排身份相当者代陪或提供报纸杂志、打开电视供客人消遣，切不可出现主人只管自己忙，把客人晾在一旁的现象。

5. 送客礼节

当客人散席或准备告辞时，主人应婉言相留。客人要走，应等其起身后，主人再起身相送，家人也应微笑起立，亲切告别。若客人来时带有礼物的，应再次提及对礼物的感谢或回赠礼物。送客应送到大门口或街巷口。如果是初次来客，主人应主动指路或安排车辆接送，远方来客则应送至火车站、机场或码头。

【补充案例 4-6】　美与善的化身——著名记者眼中的宋庆龄

首次见到宋庆龄，给我的印象是美丽、高贵、优雅。她像高山白雪，令人观止。住到一起，我深切地感受到的又是端庄、宁静、温柔、睿智、贤惠。她是美与善的化身，每一个动作、抬手举足都十分自然，无论是一瞥目光、一个微笑，还是一声轻唤，都充满了美的魅力，令人陶醉，使人着迷。难怪有人说，她只要往那儿一站，就为中国人争了光……但是她决不孤傲。进餐时，她礼貌、优雅，很讲卫生，搞分餐制。她将甜饼子夹到卫士面前的碟子里，然后给翻译等人员都夹了甜饼子，自己才坐下来吃饭。

（资料来源：李荣建、宋和平编著《礼仪训练》，华中科技大学出版社 2005 年版）

三、交谈礼仪

交谈是人们建立良好人际关系的重要途径，也是日常接待中的常用交际方式。交谈礼节的关键，是尊重对方和自我谦让，还要注意交谈的表情、态度、内容、表达方式等要点，才能使交谈达到传递信息、交流情况和沟通感情的效果。

（一）交谈的表情举止

1. 神情专注

交谈时要表情自然、精力集中。对方来到你面前，应停止其他一切活动，不得边工作边与客人说话，也不能坐着与站着的客人谈话。交谈时要以专注的神情注视对方。坦然、亲切、有神的目光，有助于创造良好的谈话气氛。

与人交谈时，不宜与对方离得太远或太近。一般保持在 1 米左右的距离最为适合。当对方讲话时，要耐心倾听，不要左顾右盼，或出现看手表、伸懒腰、打哈欠等漫不经心的动作。

2. 态度诚恳

谈话的时候态度要诚恳、自然、大方。不要轻易打断别人的谈话。自己讲话的时候，要给别人发表意见的机会，不要滔滔不绝，旁若无人，大搞一言堂。如果对方提到一些不便谈论的问题，不要轻易表态，可以借机转移话题。如果有急事需要离开，要向对方打招呼，表示歉意。

3. 善于聆听

与人交谈时不仅要善于自我表达，还要善于聆听，聆听是尊重别人的表现。国外有句谚语："用十秒钟的时间讲，用十分钟的时间听。"这说明在人际交往过程中，听比说重要。因此，当别人说话时，要专心聆听，通过你专注的目光、赞许的点头或手势、简短的插话，来表达你积极呼应和专注聆听。一般说来，谈话是在传递信息，聆听是在接收信息，一个好的聆听者应当善于在交谈中捕捉信息，从中得到对己有利的信息。

4. 表达得体

交谈时语气要和蔼亲切，表达要得体。语言的运用应做到准确、礼貌、灵活、幽默、流畅，即语言表达必须准确无误，合乎规范，用语明确。要运用文明语言，讲究礼貌用语。语言要随着谈话的内容和气氛的变化，临场发挥，灵活应变。交谈时运用幽默的语言，能活跃交谈的气氛，使紧张的关系变得轻松，使针锋相对变得友好亲善。说话要有连贯性，流利顺畅，给人一种思路清晰、敏捷的感觉。

（二）交谈的内容选择

交谈要有内容、有中心。交谈的内容可以是海阔天空、天南地北，从天气、新闻、工作到政治、经济、社会等问题。谈话内容事先要有准备，并根据不同的交谈对象有针对性地选择话题，交谈成功与否，选择好的话题很重要。

1. 适合的谈话内容

适合谈话的主题内容一般可以选择以下几个方面：第一，既定的主题，也就是商务交往双方事先约定的主题。第二，高雅的主题，如文学、艺术、历史、哲学等。这一主题的前提是忌讳不懂装懂，否则贻笑大方。第三，轻松的主题，比如文艺演出、旅游观光、风土人情、流行时尚。第四，擅长的主题，比如和律师交谈的时候，可以谈谈法律方面的话题；与文艺工作者交谈的时候，可以谈谈文学创作的话题等。

2. 不适合的谈话内容

有关年龄、收入、婚恋、宗教信仰、住址、个人经历等，如果不是对方主动提出来或是工作需要必须了解的内容，就不要谈论。谈话内容一般不要涉及疾病、死亡等不愉快的话题，不谈荒诞离奇、耸人听闻或黄色淫秽的事情。另外，涉及有关错误倾向的话题，如违背社会伦理、生活堕落、政治错误等，也不适合交谈。

（三）交谈的注意事项

与人交谈要注意以下几个方面：

1. 不要论人是非，发泄牢骚

因私或因公而谈，都没必要涉及无关的第三方，更不要议论第三方，不要攻击别人短处，不要对自己不满的人和事发泄不满情绪。不然，特别是初交的对方会误认为你有“影射”之意，好搬弄是非。

2. 不要花言巧语，虚伪客套

商务交往中，态度要诚恳，实事求是，不用过分虚伪、客套。当然，讲话也要注意分寸。

3. 不要独白

既然交谈讲究双向沟通，在交谈中就要目中有人，礼让对方，要多给对方发言、交流的机会，不要一人独白，“独霸天下”，始终不给别人张嘴的机会。普通场合的小规模交谈，以半小时以内结束为宜，最长不要超过 1 个小时。如果人多，在交谈中每个人的发言最好不要超过 5 分钟。

4. 不要插嘴、抬杠

出于尊重的需要，别人讲话的时候，不要中途打断或是和人争辩。这是有悖交谈主旨的。即使有话要说，也要等到对方说完一件事或中途停顿的时候再说。

5. 不要说“你错了”

谈论某个话题的时候，即使是对方的观点错了，不要直接说“你错了”之类的话。如果你这样说了，不但改变不了对方的态度，反而会招致对方反感、敌对的情绪。

6. 不要手势过大过多

谈话时不要手舞足蹈，动作要适当。不要和对方离得过近或过远，更不要拉拉扯扯、拍拍打打，尤其注意不要唾沫四溅。

【补充规范 4－7】　交谈十避免

在交谈中除了态度要谦恭，语言要文明外，还要避免以下十种情况：

一是“闭嘴”，即一言不发，使交谈冷场。

二是“插嘴”，即在他人讲话的中途，突然插上一嘴，打断对方。

三是“杂嘴”，即乱用方言、俚语、外语、术语，使语言不标准、不规范。

四是“脏嘴”，即用语不文明，满口“脏、乱、差”的黑话或脏话。

五是“荤嘴”，即出口带色，性事、艳情、绯闻、下流话常挂在嘴上。

六是“油嘴”，即交谈时油腔滑调，胡乱幽默，取笑他人。

七是“贫嘴”，即爱讲废话，爱饶舌、好犯贫。

八是“强嘴”，即爱与人争辩，好强词夺理，自以为一贯正确。

九是“刀子嘴”，即讲话尖酸刻薄，肆无忌惮，恶语伤人。

十是“电报嘴”，即爱传闲话，爱搬弄是非，爱打探小道消息。

（资料来源：范莹、王子弋、卢隽美主编《礼仪基础》，华东理工大学出版社 2006 年版）

四、通信礼仪

日常生活中人们离不开通信，在使用通信工具进行交流时也要讲究礼仪礼节，否则会给人留下不良的印象。

（一）电话礼仪

电话被现代人公认为最便利的通信工具，在日常工作中，使用电话的语言很关键，它直接影响着一个企业的声誉；在日常生活中，我们通过电话也能粗略判断对方的人品、性格。因而，掌握正确的、礼貌待人的接、打电话的方法是非常必要的。

1. 打电话礼仪

(1) 时间合适。除有要事必须立即通知外，不要在他人的休息时间打电话。

一般应在上午8点以后，节假日最好在9点以后，晚上则在10点之前。午休时间及用餐之时打电话，也不合适。给海外人士打电话，要注意时差和生活习惯。打公务电话，要公事公办，尽量避免在他人的私人时间，尤其是节假日去麻烦对方。有意识地避开对方的通话高峰时间、工作繁忙时间，这样效果会更好。

(2) 通话长度。基本要求：以短为佳，宁短勿长。在电话礼仪里，有一条“三分钟原则”，即发话人要自觉地、有意识地将每次通话的长度限定在3分钟之内。若通话时间较长，也要先征求一下对方意见，并在结束时略表歉意。在上班时间，一般情况下不要为了私事而长时间通话。

(3) 内容简练。应事先准备好说话内容，不要现说现想、缺少条理。问候完毕，即应开宗明义，直言主题，不要没话找话、东拉西扯。话说完了，要及时终止通话。由发话人终止通话，是电话礼仪的惯例之一，也是发话人的一项义务。发话人不放下电话，受话人一般是不能挂电话的。

(4) 表现文明。第一，语言文明。通话结束要说“再见”，要是少了这句礼貌用语，就会使终止通话显得有些突如其来，并让自己的待人以礼有始无终。另外要使用“请”、“麻烦”、“劳驾”、“谢谢”等文明用语。第二，态度文明。电话若需要总机接转，勿忘对总机的话务员问上一声好，并且还要加上一声“谢谢”。需要接听电话之人代找，或代为转告、留言时，态度都要文明有礼。若拨错了电话，应对接听者表示歉意，不要一言不发，挂断了事。第三，举止文明。当众拨打电话时，不要在通话时把话筒夹在脖子上，或是趴着、仰着、坐在桌子上，或是高架双腿与人通话。挂电话时要轻放，不要用力一摔。

2. 接电话礼仪

接听电话不可太随便，得讲究必要的礼仪和一定的技巧，以免横生误会。无论是打电话还是接电话，我们都应做到语调热情、大方自然、声量适中、表达清楚、简明扼要、文明礼貌。

(1) 调整心态。拿起电话听筒时，一定要面带笑容。不要以为笑容只能表现在脸上，它也会藏在声音里。亲切、温情的声音会使对方马上对我们产生良好的印象。如果绷着脸，声音也会变得冷冰冰。

(2) 及时接听。一般来说，在办公室里，电话铃响三遍之前就应接听，六遍后就应道歉：“对不起，让你久等了。”如果受话人正在做一件要紧的事情不能及时接听，代接的人应妥为解释。如果既不及时接电话，又不道歉，甚至极不耐烦，就是极不礼貌的行为。尽快接听电话会给对方留下好印象，让对方觉得自己被看重。

(3) 确认对方。对方打来电话，一般会自己主动介绍。如果没有介绍或者你没有听清楚，就应该主动问：“请问您是哪位？我能为您做什么？您找哪位？”但是，人们往往习惯于拿起电话听筒盘问一句：“喂！哪位？”这在对方听来，陌生而疏远，缺少人情味。接到对方打来的电话，拿起听筒应首先自我介绍：“你好！我是某某某。”如果对方找的人在旁边，应说：“请稍等。”然后用手掩住话筒，轻声招呼你的同事接电话。如果对方找的人不在，应告诉对方，并问：“需要留言吗？”

(4) 讲究艺术。接听电话时，应注意使嘴和话筒保持4厘米左右的距离；要把耳朵贴近话筒，仔细倾听对方的讲话。用左手接听电话，右手边准备纸笔，便于随时记录有用信息。

最后，应在对方挂电话之后自己再挂电话，轻轻把话筒放好。不可“啪——”的一下扔回原处，这样极不礼貌。

【小规范4-8】　接听电话避免的语言

服务人员在接听电话的过程中，要避免使用下面的这些话：

(1) 你搞错了……　(2) 我们从没……　(3) 我们不可能……　(4) 你怎么回事……　(5) 这会儿太忙……　(6) 你好像不明白……　(7) 你肯定弄混了……　(8) 我们公司规定……　(9) 这也没什么呀……

（资料来源：北京未来之舟编著《服务礼仪》，中国经济出版社2006年版）

(二) 手机礼仪

无论是在社交场所还是工作场合，手机礼仪越来越受到人们的关注。那么在使用手机的时候应该遵循哪些手机礼仪规范？

1. 放在合适地方

在没有使用手机时，手机要放在合乎礼仪的常规位置。放手机的常规位置有：一是随身携带的公文包里(这种位置最正规)。二是上衣的内袋里。有时候，可以将手机暂放腰带上，或是开会的时候交给秘书、会务人员代管，也可以放在不起眼的地方，如手袋里，但不要放在桌上，也不要拿在手里或是挂在上衣口袋外。

2. 需要关机的场合

在会议中、或与别人洽谈的时候，最好还是把手机关掉，不能关掉起码也要调到振动状态。这样既显示出对别人的尊重，又不会打断发话者的思路。在会场上铃声不断，使大家的目光都转向你，则显示出你缺少修养。在餐桌上，关掉手机或调到振动状态也是必要的。

3. 要考虑对方接听方便

打对方手机电话时，尤其当知道对方是身居要职的忙人时，首先想到的是，这个时间他(她)方便接听吗？“现在通话方便吗？”通常是拨打手机的第一句问话。其实，在没有事先约定和不熟悉对方的前提下，我们很难知道对方什么时候方便接听电话。所以，在有其他联络方式时，还是尽量不打对方手机好些。

4. 手机使用场合

注意手机礼仪的人，不会在公共场合、开车途中、飞机上、剧场里、图书馆和医院里接打手机，就是在公交车上大声地接打手机也是有失礼仪的。如果非得回话，或许采用静音的方式发送手机短信是比较适合的。但是，无论业务多忙，为了自己和其他乘客的安全，在飞机上都不要使用手机。

5. 文明使用手机

使用手机注意说话的内容，以及控制好音量。不可以旁若无人地使用手机，应该把自己的声音尽可能地压低一下，而绝不能大声说话。特别是在公共场合，以免引起大家的侧目和反感；也不要当众表演，不注意自己的隐私。

遇到信号不良或通信中断的时候，千万不可大声"喂！喂！"地呼叫，以免干扰别人。可以先挂机，过一会儿再联络。

有些彩铃搞笑或怪异，有独特之处，但是彩铃是给打电话的人听的，如果你需要经常用手机联系业务，最好不要用过于怪异、格调低下的彩铃，这会影响你的形象和企业的形象。

6. 手机短信礼仪

在短信的内容选择和编辑上，应该和通话文明一样重视。因为通过你发的短信，意味着你赞同至少不否认短信的内容，也同时反映了你的品味和水准。所以不要编辑或转发不健康的短信。在会议中或和别人洽谈的时候既要使用手机接收短信，也要设定成振动状态，不要在别人能注视到你的时候查看短信。一边和别人说话，一边查看手机短信，说明你对别人缺乏尊重。

【相关知识 4-9】 拜年短信的三个细节

一是发短信一定要署名。短信署名既是对对方的尊重，也是达到目的的必要手段。尤其在春节这种重要时刻，很多祝福短信大同小异，如果不署名可能会让对方搞不清是谁发的。

二是发短信要注意时间。有些人喜欢在除夕午夜 12 点或者初一的一大早发送拜年短信，虽然选择这种时间比较有纪念意义，但发短信者很可能影响对方休息。不打扰对方是短信礼仪中非常重要的一个规矩，所以春节期间发送拜年短信最好不要在深夜、清晨或午休时间。

三是短信拜年一来一往即可。发送拜年短信给对方后，如果对方回复表示感谢或祝福，建议你就不要再继续回复。拜年短信讲究互相祝福一下，一来一往足矣，如果多发则有"画蛇添足"之感。

（资料来源：《劳动报》2008 年 2 月 11 日）

（三）电子邮件礼仪

电子邮件和手机一样方便高效。运用电子邮件与人交流沟通时，除了学会节省对方的时间以及不要轻易向他人乱发电子邮件外，还应当遵守以下几个方面的礼仪规范。

1. 邮件要有主题

添加邮件主题是电子邮件和信笺的主要不同之处，在主题栏，用短短的几个字概括出整个邮件的内容，便于收件人权衡邮件的轻重缓急，分别处理。尤其是回复的信件，要重新添加、更换邮件主题是要格外注意的环节。

2. 文体格式须规范

如果你写的是一封较为正式的邮件，要用和正式的信笺一样的文体。开头要用“尊敬的”或者是“先生/女士，您好！”结尾要有祝福语，并使用“此致/敬礼！”这样的格式。

在书写英文邮件时，不要在英文邮件里全部使用大写字母，否则会给收件人阅读邮件造成困难，甚至他可能会认为你是在故意为难他。在一些对语言非常讲究的人眼里，满篇的大写字母不亚于粗鲁无礼的叫喊。

3. 内容简明扼要

邮件内容不要太冗长，否则不会引起别人的注意，也不喜欢看下去。同时，要认真对待电子邮件里的每一个字、每一句话，重要的机密和敏感的话题不要使用电子邮件，因为它不能保证严守机密。

注意回答问题的技巧。当回件答复问题的时候，最好只把相关的问题抄到回件，然后附上答案。不要用自动应答键，那样会把来件所有内容都包括到回件中；但也不要仅以“是的”两字回复，这样做显得生硬而且让读的人摸不着头脑。

4. 用语合乎礼仪

在邮件中注明收信者及寄件者大名乃是应有的礼节，包括在信件开头尊称收信者的姓名，在信尾也注明寄件者的姓名以及通信地址、电话，以方便收信者未来与你的联系。接收到邮件，应当在最短的时间内给予回应，表示已经收到。简短的回应如“已经收到，我会尽快安排，谢谢！”

五、馈赠礼仪

馈赠即赠送礼品，它是人际交往中一种表达友情、敬重和感激的形式。馈赠是心甘情愿的，并且应当给他人带来欢乐。在许多社交场合，赠送礼品和接受礼品的目的在于沟通感情和保持联系。

（一）馈赠原则

送礼是一门艺术，自有其约定俗成的规矩，送给谁、送什么、怎么送都很有讲究，我们应该注意下述原则。

1. 礼物轻重得当

礼品不可太贵重。太贵重的礼品容易造成受礼者的心理负担，有行贿之嫌。礼物的轻重要根据送礼者的经济情况和双方感情深度决定。如果关系一般，不宜送贵重的礼物。送贵重的礼物可能会使对方产生不安的想法或引起“重礼之下，必有所求”的猜测。社会上一般的朋友交往送的礼品都是礼节性的，送一些小礼品就足以表达彼此之间的情谊了。

2. 送礼间隔适宜

送礼的时间间隔也很有讲究，过频过繁或间隔过长都不合适。送礼者可能手头宽裕，或求助心切，便时常大包小包地送上门去，有人以为这样大方，一定可以博得别人的好感，细想起来，其实不然。因为你以这样的频率送礼，目的性太强。另外，礼尚往来，人家还必须还情于你。一般选择重要节日、喜庆、寿诞送礼为宜，这样既不显得唐突，受礼的人也心安理得，两全其美。

3. 选择恰当时机

选择恰当的时机送礼，礼品就会更有意义。从组织来说，在企业召开的新闻发布会上，向与会领导和新闻界朋友赠送纪念品；遇到传统节日，如春节等，向企业的业务往来单位赠送带有企业标记的纪念品，以增进友谊。对个人而言，受礼者在生日的当天收到生日礼物，新年前夕收到新年贺卡，婚礼之时收到祝贺礼金或礼物等，会给人以更深刻的印象。

4. 了解风俗禁忌

送礼前应了解受礼人的身份、爱好、民族习惯，免得送礼送出麻烦来。例如，不要送钟，因为“钟”与“终”谐音，让人觉得不吉利；对文化素养高的知识分子，你送去一幅蹩脚的字画就很没趣；给伊斯兰教徒送去有猪形象的装饰图案的礼品，可能会被人轰出来；在阿拉伯国家，初次见面不宜送礼，更不要送酒，因为绝大多数阿拉伯国家有禁酒的规定。也不能直接向阿拉伯妇女送礼品。在意大利和拉丁美洲，手帕不能作为礼品，因为它是和眼泪联系在一起的。

（二）礼品馈赠技巧

1. 礼品的选择

赠礼者要考虑受礼者的性别、婚否、教养和嗜好，挑选具有鲜明特色、实用、恰当的礼品，并为受礼者所喜爱。还应考虑具体情况和场合，要有针对性。应邀赴私人家宴，应为女主人带些小礼品，如土特产、小艺术品、纪念品、食品、水果以及花束等。新年、圣诞节，一般送日历、酒、茶、糖果、巧克力等。送给外国朋友的礼品最好是中国的特产或者在他们国家特别受欢迎的产品，如手工艺品、茶叶、丝绸、仿古陶瓷等。

2. 礼品的包装

礼品要注意包装。赠送的礼品要用礼品纸包装好，而且装潢要精美，切不可把一堆礼品放在一起包装，这是对受礼者不尊重的行为。精美的包装不仅使礼品的外观更具艺术性和高雅情调，更能显现赠礼人的文化艺术品位，而且还可使礼品产生和保持一种神秘感。这既有利于交往，又能引起受礼人的探究兴趣及好奇心理，从而令双方愉快。

3. 送礼的学问

送礼是很简单的一件事情，但同时又是一门学问。主要是解决好以下几个方面的问题：

第一,送礼要在实用和不实用之间,掌握好度。礼品到底是礼品,不宜实用过头。实用的礼物不但没有想象力,更没有新意。

第二,要考虑出比较合理的送礼的理由,比如别人给予的某方面的帮助或支持,这一点必须用语言表达出来,提醒大家,送礼时一定要善于表达对别人的感激之情。

第三,礼物是感情的载体,任何礼物都表示送礼人的特有心意,或酬谢、或求人、或联络感情等。所以,你选择的礼品必须与你的心意相符,并使受礼者觉得你的礼物非同寻常,倍感珍惜。

第四,只要不是贿赂性的礼品,最好不要拒收,否则赠礼人会觉得很没面子,伤对方的感情,当然也可以设法回赠礼品以示礼尚往来。对待回礼的问题,一定要谨慎,如果对方回礼是多件,择其一比较得体。

第五,选择礼物时要考虑它的思想性、艺术性、趣味性、纪念性等多方面的因素,力求别出心裁,不落俗套。

【相关链接 4-10】 北京大学赠送连战的礼物

2005 年 4 月 29 日,连战访问北京大学,获得一份特殊的礼物:母亲赵兰坤女士在 76 年前毕业于燕京大学的学籍档案和相片,其中包括在宗教系就读的档案、高中推荐信、入学登记表、成绩单等,大多是她亲笔写的字。在这份特殊的礼物面前,一贯严谨的连战先生也难掩内心的激动,他高举起母亲年轻时的照片,细细端详,眼里泛着晶莹的泪光。这一刻,他满脸都是幸福的微笑。

(资料来源:江西赣州职业技术学院网·礼仪精品课程 http://scy.gjdx.com)

六、舞会礼仪

舞会是一种大众化的、颇受人们欢迎的社交活动,通常在酒会等招待会后举行,也可单独在晚上举行,而参加舞会的人都必须遵循舞会的礼节和文明规范。

(一) 讲究仪表仪容

1. 和谐的服饰

参加舞会的服饰要尽可能和环境融为一体,服装要整齐。女士着装以裙装为宜,飘逸的长裙,会使人有飘飘欲仙之感,根据服装、发式佩戴相适应的首饰。男士应以庄重的色调为主,服饰要端庄、得体、落落大方,若穿西装,可不必像参加正式会议或正式宴会一样严肃。

2. 整洁的仪容

不管参加哪种舞会都应注意自己容貌的干净和整洁,头发要梳理整齐。参加舞会前,根据个人的情况,进行适度的化妆。女士化妆的重点是美容和美发。舞会妆允许相对浓艳一些。男士化妆的重点是美发、护肤、祛味。男士要修一修胡须。

夏天参加舞会，应该洗澡，洒上香水后再去。特别要讲究个人的口腔卫生，认真清除口臭，并禁食气味刺激的食物。

（二）遵守舞会规则

1. 舞会惯例

按照惯例，在比较正式的场合，第一曲是主人夫妇、主宾夫妇共舞，第二曲是男主人与主宾夫人，女主人与男主宾共舞，第三曲音乐起，参加舞会者可纷纷入场跳舞。男主宾应轮换邀请其他女宾（特别是主人方的女宾），其他男宾则应先后邀请女主人。男主人除邀请宾客方的女宾共舞以外，还须邀请没有舞伴的女宾并为她们介绍舞伴。

2. 邀舞对象

男士邀请跳舞的女士应首先考虑这些对象：一是舞会的女主人；二是被介绍相识的女士；三是碰到了老朋友的女伴；四是坐在自己身旁的女士。以上女士若被男士邀请后，与其同来的男伴最好回请该男士的女伴跳上一曲。

3. 邀舞礼仪

邀请办法有直接法和间接法。直接法，即主动上前邀请舞伴。在舞场上，男士邀请女士跳舞的正确做法是：男士步履庄重、自然而大方地走到准备邀请的女士面前，注视对方，微微躬身，弯腰以 15 度左右为宜，不能过分。微笑轻声说道："可以请你跳舞吗?"作为女士，面对男士邀请，应以微微点头来表示接受邀请，既不能表现出措手不及，也不能表现出高傲、瞧不起人。间接法，即把握不是很大时，可以请与彼此双方相熟的人士代为引见介绍，牵线搭桥。

4. 舞姿端正

在跳舞过程中，男女双方的舞姿要端正、大方、活泼，面带微笑。整个身体始终保持平、正、直、稳，无论是进是退，还是左右方向的转体或旋转，都要掌握好重心，要按逆时针方向行进。姿势要自然，动作要协调。

舞步要尽量遵守规范动作，不能随意乱跳。男女舞伴不要故意离得很近，也不要把舞伴搂得太紧，两人胸间大约保持一至两拳的间距为好。跳三步舞（华尔兹）时，双方应保持一臂的距离。

5. 礼貌辞谢

如果决定拒绝别人的邀请时，要十分注意文明礼貌。当然女士最好不要拒绝他人的邀请，如果拒绝，一定要说明其理由，以求得对方的谅解。已经拒绝他人的邀请后，在一曲未终时，就不能再同他人共舞。否则，会被认为是对前一位邀请者的蔑视，这是很不礼貌的表现。当被拒绝的男士再次前来邀请，在无特殊情况的条件下，女士应欣然接受其邀请。

6. 举止文明

进入舞场后，语言要讲究文明，走路时脚步要轻，不要在舞池中穿行。跳舞的舞步要尽量规范，不能随心所欲，随意乱跳。在舞场中，不应显得过分亲昵，因为这对周围的人来说是很不礼貌的。也不能目不转睛地凝视女士的脸，以免引起女方的反感或造成误会。

【小思考 4－11】　如何选择舞会舞伴？

在舞场上，以下几类对象是最合适的舞伴：

(1) 年龄相仿的人：年龄相仿的人较容易进行合作。

(2) 气质相同的人：气质、秉性相近的人容易产生志趣相投之感。

(3) 少人邀请的人：邀请这样的对象，既是对其表示重视，也不易遭到拒绝。

(4) 未带舞伴的人：邀请未带舞伴的人，成功的机会往往较大。

(5) 希望结识的人：以舞为“桥”，接近对方，从而达到结识对方的愿望。

（资料来源：李慧中著《现代礼仪讲座》，中国商业出版社 2002 年版）

七、女士优先礼仪

“女士优先”是世界上许多国家和地区公认的一条重要的礼仪原则。女士优先，不仅仅是顺序上的优先，而且包含着对女士的尊重、帮助、照顾和保护。谁不遵守这一成规，就会被认作失礼。在旅游接待工作中，应主动自觉地以自己的实际行动去体现女士优先的礼仪规则。具体要求体现在以下几个方面。

1. 交际时尊重

不论是男士或女士，在发表演说、讲话时，如果需要同时称呼多人，合乎礼仪的称呼是“女士们，先生们”，或是“××小姐，××先生”，而不可颠倒次序。

参加社交聚会时，男宾在见到男、女主人后，应先向女主人问好，然后方可问候男主人。男宾进入室内后，须主动向先行抵达的女士问候。在女宾进入室内时，先到的男士均应先向其致以问候。男士不可坐着与一位站立的女士交谈。

主人对来宾进行介绍时，通常应首先把男士介绍给女士。在男女双方握手时，只有当女士伸过手来之后，男士方可伸手与之相握。若男士抢先“出手”，则会被视为“犯规”。

在宴会上，为了显示对女士的尊重，一般不宜雇用女侍者。通常，女主人是宴会上“法定”的第一顺序。按惯例，女主人打开餐巾，意味着宣布宴会开始；女主人将餐巾放在餐桌上，则表示宴会到此结束。

2. 交往中照顾

在生活和交往中要求男士在任何时候、任何情况下在行动的各个方面照顾和帮助女士，不仅对年轻漂亮的姑娘应当如此，对年老体衰的妇女也应当如此；不仅对熟悉的女士应当如此，对陌生的女士也应当如此。

在上车、进电梯时，总是让女士先行；下车、出电梯时，则要为女士开道并帮助她们；进出大门时，主动帮助女士开门、关门，帮助她们穿、脱大衣或外套；乘坐车辆或飞机时，应主动帮助同行的女士搬运行李，并照顾其上下，而且还应当将较为舒适、较为安全的座位让给女士；在室外行走时，如并排走，让女士走右面；需要调换位置时，男子应从女士的背后走过去。

出席宴会、舞会、音乐会时，男士应主动照顾或帮助同行的女士就座；在交谊舞会上，女士可以拒绝男士的邀请，而男士却不得回绝女士的邀请。

3. 关键时保护

在街上同行时，应请女士走在人行道的内侧，男士行走在外侧。这样既是为了交通安全方面的考虑，也是为了防止女士因疾驶而过的车辆而担惊受怕。

当女士遭遇困难和处于危急时刻，或遭遇个别男士骚扰时，每一位男士都有义务挺身而出，“见义勇为”。

1912 年 4 月 14 日，英国大型豪华客轮“泰坦尼克”号不幸撞上纽芬兰岛附近的冰山，并于次日凌晨沉入海底。不少本可逃生的男子宁可自己待在将要沉没的客轮上，而把救生艇让给了妇女和小孩。

【案例思考 4-12】 小贺错在哪里？

在一个秋高气爽的日子里，迎宾员小贺着一身剪裁得体的新制服，第一次独立地走上了迎宾员的岗位。一辆白色高级轿车向饭店驶来，司机熟练而准确地将车停靠在饭店豪华大转门的雨棚下。小贺看到后排坐着两位男士，前排副驾驶座上坐着一位身材较高的外国女宾。小贺一步上前，以优雅姿态和职业性动作，先为后排客人打开车门，做好护顶关好车门后，小贺迅速走向前门，准备以同样的礼仪迎接那位女宾下车，但那位女宾满脸不悦，使小贺茫然不知所措。

（资料来源：陈刚平、周晓梅编著《旅游社交礼仪》，旅游教育出版社 2003 年版）

八、宴请宴饮礼仪

参加宴请，需要了解中西方社交场所的基本用餐礼仪，对赴宴时间、席间要求、进餐和仪态举止、如何敬酒祝酒、如何用中餐和西餐等都要文明文雅并遵守礼仪规范。

（一）赴宴及席间礼仪

1. 准时赴宴

作为客人应准时赴宴，迟到是很不尊重他人的表现，迟到三四分钟是允许的，但千万不能迟到一刻钟以上，最好按时到达，否则到时为难的不是别人，而是你自己。但也不要提前 15 分钟以上，在外国，提前赴宴的人会被人笑话为太急于进餐了。

2. 入席规矩

我国以中餐圆桌款宴,有中式及西式两种席次的安排。两种方式不一,但基本原则相同。一般而言,桌席和席次均以右为尊,左为卑。如男女主人并座,则男左女右,以右为大。职位或地位高者为尊,高者座上席,依职位高低,即官阶高低定位,不能逾越。职位或地位相同,则必须依官职传统习惯定位。

入席应等长者坐定后,方可入坐。席上如有女士,应等女士坐定后,方可入座。如女士座位在隔邻,应招呼女士。入座后姿势端正,脚踏在本人座位下,不可任意伸直,手肘不得靠桌缘,或将手放在邻座椅背上。

3. 席间礼仪

落座之后,主人拿餐巾,你就跟着拿餐巾,主人没拿餐巾之前你不能拿餐巾。主人招呼客人,即开始进餐。

席间谈话应轻松自由一些,宾主都不要静坐不语,每人都可选择适宜的话题。交谈面应广一些,不要只和老相识说话,应多交新朋友。欧美人认为熟人聊天的机会多得很,要趁此机会多交朋友。宴会是交际场所,不是工作场所,只谈工作或谈别人无法插话的话题是失礼的。席间拿别人取笑甚至发生争执是最大的失礼。

席间客人不宜首先提议为主人干杯,以免喧宾夺主,女士也不应首先提议为男士干杯。碰杯时,主人和主宾先碰,人多时可同时举杯示意,不一定碰杯。祝酒时注意不要交叉碰杯。在主人和主宾致辞、祝酒时,应暂停进餐,停止交谈,注意倾听。

席间因不慎发生异常情况,应沉着应付,应付的原则是不要打乱宴会。如失手碰翻了酒杯或餐具掉落,不要没完没了地自责,要知道席间失手往往是杜绝不了的,并不算什么失礼,大声自责而搅乱了宴会则是失礼的。

4. 礼貌离席

结束后,可以用餐巾、餐巾纸或服务员送来的小毛巾擦擦嘴,但不宜擦头颈或胸脯;餐后不要不加控制地打饱嗝。离席时,应帮助隔座长者或女士拖拉座椅。

当其他客人还没吃完时,不要独自先离席。在宴会餐桌上,进餐速度快慢不要依个人习惯,而应适应宴会的节奏,等大家都吃完,主人起身,主宾离席时再致谢退席。在主人还没示意结束时,客人不能先离席。

如果你不想太引人注目,你最好不要第一个告辞,也不要最后一个离开,这其间,你什么时候告辞都可以,只是一旦告辞就应该爽快地离开。

(二) 吃中餐礼仪

中餐以其做法讲究、种类繁多、餐具独特而举世闻名。中餐是中国传统文化的重要组成部分,用中餐有许多应注意的礼仪,而这些礼仪常被忽视。

1. 入座讲究礼仪

入席时如果有主人或招待人员,那么做客的应听候主人或招待人员指引,不要过于礼让。每桌照例有一个主人或招待者，在主人两旁的座位，一般是留给上宾或主客，如不是主人邀请，也不好占坐。如未定座位，应由尊长坐上座，自己在适当的座位坐下，不必过于谦恭。

2. 夹菜应文明

热菜初上，不可急于进食，要待主人、长者动筷后，再夹食。一道菜上菜后，主人和长辈不动筷子前，自己不要抢先去吃。

取菜时不要盛得太多，盘中食物吃完以后，可以再取。如由服务员布菜，需添加时，由服务员送上再取。如遇本人不能吃或不爱吃的菜肴，当服务员或主人让菜时不要拒绝，可取少量放在盘内，并说声“谢谢，够了”。

夹菜应等菜肴转到自己面前时，再动筷子，不要抢在邻座前面，一次夹菜也不宜过多。若需使用公筷或公用调羹的菜，应先用公筷将菜肴夹到自己的碟盘中，然后再用自己的筷子慢慢食用。用餐的动作要文雅，夹菜时不要碰到邻座，不要把盘里的菜拨到桌上。

3. 吃相要文雅

用餐过程中，吃要有吃相。吃东西应把嘴闭上，喝汤不要“咕咕”作响。不要把筷子和汤匙整个往嘴里塞，也不要专挑好的吃。汤如果太烫，可过一会儿再喝，不要用嘴去吹。吃时不可狼吞虎咽，应细嚼慢咽。不要嘴里塞满食物跟别人说话。

嘴里的骨头和鱼刺不要吐在桌子上，可用餐巾掩口，用筷子取出来放在碟子里。进餐过程中不要玩弄碗筷，或用筷子指向别人。不要用手去嘴里乱抠，用牙签剔牙时，应用手或餐巾掩住嘴。不要让餐具发出任何声响。

用餐过程中，筷子不要伸得太长，更不要在菜盘里翻找自己喜欢的菜肴。切记勿将咬过的食物再放进调料盘中调蘸。

4. 劝菜需适宜

一道菜端上桌，可以用取所需，也可以为同伴的碗盘盛取，这就是我们所说的劝菜、让菜，这种积极的关怀也正是吃中国菜的乐趣所在。但劝菜、让菜不要强加于人，不要热情过分。

招待外宾吃中餐时应注意不要说“招待不周”、“酒菜不好”、“今天没什么吃的，请随便用点”之类的谦虚话，否则会引起外宾的误会，认为你瞧不起他。

对外宾也不要反复劝菜、劝酒、夹菜，外宾没这个习惯，可向外宾介绍中国菜的特点。西方客人一般都会客气地把自己盘中的食物吃光，若硬夹给他们不爱吃的菜，他们出于礼貌也要吃掉，但心里会不舒服。

5. 敬酒要适可而止

敬酒以礼到为止，不要成心把别人灌醉。对于虔诚的穆斯林不允许敬酒，甚至不能上酒，因为饮酒是违背教规的，不应当在餐桌上摆放一大堆酒瓶。正式宴会中主人皆有敬酒之举，会饮酒的人应当回敬一杯。

敬酒时，上身挺直，双腿站稳，以双手举起酒杯，待对方饮酒时，再跟着饮，敬酒的态度要热情而大方。在规模盛大的宴会上，主人将依次到各桌敬酒，而每一桌可派一位代表到主人的餐桌去回敬一杯。

6. 其他注意事项

好的吃相是食物就口，不可将口就食物。食物带汁，不匆忙送入口，否则汤汁滴在桌布上，极不雅观。吃进口的东西，不能吐出来，如系滚烫的食物，可喝水或果汁冲凉。口内有食物，应避免说话。喝酒宜随意，忌劝酒、猜拳、吆喝。遇有意外，如不慎将酒、水、汤汁溅到他人衣服，表示歉意即可，不必恐慌赔罪，反使对方难为情。

【相关规范 4－13】 中餐用筷十忌

一忌敲筷：即用筷子敲打碗盆或茶杯等。

二忌掷筷：在餐前发放筷子时，距离较远时，可以请人递过去，不能随意掷在桌子上。

三忌签筷：用筷子当牙签。

四忌插筷：暂时离开时，要把筷子轻轻搁在桌子上或餐碟边，不可插在饭碗里。

五忌舞筷：在说话时，手拿着筷子乱舞。

六忌游动筷：举筷不定，东挑西拣。

七忌半途筷：夹住菜肴又放下，再夹另一种。

八忌泪筷：持筷途中筷头上的汤汁像泪水一样滴个不停。

九忌窥筷：手持筷子，东张西望。

十忌碎筷：用嘴或手撕筷头上的菜肴。

（资料来源：有酷资讯·餐饮礼仪 http://www.eyohoo.cn）

（三）吃西餐礼仪

从社交宴会来说，正式的西式宴会礼节比中式宴会礼节更严格一些。西餐的讲究非常多，吃西餐的礼仪主要有以下一些方面。

1. 赴宴时间准时

西式宴会对赴宴时间要求严格，必须绝对按照预定时间或请柬上规定的时间赴会，既不能迟到，也不能到得太早，早于或晚于对方规定时间的二三分钟不算失礼。过早或过晚，既对邀请者是失礼的，而且也有失自己的体面。

2. 注意仪态举止

客人应该由椅子的左方就座，离席的时候也应该由椅子的左方退出。入坐后姿势要端正，手肘不要放在桌面上，背部要贴住椅背，脚踏在本人座位下，不可跷足，不可任意伸直。身体要端正，与餐桌的距离以便于使用餐具为佳。进餐前勿用餐巾纸或餐巾去擦餐具，宴会上的餐具都是经过严格消毒的，当着主人或服务员的面擦餐具,是一种失礼的行为。

3. 正确使用刀叉和餐巾

一般西餐桌上都有两三副刀、叉、匙,吃一道菜换一副刀叉。最先用外侧的刀叉,然后依次由外向内取。使用刀叉时,要右手握刀,左手持叉,刀刃不可向外。中途放下刀叉,应在盘子上摆成"八"字形状;用餐完毕,刀叉并拢并排直放在盘子上。

餐巾主要防止弄脏衣服,兼做擦嘴及手上的油渍。必须等到大家坐定后,才可使用餐巾。餐巾应摊开后,放在双膝上端的大腿上。切忌用餐巾擦拭餐具。

4. 用餐温文尔雅

用餐时须温文尔雅,从容安静,不能急躁。必须小口进食,不要大口地塞,食物未咽下,不能再塞入口。食物带汁,不能匆忙送入口,否则汤汁会滴在桌布上。喝汤和吃鱼、肉时,都不可发出声响。咀嚼时要闭嘴。

面包一般掰成小块送入口中,左手拿着面包,用右手撕下送入口中,不要拿着整块咬。取用黄油或果酱时,也要先将面包掰成小块再抹。吃肉时要切一块吃一口。鸡肉、鸡腿不可用手拿着吃,必须用刀将骨头去掉,然后一块块地切开吃。吃鱼时,不要翻鱼身,吃完上层后,用刀叉把鱼骨剔掉再吃下层。

饮酒干杯时,即使不喝,也应将杯口在嘴唇上碰一碰,以示敬意。碰杯时,要目视对方致意,不能一手举杯,左顾右盼。

已经进口的肉骨或鱼刺,不可直接吐入盘中,要先用叉接住后再轻轻放入盘中。水果核则应先吐在手心里,再放入盘中。

5. 其他注意事项

进餐时,始终保持沉默是不礼貌的,应该同身旁的人有所交谈。但是在咀嚼食物时不要讲话。即使有人同你讲话,也应咽下口中食物后再回答。谈话时可以不放下刀叉,但不可拿着刀叉在空中摇晃。

不要在餐桌前化妆、揩鼻涕、咳嗽、打嗝、打喷嚏等。进餐时,打嗝是失礼的,万一忍不住打嗝,应立即向周围的人道歉。

不可中途退席,如有人来电话,可告知对方一会儿再打来。在进餐尚未全部结束之前,不能抽烟,直到上咖啡表示用餐结束时,方可抽烟。

复习与练习

一、主要概念

1. 握手礼 2. 拥抱礼 3. 合十礼 4. 正式介绍 5. 待客礼仪

二、学习理解

1. 如何有效地进行自我介绍？
2. 到友人家中做客要注意哪些细节？
3. 使用手机应遵循哪些礼仪规范？
4. 馈赠礼品有哪些需要注意的问题？
5. 用中餐和西餐有哪些礼仪规范？

三、判断题

1. 鞠躬礼是使用最多的见面礼仪。（　）
2. 天冷时可以戴手套和别人握手。（　）
3. 名片递送的一般顺序是：地位低的人先向地位高的人递名片。（　）
4. 为了强调内容的重要性，在英文的电子邮件里应全部使用大写字母。（　）
5. 用西餐时中途放下刀叉，应在盘子上摆成“八”字形状。（　）

四、选择题

单选题

1. 日本、韩国、朝鲜等国家，传统的、普遍使用的一种礼节是：（　）。

A. 合十礼　　B. 鞠躬礼

C. 拥抱礼　　D. 接吻礼

2. 聚会的首要原则是：（　）。

A. 事先约定　　B. 当面预约

C. 确定聚会意图　　D. 确定聚会地点

3. 电话礼仪之一：通话以短为佳，宁短勿长。发话人应将每次通话长度限定在：（　）。

A. 2分钟之内　　B. 3分钟之内

C. 4分钟之内　　D. 5分钟之内

多选题

1. 以下哪些是符合握手礼仪规范的？（　）

A. 用右手　　B. 也可用左手

C. 初次见面时应在三秒钟左右　　D. 男女之间女士先伸手

E. 与多人握手从次要者到重要者的顺序进行

2. 以下（　）是符合电子邮件的礼仪的。

A. 要有主题　　B. 内容简明扼要

C. 及时回复　　D. 有邮址可不必署名

E. 较正式邮件的文体应和写信是一样的

3. “女士优先”的含义是：（　）。

A. 尊重女性　　B. 女尊男卑

C. 照顾女性　　D. 帮助女性

E. 保护女性

五、案例分析

案例：小芝为什么不被喜欢？

小芝是一名相貌出众、能力极强的女大学生。她大学毕业后，在一家公司进行实习试用。凭着她的所长，她不仅使公司的员工都很喜欢她，而且就连公司的领导也萌生了试用期满后，让她长久地留在公司的念头。

可是，时间一长，公司的员工却都不怎么喜欢小芝了，有一些员工甚至还对她产生了极大的反感。原来，交际极广的小芝在公司上班时，她的手机好像从来就没有安静过。有时，会议上大家正聚精会神地听领导讲话，小芝的手机会突然响起来，而且她竟然肆无忌惮地当场接听。不仅如此，当小芝的手机没电或没信号时，为了及时与她的朋友联系，她还会大大咧咧地借用公司其他员工的手机。长此以往，大家不但不希望小芝留在公司，反而希望她越早走越好。

小芝也许不知道她使用手机的方法有悖于礼仪规范，她恐怕也从未想到正是她的这些不良习惯，阻断了她进入这家公司工作的道路。

（资料来源：朱瑞编著《商务礼仪》，中国长安出版社 2006 年版）

案例思考题：

1. 小芝不被喜欢的原因在哪里？
2. 应该如何做才能成为一个受人喜欢的人？

模块 2　常用交际礼仪训练

训练项目一：常用见面礼节训练

【训练目的】 熟悉常用见面礼节的礼仪规范，在人际交往中和旅游接待服务中，能正确、熟练地运用握手礼节、鞠躬礼节、拥抱礼节、名片递送、各种介绍礼节。

【训练内容】

（一）握手礼节训练

（二）鞠躬礼节训练

（三）拥抱礼节训练

（四）递送名片训练

（五）介绍礼节训练

【训练要点和标准】

（一）握手礼节的训练要点和标准

1. 练习完整的握手动作

标准[参见图 4－1（一）（二）]：

（一）　　（二）

图 4－1　握手礼节训练

（1）站着而不能坐着握手。

（2）热情，面带笑容，精力集中，双目注视对方眼睛。

（3）单手握：双方各自伸出右手，手掌均呈垂直状态，四指并拢，拇指张开。

（4）肘关节微曲抬至腰部，上身微前倾，目视对方与之右手相握，并可适当上下抖动以示亲热。

（5）初次见面者，一般应控制在三秒钟左右。

（6）双手握：表示对对方加倍亲切和尊敬，适用于身份低者对身份高者。即自己同时伸出双手，握住对方右手。

（7）教师和一位学生进行完整动作的示范。

2. 观看标准的握手礼节的影像短片

标准：

（1）播放规范握手影像 VCD。

（2）使学生领会握手要领。

（3）请学生按照影像以及握手的规范，两个一组进行训练。

3. 模拟情景训练

情景：你是一位去集团开会的某酒店的总经理李某（女性），在集团开会前见到了集团的总裁，见面需要握手，请问应该怎样握手？谁先伸手握手才符合礼节呢？

标准：

（1）根据伸手顺序遵循的原则：重要者先伸手，女士先伸手。

（2）如果是交际场合：女士先伸手，不论职务。

（3）工作交往场合：不论男女，只按行政职务高低。

因此，以上情景应该是总裁先伸手。

(二) 鞠躬礼节的训练要点和标准

1. 练习鞠躬规范动作

标准[参见图 4－2(一)(二)]：

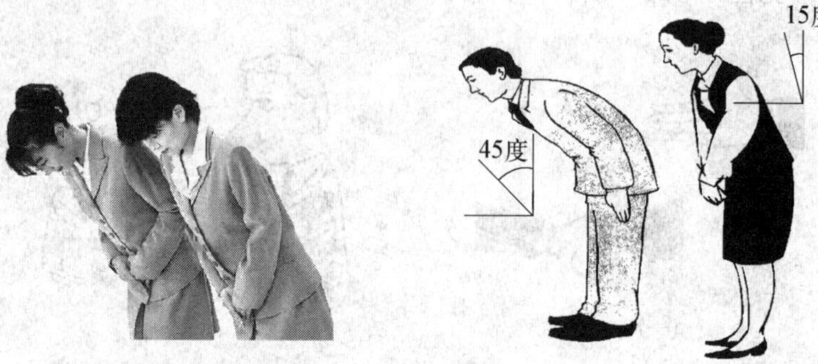

图 4－2　鞠躬规范动作训练

(1) 鞠躬前，戴着帽子的话应脱帽，女性戴无檐帽时可以免脱。

(2) 呈立正姿势，面带微笑，目光平视，面对受礼者。鞠躬应在距对方 2 米左右时进行。

(3) 男士双手在体侧自然下垂或相握在背后，女士则将双手在体前轻轻搭放在一起，右手搭在左手上。

(4) 以腰部为轴，腰、背、颈、头呈一条直线，身体前倾 15 度～45 度，视线随之自然下垂。身体前倾到位后停留 1 秒钟再恢复原状。鞠躬礼毕，直起身时，目光应有礼貌地注视对方，不可目光旁视。

(5) 一般见面、迎宾 15 度，送客 30 度，感谢 60 度，大礼、谢罪等 90 度。旅游接待在服务场合一般适宜 30 度。

(6) 90 度三鞠躬：身体上部向前弯约 90 度，然后恢复原状，连续三次。三鞠躬适用于传统婚礼、悼念活动。

2. 观看标准的鞠躬礼节的影像短片

标准：

(1) 播放规范的鞠躬影像 VCD 视频。

(2) 使学生领会鞠躬要领，以掌握正确的鞠躬动作。

(3) 请学生按照影像以及鞠躬的规范，两个一组进行训练。

(4) 教师纠正不足的地方。

3. 教师示范训练

标准：

(1) 在鞠躬训练中，采用教师边讲解要求边示范，然后学生实践、老师纠错、学生再巩固的方式练习。

(2) 可采取分组向老师施礼，互相点评、教师点评以纠正不足来达到规范。

(三) 拥抱礼节的训练要点和标准

1. 练习拥抱规范动作

标准：

(1) 两人正面对立，右臂偏向上，左臂偏向下，右手扶在对方左后肩，左手扶在对方右后腰。

(2) 按各自的方位，两人头部及上身都向左相互拥抱，然后头部及上身向右拥抱，再次向左拥抱，礼毕。

(3) 拥抱时，还可以用右手掌拍打对方左臂后侧，以示亲热。

2. 教师示范训练

标准：

(1) 在拥抱训练中，采用教师边讲解要求边和另外的同学进行要领示范。

(2) 学生两个一组练习，老师纠错，学生再练习到巩固掌握。

(四) 递送名片的训练要点和标准

1. 练习递送名片的规范动作

标准[参见图 4-3(一)(二)]：

(一)　　(二)

图 4-3　递送名片训练

(1) 递送名片，要以恭敬的态度，眼睛友好地注视对方，面带微笑，手的位置应与胸部齐高，双手递送。

(2) 将名片的正面朝向对方，双手的拇指与食指捏住名片的上端递给对方。

(3) 应当起立或欠身递送。可说些“这是我的名片”、“今后加强联系”之类的话。

2. 练习接受名片的规范动作

标准：

(1) 接受他人递来的名片，应当恭恭敬敬，双手捧接，除了长者及女性外，应起身或欠身。

(2) 双手的拇指或食指捏住名片下端，同时眼睛友好地注视对方，面带笑容，道声“谢谢”等。

(3) 接过名片后应认真阅看，如果是初识，可将名片上的重要内容读出，并说“认识您很高兴”之类的话。

3. 示范、模仿练习训练

标准：

(1) 教师和一位学生进行递送和接受名片的动作规范演示。

(2) 学生两人一组，按照名片递送和接受的要求，练习规范的名片递接方法。

(3) 学生轮换练习，教师进行纠错，达到掌握正确的名片递接规范。

4. 情景案例训练

情景：李明去拜访红运商贸公司的胡经理，胡经理是一个热情的人，看到李明，热情地把他迎进了办公室。李明递上了自己的名片，胡经理却忙着拿烟倒水，一个劲地招呼李明，单手接过名片时，匆匆看了一眼，就把它往桌子上一扔，然后又忙着接待李明，尽管他很热情，但李明看到他这样对待自己的名片，心里很不是滋味。

标准：

(1) 请学生回答：李明为什么不舒服？胡经理错在哪里？

(2) 请学生回答：正确的做法应该是怎样的？请对以上情景案例进行点评。

(3) 教师作总结性点评。

(五) 介绍礼节的训练要点和标准

1. 自我介绍的规则

标准[参见图 4-4(一)(二)]：

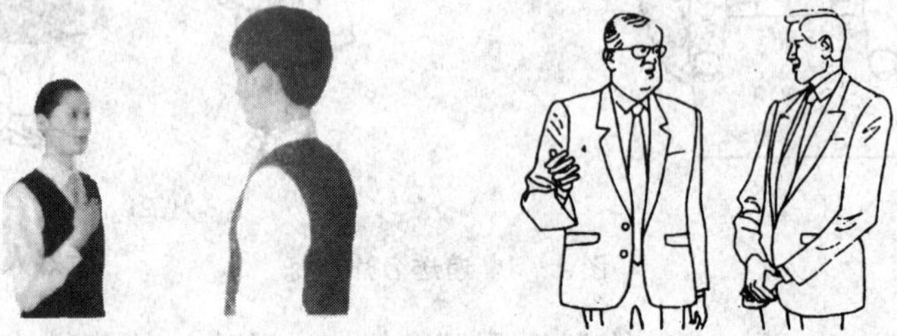

(一)　(二)

图 4-4　自我介绍训练

(1) 以标准站姿为基础，身体前倾 15 度。

(2) 作介绍时，可将右手放在自己的左胸上，不要慌慌张张、手足无措，不要用大拇指指着自己。

(3) 作介绍时，眼睛应看着对方或大家，要善于用眼神、微笑和亲切自然的面部表情来表达友谊之情。

(4) 介绍内容包括自己的姓名、身份、单位和从事的具体工作等。

2. 自我介绍模拟训练

标准：

(1) 学生两个一组，模拟不同的角色，轮换进行自我介绍练习。

(2) 模拟情景：假如你是一名餐厅领班，今晚牡丹厅的家庭生日聚会由你提供服务，一位主人已提前到达餐厅做准备，你向他作自我介绍。

(3) 面试情景：假如你去参加应聘面试，你被接待人员引领进面试场所，面对招聘者作自我介绍。

3. 介绍他人的训练

标准[参见图 4-5(一)(二)]：

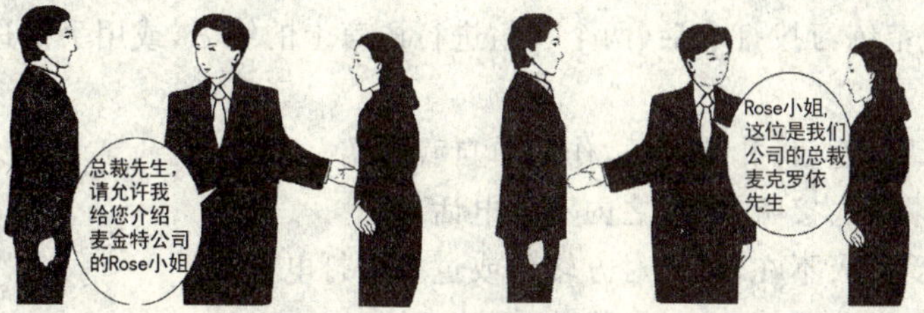

(一)　　(二)

图 4-5　介绍他人训练

(1) 手心朝上，手掌向斜上方，五指并拢，指向被介绍的一方，不可用手指指点点，同时向另一方点头微笑，用自己的视线把另一方的注意力引过来。

(2) 掌握介绍他人规则：为两人作介绍，总是先把身份、地位低者介绍给身份、地位高者；为多人作介绍，则是从重要者向次要者的顺序进行介绍，先介绍重要者。

(3) 介绍完毕后，被介绍者双方应依照合乎礼仪的顺序握手，并且彼此问候对方。

4. 介绍他人模拟训练

标准：

(1) 学生三人一组，模拟扮演不同角色，轮换进行介绍他人的训练。

(2) 模拟情景：某饭店宴会过程中，餐厅经理来为客人祝寿，你如何向客人作介绍？

(3) 模拟情景：某高校的李教授被邀请去新雅公司开讲座，公司办公室主任派车接到了李教授，在公司会客室，需要介绍教授和公司的董事长、总经理见面认识。如果你是办公室主任，你来为他们作介绍。

(4) 介绍的情景分析训练：我国一家企业有一次宴请港方一家公司的董事长和总经理。接待人员在介绍时，将年轻的董事长排在年长的总经理之后介绍，结果使董事长颇为不快，认为我方瞧不起他。接待人员介绍的顺序正确吗？为什么？

训练项目二：使用电话训练

【训练目的】 熟悉使用电话的礼仪规范，在人际交往和旅游接待服务中，能正确、符合礼仪规范地拨打、接听电话，从而有效地体现旅游职业人员的工作态度、职业精神和企业的形象。

【训练内容】

（一）拨打电话训练

（二）接听电话训练

【训练要点和标准】

（一）拨打电话的训练要点和标准

1. 按规范练习拨打电话（两个一组进行语言上的练习，或用手机进行练习）

标准：

（1）电话接通后，礼貌问候，作简单自我介绍。

（2）如果无人接听，六声之内不挂电话。

（3）如受话人不在，可请对方转告或过后再打电话。

（4）打电话陈述简洁，口齿清楚，语速适当。

（5）通话结束应有告别语。

2. 模拟情景训练

请两位学生模拟角色，一位是饭店预订部的人员，一位是客人。

情景："您好！我是旅游饭店预订部林××，请问您是王先生吗？现在方便听电话吗……"

标准：

（1）请其他学生对拨打电话是否符合礼仪规范作点评，点评包括：说话的声音大小、语速语调、语言礼貌、简介自己、称呼恰当、如何终止等。

（2）根据以上学生点评，再请两位学生模拟一遍拨打电话情景。

（3）教师作出总结性点评。

（二）接听电话的训练要点和标准

1. 按规范练习接听电话

标准：

（1）电话铃响后，尽快接听，三声之内接听，超过三声应致歉。

（2）拿起话筒先问候，然后自我介绍，再问对方找哪位。

（3）如果刚好是本人接听，要礼貌应答。

（4）如果自己不是受话人，首先放下听筒，然后代为传呼。

（5）掌握好说话的声音和语速语调。

（6）通话结束，要等发话人先挂断电话，再放下话筒。

(7) 按以上要求请学生两个一组进行练习，或用手机进行练习。

2. 情景实例训练（请两位学生模拟以下情景）

情景 1：电话响了二十几秒后，有人接起电话，“你好”，然后就没有声音了，打电话的没有说话，大概又过了五六秒，接电话的“啪”地挂断了电话。

情景 2：电话响了约两声后，有人接起电话：“你好，××公司。”打电话者：“找一下市场部的李华，谢谢。”工作人员：“市场部？错了。”“啪”地挂了电话。

标准：

(1) 请学生对情景 1 点评，哪些地方不符合接听电话的礼仪？

(2) 请学生对情景 2 点评，哪些地方不符合接听电话的礼仪？

(3) 请两位学生对以上两个情景进行演练。

(4) 教师进行总结性点评。

3. 角色模拟训练

假如你是一位办公室主任，正在办公室接待一位客户（地奥集团马总经理），此时电话铃响了，从来电显示上可以知道也是一位客户（巨龙集团王总经理）要找你，请问你怎么办？

标准：

(1) 请学生回答，碰到这种情况你是如何处理的？为什么？

(2) 教师给出指导性点评：第一，委婉地向正与你交谈者说明原因，征得同意后迅速接听电话。第二，注意接听电话的动作与表情。第三，巧妙回答，达到两个目的：一是暗示边上有人，不能说深层次问题；二是让对方选择一个时间，打给他，说明重视他。

4. 情景分析训练

情景：一天下午，小芳正在整理文件，这时电话铃声响了，她拿起听筒就说：“喂，哪位？有什么事吗？”对方说：“你好，请问张华在吗？”小芳回答说：“对不起，他不在，你过会儿打来，再见。”

标准：

(1) 请学生分析情景中小芳接听电话时有什么问题？她应当怎样说更妥当？

(2) 教师给出指导性点评：第一，拿起听筒说话时礼貌语言问候，加上简单自我介绍；第二，对方要找的人不在时，不能简单打发挂断电话，应该询问对方是否方便转告或请他回来或给回电话，并做好记录准备。

训练项目三：交谈训练

【训练目的】 熟悉交谈的礼仪规范，在人际交往和旅游接待服务中，学会如何交谈、如何倾听、如何运用交谈语言，从而体现出应有的文明礼仪修养，成为一个受人欢迎的谈话者。

【训练内容】

(一) 谈话训练

(二) 倾听训练

【训练要点和标准】

(一) 谈话的训练要点和标准

1. 模拟角色交谈训练

标准：

(1) 提出交谈的一个主题。

(2) 选一个学生扮演客人(或部门经理),一个学生扮演服务员(或下属)。

(3) 然后将学生分成两组,一个组的学生角色都转换为“客人”(或部门经理),另一个组则为服务员(或下属)。双方分别为客人(或部门经理)、服务员(或下属)出主意,如何扮演各自的角色,即如何谈话。

(4) 双方表演(会谈)完后,学生根据表演情况或给出的情景发表意见。

(5) 也可以选两个学生重新表演一遍。

(6) 教师对双方交谈的相关表现：交谈时的姿势、手势、表情、语言、时间、态度进行点评。

2. 主题选择交谈训练

标准：

(1) 给出学生参考交谈主题：

① 求职面试时招聘者与求职者之间的交谈；

② 茶话会上或酒会上的交谈；

③ 营销人员与客户之间的交谈；

④ 餐桌上的与人谈话。

(2) 把学生分成几个小组,每个小组选择一个主题,进行交谈练习。

(3) 小组交谈演练交流,各组互相对其他小组的交谈表现进行点评。

(4) 教师给出参考性点评：第一,交谈声音清晰明朗,语气亲切自然；第二,仪态端庄大方；第三,手势运用正确、得体；第四,表情自然大方,有效配合交谈内容的表达；第五,良好的倾听表现；第六,交谈时间根据不同主题进行恰当、合理的安排与调整。

3. 谈话案例点评训练

案例：一位“老资格”的导游员和原单位的领导、同事关系处理不好,于是他产生了跳槽的念头。一天,他去一家小旅行社应聘面试,他一走进办公室就旁若无人地谈笑风生起来,接着又抽起香烟,未等主人示意就擅自坐了下来,一只脚还不停地抖动着。尽管他侃侃而谈,对答如流,可旅行社的老总们还是手捂着脸、皱着眉头。过了几天，他打电话询问面试结果，回答却是：“我们庙小，不敢请您这位大和尚。”他放下电话感到迷惑不解。

标准：

(1) 请学生对案例中这位导游员的面试表现进行点评，他失败的问题出在哪里？

(2) 请学生回答交谈中正确的符合礼仪的言行举止具体有哪些表现？

(二) 倾听的训练要点和标准

1. 掌握交谈倾听的要点

标准：

(1) 请学生回答一般的“听”和“倾听”的区别在哪里？

(2) 教师给出参考性倾听表现：良好的精神状态；运用点头、微笑、皱眉、注视、迷惑不解等恰当的肢体语言；适时适度地提问；以开放性动作呼应，如身体略向前倾代表接受、兴趣和信任等；及时反馈表明听到并理解了。

2. 倾听案例点评训练

案例：有一次，一位顾客去买车，推销员乔·吉拉德接待了这位顾客，吉拉德向他推荐了一种新型车，顾客对车很满意，并掏出了 1 万美金打算作定金，一切进行顺利，眼看就要成交，但对方突然决定不买了。吉拉德百思不得其解，懊恼了一个下午。夜深了，他忍不住给那位顾客打电话询问原因。谁知顾客说：“今天下午你为什么不用心听我说话？就在签字前，我提到了我儿子即将进入密歇根大学读书，我还对你说他的运动成绩和将来的抱负。我以他为荣，可你根本没有听我说什么！我不愿意从一个不尊重我的人手里买东西！”

标准：

(1) 请学生对以上案例进行点评。乔·吉拉德的失误在哪里？

(2) 请学生回答，从这个案例中得到什么启示？

3. 测试倾听能力训练

标准：

(1) 教师读一段话，请学生认真听。

(2) 读完后提三个问题，看看学生的倾听能力到底如何？

原文：“假设你是一个公共汽车司机，你开着一辆公共汽车。车首先往东边开了 10 公里，然后往南开了 20 公里，中途上来了 5 位女士、6 位男士，再往西边开了 30 公里，最后往北边开了 40 公里。”

提三个问题：

第一，公共汽车往北边开了多少公里？

第二，中途上来了多少位女士？

第三,公共汽车司机的年龄是多少?

如果不清楚,老师再说一遍。你的回答如何呢?

(3) 教师作出总结性点评:第一题你肯定能答对,因为你认为这是重点;第二题你也没问题,因为你同样认为这是重点;第三题你可能在想,老师没有说到公共汽车司机的年龄啊?如果你真的这样想,说明你的倾听、阅读能力依然有很大的提升空间。

测试结论:普通的沟通者只听自己认为重要的信息,而真正厉害的沟通高手会全身心地倾听,不放过任何一个细节。

4. 倾听能力表训练

标准:

(1) 作答说明:答案为"经常"得5分;"偶尔"得3分;"极少"得1分。

(2) 作答要求:请根据自己的经验,直觉地、诚实地回答下列20个问题,然后在适当的方格内打勾。请在5分钟内做完。每一题作答时间不要超过30秒。

(3) 得分说明:总分满分100分。得分在80~100分者,为非常好的倾听者;得分在60~80分者,属中等,倾听水准需要加强;得分在50分以下者需痛下决心,学习倾听。

倾听能力测试题

① 在倾听之前,我会先从心中除去先入为主的偏见与否定的态度,告诉自己敞开心胸。

□经常 □偶尔 □极少

② 与人交谈时,我会全心注意对方,并保持眼神接触。

□经常 □偶尔 □极少

③ 我会设身处地融入对方的情境、架构之下而倾听。

□经常 □偶尔 □极少

④ 我全身心都在专心倾听别人,表示对谈话内容感兴趣,并对此人表达关心。

□经常 □偶尔 □极少

⑤ 倾听时,我会同时注意到理智上的内容与情绪性的感觉,而且能够分清楚两者的表现与不同。

□经常 □偶尔 □极少

⑥ 我会注意到(但不会马上回应)别人阿谀奉承或讽刺我时所做的一番努力。

□经常 □偶尔 □极少

⑦ 为了使别人轻而易举地自由发言,我常常带着一种设身处地替别人着想而又能鼓舞他人的态度来倾听。

□经常 □偶尔 □极少

⑧ 除非说话的态度更能帮助我彻底了解信息，否则我并不注意态度，只专心注意内容。

□经常　　　　□偶尔　　　　□极少

⑨ 我会注意听出说话内容的主题，并掌握关键重点。

□经常　　　　□偶尔　　　　□极少

⑩ 我采取一种将已经说的、正在说的和可能会说的三者联合为一的方式来倾听。

□经常　　　　□偶尔　　　　□极少

⑪ 不论他表达的方式如何，我总是尽量注意听出他所要沟通的内容。

□经常　　　　□偶尔　　　　□极少

⑫ 我抱着学习与协助的态度来倾听。

□经常　　　　□偶尔　　　　□极少

⑬ 我会小心谨慎地倾听，而转移、避免他人说出将来可能会感到遗憾的话。

□经常　　　　□偶尔　　　　□极少

⑭ 我有耐心听完别人的话，中间不会打断。

□经常　　　　□偶尔　　　　□极少

⑮ 在倾听时，我会偶尔提出个人的看法，问些小问题和运用身体语言来予以回馈，以鼓励对方继续说下去。

□经常　　　　□偶尔　　　　□极少

⑯ 我会真心诚意地与别人讨论，而不是去争论。

□经常　　　　□偶尔　　　　□极少

⑰ 假如我不同意的话，在提出自己的看法之前，我会重述对方的立场和意见。

□经常　　　　□偶尔　　　　□极少

⑱ 有时候真正的信息无法捉摸，因此，我小心翼翼地倾听，注意没有说出来的信息。

□经常　　　　□偶尔　　　　□极少

⑲ 在倾听的时候，我会兼顾到信息表面与内在的意义。

□经常　　　　□偶尔　　　　□极少

⑳ 我尝试听听自己说的话，就像说给别人听时一样，并自我检讨，包括内容、语气、语调、态度等。

□经常　　　　□偶尔　　　　□极少

第五单元

酒店接待服务礼仪

学习目标

☆ **应知**：认识酒店人员礼仪接待规范的重要意义；了解酒店各部门主要岗位礼仪接待的具体要求。

☆ **应会**：较好地掌握酒店主要部门、主要岗位礼节礼貌服务的基本程序和规范，掌握前厅、客房、餐厅、话务、会议等礼仪接待服务各个环节的共同要求和具体要求。

☆ **能力**：较好地运用酒店服务接待礼仪的工作规范和具体操作的技能技巧；在实际接待工作中对具体环节的礼仪要求、操作标准能运用自如。

模块1　酒店接待服务礼仪规范

引导案例：给客人一个惊喜

住在某酒店1306房的马修先生入住已有两天，每天早出晚归，房间的衣服总是扔得到处都是。服务员小袁搞卫生时都会不厌其烦地帮他把衣服整理好，放在衣柜内。

真奇怪，房间里的茶杯怎么每天都原封不动的搁在那儿呀？难道他不喝水？爱动脑筋的小袁问中班服务员，她说："每次我们给他送茶他都没喝，但是他每天都会买一瓶矿泉水。"

第三天上午，1306房来了一个朋友，小袁想他朋友可能和他一样不喜欢喝袋装茶叶，于是抱着试试看的心理用散装茶叶为他们泡了两杯茶送进房。

过了不久，小袁看见客人和朋友出去了。为了弄个明白，她马上进房去查看，发现两个茶杯都空空如也，原来他们爱喝散装茶。于是，小袁高兴地在常客卡上记录下了这一条，又为他泡了一杯茶，给客人留下了一张便条："It's the tea for you! Wish you like it!"

下午，马修和他的朋友大汗淋漓地从电梯里出来，手里抱着一个篮球，老远就冲小袁"Hello"，小袁连忙跑过去。客人把球放在服务台，小袁接过球一看，黑糊糊的。客人用手比划着指着酒店的布草房。"Take it in workroom?" "Yes, Yes!"这么脏，还是洗一下吧？小袁自言自语道。

于是，小袁便将球拿到消毒间用刷子刷干净。第二天中午，客人又出去打球，当他从小袁手中接过干净如新的篮球时，竖起大拇指。并且，客人在昨天的那张留言下写着："Thank you..."

（资料来源：李莉编著《现代酒店礼仪规范》，湖南科学技术出版社2005年版）

酒店是一个综合性接待服务企业，酒店服务的原则就是向宾客提供优质服务，而优质服务包括热情服务、周到服务和礼貌礼节服务，礼貌礼节服务是热情服务、周到服务的外在表现。酒店服务质量与设施有关，与服务的技能技巧有关，也与接待工作中的礼貌礼节服务有关。礼貌礼节贯穿于酒店接待工作的全过程，同时在酒店各部门不同岗位上，礼貌礼节应该得到具体的体现。

一、前厅接待服务礼仪

前厅是酒店中十分重要的部门之一，其业务包括为客人提供登记、接待、订房、分房、换房、问讯、电话、订票、留言、行李、退房等各项服务。前厅是宾客进店首先步入的场所，是酒店的"门面"和"窗口"，也是宾客对酒店服务产生深刻印象、作出评价的第一个部门。因此，前厅工作对接待人员的素质和礼貌礼节服务有很高的要求。

（一）门厅迎送服务礼仪

1. 岗前准备

门厅迎送服务人员上岗前，要做好仪表仪容的自我检查，做到仪表整洁、仪容端庄。上岗后，要做到站姿端正、精神饱满、面带微笑、全神贯注，随时做好迎送宾客的准备。

2. 见面问候

见到宾客光临，应主动上前彬彬有礼地问候，表示热忱的欢迎。说："先生/夫人/小姐，早上/下午/晚上好，欢迎光临。"若是老客人或长住客人，问候时宜以姓氏称呼："××先生/××夫人/××小姐，您好。"对外宾用外语，对内宾说普通话，语言清晰。凡遇老、弱、病、残、幼的宾客，要适度搀扶，倍加关心。

【小思考5-1】　什么是"五步目迎，三步问候？"

在开放式的服务空间中迎接宾客，例如，酒店、餐厅、销售网点等，要记住"五步目迎，三步问候"的原则。目迎就是行注目礼。迎宾的人员要专注，注意到客人已经过来了，就要转向他，用眼神来表达关注和欢迎。注目礼的距离以五步为宜，在距离三步的时候就要问候"您好，欢迎光临"等。

（资料来源：德信诚企业培训网·迎宾的服务礼仪 http://wwwqs100.com）

3. 热情相迎

宾客乘坐的车辆抵达时，要主动热情相迎。车辆停妥后，要为宾客开启车门，一手拉开车门，一手遮挡车门框的上沿，以免宾客下车时碰痛头部。宾客下车后即热情问候。但注意有两种宾客是不能遮挡的：一是信仰伊斯兰教的，一是信仰佛教的，因为他们认为这样做"佛光"被遮住了。

4. 提携行李

见客人带有行李，应主动上前为客人提行李。但同时要尊重宾客的意愿，凡宾客自己要提的物品，不要过分热情地帮助提携。遇行李随客同车到达，应立即招呼门口行李员帮忙为客人搬运行李，注意轻拿轻放。搬运完毕应再次检查行李有无遗漏，注意清点行李件数，并迅速与陪同或客人核实。

5. 为客拉门

站立在大堂主门内一侧的门厅服务员要主动为出入的宾客拉门，当宾客走近时，应微笑着目视宾客，及时拉开大门迎候。当宾客靠近时，要行点头礼、并亲切问好，然后引导客人到总服务台办理登记手续。接待团体宾客时，应连续向宾客点头致意、问候；如遇宾客先致意，要及时还礼。在没有宾客进门时，大门保持关闭状态。

6. 礼貌送别

宾客离店时，要为宾客开启大门并致欢送语。宾客上车时，要为宾客开启车门，一手将车门拉开，一手遮挡车辆门框上沿。主动帮助带行李的客人将行李放入车内，并核实行李件数。一切完毕后，躬身施礼感谢光顾和致告别语："祝您旅途愉快，欢迎下次再来！"车辆启动时，应面带笑容，向客人挥手告别，目送离去。

（二）行李服务礼仪

1. 岗前检查

行李员上岗前，要做好仪表仪容的自我检查，做到仪表整洁、仪容端庄。在岗期间始终坚持站立服务，站姿端正，精神饱满，面带微笑，思想集中。按站立服务的规范要求，立于大厅门两侧，向抵店的客人微笑、点头以表示欢迎。

2. 按规范处置行李

主动帮助宾客从车上卸下行李，问清行李件数，同时记下宾客所乘坐到店的车辆号码，以便万一有差错时，可据此迅速查找行李下落。对宾客的物品要轻拿轻放，对贵重易碎的物品，切忌毫不在乎地随地乱丢或叠起、重压。凡宾客自己要亲自提携的物品，就不能过分热情地强行要求帮助提携。

3. 协助客人办理入住

陪同宾客到总服务台，办理入住手续。宾客在登记时，行李员应以正确的站姿侍立在宾客身后约 1.5 米处，看管好宾客的行李并随时接受宾客的呼唤。引领客人去房间时，要走在离客人二三步远的左前方，并不时回头用点头或微笑向客人示意。乘电梯时，将一只手按住电梯门，请客人先进入电梯；进电梯后应靠近电梯控制台站立，以便操纵电梯；出电梯时，应让客人先出；出电梯后继续引导客人到房间。

4. 规范操作寄存物品

当宾客住店期间要求寄存物品时，应首先礼貌地问清行李中有无贵重物品和易碎物品，如有贵重物品，可用建议的口吻介绍宾客把这些物品存放在饭店的保险箱内。要主动提示宾客把行李上锁，未上锁的应当着宾客的面用封条将行李封好，对寄存的易碎物品上要挂上“小心轻放”的标牌，以示对宾客行李物品的重视和负责。

5. 进出客房应规范

进入房间前，应先按门铃，再敲门，敲门时应先敲三声，稍候片刻再敲三声，房内无反应再用钥匙开门。尾随客人进客房后，将行李放在行李架上或按宾客的吩咐要求放好，然后向客人介绍房间设施和使用方法。离房时，轻轻地把房门关上，不可用力过猛，以免发出巨响而惊吓客人。

6. 礼貌送别客人

送客离店时，要先问清宾客共有多少件行李物品，然后小心地提携（行李多时应使用行李车搬运），并全程负责送到大门口的车辆上。安放好行李后，不要立即转身离去，而应向宾客作一一交代，并躬身施礼感谢光顾和致告别语：“祝您旅途愉快，欢迎下次再来！”

（三）问讯接待礼仪

1. 岗前准备

问讯员上岗前，要做好仪表仪容的自我检查，做到仪表整洁、仪容端庄。在岗期间始终坚持站立服务，站姿端正，精神饱满，面带微笑，思想集中。

2. 随时热情接待客人

能随时热情接待每一位中外宾客，做到有问必答、百问不厌、用词得当、简洁明了。语调应柔和、亲切。对饭店的设施、各部门的服务时间、具体位置、市内交通、旅游景点和商业区等问题应了如指掌，并准确地回答客人的询问，不能说“也许”、“大概”之类没有把握或含糊不清的话。

3. 满足客人的问询

答复宾客问讯时，对不知道的事情，不要不懂装懂，也不要轻率地说“我不知道”，而应该请宾客稍等一下，然后向有关人员请教，问清后再给宾客一个满意的答复。对宾客提出的问题，经过努力仍无法解答时，可向宾客耐心解释，以求得谅解，并表示歉意。

4. 来电查询要帮助

接受来电查询，应热情帮助解决。件件要有结果、有回音。如不能马上回答，对来电的客人应讲明等候时间，以免对方久等而引起误会。对要求预约出租车外出等事宜，应随时作书面记录，并把房号、姓名、时间告知车队。交班时还未落实的事，要与接班人交代清楚，切勿遗忘疏忽。

5. 服务要细致周到

问讯员兼票务工作的要细致周到，办各种机票、车票、船票、戏票，要按宾客的要求去办。如有困难或情况发生变化，要及时征求宾客意见，要让宾客决定，服务接待人员不得自作主张。

问讯处要向宾客提供电话号码簿，市内交通游览图，航空、水、陆交通时刻表，饭店服务指南，还要设邮件架、钥匙投放箱、告示牌、日历牌、天气预报牌以及寻人服务牌。

【相关案例 5-2】 得理让人

北京某饭店的一位问讯员，每天都要接到若干问讯电话。一次接到驻外地的一位外商打来的长途电话，询问他夫人所住该饭店的房间号，有急事要找。几经翻阅登记簿，未有其人，便如实相告。不料这位外商竟然用不怎么熟练的中国话骂了起来。问讯员感到十分委屈，但考虑到对方可能确有急事，急宾客之所急，便采取了宽容态度，强忍委屈，继续查找。后来终于知道，原来那位外商的夫人是用不同的姓名登记的。当外商谈完事后，又专门打电话给问讯员表示道歉，请求原谅。可以试想，如果说当时问讯员得理不让人，对外商的无理之举穷追不放，或是采取对骂的方法，那么也许是挽回了面子，至少心理上感到一些平衡，出了一口气，但却会使对方易产生强烈的逆反心理，不但不会承认自己有错，而且也无益于事情的圆满解决。问讯员的做法，维护了自身乃至整个饭店的良好形象。

（资料来源：职业餐饮网·服务礼仪案例　www.canyin168.com）

（四）总台接待礼仪

总台，也称总服务台，其接待服务质量是整个饭店服务质量的基础和保证。因此，总台接待人员应注意仪表仪容整洁，姿态端庄大方，精神饱满、思想集中；面带微笑，态度和蔼可亲，口齿清楚，声音轻柔；认真负责，业务熟练，讲究效率，快捷有序。

1. 入住登记的接待

(1) 接待问候不可少。客人来到柜台前，接待人员应问候每一位来店宾客，先说欢迎语，再说问候语，然后询问客人需要或有无登记。听清客人的要求后，请其填写住宿登记单，并尽量按客人的要求为其安排好房间。

(2) 人多接待要精确快捷。当客人一时增多，接待工作繁忙时，既要按先后顺序依次一一办理入住手续，还应关心到所有的客人。对中外宾客要一视同仁，不能厚此薄彼。办理客人入住登记手续应尽量做到精确、快捷。核对客人证件时应“请”字当头，“谢谢”收尾。

(3) 了解客人对客房的满意度。把房间钥匙交给客人时，应彬彬有礼地说："先生，我们为您准备了一间朝南的套间，舒适安静，房号是××××。这是房间钥匙，这位行李员马上陪您前去，祝您愉快！"重要的宾客入住后，接待员应用电话探询宾客意见及要求，可以说："这间房间您觉得满意吗？"如果安排不尽合理，可以进行调整。

2. 收银结账的接待

(1) 礼貌接待结账。客人结账时，要笑脸相迎，态度和蔼，热情致问："您好！您就要起程吗？"在得到确认后，当即核对抵离店时间，共住天数，解释其他收费项目，共计金额。所有项目都应清楚说明。

(2) 收银结账要迅速准确。单据书写工整，印鉴清晰，不得涂改。如果有客人直接用外币缴付费用，要礼貌地请其到兑换处兑换后再付款。尽量做到不让宾客久等。在人多排队时，应打招呼，表示自己会加速办理。

(3) 结账完毕要致谢。要向客人致谢："谢谢您的关照！""欢迎再次光临！"并致送别语："祝您旅途平安愉快"等。热情洋溢的感谢语和告别语，能给宾客留下彬彬有礼的深刻印象，吸引宾客再次光临。

(五) 大堂经理接待礼仪

大堂经理负责全面协调指挥大堂各岗位的工作，解答问讯，接待处理各种突发事件，保证大堂工作的顺利进行。以下是对大堂经理的礼仪要求。

1. 得体的仪态举止

仪表整洁，仪容端庄，仪态大方。注意讲究自己的形象，坐姿、站姿、走姿和举止都要自然得体。接待宾客时，保持精神饱满，面带微笑，思想集中。做到有问必答，用词贴切，简洁明了，口齿清楚。

2. 解答客人问题要圆满

对宾客提出的问题，要尽力给予全面圆满的解答，使对方感到可信、满意。自己能答复的问题，决不借口推脱给其他部门解答。办事态度踏实、认真，考虑问题全面周到，做到想宾客所想，急宾客所急，把方便留给宾客。

3. 处理投诉要冷静

在接待宾客投诉时，要做到热情相待、耐心听取、冷静分析。即使对方怒气冲天，情绪激动，甚至蛮不讲理，也不能受其影响而冲动。相反，要心平气和、善解人意、逐步引导，充分理解投诉者的心情，显示出自己有文化、有教养、有风度，并有能力帮助宾客处理好事务。

4. 尊重每一位客人

作为饭店对宾客接待服务的代表，大堂经理应出言谨慎、口气婉转、态度诚恳、谦逊有礼，在任何情况下都不与宾客争辩。要善于分析问题、判断是非，即使在对方理亏的情况下也不让客人丢面子。每次接待结束，要主动向宾客致谢："感谢您对我们工作的关心。”要说得自然、真诚。

【相关链接 5－3】 前厅服务礼仪十忌

(1) 不能当着客人的面挠痒痒，这是一种极不礼貌的行为。

(2) 不能当着客人的面揉眼屎、擤鼻涕、掏鼻孔或搓泥垢。

(3) 不能当着客人的面打喷嚏、打哈欠、打嗝、剔牙等。

(4) 不能随地吐痰。

(5) 不能跷二郎腿，并将跷起的脚尖对着客人。

(6) 不能一边看着客人一边哈哈大笑，客人身上有可笑的地方时更不能这样。

(7) 不能盯视客人，这样会令客人不安。

(8) 不能在客人面前打响指。

(9) 不能用食指向客人指点方向。

(10) 站立时不能无精打采，耸肩勾背或靠着桌椅、墙壁。

(资料来源：王伟主编《中国饭店行业服务礼仪规范》指南，旅游教育出版社 2007 年版)

二、客房接待服务礼仪

客房接待服务要满足宾客两个方面的要求：一是满足宾客物质享受的要求，即提供一个清洁、舒适、安全和宜人的硬件环境；二是满足宾客精神享受的要求，即提供优质多样的服务，其中最重要的一条就是在接待服务中讲究礼貌礼节，注重礼仪。

(一) 迎接客人礼仪

1. 迎接准备周到全面

接待服务人员应认真做好迎接客人的准备。客人到来之前，要先了解和掌握客人到店的时间、离店时间、从何处来，客人的身份、国籍、性别、年龄、健康状况、宗教信仰、风俗习惯、生活特点等情况，以便有针对性地制订接待计划和安排接待工作，并以饱满的精神、良好的仪容，随时准备好为客人提供必要的服务，听候客人的召唤。

2. 楼层的热情欢迎

楼层服务应安排服务人员及时到楼梯口或电梯口迎候客人。客人由行李员引领到来时，服务员应面带微笑，热情问候，这样使客人更感到亲切。然后招呼客人：“请跟我来。”如果没有行李员，要主动帮助提携客人的行李物品。在引领客人去房间的途中，应走在客人左前方约 1.5 米处。对老、幼、弱、残的客人要主动搀扶，给予热情的关心和帮助。

3. 进入客房后的规范服务

客人进房后，要用托盘送上香巾和茶水，并说：“请用香巾”、“请用茶”。有些宾馆要求做到"五到"：客到、茶到、香巾到、敬语到、微笑到。客人若无其他事情，要尽快离开房间。退出前，与客人道声"再见"，后退两步，转身走出，并轻轻地把门关上。

（二）客房日常服务礼仪

为了使客人在住店期间感到舒适、愉快、安全，有宾至如归之感，日常服务工作必须做到礼貌、热情、主动、耐心、周到。

1. 进入客房应敲门

但为礼貌起见，进入客房开门前必须轻轻敲门。敲门的规范动作是：用右手的中指和食指关节轻轻敲三下门，若无回音，过五秒钟再敲三下，第二次敲门后仍无回音，便可开门进房。但若敲门后听到房间内有客人的问话声，得到允许后，再进入房内。打扫房间卫生时，要开着房门。

2. 清扫客房要规范

在打扫房间时，不得擅自翻阅客人的物品，因清扫需移动时，也得将原物放归原处。撤换床上的卧具时，要注意客人的钱包、手表等，防止摔坏或被裹走。台面上客人化妆品或较贵重的物品，不允许翻动。桌上的纸条、报纸、花束等，没有客人的吩咐，不能随便扔掉。

3. 见到客人要问候

平时见到客人进出，要主动热情问候，微笑致意："您好。"切勿视而不见，不予理睬，这是对客人不尊重的行为。特别是每天早上第一次见到客人时，一定要问候，以后多次见面时，可微笑点头致意。

4. 接待来访应热情

接待来访客人时，应热情有礼地先引访客到休息室等候，在征得住店客人同意后，引领访客进房间。遇到住店客人不愿见访客，服务人员要礼貌地向访客说明客人需要休息或在办事情，不便接待客人，请访客到大堂问讯处，为其提供留言服务。如果被访客人不在，可请访客留言，或陪送至公共区域等候。

【规范链接 5-4】 沃尔玛的"三米微笑"原则

为了吸引顾客，美国沃尔玛百货公司有一个非常有名的"三米微笑"原则，它要求员工做到"当顾客走到距离你三米范围内时，你要温和地看着顾客的眼睛向他打招呼，并询问是否需要帮助。"通过这一招，沃尔玛给顾客创造了一个非常舒适的购物环境。

（资料来源：马宜斐编著《旅游人际沟通》，中国人民大学出版社 2007 年版）

（三）送别客人礼仪

客人离开客房是客房接待服务的最后一个环节。前面的接待服务环节是让客人来得满意，住得高兴，而最后的这个环节是让客人走得愉快。如果这个环节做得好，会加深客人对前面环节的好印象。

1. 做好客人离店准备

当客人离店时,应问清客人是否需要提前用餐或准备饭盒餐,早晨离店的客人是否需要叫醒。还应问客人有什么需要帮助做的事情。如果有的事情在本部门不能完成,应与有关部门联系,共同协作,做好离店的准备工作。

2. 礼貌送别客人

客人离开客房时,客房服务员要把客人送到电梯口或楼梯口,并与客人道别,"谢谢您的光临"、"再见"、"欢迎您再来"。如无行李员,应有一名客房服务员帮助客人提拿行李,并陪送至大厅。

3. 及时检查客房物品

客人走后要迅速进入房间,检查有无客人遗忘的物品,如有,应立即派人追送,设法当面交还客人。如送不到,应交总台登记保管,以便客人寻找时归还。同时要检查房间物品设备有无丢失或损坏,如有,应用婉转的语言请客人协助解决,无论如何不能使客人当众难堪。

三、餐厅接待服务礼仪

餐厅接待服务的特点是:服务员直接对客人提供的服务,面广量大、时间长、需求多,尤其需要接待人员掌握娴熟的服务技巧和具备良好的礼貌、礼节,才可以给客人提供满意的服务。餐厅的服务工作主要有领台、值台、账台、走菜和代客保管等环节,各岗位的接待服务人员不仅要掌握各岗位的业务技能,而且需要遵守服务过程中的各种礼仪规范。

(一) 迎宾接待服务礼仪

1. 迎宾接待仪容仪态得体

迎宾接待人员仪容端庄、大方,站姿优美、规范,神情专注,反应敏捷。迎宾要主动积极,答问要热情亲切,使客人一到就感觉到他们是受欢迎的尊贵客人。较高级的宴会,餐厅管理人员应带领一定数量的服务员在宾客到来之前站在餐厅门口迎接。见到年老体弱的宾客,要主动上前搀扶,悉心照料。

2. 引领入座有技巧

得到客人用餐的承诺或客人已预定餐位的回答之后,引领服务员便可引领客人入座。对那些没有预定过的客人,应根据客人到达的人数、客人喜好、年龄及身份等选择适合的桌子。例如,对单独光顾的客人,要为其寻找合适的位置,如靠近窗户的座位;夫妇、情侣来就餐,可以把他们引领到比较安静处入座;服饰华丽、容貌漂亮的女士引领到餐厅比较醒目的地方,这样既可以满足客人心理上的需要,又可为餐厅增添华贵的气氛;对于全家人或亲朋来聚餐的宾客,可以把他们引领到餐厅的中央餐桌就餐;年老体弱的宾客来就餐,应尽可能安排在出入比较方便、离出入口较近的地方。

3. 值台员的规范服务

客人被引到餐桌前，值台员应立即迎上前去，向客人问候，然后以轻捷的动作，用双手拉开座椅，招呼客人就座。顺序上应该先主宾后主人，先女宾后男宾。在大的团体里，则应先为年长的女士服务，然后再为其他女士入座服务。招呼客人就坐时动作要和客人配合默契，待客人屈腿入座的同时，轻轻推上座椅，推椅动作要适度，使客人坐好、坐稳。

（二）餐前服务礼仪

1. 敬茶献巾

（1）客人就坐后递上香巾。香巾即供客人擦嘴擦手用的带有香味的温热小方巾。给客人递香巾的方法有两种：一是将每条香巾放在一只毛巾碟或香巾篮上，服务员连巾带碟一一送给每位客人，放在客人餐具的右侧，供客人使用；二是服务员左手托一大香巾盘，或提着香巾筐，右手用毛巾夹，夹起香巾，依次分给客人享用，并且有礼貌地招呼："请用香巾"、"先生，请！"

（2）给客人斟茶符合礼仪。上茶时注意切忌手指接触到茶杯杯口，使用玻璃水杯时，要尽量先垫上杯托，以免客人烫手，并把茶杯调至客人右手方向。使用有盖有耳的茶杯时，要用手握住杯耳轻拿轻放，杯盖的开启、盖合要缓而轻，避免发出杯盖的碰响声，以免引起客人的烦躁与不安。斟茶倒水时，要轻、准、慢，将水徐徐倒入杯中，水不可倒得太满，每杯水应斟七分满即可，俗话说：酒满敬人，茶满赶人。

2. 恭请点菜

（1）敬茶之后及时点菜。菜单要干净无污，递送时必须恭敬地从宾客的左边用双手递上。对于夫妇，应先递给女士；如果是团体，先递给主人右手的第一位客人。客人点菜时，会在主客之间相互推让、相互商讨，此时值台员要有耐心，不可催促，让客人有充分的时间协商选择。

（2）记录点菜要精神集中。值台员应站立在客人的左侧，注意站立的位置和站姿，身体不能紧靠餐桌，手不能按在餐桌上，上身略微前倾，精神集中地聆听。当主人表示客人各自点菜时，值台员应先从坐在主人右侧第一位客人开始记录，并站在客人的左侧按逆时针方向依次接受客人的点菜。回答客人询问时，要面带微笑，话语要亲切、和蔼。

（3）服务积极主动。值台员应当通过观察分析，有礼貌、有针对性地向客人推荐本餐厅的特色菜、时令菜、创新菜等。特别是当客人一时不知决定点什么菜为好时，值台员更应为客人当好参谋。但不要勉强或硬性推荐，以免引起客人反感。如果客人所点的菜是菜单上没有的，不要立即予以回绝。正确的方法应说："对不起，这道菜菜单上没有，请允许我马上与厨师长商量一下，看能否尽可能满足您的要求。"这样既不失礼貌，又可以体现本餐厅想客人之所想、满足客人特殊要求的良好服务。

（三）餐间服务礼仪

1. 餐间服务注意事项

（1）做到“三轻”和“四勤”。在餐间服务中，服务员要做到“三轻”（即：走路轻、说话轻、操作轻）；“四勤”（即：眼勤、嘴勤、手勤、腿勤），随时应答客人的召唤。

（2）餐间服务遵循操作程序。上菜、斟酒、撤换餐盆等服务工作应严格按规定的操作程序进行，如：手指切忌触摸酒杯口，也不能碰及菜肴；切忌越过客人头顶上菜或传递物品；切忌在两位客人中间同时斟酒，以及服务宴会时次序不分主宾等。

按照操作原则：所有菜肴食物都应从客人左边用右手送上；所有酒类、饮料都应从客人的右边用右手送上；所有用过的餐具都从客人右边撤下；先撤盘，后上菜。

2. 斟酒礼仪规范

（1）严格按照规范进行。斟酒前，应先向客人示意一下，征求意见，斟酒时应站在客人的右边，右手拿酒瓶（讲究的还应用餐巾包住酒瓶的一部分），拇指在瓶的内侧，其余四指在瓶的外侧，握住酒瓶的中部，使酒瓶的商标朝向客人。先倒烈性酒，然后倒果酒、啤酒、汽水、矿泉水。

（2）斟酒时慎而有礼。瓶口对准杯口，离杯口约1～2厘米，缓缓注入，然后随手腕向上旋转45度后瓶口抬起。这一系列动作均要求稳妥、轻缓，慎而有礼。瓶内酒越少，出口的速度越快，瓶内酒只剩一半时，酒水特别容易冲出杯外。因此，斟酒要掌握好酒瓶的倾斜度。

（3）掌握斟酒的浅满程度。中餐常要斟满杯，以示对客人的尊重。西餐则有所不同，斟白酒一般不要超过杯的3/4；红酒一般只斟2/3杯；香槟酒要分两次斟，第一次先斟2/3杯，待泡沫平息下来，再斟至2/3或3/4杯即行；斟啤酒或其他发泡酒时，也因其泡沫较多，斟得速度要慢。

（4）熟悉斟酒的顺序。一般是先主宾、再主人，然后顺时针方向逐个斟。如果是两个服务员同时为一桌客人斟酒时，一个从主宾开始，一个从副主宾开始，顺时针绕台进行。使用托盘托放酒瓶时，注意托盘不超过椅背，并保持平衡；徒手斟酒时，左手自然背到身后，切不可将左手撑在椅背上。

【知识链接5-5】 不同酒水斟倒标准

蜜酒、白酒、红葡萄酒、黄酒均为八成满；白葡萄酒为六成满；啤酒为八成满，二成沫；白兰地为一个斟倒量（loz，约28毫升）；香槟酒先斟1/3，后至七成；鸡尾酒为3/4；冰水为半杯水加冰，不加冰时为3/4。中餐斟酒不可太满，一般以八成为宜（指烈性酒杯和中餐宴会用的葡萄酒杯）。

（资料来源：孙乐中、陆连星编著《饭店服务应知应会1500题》，江苏科学技术出版社2004年版）

3. 上菜规范

（1）上菜要按规则进行。上菜要从宾客的左边上，即最好在陪同或翻译之间进行，不要在主宾之间进行，以免影响来宾用餐。通常是上头道菜时要放在中间，上第二道菜就应放在主宾面前，以示尊重，同时将第一道菜移至副主人的右上方。上第三道菜时将第一道菜移至副主人的左上方。再上菜时，可撤走第一道菜，依此类推。凡花式冷盘，如凤凰、孔雀等拼盘以及大件菜肴，如整鸭、鱼等，头应朝向主人和主宾。

（2）派菜要礼宾顺序。派菜时高级宴会按照先男主宾、后女主宾（一般酒席宴会按照先女主宾后男主宾）、再主人和一般来宾的顺序逐次分派。派菜要注意将菜肴的优质部分分给主宾或其他宾客，要掌握好分量，分派均匀。

（3）随时提供服务。在客人用餐的整个过程中，服务员应始终侍立一旁，随时准备应答客人的招呼。应通过客人在需要帮助时表现出来的种种迹象（手势、表情、姿势等），上前询问。对客人提出的各种要求，均应尽量满足，不得置之不理。如果宾客的要求不合理或确实无法满足，应委婉地表示拒绝，礼貌地解释，并致以歉意。

（4）按逆时针方向撤餐具。按逆时针方向从宾客的左侧用左手将盘子撤下（如果是西餐宴会服务撤餐具时，要从宾客的右侧撤，要用右手撤盘，左手接盘）。撤换餐具时，要注意客人是否吃完（西餐可看刀叉是否已合拢并排），如无把握，应轻声询问。

【补充案例 5-6】　吵架风波

新年伊始，在东莞市某个五星级酒店，正在中餐厅吃饭的客人们突然听到一阵阵吵架声："你是怎么做事的？""那能怪我？你事先也不给我说清楚，现在出了事情就埋怨我"……顿时客人都愣住了，有工作人员过去一看才知道是一位主任和一位领班因为工作上的差错而相互责怪对方，吵架的声音越来越大，以致严重影响了客人的就餐情绪。看着客人一双双不满的眼睛，餐厅的每一位服务员都无可奈何。直到餐厅梁经理过来及时制止，事情才得以平息，事后那位领班和主任都受到了经理的严厉批评和惩罚。

酒店公共场合，要求做到"三轻"：走路轻、说话轻、操作轻，为客人提供一个安静舒适的环境。酒店的每一位员工，特别是管理人员，最忌讳在公共场合特别是在客人面前出现不和谐的声音。这不仅会使客人看低酒店的管理人员，更会使客人对酒店的服务质量产生怀疑，对酒店产生坏的印象。

（资料来源：职业餐饮网·服务礼仪案例 www.canyin168.com）

（四）结账送客礼仪

1. 递送账单要礼貌

客人用餐完毕，值台员不要用手直接把账单递交给客人，而应该把账单放在垫有小方巾的托盘（或小银盘）里送到客人面前。为了表示尊敬和礼貌，放在托盘内的账单正面朝下，反面朝上。客人付账后，要表示感谢。

2. 提醒客人不要遗留物品

客人起身离去时，应及时为客人拉开座椅，方便行走，并注意观察和提醒客人不要遗忘随身携带的物品，代客保管衣物的服务员，要准确地将物品取递给客人。在客人离开餐厅之前，不可收拾撤台。

3. 礼貌送客

要有礼貌地将客人送到餐厅门口，热情话别，并作出送别的手势，躬身施礼，微笑目送客人离去。客人乘车，主动上前打开车门。客人上车后，替客人关好车门，站立一侧，挥手告别，目送车子离去。

四、宴会接待服务礼仪

宴会一般是国家政府机关、团体主办，也有以个人名义举行的，具有一定的政治性质和较为讲究礼仪程序的招待会。宴会接待服务是一项精细的工作，好的宴会服务是一门艺术，给人以美好的享受。在接待过程中要求服务人员除了正常的接待服务外，还应特别注意符合礼节礼仪程序。

(一) 宴会的特点及形式

1. 宴会的特点

宴会与宴请是国际、国内交往中常见的礼遇活动形式，宴会虽然同样也是以饭菜、饮料来为宾客服务，但它与普通进餐有着明显的区别，具有就餐人数多、消费标准高、菜点品种多、气氛隆重热烈、就餐时间长、接待服务讲究等特点。具体有以下几点：

(1) 宴请不是提供日常的一般服务，而是根据主办人的要求，在总经理、餐饮部经理领导下，宴会设计师会同厨师等有关人员预先拟订计划，对宴会进行周密的安排，进行特殊服务。

(2) 宴会不是随意的用餐，而是餐饮部门根据设计师的要求，组织员工对环境进行精心设计和布置，并体现出华丽、舒适和考究的一种就餐形式。宴会讲究菜点的色、香、味、形、器，注重菜式的季节性，必要时用拼图及雕刻等形式烘托喜庆、热烈的气氛。

(3) 宴会通过推销高级饮料、高级食品和高规格服务，为宾馆饭店带来较高的利润。承办大型宴会，也可以通过降低费用标准、薄利多销，来增加收入。

(4) 宴会服务必须技术娴熟，动作轻松自如。宴会规格和服务质量的高低，是衡量一个宾馆、饭店水平的重要标志。在接待服务上强调周到细致，讲究礼仪。

2. 宴请的形式

各国宴请都有自己国家或民族的特点与习惯。国际上通用的宴请形式有宴会、招待会、茶会、工作餐等。每种形式均有特定的规格和要求。

(1) 宴会。宴会是指比较正式、隆重的设宴招待，宾主在一起饮酒吃饭的聚会。按其规格又有国宴、正式宴会、便宴和家宴之分。

① 国宴。国宴是国家元首或政府首脑为招待应邀访问的外国元首或政府首脑及其他贵宾，或在重要节日为招待各界人士而举行的正式宴会。国宴规格最高，环境布置最为讲究，形式最为隆重。席间有致辞、祝酒及乐队演奏国歌、席间乐。宴会厅内悬挂国旗。国宴出席者身份高、场面盛大，礼仪严格。

② 正式宴会。这是为招待国内外来宾及国内各种庆祝活动而举行的宴请活动。它是地方政府常用的宴请形式，规格较国宴次之，宾主均按身份排位就座。有时安排乐队演奏席间音乐，一般有致辞和祝酒，但不挂国旗，不奏国歌。

③ 便宴。便宴是非正式宴会，常见的是午宴、晚宴，亦有个别情况下的早宴。便宴没有严格的礼仪，席间，宾主之间比较随意、亲切，可以不排席位、没有正式讲话，席间可随意交谈。菜点的数量和饮料的品种也没有具体的规格要求。非官方宴会多为这种形式，官方也常用这种形式，是应用最广泛的一种宴会。

④ 家宴。家宴是指在家中设宴招待宾客。西方人喜欢采用这种形式，以示亲近、友好。家宴的特点是主妇亲自下厨做菜，家人共同出面招待，规格可高可低，菜肴可多可少。家宴的目的主要在于宾主之间共叙友情。

(2) 招待会。招待会是一种灵活方便、经济实惠的宴请形式。其菜点以冷菜为主，酒水饮料品种比较丰富。通常不排席次和座次，可以自由活动，随意交谈，广泛交往。招待会常见的形式有冷餐会、酒会等。

① 冷餐会。冷餐会有西式冷餐会和中式冷餐会之分，在我国有时以西餐为主另加几道中餐热菜，形成中西合餐冷餐会。冷餐会的菜肴以冷食为主，也备一定数量的热菜，不排座位，客人站立进餐，自取菜肴、酒水，便于交际和相互谈话。常用于官方宴请人数众多宾客时的正式活动，一般场面较大，常于中午或下午时开宴。

② 酒会。酒会亦称鸡尾酒会，是一种便于交际的招待形式，形式较活泼、随便，有利于宾客之间广泛接触与交谈。酒会一般以酒水为主，略备小吃、菜点，不设座椅，仅设桌子、茶几。饮料和食品可部分放置桌上，另有服务员托盘端送。酒会的时间较为灵活，中午、下午、晚上均可，请柬上一般注明酒会起讫时间，客人可在此间任何时候到达和退席，来去自由。

(3) 茶会。茶会是一种简便的招待形式。时间一般安排在上午10时和下午4时左右，常在客厅、会议室等处举行，设茶几、座椅，亦有用沙发代替的。一般不排席位，只是通常有意识地将主宾同主人安排坐到一起。主要招待品是茶，对茶叶、茶具的选择比较讲究，一般用陶、瓷茶具。可略备点心和风味小吃，但要便于食用。也有选用咖啡做主饮料的。

(4) 工作餐。工作进餐按用餐时间分为工作早餐、工作午餐和工作晚餐，是现代国际交往中非正式宴请的又一种形式。利用进餐时间，边吃边谈问题。我国也开始广泛使用这种形式，用餐多以快餐分食的形式，既简单快速，又符合卫生。此类活动多与工作有关，故一般不请配偶。双边工作进餐往往以长桌安排席位，其座位与会谈桌座位排列相仿，便于主宾双方交谈、磋商。

（二）宴会的桌次和席位安排礼仪

正式宴会一般都要排桌次和席位，也可只排部分客人席位，其他人只排桌次或自由入座。餐桌的排列既要根据主办人的要求、餐厅的形状、餐厅内陈设的特点来进行，又要特别讲究礼仪次序。按照国际上安排餐桌席位的常规和我国的习惯，一般桌次尊卑高低以离主桌位置远近而定，原则是右高左低。同一桌上，席位尊卑高低以离主人的座位远近而定，右高左低。

1. 餐桌的排列

(1) 中餐餐桌的排列。在宴会接待服务时，中餐餐桌的排列应当注意：任何形式的宴会，均要突出主桌和主宾席；主桌要专设服务桌，其余各桌酌情设立服务桌；安排桌号时应照顾到宾客的风俗习惯，如接待欧美客人时，应去掉13桌号；大型宴会，餐桌之间距离不少于1.5米，餐桌离墙的距离不应少于1.2米；餐桌的尺寸，餐椅的式样、颜色都力求协调、整齐、美观。

小型宴会，是指1～10桌的宴会；中型宴会，一般是指11～20桌的宴会。中型宴会一般要设讲话台和麦克风，位置应在主桌的后侧。大型宴会是指21桌以上的宴会。大型宴会要设主宾席区。主宾席区一般设5桌，第1桌要比其余4桌更突出，主宾席区的餐桌大于一般来宾席餐桌，要设立讲台。大型宴会主宾席区与一般来宾区之间要有一条宽向通道，以便宾主进入。在有乐队伴宴时，乐队的位置往往有两种安排方法，一种是将乐队安排在主宾席两侧，另一种方法是将乐队安排在餐桌的外面。

(2) 西餐餐桌的排列。西餐宴会一般使用长桌，桌形一般摆成一字形、马蹄形、U形、T形、E形、正方形、星形、教室形等。宴会采用何种桌形，要根据参加宴会的人数、餐厅的形状以及主办单位的要求决定。一字形桌，一般设在餐厅的中央位置，与餐厅四边的距离大致相等，餐桌的两端留有充分余地，便于服务人员工作。马蹄形和U形桌的横向长度应比竖向长度短一些。教室形桌，主宾席用一字形长桌，一般来宾席则用长方形餐桌。人数较多的西餐宴会采用此种桌形。

2. 席位的安排

礼宾次序是排席位的主要依据。在我国，餐桌席位一般按人员的身份、职务排列。如夫人出席，通常把女方安排在一起，即主宾坐男主人右方，其夫人坐女主人右方，其他各桌第一主人的位置可以与主桌主人位置同向，也可以以面对主桌的位置为主。国外习惯男女穿插安排，以女主人为准，主宾在女主人右边，主宾夫人在男主人右边。

(1) 中餐席位的安排。在排席位之前,要把已经落实出席的主、宾双方名单分别按次序列出来。除了礼宾顺序之外,在具体安排席位时,还需考虑其他一些因素,如客人之间的政治关系、身份高低、语言是否相通等。

遇特殊情况,还需灵活处理。如涉外宴请时,主宾身份高于主人,为了表示对其敬重,可以把主宾安排在主人的位置上,而主人则坐在主宾位置上,第二主人坐在主宾的左侧,但也可按常规安排。主宾有夫人,而主人的夫人又不能出席,通常可以请其他身份相当的女士作为第二主人。若无适当身份的女士出席,也可以把主宾夫妇安排在主人的左右两侧。

译员一般安排在主宾的右侧。以长桌作主宾席时,译员也可考虑安排在主宾对面,以便于交谈。在许多国家,译员不上席,为了便于交谈,译员坐在主人和主宾的背后。在以长桌作为主宾席时,主宾席背向群众的一边和正面第一排桌背向主宾席的座位均不安排坐人。

(2) 西餐席位的安排。西餐宴会在席位安排上与中餐有明显的区别,有的以夫人为第一主人,先生为副主人。

一字形长桌席位安排有两种:一种是主人和主宾的席位安排在餐桌的横向中间,即主人坐在正上方,第一主宾坐在主人的右侧,第三主宾坐在左侧,副主人坐在主人的对面,第二主宾坐在副主人的右侧,第四主宾坐在左侧。

另一种坐法是主人和副主人坐在长桌纵向的两端,主人坐在长桌上方,第一主宾坐在主人的右侧,第三主宾坐在左侧;副主人坐在长桌下方,第二主宾坐在副主人的右侧,第四主宾坐在左侧。T形餐桌席位安排与圆桌大体相同。U形餐桌主人一般都安排在横向餐桌的中间位置,主要宾客则安排在主人的两侧,U形桌中间处往往不安排座位,主方客方交叉坐。

(三) 宴会服务礼仪

参加各种宴请服务接待工作的服务人员,必须受过严格、正规的专业训练。他们不仅应具备熟练的操作技能,讲究礼仪接待程序,注意仪表仪容,而且应该掌握宴请服务接待工作的基本环节。

1. 宴会准备的礼仪

(1) 宴会全面的准备。宴会前的准备工作要重视,接到宴会任务通知单后,要及时掌握宴会的基本情况,如宴会的规格、目的、性质、名称,客人的构成,有无席次、座位表、座卡,主办者的指示、要求、想法等。还要摆放花草,美化环境,宴会一般要求格调高雅,在环境布置上既要舒适、干净,又要突出隆重热烈的气氛。

要仔细审阅菜单,了解宾客的民族、宗教信仰及饮食上的特殊要求,熟悉餐单和主要菜点的风味特色,做好上菜、分菜和可能要回答来宾询问菜点特色的准备工作。

(2) 用餐前的准备。在宴会开始前,将宴会使用的各种酒水饮料整齐地摆放在服务桌上，并准备好休息室用的茶杯、茶壶、开水及洗净消毒的小毛巾。宴会开始前10～15分钟摆好冷菜，拿出和取出时要轻拿轻放，保持冷菜的拼摆造型。

(3) 服务接待的准备。服务接待人员应在宾客、主人到达前，根据各自的分工，在指定的工作岗位上热情迎接宾客。对待宾客要和气谦逊，面带笑容，话语亲切，用词得当。

【小思考5-7】 什么是宴会准备时的"六知"和"三了解"？

宴会准备时对客人情况要做到"六知"、"三了解"。即知国籍、知人数、知到席时间、知身份、知用餐标准要求、知接待单位或房间号码；了解风俗习惯，了解生活特点，了解用餐缓急。

（资料来源：王春林主编《旅游接待礼仪》，上海人民出版社2006年版）

2. 宴会服务规范

(1) 热情迎接宾客。

宾客到达时，服务员要热情迎接，使用服务敬语。引导宾客到休息室去，主动接过衣帽和其他物品，斟倒茶水或饮料，送上香巾，并视情况为吸烟的宾客点火。

引领宾客找到桌位和座位，拉开座椅，引请宾客入坐，同时慢慢地将坐椅推回原位，使宾客坐稳、坐好。引宾入座，要按先女宾后男宾、先主宾后一般的顺序进行。宾客入座后，打开餐巾，铺在宾客膝上或递给宾客。

(2) 宴会服务要规范。

宾主讲话时，服务人员要站立旁边，不要走动，不要鼓掌，保持场面安静。主人、主宾敬酒时，服务员要注意为无酒或少酒的宾客斟酒。

按菜单上菜。中餐宴会一般供应我国富有民族色彩和地方特色的名菜名点。大型宴会上菜速度要以主桌为准，全场统一。新上的菜要放在主人和主宾面前，每上一道菜服务员都要主动介绍菜名和风味特点。

撤菜要征求宾客意见，待宾客同意后方可将餐盘撤下。热菜一般都要派菜。派菜时按顺时针顺序分菜，从主人右侧第一位客人开始。分菜的动作要轻稳，并掌握好份数，使每份的数量均匀。

宴会中撤换餐具应不少于3次，重要的宴会要求每道菜都要换盘。递送香巾也不得少于3次。一般是在吃完汤后送一次，吃完海鲜类菜肴送一次，吃完水果后再送一次。香巾从宾客的右侧送上，放在每位宾客餐盘的右边。

在整个宴会过程中，服务接待人员要自觉做到不吃东西，不抽烟，不饮酒，工作前不吃葱、蒜等。在一旁侍立时，姿势要端正，工作中不要聊天、谈笑。多人侍立，要排成行。在宴会厅内走动，脚步要轻快、稳重，步伐要敏捷。

(3) 宴会结束的服务。

宾客用餐完毕起身离座时，服务员应为宾客拉开椅子，以方便宾客行走，并提醒宾客带齐个人物品，将宾客送到餐厅门口。若是大型宴会，服务人员应列队站在餐厅门口两侧，热情地欢送宾客。当宾客主动与服务人员握手表示感谢时，可适当地握手与宾客道别。

五、话务服务礼仪

酒店话务员是“看不见的接待员”。宾客往往是以话务员的声音、语气、接转电话的速度来评价话务的服务质量，进而来衡量整个饭店的服务水平。因此，话务员需要用全面的知识、简洁的语言、甜美的声音来为客人提供规范、得体、合乎礼仪的服务。

（一）接转电话礼仪

1. 业务熟练节约客人时间

话务员上岗后，要坚守岗位，精神集中，业务熟练，掌握国内、国际长途区号，本地和店内的有关电话号码，准确迅速地为客人接转电话，尽量节约宾客的时间。

2. 礼貌语言要常挂嘴边

接听来电应很好地使用礼貌服务用语，持之以恒，习以为常。一接来电，敬语当先，如用中英文致问候：“您好，××饭店（宾馆）”等。礼貌服务用语如“您好”、“请”、“谢谢”、“早安”、“晚安”等，要常挂嘴边。坚持“您好”开头，“请”字在中，“谢谢”结尾。

3. 语音语调语速要适宜

发音要准确、清晰，语言要简练，用词要得当，保证对方听得懂，避免说一些生涩的语句。音色要柔和、悦耳，语调不能过高、过重，使对方觉得生硬、尖刻、冷淡；也不要语气过轻、语调过低，使人觉得无精打采，不负责任。语速要适中，根据不同的人掌握讲话的速度，对有急事的通话人，讲话不能太慢，对老人或语言不通者要适当放慢语速。

4. 尽量帮助客人解难

当通话人有疑问求助时，应尽力帮对方解难，不能说“不知道”、“没有”、“现在我很忙”等不负责任的话，应当说“请您稍等”、“我立即为您查找”，切不可置之不理或把电话挂断。

当通话人对饭店服务质量有意见，电话投诉时，要以虚心的态度仔细聆听，安慰客人，向客人致歉，并向客人保证会将其意见及时转告有关部门，不可中途挂断电话。

（二）代客留言礼仪

当住店客人不在，有电话打来时，可代客留言。留言要写清楚，包括对方的姓名、单位、来电时间、留言内容、通信联络方法等，客人回来应立即转告。

当客人需要某种服务求助于电话总机时，总机话务员应及时、热情地与有关部门联系，切不可自认为无此服务而拒绝客人。

对外来查询住店客人的电话，总机话务员应注意为客人保密。话务员禁止窃听客人对话内容。

（三）叫醒服务礼仪

1. 详细准确填写叫醒表

叫醒服务一般是由饭店的电话总机来完成的。接受客人叫醒服务的要求时，要详细记录、准确填写叫醒服务表，问清姓名、房间号、叫醒的准确时间等。如果不是自己值班，应在交班时对下一班的话务员交代好。叫醒服务要准时，不能大意误事，耽误了宾客的行程。

2. 叫醒服务要符合规范

叫醒服务按叫醒的时间顺序排列，单人房间直接用电话叫醒即可，双人房间若两位客人行动不同时，应转告楼层话务员直接到房间叫醒。

叫醒客人时应说："早晨好，现在是早晨×点钟。"如房间无人接电话，可隔二三分钟叫一次，三次无人应答，应及时与有关部门联系，查清原因。

六、会议接待服务礼仪

现在，越来越多的酒店在关注会议客源市场，设立了各种类型的会议室，配置了功能齐全的会议设备和设施。酒店的会议接待服务员需要掌握会议接待服务的特点、原则、内容、行为规范和各类会议的服务礼仪规范。

（一）会议接待服务概述

1. 会议的概念

会议就是相聚而议的意思。一般认为，会议是有组织、有领导地商议事情的一种活动。会议的概念有狭义和广义之分。狭义的会议是指有组织、有计划、有领导地商议事情的集会。广义的会议泛指一切集会。会议应具备三个要素：一是有形式，即有会议的名称、时间、地点、方式、主持人、与会者；二是有内容，即有会议的指导思想、议项、目的、任务、结果；三是有程序，即有会议的准备、开始、结束、贯彻执行。

2. 会议接待服务的原则

(1) 诚恳热情。俗话说："情暖三冬雪，善招天下客"。热情、友好的言谈举止，关心、周到的服务行为，会使与会者产生温暖、愉快的感觉。因此，对与会人员，不管来自何方，不论身份职务，不论资历深浅，都应一视同仁、诚恳热情、平等相待。

(2) 讲究礼仪。接待服务做到：衣着得体；举止稳重端庄，落落大方；语气温和，温文尔雅。讲究礼仪是会议接待服务员个人修养的自然流露和体现，这同虚情假意、矫揉造作是截然不同的。

(3) 细致周到。会议接待服务内容具体而又繁琐，涉及面广，要细致入微，一丝不苟，有条不紊，善始善终，才能保证任务的圆满完成。如稍有不慎，必将带来无可挽回的损失。

(4) 按章办事。各单位会议接待服务都有规章制度可循，均应严格遵守。要自觉遵守关于廉政服务的规定，不得索要礼品。对方主动赠送礼品时应婉言谢绝，无法谢绝的，要及时上交组织处理。对不同国家、地区、民族的习俗要予以尊重，严格按有关外事纪律和规定办事。

(5) 保守秘密。会议接待服务员在工作中会接触部分机要事务，如一些重要的会议内容、秘密文件、电文资料等，要特别注意保密，不得随意向外人泄密。在接待服务工作中，尤其要注意言谈举止的分寸，注意内外有别，严守秘密。

3. 会议接待服务的内容

会议接待服务是围绕会议或活动的整个过程进行的。因此，会议接待服务的内容，主要包括会议服务与会议接待两个方面。一般来讲，会议接待工作主要在两头，而会议服务在中间，它们是一个有机的整体，哪一环都不能脱节或疏忽。会议接待服务的主要内容应包括：

(1) 会前准备，如会议通知、会场布置、会议编组、证件制发、交通接送、安全保障等。

(2) 会间工作，如人员签到、迎宾入座、文件印发、会议记录、参观引导、会场调度、现场指挥、生活服务等。

(3) 会后收尾，如票务安排、文件清退、财务结算、会场清理、人员送别等。

随着现代服务观念的加强和深化，会议接待服务的要求将越来越高，可以说是全方位、立体化的服务。全方位的服务包括：会议前后全过程的服务、24 小时的咨询服务，全天候的接迎送往，不同肤色、不同习俗人群的接待等。立体化的服务包括：不同类型的会议或活动的服务，标准普通话、多国语言接待服务，餐饮、客房服务，电脑订座和网络结算服务，以及进行会议设计、装饰和布置等。

(二) 会议接待服务的言行规范

1. 语言规范

(1) 标准规范。会议接待服务员要熟练地掌握和使用普通话，基本达到标准化、规范化。在此基础上，还应根据需要逐步掌握一些有关汉语方言、英语等外语和少数民族语言，必要时还要会一点形体语言和哑语，力求在服务时运用自如，并能因人而异，灵活掌握。

(2) 准确简洁。语言准确简洁是会议接待服务员处理繁杂事务的需要，也是面对四方来客，满足各地与会者需求的需要。语言准确简洁，可以减少失误，避免差错，提高会议接待服务工作的效率。

(3) 合乎逻辑。语言的表达要有逻辑性，回答问题、请示工作、说明原因要条理清晰、思路清楚、目的明确、层次分明、时机恰当。

(4) 温文尔雅。要求能体现出严、情、意、美的特色。严，指说话条理严密，体现庄重性；情，指语言能以情感人；意，指语言能表情达意；美，指语言言辞优美，能给人以美的享受。

2. 仪表举止规范

(1) 遵守日常礼貌。遵时守信是尊重人的表现，也是最基本的礼仪。有事要预先约定，不要随意造访。无论与谁见面时都应表示敬意。一句问候，一声欢迎，一次道别，能显示出你的礼貌修养。

(2) 讲究穿着打扮。衣着要朴素大方，和谐统一，要突出职业和个人特点符合场合的要求。化妆要适度，切不可浓妆艳抹，满身珠光宝气。

(3) 严格仪态规范。站立服务是会议接待服务员的基本功之一。平时应养成规范的站立姿势，站姿优美端正，切不可东倒西歪；步姿要轻盈自如，掌握好步度和步速；手势要规范适度，切不可指手画脚。

3. 会场座位规范

(1) 会场主席台座位安排。较大型的会议通常应安排席卡，其颜色、规格、字体统一。会议主席台的座位一般是尊者坐正中间，其左手为次尊者，右手再其次，依此类推(国际活动时以右为尊)。如果发言人席设在主席台上，一般位于台上最右侧，主持人席在发言人席的左侧；如在主席台外另设发言人席，则主持人席设在主席台的最右侧；有时主持人席也设在主席台的中央。

(2) 会场坐席布置。会场坐席布置要适合会议的风格和气氛，讲究礼宾次序。根据参加会议的人数和会议形式，坐席有以下几种布置：

① 圆桌形。使用圆桌或椭圆形桌子。这种形式适用于10～20人左右的会议。与会者同领导一起围桌而坐，从而消除不平等的感觉。另外，与会者能清楚地看到其他人的面容，因而有利于互相交换意见。

② 口字形。用长方形桌围成一个很大的口字形。这种形式适合于较多人数的会议，如座谈会、联欢会，这时，来宾与本单位领导坐在一起。

比较严肃、正规的会议，为突出与会者的等级，表现最高领导者的权威性，也可采用口字形安排，但重心在一头。

有些重要的会议，为体现东道主与来宾平等相处和对来宾的尊重，虽然也采用口字形配置，但重心在两侧。

③ 教室形。它适用于与会者人数比较多，而且与会者之间不需讨论、交流意见，是以传达指示等为目的的会议。主席台与听众相对，主席台的坐次按人员的职务、社会地位排列。座位以第一排正中间的席位为上，其余按右上左下(国际惯例)的原则依次排列。

(三) 会议接待服务礼仪

1. 会议接待主要程序

会务接待服务员需要在与会者到来前30分钟到达各自的岗位并进入工作状

态。会议接待主要程序是:

(1) 签到。设一签字台,配有1～2名工作人员,如果接待档次比较高的,可派礼仪小姐承担。签字台备有毛笔和钢笔及签到簿。向客人递钢笔时,应脱下笔套,笔尖对自己,将笔双手递上。

(2) 引座。签到后,会议接待人员应有礼貌地将与会者引入会场就座。对重要领导应先引入休息室,由本单位领导亲自作陪,会议开始前几分钟再到主席台就座。

(3) 接待。与会者坐下后,接待人员应递茶、递毛巾,热情地为与会者解答各种问题,提供全面周到的服务。

(4) 倒茶。会务接待服务人员要注意观察每位与会者,以便及时为其添茶水。倒水动作要轻盈、快捷、规范。杯盖的内口不能接触桌面,手指不能印在杯口上,防止发出杯盖碰撞的声音,注意不要让茶水溅到桌面上或与会者身上。

(5) 会后服务。会议结束后,会务接待人员应分工明确,做好善后处理工作。如清理会议文件,送别与会代表,安排好交通工具,使其能愉快、及时踏上归程。

2. 主席台服务规范

接待服务人员穿好工作服,着装统一,仪表整洁。在会议代表入场前1小时上岗,检查桌椅,摆放垫盘、茶杯(加好茶叶)、烟缸、火柴、毛巾盘、名签座、痰盂、便笺、铅笔、排次牌,要求距离一致,整齐划一。并全部摆放大毛巾,前三排热毛巾,后几排凉毛巾。毛巾的叠法一致,摆放整齐。

会前30分钟,按顺序排队,统一进入场内。统一检查茶杯,倒水时步态平稳,动作协调,将茶杯端至腹前,右手提暖瓶将水徐徐斟入杯中,八分满为宜。然后将杯子放到垫盘上,盖上杯盖。

会前10分钟,按各自分工各就各位,照顾与会者入场、就坐。对行动不便的与会者要帮助戴好耳机。奏国歌时,听指挥统一上台,照顾自己所负责的搀扶对象起立、落座。

第一次隔30分钟续一次水,以后每40分钟续水一次。对首长和报告人要根据情况及时续水。续水时按顺序排队统一上台。

会议进行中,舞台两侧各设一人观察台上情况,处理应急事务。对中途退场或上卫生间的与会者,要跟随照顾。会议最后的收尾工作按顺序进行。

【相关链接5-8】 会议茶水服务失败的原因

在某四星级酒店举行的一场小型会议,接待员把与会者引领到大堂边的一个金碧辉煌的接待室,等候总经理会见。落座后,服务员为每位与会者的茶几上摆上茶杯,然后用手从茶叶筒里取出茶叶,依次放入每位与会者的茶杯中,再用暖水瓶往杯子里倒水。5分钟后,服务员尚未把滚烫的开水倒完,总经理来了。干渴的与会者没喝一口水就离开前往会议室了,茶水服务终告失败。

（资料来源：搜搜问问网·问题库 http://wenwen.soso.com）

七、酒店日常实用服务礼仪

旅游涉外酒店各部门、各个工种岗位上的服务接待人员，为了表示对宾客的尊重和友好，都应该自觉讲究日常接待中常用的礼仪规范，应该熟悉和掌握：如何陪同引领客人、如何把握热情服务和无干扰服务的关系、如何同客人保持适宜的界域、如何处理好客人的投诉等。

（一）陪同引导客人的礼仪规范

陪同，指的是陪伴别人一同行进。引导，则是指在行进中带领别人，有时又叫引领，服务人员在陪同引导时应注意的如下要点。

1. 引导规范

(1) 所处方位。引领客人时，接待人员应走在前面，送客时应走在后面。双方并排行进时，服务人员应处于左侧。如果双方单行行进时，服务人员应居于客人左前方约 1.5 米左右的位置。

(2) 协调行进速度。在陪同引导客人时，本人行进的速度须与对方相协调，切勿我行我素，走得太快或太慢。

(3) 及时关照提醒。陪同引导时，一定要处处以对方为中心。经过拐角、楼梯、昏暗之处时，须关照提醒对方留意。

(4) 采用正确的体态。陪同引导客人时，有必要采取一些特殊的体态。如请对方开始行进时，应面向对方，微微欠身，在行进中与对方交谈或答复其提问时，头部和上身应转向对方。

2. 上下楼梯规范

旅游企业服务人员，尤其是饭店员工一定要走指定的楼梯通道，而且要减少在楼梯上的停留，坚持“右上右下”原则，以方便对面上下楼梯的他人。另外还要注意礼让客人，上下楼梯时，出于礼貌，可请对方先行，陪同引导客人时，则应上楼梯时行在后，下楼梯时行在前面。

3. 进入房门规范

先通报。在进入房门时，尤其是在进入饭店客房之前，一定要先敲门或按门铃向房内的客人进行通报。

以手开关。出入房门时，务必要用手轻轻开门或关门，不可用身体其他部位，如用肘部顶、用膝盖拱、用脚尖踢、用脚跟蹬等方式开门。

面向他人。出入房门，特别是在出入一个较小的房间，而房内又有自己熟悉的人时，最好是反手关门、反手开门，并且始终注意面向对方，而不可以背部相对于对方。

要“后入后出”。与他人一起出入房门时，礼貌的做法是：服务人员一般应后进门、后出门，而请对方先进门、先出门。

为他人开门。尤其是在陪同引导他人时，服务人员有义务在出入房门时替对方开门。

4. 相遇招呼客人规范

客人从对面走来时，员工应向客人行礼，同时应注意下面几点：

放慢步伐。离客人约2米处，目视客人，面带微笑，轻轻点头致意，并且说：“您好！”“您早！”等礼貌用语。

行鞠躬礼。应停步，躬身15～30度，眼往下看，并致问候，切忌边走边看边躬身，这是十分不雅观的。

服务人员在与宾客相遇时，要点头行礼致意并主动让路，不可与客人抢道或并行。有急事要超越前面客人时，不可跑步，要在口头示意，致歉后再加紧步伐超越。

注意行走路线：在服务接待场所，要在规定的路线行走。一般来说，必须靠右行，不能走中间。

员工在工作中，可以边工作，边致礼。如果能暂停手中的工作行礼，更会让客人感到满意。

5. 请客人上车规范

接团体客人上车时要按先主宾后随员，先女宾后男宾的惯例，一手拉开车门，一手遮挡车门框上沿，以防宾客头部碰撞到车门框。但注意有两种宾客是不能遮挡的：一是信仰佛教的，因为他们认为这样做“佛光”被遮住了；二是信奉伊斯兰教的。

6. 注意的地方

(1) 不横冲直撞。行进时，不可专拣人多的地方行走，在人群之中乱冲乱闯，甚至碰撞到他人的身体，这是极其失礼的。

(2) 不抢道先行。行进时，要注意方便和照顾他人，通过人多路窄之处，务必要讲究“先来后到”，对他人“礼让三分”，让人先行。

(3) 不阻挡道路。在道路狭窄之处，悠然自得地缓步而行，甚至走走停停，或者多人并排而行，显然都是不妥的。服务人员还须切记，一旦发现自己阻挡了他人的道路，务必要闪身让开，请对方先行。

(4) 不蹦蹦跳跳。服务人员务必要注意保持自己的风度，不宜使自己的情绪过分地表面化。若一旦激动起来，走路便会变成了上蹿下跳，甚至连蹦带跳的失态情况。

(5) 不奔来跑去。有急事要办时，服务人员可以在行进中适当加快步伐。但若非碰上了紧急情况，则最好不要在工作时跑动，尤其是不要当着客人的面突如其来地狂奔而去，那样通常会令其他人感到莫名其妙，产生猜测，甚至还有可能造成过度紧张的气氛。

(6) 不制造噪声。服务人员应有意识地使行走悄然无声。应做到：一是走路时要轻手轻脚，不要在落脚时过分用力；二是上班时不要穿带有金属鞋跟或钉有金属鞋掌的鞋子；三是上班时所穿的鞋子一定要合脚。

(二) 零度干扰与服务距离

酒店日常服务礼仪规范之一，要掌握好"零度干扰"。"零度干扰"或称零干扰的基本要求是：酒店服务人员在向客人提供服务时，必须注意将客人所受到的一切有形无形的干扰，力争达到零的程度。目的为客人创造一个宽松、舒畅、安全、自由、随意的环境。

1. 创造无干扰环境

第一，注意卫生。酒店服务人员应该保持服务环境无异味(不正常气味)、无异物(果皮、纸屑)。

第二，注意陈设。酒店陈设应该美观、安全、实用。不美观、不安全的地方(电梯会夹人、柜子角带尖等)应及时通知领导。

第三，注意噪声。服务人员要注意控制噪声。一般情况下，服务人员走路时应尽量不发出声音；在清扫房间时，尽量安排客人不在的时候，以免打扰客人的正常休息和工作；工作中不可私自聊天等。

第四，注意温度环境。客人到酒店是享受服务的，因此，酒店应该提供合适的温湿度环境。不合理的温湿度环境往往会给客人形成干扰。

一般来说，在酒店内，温度应保持在 22.5 度左右。高于这个指标 10 摄氏度，就会让人觉得燥热难受；低于这个指标 10 摄氏度，就会让人觉得寒冷难耐。

一般来说，在酒店内，相对湿度保持在 50%左右。如果相对湿度高于 90%，就会让人觉得又潮又闷；如果相对湿度低于 10%，就会让人觉得又干又燥。

第五，注意光线色调。保持房间内的光线明暗适宜。在服务场合，不宜采用直射的光源。如果发现服务环境内，出现不断闪烁的光源，应及时通知有关人员进行更换。

【案例思考 5-9】 客人为什么生气?

有一天凌晨 2 点左右，一位客人在熟睡中被一阵嘈杂的声音吵醒。这种机械的声音在半夜的时候格外响亮，被折腾得睡不着觉的客人不满地打开了房门，结果发现一位服务员正在清扫过道的地毯。

客人非常生气地说："半夜三更的，你们还让不让客人睡觉了?"服务员不知所措地愣了一会儿，然后，他理直气壮地对客人说："先生，这是酒店的工作安排。"说完，他就接着清洁地毯。客人被激怒了，他走进房间就向房务中心投诉自己受到了干扰。

尽管客房经理最终指示服务员停止了工作，但是，客人还是于第二天清早离开了酒店，并解除了与酒店的长期签约。

（资料来源：杨宏建编著《酒店服务礼仪培训标准》，中国纺织出版社 2006 年版）

2. 保持与客人的适度距离

酒店服务接待人员与客人保持适度的服务和交往距离是十分必要的。心理学实验证明，人际距离过大，容易使人产生疏远之感；人际距离过小，则又会使人感到压抑或是冒犯。因此，酒店服务人员需要根据不同的工作内容、工作场合和服务对象等具体情况，把握好和宾客的适度距离。酒店服务中，规范适宜的人际距离有以下几种：

（1）服务距离：这是接待人员与客人之间所保持的一种最常规的距离。它主要适用于接待人员应客人的请求，为其直接提供服务之时。在一般情况下，服务距离以 0.5～1.5 米为宜。

（2）展示距离：即在客人面前进行操作示范，以便使客人对服务项目有更直观、更充分、更细致的了解。展示距离以 1～3 米为宜。

（3）引导距离：这是接待人员在为客人带路时彼此间的距离。根据惯例，在引导时，接待人员行进在客人左前方 1.5 米左右为宜。

（4）待命距离：特指接待人员在客人尚未传唤要求自己为其提供服务时，与对方自觉保持的距离。在正常情况下，应当是在 3 米之外只要服务对象视线所及，可以看到自己即可。

（5）信任距离：这是指接待人员为了表示自己对客人的信任，同时也为了使客人浏览、斟酌、选择或体验更为专心致志而采用的一种距离，即离开对方而去，从对方的视线中消失。采取此距离时必须注意：一是不要躲在附近，似乎是在暗中监视客人；二是不要一去不返，让客人在需要帮助时根本找不到人。

（6）禁忌距离：主要是指接待人员在工作岗位上与客人之间应当避免出现的距离。其特点是双方身体相距过近，甚至有可能直接发生接触，即小于 0.5 米。这种距离，一般只出现在关系极为亲密者之间。

3. 热情服务无干扰

在酒店工作岗位上为宾客服务要热情，要提供高标准的服务，但是，在提供热情服务的同时，一定要把握好度，既要表现出热情、周到、体贴，又要表示出善解人意，为服务对象提供一定的自由度，不至于让宾客在享受服务的同时，受到服务人员无意之中的骚扰、打搅和纠缠。热情服务无干扰的规范，要求酒店服务人员做到以下几个方面：

（1）言语热情无干扰。一般情况下，酒店服务人员在工作岗位上除了常规的礼貌用语，如“您好！”“欢迎光临！”“早上好！”“再见！”等，不宜再多说其他的语言，否则会产生干扰，让宾客感到不舒服。

例如，服务人员动辄询问："需要我帮忙吗?""你需要什么?"这会让对方感到厌烦，如果客人确实有需要，一般都会主动来找服务人员的。因此，服务人员要学会观察，视宾客的具体情况而提供服务。

(2) 表情热情无干扰。在服务当中，酒店服务人员要注意自己的表情神态，尤其是眼神和笑容。一般来说，要求服务人员在提供服务的时候，面带微笑，双目注视对方。切不可死盯着对方，或上下打量对方，或斜视对方，或窥视对方和扫视对方，也不可背后偷笑、大笑等。

(3) 行为热情无干扰。在服务过程中，要掌握好服务的时机，不要因服务而干扰了客人的心情，不要做不卫生、不文明、不敬人和不负责任的动作等。

【案例链接 5-10】 客人不喜欢这样的热情

一位台湾客人带着一位内地的亲人一起到某酒店的餐厅用餐。在点菜的时候，服务人员热情地向他们推荐了应时的大闸蟹，客人欣然接受了。

当大闸蟹上桌时，服务人员又热情地向客人介绍本地大闸蟹的特色，台湾客人表示非常满意。期间，服务人员一直非常热情。客人刚吃了一会儿，服务人员就走过来，说："对不起，先生，给您换一下餐碟好吗?"这样换了三次。

酒菜过半，台湾客人和亲人正凑在一起说话，这时，服务人员又过来了："对不起，先生，给您斟酒。"这时，台湾客人突然愤怒地冲服务人员大声叫道："你怎么这么烦呀！没见到我们正说话吗?"服务人员一下子愣住了，不知道该怎么办才好。

(资料来源：杨宏建编著《酒店服务礼仪培训标准》，中国纺织出版社 2006 年版)

(三) 处理客人投诉的礼仪

客人投诉在某种意义上是对旅游酒店服务的褒贬，是酒店服务质量提高的动力，因此必须认真处理好。

1. 客人投诉的原因分析

酒店客人投诉的原因是多方面的，有合理的，也有不合理的。比如对客人不尊重，服务态度不好，工作不负责任，服务技能低，价格和产品不一致，等等。有一位先生入住一家五星级酒店，头天晚上 11 时多曾委托接线生叫早，但不知为何接线生并没有准时叫醒客人，从而耽误了航班，引起了客人的投诉。

绝大多数情况下，客人的投诉需要从酒店自身找原因。由于许多酒店营销意识不强，不是站在客人的需求上考虑服务，因此，一旦客人提出了超出酒店所能提供服务的要求，就认为客人"错"了，实际上"错"的恰恰是酒店自己，因为没有满足客人的需求。

2. 客人投诉的心理分析

综合起来看，客人投诉的主要有以下几个方面的心理需求：

(1) 求尊重的心理。客人采取投诉行动，其基本出发点是希望别人认为他的投诉是对的和有道理的，渴望得到同情、尊重，希望旅游服务企业向他表示道歉并立即采取相应的补救行动等。

(2) 求发泄心理。客人利用投诉的机会把自己的烦恼、怨气、怒火发泄出来，以维持其心理上的平衡。

(3) 求补偿的心理。希望通过投诉得到重视，旅游服务企业能补偿他们的精神或物质损失。

【相关链接 5－11】　酒店客人投诉的主要因素

造成酒店顾客不满的因素往往有：

(1) 硬件方面的原因，如：卫生不好，设备故障，设施不足，噪声，设计不当等。

(2) 员工服务态度的原因，如：员工态度不礼貌、不友好，员工服务不主动、不认真，员工行为不雅、不合时宜等。

(3) 服务提供过程的原因，如：没有按照承诺提供服务，服务速度慢、效率低，员工缺乏与顾客的情感交流和沟通，不能设身处地地处理顾客的抱怨等。

(4) 客人个性化需求不能得到满足的原因，如：要求得不到解决，没有针对个人的服务等。

(资料来源：职业餐饮网·投诉处理　http://www.canyin168.com)

3. 酒店投诉处理的礼仪规范

酒店处理客人投诉的基本出发点是：迅速、有效、有礼地处理投诉，平息客人的激动情绪，迅速解决客人的问题。香港文华大酒店处理宾客投诉的礼仪规范值得借鉴，该酒店处理投诉的六项基本原则或基本程序如下：

(1) 承认宾客投诉的事实。在接待客人投诉时，首先要做到热情相待、耐心听取、冷静分析。即使对方怒气冲天，情绪激动，甚至蛮不讲理，也不能受其影响而冲动；相反，要心平气和、善解人意、逐步引导，充分尊重投诉者的心情，显出我们接待人员有文化、有教养、有风度，并有能力帮助客人处理好投诉的事情。

如果在大堂接待处等人多的场合发生客人激烈的投诉，先需陪伴客人到宁静、舒适、与外界隔离的地方，如办公室等。在态度上给投诉人一个亲切感。接待投诉时必须认真听取客人的叙述，即使是客人的不对，也不要急于辩解和反驳，使客人感到企业管理者十分重视他提出的问题。在听取客人意见时，还应做一些记录，以示对客人的尊重及对反映问题的重视，同时也给企业解决投诉提供依据。

(2) 表示同情和歉意。作为投诉接待人，要不时地表示对客人的同情。如“我们非常遗憾，听到此事非常抱歉，我们理解你现在的心情。”“感谢你对我们企业提出的宝贵意见。”

对合理、正确的投诉，应同情和表示歉意，但也有不太讲理的投诉。要相信大多数客人的投诉都是合情合理的，即使遇到个别爱挑剔的客人，也应本着“宾客至上”的宗旨，尽可能满足其要求，包括心理需求。例如：客人对你说：“你们的服务简直糟透了。”这种否定一切的说法，显然是不客观、不恰当的。根据接待礼仪要求，正确的做法是先适当地满足客人一下，“真抱歉，我们的服务工作是有做得不够好的地方。”等客人的态度变得较为缓和的时候，你再向他提出问题：“为了进一步改进我们的工作，希望你多指教。您能不能告诉我，您刚才遇到了什么问题？”

(3) 同意客人要求并决定采取措施。这里，同意和采取措施有一个过程。处理客人投诉的方法，关键是要规定处理的及时性与负责性。如一位客人在对饭店收费问题产生不满后给总经理写了封投诉信。饭店客户关系部马上先给客人回了一封信，说明饭店总经理将会调查这个问题，并在7个工作日内答复客人。如给客人的任何退款或降低收费必须快速办理，并在答应许诺之15天内把钱退给客人。这就是及时性。

负责性：对客人的投诉既要表示理解、同情、重视、关心，但也需注意处理问题不能主观武断，不轻易表态，不要简单回答“是”或“非”。告诉客人你能做什么，如有可能提出可供选择的意见和办法，不可擅自做主和超越自己的权限，作出不合实际的许诺，或者胳膊往外拐，损害企业的利益和声誉。

当你决定要采取行动纠正错误时，一定要让客人了解并同意将采取的处理决定及具体措施内容，切勿盲目采取行动。

你要十分有礼貌地告知客人你将要采取的措施，并尽可能让客人同意你的行动计划。例如，你可以这样征求客人对你采取改进措施的意见：

“××先生，我将这样去做，您看是否合适？”

“××太太，我们将这样去安排您的要求，您是否喜欢？”

“××先生，假若我这样去做，您看可以吗？”

(4) 感谢客人的批评指教。当旅游企业遇到客人的批评、抱怨甚至投诉的时候，不仅要欢迎，而且要感谢。应这样做：

“××先生，感谢您给我们提出的批评、指导意见，非常感谢您，××先生。”

“您及时让我们知道服务中的差错，这一点太好了，非常感谢您，××先生。”

“谢谢您，××夫人，您指出我们服务项目中的欠缺和不足，让我们及时发现并得以纠正。”

(5) 快速采取行动，补偿客人投诉损失。当客人完全同意你所采取的改进措施时，就应当立即行动，一定不要拖延时间。耽误时间只能进一步引起客人不满，因为时间和效率就是对客人的最大尊重，也是客人的最大需求，如果光说不干，就是对客人的漠视，也会引起新的不满。

(6) 追踪客人投诉的具体落实情况。要使处理宾客投诉获得良好效果，最重要的一环便是落实、监督、检查已经采取的纠正措施。因此先要确保改进措施按计划实施，事后再用电话问明客人的满意程度。投诉客人的最终满意程度，主要取决于企业对他公开抱怨后的特殊关怀和关心程度。

复习与练习

一、主要概念

1.“五到” 2.“四勤” 3. 会议 4. 零度干扰 5. 禁忌距离

二、学习理解

1. 门厅迎送服务员应遵循哪些礼仪规范？

2. 宴会服务准备时对客人情况要做到哪“六知”和“三了解”？

3. 会议接待服务应遵循哪些原则？

4. 创造无干扰环境具体要做到哪几个方面？

5. 酒店服务过程中应保持的服务和交际距离主要有哪些？

三、判断题

1. 引领客人时，要走在离客人二三步远的右前方。( )

2. 进入客人房间前应该：先敲门，再按门铃，如果房内无反应再用钥匙开门。( )

3. 在餐厅招呼客人就座的顺序是：应该先主人后主宾，先男宾后女宾。( )

4. 斟酒斟茶的礼俗是“酒满敬人，茶满赶人”。( )

5. 宴会餐桌排列原则，一般是桌次尊卑高低以离主人位置远近而定，然后是右高左低。( )

四、选择题

单选题

1. 叫醒客人时如房间无人接电话，可隔( )叫一次。

A. 一二分钟 B. 二三分钟 C. 三四分钟 D. 四五分钟

2. 中式宴会服务中递送香巾不得少于( )。

A. 1次 B. 2次 C. 3次 D. 4次

3. 服务人员与客人迎面相遇时行鞠躬礼，一般是( )。

A. 15～45度 B. 15～30度 C. 30～45度 D. 30～60度

多选题

1. 会议应具备的三个要素是指( )。

A. 形式 B. 地点 C. 目的 D. 内容

E. 程序

2. 客人投诉的心理需求主要有( )。

A. 求尊重　　B. 求发泄　　C. 求补偿　　D. 求同情

E. 求安慰

3. 以下关于投诉的处理(　　)是正确的描述。

A. 承认宾客投诉的事实　　B. 表示同情和歉意

C. 感谢客人的批评指教　　D. 快速采取行动补偿客人投诉损失

E. 给总经理的投诉信在10个工作日内答复客人

五、案例分析

案例：小王该不该敲门？

已经是下午3点了，尽管客房服务员小王看到1805房间亮着"请勿打扰"的灯，但是，她还是敲了敲房间的门。谁知，小王刚敲了两下，门就打开了。客人满脸怒气地对她说："你这人怎么回事？没看到我亮着请勿打扰的灯吗？我刚睡下一会儿就被你吵醒了！你存心的是吧？"

小王连忙解释道："对不起，现在已经是下午3点了，按照酒店的规定，长时间亮着请勿打扰的房间，我们是要敲门的，以防止客人发生意外。您现在不需要清扫房间吧？对不起，打扰您了！"

客人一听，生气地说："我睡一会儿会出什么意外？你以为我心脏病发作呀？"客人越说越大声。

这时，小王拿出了一张表格递到客人面前，申辩道："你的房间从上午开始就一直亮着请勿打扰的灯，我还特意在卫生整理报告表上作了记号呢！"

客人大叫起来："早上我出去的时候不来清扫房间，现在我想休息一会儿就来敲门，你们的服务质量就是这样的吗？"

结果，两人的争吵声引来了楼层领班。领班连忙向客人道歉，才平息了这场风波。

(资料来源：杨宏建编著《酒店服务礼仪培训标准》，中国纺织出版社2006年版)

案例思考题：

1. 请对小王的行为简要点评。

2. 小王应该怎么做才比较好呢？

模块2　酒店接待服务礼仪训练

训练项目一：前厅接待服务礼仪训练

【训练目的】 熟悉前厅服务礼仪，并将如何迎送、接送行礼、问询接待、总台接待和大堂接待等各项礼仪规则熟练地运用到前厅接待工作中。

【训练内容】

（一）门厅迎送服务礼仪

（二）行李服务礼仪

（三）问询接待礼仪

（四）总台接待礼仪

（五）大堂经理接待礼仪

【训练要点和标准】

（一）门厅迎送服务礼仪的训练要点和标准

1. 站位合理，站姿规范

标准：

（1）站立时，挺胸抬头。

（2）双手自然下垂或下握，两脚脚位合理，眼睛平视。

2. 仪表整洁，仪容端庄

标准：

（1）制服按规范穿着，服装挺括平整。

（2）精神饱满、面带微笑、全神贯注。

3. 见面问候有礼貌

标准：

（1）彬彬有礼问候说："先生/夫人/小姐，早上/下午/晚上好，欢迎光临。"

（2）若是老客人或长住客人，问候时宜以姓氏称呼："××先生/××夫人/××小姐，您好。"

（3）初次见面、再次见面、多次见面的问候应灵活变化。

4. 引导方法熟练灵活

标准：

（1）在走廊的引导服务接待人员应在客人二三步之前，配合步调，让客人走在内侧。

（2）当引导客人上楼时，服务人员走在后面；下楼时，服务人员走在前面。上下楼梯时，接待人员应该注意客人的安全。

（3）引导客人乘坐电梯时，接待人员先进入电梯，等客人进入后关闭电梯门，到达时，接待人员按"开"的钮，让客人先走出电梯。

（4）当客人走入大厅，接待人员用手指示，请客人坐下，看到客人坐下后，才能行点头礼后离开。

5. 开启车门热情主动

标准：

（1）等车辆停妥后，要为宾客开启车门，一手拉开车门，一手遮挡车门框的上沿,以免宾客下车时碰痛头部。

(2) 宾客下车后热情问候。

(3) 客人离店,车辆即将开动,应躬身立正,站在车的斜前方一米远的位置,上身前倾15度,双眼注视客人,举手致意,微笑道别。

(二) 行李服务礼仪的训练要点和标准

1. 仪表仪容仪态符合规定

标准:

(1) 仪表整洁,仪容端庄,站姿挺拔。

(2) 精神饱满,面带微笑,思想集中。

2. 服务主动热情

标准:

(1) 适时自我介绍,点头微笑,以示欢迎。

(2) 热情有度,及时提拿。尊重客人意愿,不过分热情地强行要求提拿行李。

(3) 提拿行李,轻拿轻放,码放整齐。

3. 引领陪同符合礼仪规范

标准:

(1) 宾客登记时,侍立在宾客身后约2米处,看管好宾客的行李,随时接受宾客吩咐。

(2) 陪送客人乘电梯,将一只手按住电梯门,应礼让客人先入先出。

(3) 提拿行李时,应当统计行李件数,小心搬动,整齐有序地摆放在摆放行李的地方。

(4) 离房时,应轻轻地把房门关上,不可用力过猛。

4. 送客离店程序清楚

标准:

(1) 问清宾客行李物品件数,然后小心提携,并全程负责运送到大门口的车辆上。

(2) 安放好行李后,应向宾客作一交代。

(3) 躬身施礼感谢光顾,并致告别语:"祝您旅途愉快,欢迎下次再来!"

(三) 问询接待礼仪的训练要点和标准

1. 仪表整洁,仪容端庄,仪态庄重

标准:

(1) 仪表仪容符合饭店员工守则。

(2) 站立服务,站姿端正。

(3) 精神饱满,面带微笑。

2. 随时热情接待问询

标准:

(1) 随时能热情接待每一位中外宾客，做到有问必答，百问不厌。

(2) 非常熟悉本职岗位业务。对饭店设施、各部门服务时间和具体位置、市内交通、旅游景点、商业区等情况都要心中有数，以便能清楚、快捷地回答客人的问询。

3. 耐心加热心须具备

标准：

(1) 无法解答客人的提问，需耐心解释，以求得谅解，并表示歉意。

(2) 做到急宾客所急，做有心人，热心为客人当好参谋。

(3) 不轻率说“我不知道”，对不知道的问题需要请教问清其他人员后，再给宾客一个满意的答复。

(四) 总台接待礼仪的训练要点和标准

1. 仪表整洁，仪容端庄，仪态大方

标准：

(1) 着装整洁，精神饱满。

(2) 仪容端庄，笑脸相迎。

(3) 接待主动热情，态度和蔼可亲。

2. 接待客人登记礼貌到位

标准：

(1) 主动行见面礼并礼貌问候客人：“您好，欢迎光临”或“请问，您预订过房间吗？”

(2) 对中外宾客要一视同仁，不能厚此薄彼。

(3) 耐心指导客人填写住宿登记表。核对客人证件时应“请”字当头，“谢谢”收尾。

(4) 如住房已满应做好解释，并热情向客人推荐其他饭店。

(5) 对重要宾客需要给予应有的关心和重视。

3. 收银结账迅速、准确、礼貌

标准：

(1) 笑脸相迎，态度和蔼，热情致问：“您好！您就要起程吗？”

(2) 收款当场唱票，找回的零钱要当面点清。

(3) 收银结账要迅速准确，尽量做到不让宾客久等。

(4) 结账后，将账单、发票等凭证装入饭店信封中，用双手呈递给客人。

(5) 结账完毕，目视客人，向客人致谢：“谢谢您的关照！”“欢迎再次光临！”并致送别语：“祝您旅途平安愉快”等。

(五) 大堂经理接待礼仪的训练要点和标准

1. 仪表整洁，仪容端庄，仪态大方

标准：

(1) 接待宾客时，保持精神饱满，面带微笑，思想集中。

(2) 坐姿、站姿、走姿和举止都要自然得体。

(3) 有宾客前来,应主动上前或站立,彬彬有礼地亲切问候。

2. 熟悉见面礼节

标准:

(1) 见到客人,表现出尊重对方的表情、目光,问候和握手礼节运用自如。

(2) 熟悉自我介绍、介绍他人礼节。

(3) 递赠和交换名片,应遵守名片的礼仪规范。

(4) 称呼对方恰当、有礼。

3. 真诚友善地回答宾客问询

标准:

(1) 对宾客的问询要求有问必答,用词贴切,简洁明了。

(2) 对宾客提出的问题,要尽力给予全面圆满的解答。

(3) 自己能答复的问题,决不借口推脱给其他部门解答。

4. 接待客人投诉态度诚恳、友善

标准:

(1) 接待投诉应真诚相待、耐心听取、冷静分析。

(2) 熟悉处理投诉的基本礼仪。

(3) 熟悉处理投诉的基本程序。

(4) 处理完毕应主动征求客人的反馈,确认投诉得到圆满解决。

5. 做一个称职的宾客接待服务的代表

标准:

(1) 面对对方怒气冲天、情绪激动,通过自己言行表现出有教养、有风度。

(2) 对客人不合理的要求,既要表现出有礼貌,也要掌握婉拒的方式。

(3) 处理问题不能主观武断,不得轻易表态。

(4) 处理紧急事件应沉着、冷静、果断。

(5) 掌握有效的人际沟通技巧。

6. 模拟训练

标准:

(1) 教师设计投诉情景。

(2) 由学生分别扮演客人和大堂经理角色,演练投诉和接待投诉的情景。

(3) 请学生对演练情景进行点评。

(4) 教师给出总结性点评。

训练项目二:客房接待服务礼仪训练

【训练目的】 熟悉客房服务礼仪,并将如何迎接、日常服务如何操作以及如何送客等各项礼仪规则熟练地运用到客房接待服务中。

【训练内容】

（一）迎接客人礼仪

（二）客房日常服务礼仪

（三）送别客人礼仪

【训练要点和标准】

（一）迎接客人礼仪的训练要点和标准

1. 及时问候，热情友好

标准：

（1）宾客一到要微笑致意，亲切称呼，致词欢迎。

（2）抬头挺胸，仪态端庄大方。

（3）帮助客人提拿行李，引领客人到达客房。

2. 引领操作遵循规范

标准：

（1）引领客人去客房应走在客人左前方约1.5米。

（2）对老、幼、弱、残的客人要主动搀扶，给予热情的关心和帮助。

（3）到了客房门口，如果是白天，开门后要侧身一旁，并礼貌地用手示意，请客人先进。如果是晚上，则自己先进，启亮壁灯，再请客人入内。

（4）客人进房后，要用托盘送上香巾和茶水，并说："请用香巾"、"请用茶"。

（5）离开房间时与客人道声"再见"，后退两步，转身走出，并轻轻地把门关上。

（二）客房日常服务礼仪的训练要点和标准

1. 敲门和进出房间符合规范

标准：

（1）敲门的规范动作是：用右手的中指和食指关节轻轻敲三下。

（2）站立在房门外正中位置，距离房门适当距离处，目光平视开门线。

（3）进入客房时，不要关闭房门，半掩房门较为适宜。

（4）与客人交谈要保持一定的距离，过于靠近或过于疏远都是不礼貌的。表情自然，目视客人。

（5）离开客房时走到门口时，面对客人退出，并轻轻关上房门。

2. 遵守清洁客房细节

标准：

（1）清洁时，应敞开客房房门。

（2）当着客人面清扫时，应动作迅速、到位，严格按操作和卫生标准进行。

（3）尊重客人习惯，不翻看客人物品，一般不改变客人物品的摆放位置。

3. 与客人交往亲切有礼

标准：

(1) 见到客人进出，主动热情问候。

(2) 客人迎面走来，应放慢行走速度，微笑致意或问候问好。

(3) 接待来访客人热情有礼，服务到位。

(4) 与客人交谈，姿态端正自然，语调亲切诚恳。

(三) 送别客人礼仪的训练要点和标准

1. 送别时提供帮助

标准：

(1) 帮助行李员搬运客人行李，送到电梯口帮客人按下楼的电梯钮。

(2) 按引导服务礼仪引领客人至大堂门口。

(3) 按上下车服务礼仪为客人开关车门。

2. 礼貌送别

标准：

(1) 送别客人时，精神饱满，面带微笑，站姿端正。

(2) 致告别语：多谢光顾，欢迎再来！并祝旅途愉快！

(3) 目视客人，直至视线中看不到客人再转身离开。

训练项目三：餐厅接待服务礼仪训练

【训练目的】 熟悉餐厅服务礼仪，并将迎宾、餐前服务、餐间服务和结账送客服务等各项礼仪规则熟练地运用到餐厅接待服务中。

【训练内容】

(一) 迎宾接待服务礼仪

(二) 餐前服务礼仪

(三) 餐间服务礼仪

(四) 结账送客礼仪

【训练要点和标准】

(一) 迎宾接待服务礼仪的训练要点和标准

1. 迎宾员仪容仪态规范

标准：

(1) 仪容端庄大方，站姿优美规范。

(2) 神情专注，反应敏捷。

(3) 一般用餐，要有一至两名服务员在餐厅门口迎接。

(4) 较高级的宴会，餐厅管理人员应带领一定数量的服务员在餐厅门口迎接。

2. 热情问候,引领恰当

标准:

(1) 当宾客走向餐厅约1.5米处,应面带笑容,拉门迎宾,热情问候。

(2) 男女宾客一起进来,要先问候女宾,然后再问候男宾;多位客人前来用餐,应当先问候主宾,再问候其他客人。

(3) 按引领客人礼仪引领到餐桌前,并按规范为客人拉椅让座。

3. 掌握好入座礼仪

标准:

(1) 拉开座椅动作轻捷。

(2) 用左膝顶住椅背,双手扶住椅背上部,平稳地将椅子拉出,拉椅幅度视客人的身材而定。

(3) 招呼客人就座时动作要和客人配合默契,待客人屈腿入座的同时,轻轻推上座椅。

(4) 就坐顺序上应该先主宾后主人,先女宾后男宾。

(二) 餐前服务礼仪的训练要点和标准

1. 铺口布规范

标准:

(1) 按照先宾后主、女士优先的原则提供服务。

(2) 铺口布时,服务员站在客人右侧,将口布对角打开,右手在前,左手在后,轻轻铺在客人腿上或压放在餐盘下。

(3) 如需要从客人左侧铺口布,则应站在客人左侧,左手在前,右手在后,避免把胳膊肘送到客人胸前。

2. 斟茶符合礼仪

标准:

(1) 及时敬茶,顺序正确。

(2) 添量适中,温度适宜。

(3) 切忌手指接触到茶杯杯口,杯盖的开启、盖合要缓而轻。

(4) 斟茶倒水时,要轻、准、慢,将水徐徐倒入杯中,壶嘴不可触及杯缘。

(5) 水不可倒得太满,每杯水应斟七分满即可。

3. 点菜服务规范

标准:

(1) 递送菜单时必须恭敬地从宾客的左边用双手递上,并说:“请点菜。”

(2) 对于夫妇,应先递给女士;如果是团体,先递给主人右手的第一位客人。

(3) 记录客人点菜时,值台员应站立在客人的左侧,注意站立的位置和站姿,身体不能紧靠餐桌,手不能按在餐桌上。

(4) 客人各自点菜时，值台员应先从坐在主人右侧第一位客人开始记录，并站在客人的左侧按逆时针方向依次接受客人点菜。

(三) 餐间服务礼仪的训练要点和标准

1. 餐间服务常规

标准：

(1) 餐间服务做到“三轻”：走路轻、说话轻、操作轻。

(2) 餐间服务做到“四勤”：眼勤、嘴勤、手勤、腿勤。

(3) 上菜、斟酒、撤换餐盆等，严格按规定的操作程序进行。

(4) 遵循餐间服务原则：菜肴食物都应从客人左边用右手送上；酒类、饮料都应从客人的右边用右手送上；用过的餐具都从客人右边撤下；先撤盘，后上菜。

2. 斟酒规范

标准[参见图 5-1(一)]：

(1) 酒水饮料斟入先后顺序：先倒烈性酒，然后倒果酒、啤酒、汽水、矿泉水。

(2) 斟酒时应站在客人的右边，右手拿酒瓶。

(3) 斟酒时，瓶口对准杯口，但不可将瓶口放在杯口上，离杯口约 1～2 厘米，缓缓注入。

(4) 根据各类酒的要求掌握好斟入的浅满程度。

(5) 为客人斟酒顺序：先主宾、再主人，然后顺时针方向逐个斟。

(6) 见客人杯内酒水还剩 1/3 时，就应及时添斟。

3. 上菜派菜规范

标准[参见图 5-1(二)]：

(一)

(二)

图 5-1　斟酒、上菜派菜规范

(1) 上菜动作轻巧，不弄出声响。

(2) 宴会一般选择在译陪人员之间上菜。

(3) 派菜顺序：高级宴会先男主宾、后女主宾，一般宴会先女主宾、后男主宾、再主人和一般来宾。

(4) 端送盘、碟、碗时,手指不可触及食物。

(5) 派菜动作干净利索,一次到位。每道菜应留 1/10 左右于盘中,表示菜量充裕。

(6) 撤菜盘时,应当轻拿轻放,上菜不推,撤菜不拖。

4. 实战训练

标准:

(1) 让学生将所学的餐饮服务礼仪用于各种实践的迎宾宴请中。

(2) 让学生模拟服务员和客人的角色进行训练。

(3) 对迎宾入座礼节、点菜和席间服务礼节加以演练和运用。

(4) 请学生谈感受和改进的地方。

(四) 结账送客礼仪的训练要点和标准

1. 送账单结账规范

标准:

(1) 账单放在托盘里,正面朝下、反面朝上,送到客人面前。不当众说出消费金额。

(2) 如一男一女进餐时,将账单递给男士。

(3) 不论是何种方式结账,客人付账后,要表示感谢。

2. 礼貌送别客人

标准:

(1) 客人起身离席,应及时为客人拉开座椅,方便行走。

(2) 礼貌地将客人送到餐厅门口,热情话别,作出送别的手势,躬身施礼,微笑目送客人离去。

(3) 客人乘车,要主动上前打开车门,客人上车后,替客人关好车门,站立一侧,挥手告别,目送车子离去。

训练项目四:宴会接待服务礼仪训练

【训练目的】 熟悉宴会服务礼仪,学会如何排列餐桌和席位,如何熟练地进行宴会服务。

【训练内容】

(一) 宴会的桌次和席位安排

(二) 宴会服务礼仪

【训练要点和标准】

(一) 宴会的桌次、席位安排的训练要点和标准

1. 中餐餐桌排列操练

标准[参见图 5-2、图 5-3、图 5-4]

(1) 熟悉中餐餐桌排列常规。

(2) 按小型宴会餐桌排列规则操练(参见图 5－2)。

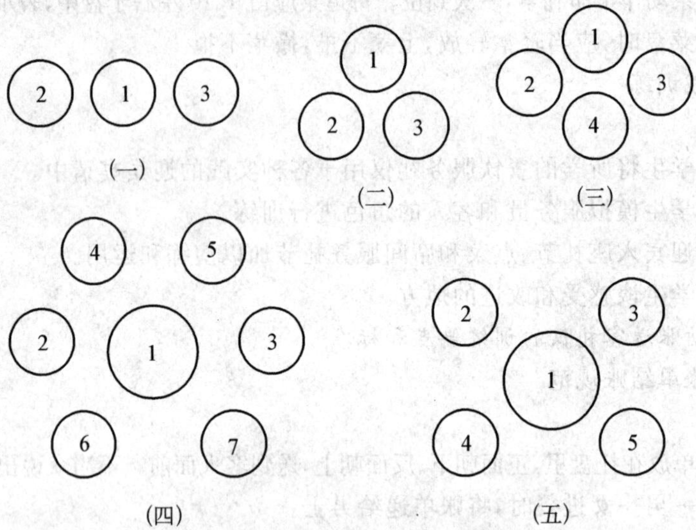

图 5－2 小型宴会餐桌排列训练

(3) 按中型宴会餐桌排列规则操练(参见图 5－3)。

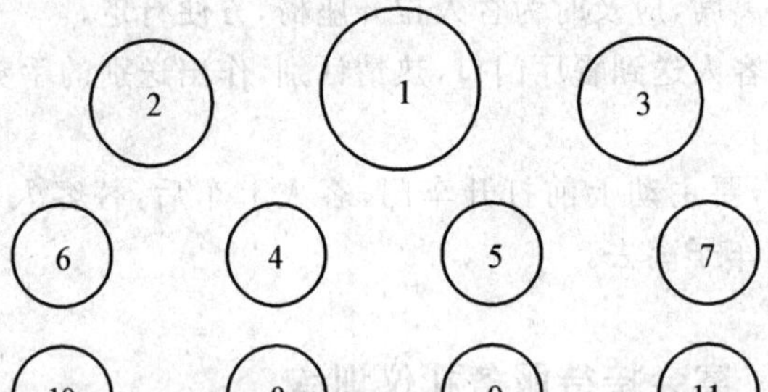

图 5－3 中型宴会餐桌排列训练

(4) 按大型宴会餐桌排列规则操练(参见图 5－4)。

2. 西餐餐桌的排列

标准[参见图 5－5(一)(二)(三)(四)(五)(六)(七)(八)]：

(1) 熟悉西餐餐桌排列常规。

(2) 掌握西餐餐桌一字形、马蹄形、T 形、U 形、E 形、正方形、星形、教室形等的排列。

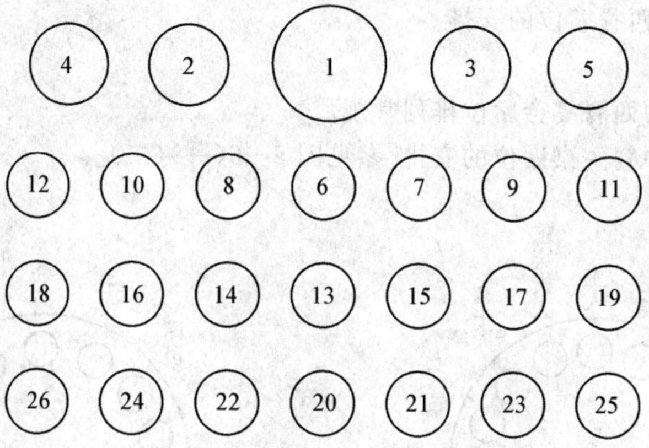

图 5-4　大型宴会餐桌排列训练

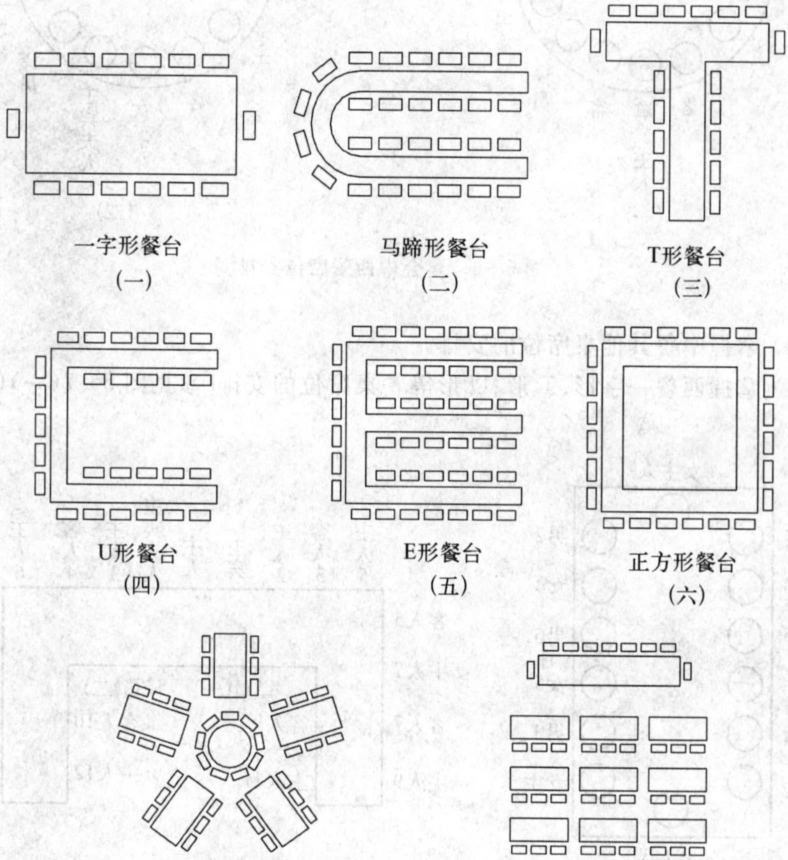

图 5-5　西餐餐桌排列训练

3. 宴会中西餐席位的安排

标准：

(1) 熟悉中西餐宴会席位排列常规。

(2) 掌握中餐主桌席位的安排[参见图 5－6(一)(二)]。

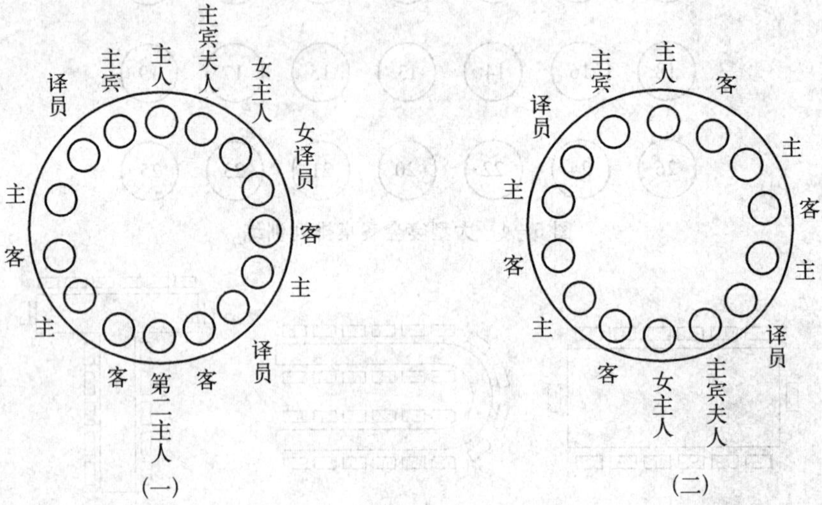

图 5－6　宴会中西餐席位安排

(3) 掌握中餐其他桌席位的安排。

(4) 掌握西餐一字形、T 形、U 形等餐桌席位的安排[参见图 5－7(一)(二)]。

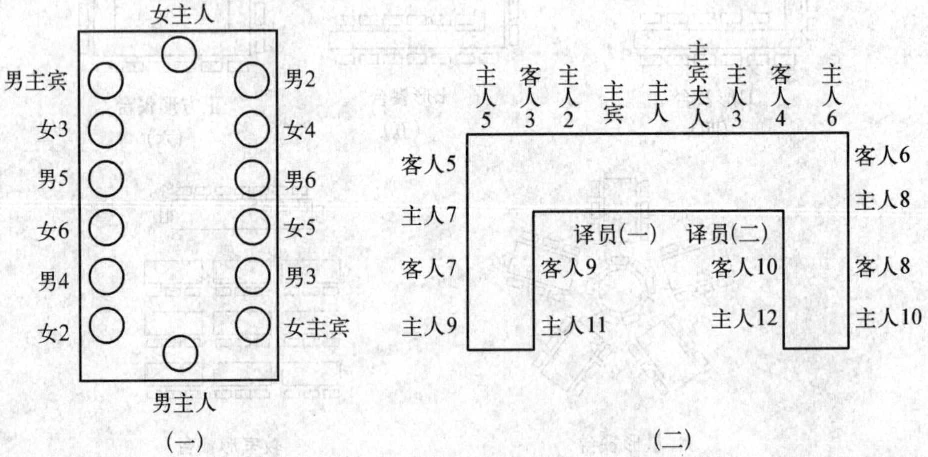

图 5－7　西餐餐桌席位安排

（二）宴会服务礼仪的训练要点和标准

1. 宴会服务的准备

标准：

(1) 具备熟练操作技术。

(2) 仪表端庄，仪容整洁。

(3) 迎接宾客面带笑容，话语亲切，用词得当。

2. 中餐宴会服务礼仪规则

标准：

(1) 按引领和入座礼仪引领宾客入座，顺序按先女宾后男宾、先主宾后一般客人进行。

(2) 宾客入座后，打开餐巾，铺在宾客膝上或递给宾客。

(3) 斟酒站在宾客的右侧。

(4) 主宾起身敬酒时，帮助主宾把椅子往后拉，就坐时将椅子往前推。

(5) 派菜按顺时针顺序，分菜从主人右侧第一位宾客开始[参见图 5-8(一)(二)]。

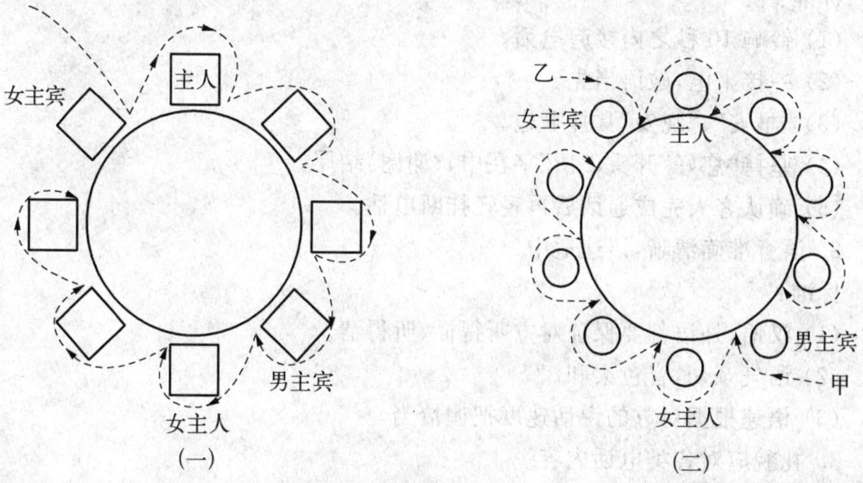

图 5-8　中餐宴会服务礼仪

(6) 宴会中撤换餐具和递送香巾应不少于三次。

(7) 用餐完毕将宾客送至餐厅门口。

3. 西餐宴会服务礼仪规则

标准：

(1) 做到服装整洁、精神饱满、彬彬有礼，热情大方、面带微笑、和蔼周到。

(2) 有礼貌地欢迎宾客到达，引领宾客入席。

(3) 让坐顺序为：女士、重要的宾客、行动不便的宾客和一般宾客。

(4) 从宾客的左手方向用左手把汤上到宾客面前。

(5) 上汤的顺序是先女宾、后男宾、再主人(上菜、斟酒顺序都是如此)。

(6) 站在出口的一侧,热情地欢送宾客离去。

训练项目五:话务服务礼仪训练

【训练目的】 熟悉话务服务礼仪,学会如何接转电话和叫醒服务等礼仪规则,并能熟练地运用到话务接待服务中。

【训练内容】

(一) 接转电话礼仪

(二) 叫醒服务礼仪

【训练要点和标准】

(一) 接转电话礼仪的训练要点和标准

1. 接转电话基本礼仪规则

标准:

(1) 铃响 10 秒之内接起电话。

(2) 一接来电,敬语当先。

(3)"早安"、"晚安"常挂嘴边。

(4) 坚持"您好"开头,"请"字在中,"谢谢"结尾。

(5) 确认客人完成通话后再轻轻挂断电话。

2. 语音准确清晰,语速适中

标准:

(1) 汉语、外语都要保证对方听得懂、听得清。

(2) 语气亲切,音色柔和。

(3) 语速根据对方的说话速度把握恰当。

3. 礼貌应对各类电话内容

标准:

(1) 疑问求助电话尽力帮对方解难。

(2) 投诉电话按投诉接待礼仪操作。

(3) 宾客电话隐私自觉保密。

(4) 不窃听客人的通话内容。

(二) 叫醒服务礼仪的训练要点和标准

1. 定时准确,准时叫醒

标准:

(1) 详细记录、准确填写叫醒服务表。

(2) 问清姓名、房间号、叫醒的准确时间等。

(3) 叫醒服务要准时。

2. 电话叫醒遵守规则

标准：

(1) 叫醒服务按叫醒的时间顺序排列。

(2) 单人房间直接用电话叫醒。

(3) 双人房间若两位客人行动不同时，可实施人工叫醒。

(4) 叫醒语言："早上好，现在是早晨×点钟。"

(5) 如无人接电话，可隔二三分钟叫一次。

训练项目六：会议接待服务礼仪训练

【训练目的】 熟悉会议服务礼仪，并将各项礼仪规则熟练地运用到会议接待服务中。

【训练内容】

(一) 会议接待服务言行规范

(二) 会议接待服务礼仪

【训练要点和标准】

(一) 会议接待服务言行规范训练要点和标准

1. 语言行为规范

标准：

(1) 确切简洁，合乎逻辑。

(2) 条理清晰，思路清楚。

(3) 体现出严、情、意、美的特色。

2. 仪表举止规范

标准：

(1) 面带微笑，亲切问候。

(2) 礼貌接待，及时服务。

(3) 衣着大方，化妆适度。

(4) 步姿、步度、步速规范适度。

3. 会场座位规范

标准：

(1) 主席台座位安排遵循礼仪规范。

(2) 会场桌型布置与会议人数、主题相协调。

(3) 会场坐席布置讲究礼宾次序。

（二）会议接待服务礼仪训练要点和标准

1. 会议接待基本礼仪规范

标准：

（1）仪表整洁，着装统一。

（2）按操作规范请客人签到。

（3）按礼仪规范引座和服务。

（4）倒茶动作轻盈、快捷、规范。

2. 不同形式会议服务规范

标准：

（1）掌握不同形式会议服务操作规范。

（2）掌握不同形式会议桌型布置。

（3）按照以下各种会议主席台和桌型安排规则操练。

主席台坐席[参见图 5－9(一)(二)]：

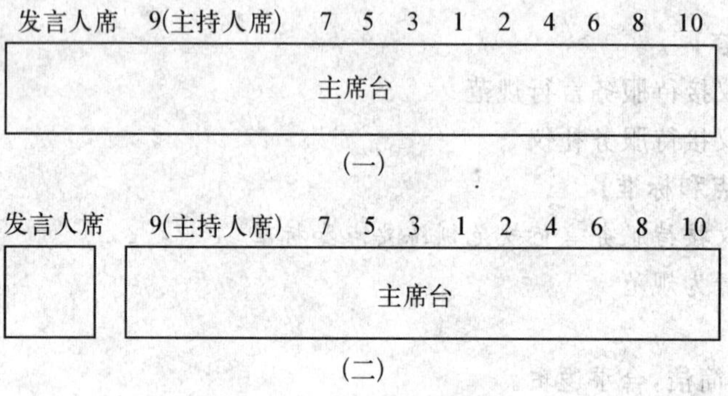

图 5－9　主席台坐席安排

圆桌形布置(参见图 5－10)：

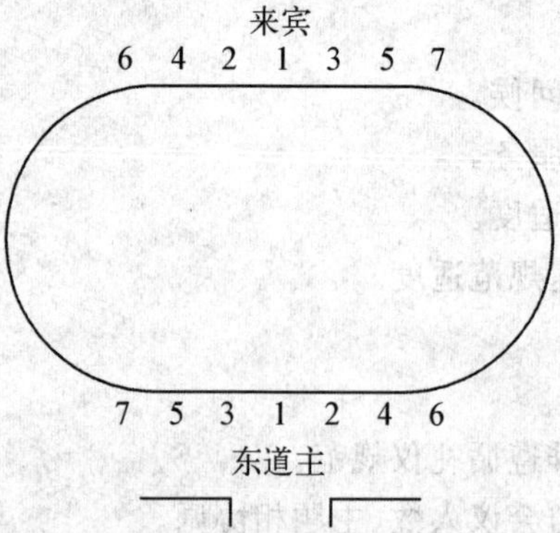

图 5－10　圆桌形布置

口字形布置[参见图 5－11(一)(二)]：

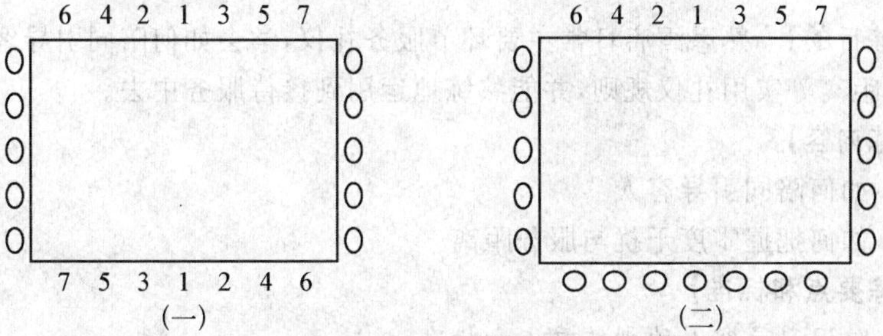

图 5－11　口字形布置

小型会议桌布置(参见图 5－12)：

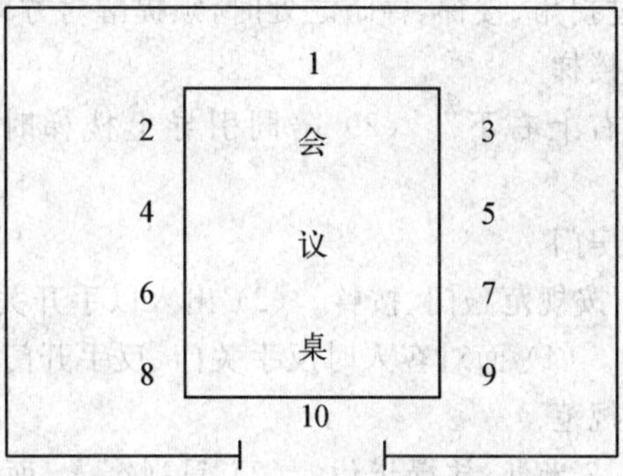

图 5－12　小型会议桌布置

教室形布置(参见图 5－13)：

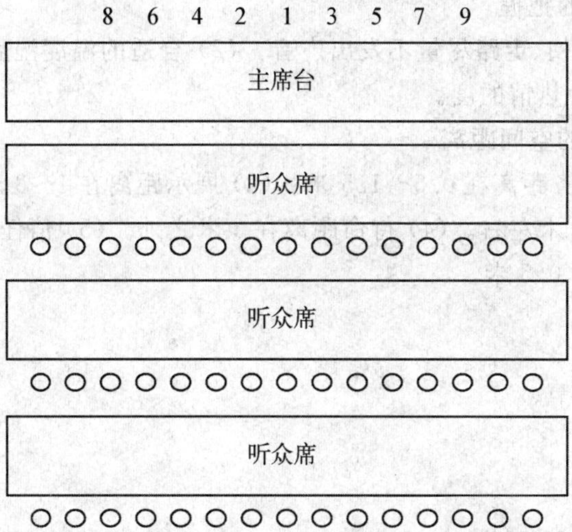

图 5－13　教室形布置

训练项目七：酒店日常实用服务礼仪训练

【训练目的】 熟悉酒店日常主要环节服务礼仪，学会如何陪同引导客人、如何把握服务距离等实用礼仪规则，并能熟练地运用到接待服务中去。

【训练内容】

（一）如何陪同引导客人

（二）如何把握零度干扰与服务距离

【训练要点和标准】

（一）陪同引导客人的训练要点和标准

1. 陪同引导要点

标准：(1) 明确陪同引导时服务员所处的位置。(2) 陪同引导时行进速度与客人相协调。(3) 经过拐角、楼梯、昏暗之处时，须提醒对方留意。

2. 陪同引导上下楼梯

标准：(1) 做到“右上右下”。(2) 陪同引导上楼梯时行在后，下楼梯时行在前。

3. 陪同引导出入房门

标准：(1) 进入须按规范敲门、按铃。(2) 出入以手开关房门。(3) 陪同引导请客人先进门、先出门。(4) 面对客人时反手关门、反手开门。

4. 迎面相遇客人规范

标准：(1) 离客人 2 米处，放慢步伐。(2) 目视客人，面带微笑，躬身鞠躬，问候致意。(3) 行走靠右行。(4) 工作中时可边工作边致礼。

（二）零度干扰与服务距离的训练要点和标准

1. 零度干扰的把握

标准：(1) 清扫、走路尽量不发出声音。(2) 合适的温度湿度环境。(3) 把握好言语、表情、行为热情的度。

2. 保持适度的空间距离

标准：(1) 服务距离在 0.5～1.5 米。(2) 展示距离在 1～3 米。(3) 引导距离在客人左前方 1.5 米左右。(4) 待命距离在 3 米之外。(5) 信任距离应离开对方。(6) 禁忌距离小于 0.5 米。

第六单元

旅行社接待礼仪

学习目标

☆ **应知**：认识旅行社对外接待各部门人员接待礼仪的重要作用；了解接待礼仪的具体要求。

☆ **应会**：较好地掌握旅行社对外接待主要部门、主要岗位的基本程序和规范，掌握门市接待、导游等接待服务各个环节的共同要求和具体要求。

☆ **能力**：较好地运用旅行社接待礼仪的工作规范和具体操作的技能技巧；在实际接待工作中对具体环节的礼仪要求、操作标准能运用自如。

模块1 旅行社接待礼仪规范

引导案例：游客喜欢这样的导游

一天下午，某旅行社刚工作不久的英语导游王小姐在国际机场接到了一个四十多人的芬兰入境旅游团，该团的领队和大部分人都懂得英语。在去饭店的路上，王小姐首先问候了客人，得到了大家的一片掌声。接着，她就按照导游书上的程序向大家介绍起北京的历史情况。片刻之后，她发现有些客人已经从刚才兴奋的情绪中走了神，有的闭眼打瞌睡，有的在窃窃私语，有的在欣赏窗外的景色，领队也打手势向她示意后面的人听不清楚。王小姐见状忙改变讲解的方式，她放慢语速并就大家感兴趣的内容讲起来：先介绍游客要去的宾馆，又强调北京旅游应注意的事项，还把今后几天的旅游项目和内容向大家做了介绍，对沿途的街景和重要建筑也不放过。这样一来，果然引起大家的注意，游客的提问开始增多，情绪也高涨起来，不知不觉车子就开到了酒店。

经过不断接触和了解，王小姐完全掌握了该旅游团客人的习惯和特点，知道他们喜欢听什么，对什么东西感兴趣，因此讲解也就越来越得心应手。

在送别途中，她向客人致欢送词，总结了这几天参观过的主要游览项目，还用刚学会的芬兰语向大家表示良好的祝愿，希望有机会再来北京。游客们对王小姐的热情讲解赞不绝口，都说："中国人是世界上最好客和最讲礼貌的人。"

（资料来源：程新造编著《导游接待案例选析》，旅游教育出版社 2004 年版）

旅行社是旅游业的一大支柱，是旅游活动的组织者、安排者和联系者，在整个旅游活动中处于核心地位，起着沟通旅游者和旅游饭店、旅游交通部门及旅游景点之间关系的媒介和桥梁作用。旅行社接待与沟通效果的好坏，将直接影响到旅行社的生存和发展。

一、旅行社接待礼仪的基本要求

旅行社接待礼仪，是礼仪在旅行社日常接待工作中的具体运用。其实质是指接待人员在自己的工作岗位上，向服务对象提供服务时的标准、正确的做法。它的基本内容包括，接待人员的仪容、仪态、服饰和言语等规范和岗位操作规范。

1. 热情友好，爱岗敬业

旅行社接待人员应该性格开朗、待人热情、活泼睿智。在接待游客的过程中，要热情地对待每一位客人，关注客人的内心需求，提供适合客人需要的、人性化的服务。做到不怕吃苦、任劳任怨，有时甚至要忍辱负重，努力做到让每一位客人高兴而来，满意而归。

2. 仪表端庄，仪容大方

旅行社接待人员要做到衣着整洁、仪表端庄、举止大方。坚持做到持证上岗、挂牌服务。提供服务时，要做到始终面带微笑、表情自然、态度诚恳、作风稳健。只有这样，才能使客人增加亲近感和认同感，愿意接受你的服务。

3. 坚定果断，善于应变

在游客接待，特别是行程中的接待工作，会遇到很多无法预料的突发事件，这就要求接待人员必须始终充满信心、乐观积极。在处理复杂问题时，保持冷静、客观的态度，果断解决问题。在坚持原则的前提下，或迂回，或让步，迅速化解矛盾，摆脱困境。

4. 顾全大局，团结协作

接待工作，会涉及很多部门、单位和个人，有时难免会产生误会甚至冲突。当这种情况发生，需要接待人员以大局为重，在一些非原则问题上委曲求全，以求得问题尽早圆满地解决。

5. 诚实守信，依法办事

接待人员应该遵守国家的各项法律、法规，严格按照旅行社各项规定办事，讲求信誉,不做危害企业和游客利益的事。尊重游客的宗教信仰,尊重民风民俗。

【补充规范 6-1】 旅行社接待微笑三要点

第一,微笑真诚。微笑是发自内心的快乐,是内心情感的自然流露,绝不是故作笑脸、假意奉承。

第二,微笑适度。微笑不能随心所欲,想怎么笑就怎么笑,不加节制。笑得得体适度,才能充分表达友善、诚信、和蔼、融洽等美好的情感。

第三,微笑适宜。该微笑时不宜大笑,不该微笑的场合不宜笑,如特别严肃的场合不宜笑;当对方情绪低落痛苦时,不宜笑。

(资料来源:千舒,陈秋玲编著《商务礼仪的 N 个细节》,海潮出版社 2005 年版)

二、旅行社门市接待的基本程序和礼仪规范

旅行社门市接待人员的主要工作职责,是接待上门咨询的客人,向客人推荐旅游线路,签订旅游合同,提醒注意事项等。可以这样说,门市接待是旅行社的门面,不仅反映出员工个人素养的高低,更折射出旅行社管理水平的高低,直接关系到旅行社的业务开展。因此,在要求接待人员熟悉各项业务的同时,还要求接待人员有良好的接待礼仪规范。

(一) 售前礼仪

门市办公室是旅行社的"脸面",应创造一种干净、典雅、舒适的环境气氛,给来访者以良好舒适的印象。此外按照心理学的"首因效应",旅游接待人员给客人的"第一印象"是至关重要的,而这第一印象主要来自接待人员的仪表、仪容和仪态。

1. 服装整洁,仪表端庄

接待人员在工作岗位上必须按要求穿着工作制服或比较正式的服装。面朝门厅,坐姿端正,不要有不良习惯和小动作。姿态要优雅、规矩,要时时保持饱满的精神和面带微笑。只有端庄、大方、得体,才能给客人留下稳重、可靠的印象,以赢得客人的好感和信任。

2. 见面行礼,自然得体

面见客人时,笑脸迎客,能得到来访者的好感,而且会使来客感到亲切,如果再加上很有礼貌的握手,更能增添彼此间的亲密感。称呼客人要用尊称。交谈时与客人保持适当的距离。

3. 态度热情,把握分寸

对于来访的客人,应该像招呼老朋友一样热情、亲切地问候,让其感到他们受到了重视。但是这种热情也要把握分寸,过分的热情只会取得适得其反的效果,让顾客产生一种高度戒备的心理。

4. 旅游宣传，客观诚实

门市接待处要向客人提供详细的旅游行程和报价。客人随意浏览旅游宣传品时，接待人员应保持观察，揣摩其需要和特点，寻找接近的时机和方式，以便进入交谈过程。

(二) 售中礼仪

售中服务程序和礼仪规范包括以下几个方面。

1. 热情、耐心地接听和解答客户的咨询

热情接待每一位前来咨询的客人，做到有问必答，语词得体、简洁明了，语调柔和、亲切。对前来的造访者，应面带微笑，站起来迎接，应使用礼貌用语，如“您好”、“请坐”，并斟茶倒水，对熟悉的客人应适当寒暄，可融洽气氛、增进情感。

对客人提出的涉及旅游和机票等问题，必须立即作出正确回答，并进行介绍和报价，帮助客人挑选旅游产品。如在接待过程中需接听电话，应先向客人打招呼，电话结束后，再向客人表示歉意。

接受来电查询，电话铃响时，应在三声内接听。使用礼貌、谦和的语言，声音要柔和，语调要亲切，语速快慢要适中。对于客人的电话咨询，耐心解答，不厌其烦。

接待客人要讲文明礼貌，做到不敷衍、不推诿、不顶撞、不争吵。与客人说话时，要和颜悦色，认真倾听。

对客人提出的要求，无论营业部有无能力解决，接待人员都应从帮助的角度答复客人，并伴有行动上的表示。客人离开时应起立，热情送别客人，并欢迎客人再来。

【补充知识 6-2】 接待礼貌用语基本要求

声音优美，悦耳动听。

态度诚恳，亲切感人。

用语准确，表达灵活。

言简意赅，明了清晰。

举止端庄，文雅大方。

（李莉编著《现代酒店礼仪规范》，湖南科学技术出版社 2005 年版）

2. 记录客户资料

详细记录客户的联系方式、出游线路、出游日期、旅游人数、特别需求。

3. 编制行程及报价

根据客户的要求，联系优秀的地接社或办事处，然后编制线路最优、价格实惠的行程，在 24 小时内及时反馈给游客。

4. 跟踪及反馈

保持一定频率与客户联络，跟踪客户最新的出游信息，尽可能按客人需求，调整旅游线路、报价。督促客户及早下单，签约。

5. 接受报名

详尽、如实地向游客说明行程安排、行程标准、注意事项、自费项目等。

解释合同条款，签订《组团旅游合同》，正确核对客户姓名及身份证号码，发放旅游包(长线)，全额收款，交财务部入账，填写缴款记录，成团。

客人挑选旅游产品后，要按照种类和价格迅速结算，客人付款时，现钞要当面点清，并注意辨明钱币的真伪。收款后将机票、找零、身份证件等交给客人清点，并当面向客人交代清楚。

6. 团体确认

根据客户需求，再次落实团体计划(机票、车辆、住宿、用餐、地陪导游等)，并及时确认团体计划和具体安排：

(1) 机票情况：往返时间、折扣、机型、是否中转、航程、航空公司、机餐。

(2) 车辆情况：车型、车龄、车况、正座数、车队、司机情况、接送时间地点、车价。

(3) 住宿情况：星级、地段、最近装修时间、硬件标准，软件管理水平、同级竞争情况、经营者特点、经营状况、沟通和讨价还价的能力、各季节的价格及变化情况。

(4) 景区情况：门票、折扣情况、自费景点、索道价格、资源品位、特点。

(5) 用餐情况：餐标，卫生、地理位置、风味(特餐)、结算、配合、早餐(桌餐还是自助餐)。

7. 选派导游

向导游交代接待计划，确定团队接待重点及服务方向。熟悉导游，包括导游的年龄、外形、学历、质量反馈、性格、作业特点、责任心、金钱观念、突发事故的处理能力、适合的团型，并了解社内导游的安排情况，以便针对客户作出最合适的导游安排。

8. 出游准备

特殊团体：约定时间召开见面会。

一般团体：在出发前一天，通知客户出发时间、地点、出游准备、目的地、注意事项、自费项目、送机人联系方式、导游联系方式等。

9. 最终确认

出发前 24 小时与对方核对计划，对游客特殊要求重点落实，要求对方最终确认。做好保险单，传真给保险公司。

(三) 售后服务

1. 服务跟踪

细心问候行程中的游客，如有质量投诉情况，及时调整，尽最大努力，为游客提供一个舒适、愉快的旅游环境。

2. 计划调整

人算不如天算，行程计划如有变化，遵循三大原则：变更最小原则、宾客至上原则、同级变通原则。

3. 报账归档

团队行程结束，一周内清账。整理该团的原始资料，每月底将该月团队资料登记存档，以备查询。

4. 接待投诉

当接到客人投诉时，应耐心倾听，并详细记录客人的要求，告诉客人会尽快与有关部门联系解决；事后应及时把处理结果告知客人，要以真诚的态度赢得客人的理解和信任。

5. 定期回访

建立客户档案，定期以电话、短信、登门拜访等形式回访客户，建立一个良好的客户群。

6. 总结回顾

团团有总结，认真对待客户的建议，并对建议进行分析、评价、解释。年年有回顾，吸取教训，将客人的意见和建议反馈给旅行社，秉承优良工作经验。

【知识链接 6-3】 首末轮效应与“5 分钟服务”

首轮效应，即“见面 3 分钟”也称为第一印象作用。首轮效应作用最强，持续的时间也长，它强调在接待服务开始留给服务对象的第一印象是至关重要的。末轮效应即“临别 2 分钟”，是相对于首轮效应而言的，强调服务结尾的完美和完善，即要“功德圆满”。从旅游接待服务礼仪的角度看，满足客户的要求，热情周到和细致的人性化服务应该始终如一。首末轮效应强调整个服务过程要尽善尽美，优质服务要有始有终。

（资料来源：中国酒店招聘网·管理与服务 http://www.hoteljob.cn）

三、导游工作时的要求和礼仪

导游人员在接待旅游者的过程中注重礼仪，实际上是个人修养的外化。导游接待人员要熟悉自己业务范围内的礼仪接待规范和现代社交礼仪，良好的接待礼仪可以提高服务质量，使旅游者满意，使导游工作生辉。

（一）接团入住礼仪规范

为了让旅游者满意，导游接待人员必须在接团入住、游览讲解、送站欢送等全过程的工作中，注重热情、周到和符合礼仪规范的服务。

1. 接团礼仪规范

(1) 导游人员要按规定着装，并至少提前 10 分钟抵达机场、车站、码头迎接客人，地陪接站要佩戴导游胸卡、打社旗和持接站牌。地陪要与司机约好客人上车地点，抵达后要立即与行李员取得联系，共同核对客人所住饭店、全团人数等。

(2) 客人抵达后，导游人员要主动持接站牌上前迎接，要和客人共同核对团号、实际抵达人数、名单及特殊要求等，对乘飞机抵达的旅游团，要协助客人集中并清点行李，填写行李交接单，将行李和交接手续一并交给行李员。如发现行李有损坏、遗失、索赔事宜等，应协助解决。

(3) 初次跟客人见面，用礼貌用语上前热情问候，如"路上辛苦了！""大家好！""欢迎光临"等。在适当场合，或客人上车坐稳后，导游要向客人进行自我介绍，并介绍全陪、司机等。随后要向客人致欢迎词。欢迎词要力求简短、精彩、热情，用词要适当，不可过于拘谨，也不可夸夸其谈，给人以不信任感。

(4) 在前往饭店、宾馆的路上，导游除要介绍沿途景观外，还要主动向客人发放导游图，介绍日程安排，游览项目等。在向客人宣布日程安排前，应主动与领队交换意见，并询问客人有无其他要求等。

(5) 迎接 VIP 客人时，应事先在机场(车站、码头)安排贵宾休息室，并准备好饮料、鲜花。如有条件，在客人到达之前可将宾馆客房号码或乘车牌号通知客人。客人抵达前，应通知宾馆总台，在客人入住的房间内摆上鲜花、水果。

【补充规范 6-4】 导游员的基本素质

导游员的基本素质是指导游员所应具有的良好个人品质，这是导游员胜任旅游接待工作的必要条件。导游员应该具备的基本素质包括以下九个方面：

热情友好、爱岗敬业；　　态度乐观、不惧困难；
意志坚定、处事果断；　　待人诚恳、讲求信誉；
文明礼貌、举止端庄；　　顾全大局、团结协作；
身体健康、性格开朗；　　遵纪守法、依法办事；
勤奋好学、不断进取。

(资料来源：旅游文法建工系网·旅游专业　http://lywfx.czzy-edu.com)

2. 致欢迎词的语言艺术

致欢迎词是沟通导游人员与旅游者的第一座桥梁。导游人员在接团时，有准备地致一篇像样的欢迎词，很容易突破旅游者的心理防线，使自己与旅游团各成员的关系变得很亲密，同时使自己处于主动有利的位置，这就需要讲究致欢迎词的语言艺术。欢迎词常见的有：风趣式、闲谈式、感慨式。无论采用何种模式，欢迎词通常应包含以下几项内容：

(1) 首先向客人问候，并代表旅行社向客人表示欢迎。

(2) 介绍自己的姓名和职务，介绍参加接待人员的姓名和职务。如在游览车上，还应介绍司机的姓名及他所驾车的牌号。

(3) 简单介绍当地的风土人情和游览目的地的基本情况以及接团后的大致安排，使旅游者心中有底。

(4) 表明自己工作的态度，即愿竭尽全力为客人做好导游服务工作。

(5) 祝愿客人旅行愉快，并希望得到客人的合作与谅解。

好的欢迎词应该给客人留下热情、友好、亲切的感觉，起到尽快缩短导游员与客人的心理距离。欢迎词除了要表达以上的基本内容外，并没有一个固定的模式，在形式上可以不拘一格。导游人员应根据不同客人的特点，如国籍、年龄、职业、旅游动机等方面的因素，选择不同的欢迎词模式。

【补充材料 6－5】 闲谈式导游欢迎词一例

来自北京的朋友，大家好！我先了解一下，咱们都是来自一个单位的吗？(回答：是)噢，这就好，那么大家都互相认识？(回答：是)我们也来认识一下。我姓赵，叫赵强，是××旅行社派出的，是这次专门接待大家的导游员。再了解一下，我们这个团有没有领导？(回答：这位是我们的科长)噢。科长，请问贵姓？(回答：姓陈)噢，陈科长！这次您可是老大，可以好好享受当老大的乐趣。这几天，大家无论什么事情，都得听老大的，知道吧？不过老大也得听我的！开玩笑的，我只是尽力服务而已。其实，这车上真正的老大是刘师傅。他掌握着全团的方向啊！刘师傅开了十几年旅游车，在我们省旅游圈子里可谓德高望重，很有威信的！有我们刘师傅，大家尽管放心，保证大家玩得开心、愉快！

(资料来源：马树生，许萍编著《模拟导游》，旅游教育出版社 2008 年版)

3. 客人入住服务礼仪

(1) 旅游团进入饭店后，导游要帮助客人办理住房登记手续，并向饭店提供客人名单。分发房号后，导游要了解客人住房位置、安全通道等，记住领队房号，同时将自己(全陪)房号告知领队。将客人送至房间后，适时带客人去餐厅用餐。

(2) 行李到达后，要核对客人行李件数，协助将其送至客人房间，同时查问客房情况，如设备是否完善、无损，房间是否洁净等。如行李出现丢失、被盗、破损现象，要与有关方面交涉，及时处理。

(3) 向客人收取要确认的机票、车票和所需办理的签证、护照等，并向客人询问有无其他委托办理事项。根据客人要求，要尽力提供帮助；须转交内勤办理的事宜，要做到转交及时，交代清楚。

(4) 客人进入房间前，应简要介绍饭店设施、第二天的行程细节。如早餐时间、地点，出行的各项准备等。将自己的房号、联络方式告知客人。

(二) 带团游览礼仪规范

带团旅游，涵盖了旅游六大要素中吃、住、行、游、购、娱的方方面面，为了让客人玩得开心、游得尽兴，要达到这个目的，除了要做好沟通协调工作外，还应遵循一定的礼仪规范。

1. 游览途中礼仪

(1) 出发前，导游员应在客人用早餐时向客人表示问候，并了解客人的身体情况，重申出发时间、乘车或集合地点，提醒客人带好必备用品。

(2) 每次上下车都要清点人数，但不可用手指点数。乘车时，导游人员要最后一个上车，关好车门，不得抢上车、抢座位。车子行驶后，要提醒客人坐好、坐稳，并报告天气情况和简短新闻，重申当天活动日程，重申旅游须知等。

(3) 导游讲解时，表情要自然大方，声音大小要适中，使用话筒音量、距离要适当。导游时可适当做些手势，但动作幅度不宜过大，不要手舞足蹈、指手画脚。

(4) 带客游览过程中，做到服务热情、主动、周到，注重讲解效果。讲解介绍内容要准确(数字、事实准确无误)，条理要清楚，语言要生动，手法要灵活。旅游者插问时，要耐心听取，不可听而不闻，要及时做解答。导游过程中，要注意给客人留有摄影时间。导游过程中要照顾到全体客人。

(5) 在参观旅游景点时，导游人员要给予宾主双方热情礼貌的服务，不可由于经常在某地参观，就把主人甩到一边，自己代替主人向客人讲解。翻译时要尊重主人的原意，听不懂主人或客人的话时，可请求其重复一次。

(6) 与游客交谈时，有四类主题理应忌谈：年龄、婚姻、收入、住址、经历等涉及个人隐私的话题，议论对方国家内政的话题，令人反感的话题，低级趣味的话题。

(7) 游览项目安排上应注意科学合理，做到时间和空间上结合得当。比如在北京，上午游览故宫，下午就不宜再安排参观雍和宫，否则易给客人以单调、雷同之感。下午如安排游览北海公园或其他园林，这样的效果就会截然不同，一天的活动内容就会显得丰富多彩。

(8) 全天活动结束后，在返回饭店的路上，导游员要向客人宣布第二天的活动安排、出发时间、地点等。抵达饭店后，导游员要主动向领队征求意见，对白天遇到的问题，要与领队和客人共同协商解决。

【案例思考 6-6】 航班改变了怎么办？

某年 8 月，西安的导游员李小姐接待一个二十多人的旅游团。这个团原计划在西安活动三天。第一天下午看城墙、大雁塔、小雁塔；第二天去乾陵、昭陵、华清池；第三天上午参观兵马俑，下午乘飞机去桂林。第二天晚上 11 点钟，李小姐突然接到全陪打来的电话，说该团次日去桂林的飞机改变了航班，起飞时间改在上午 7 点钟。李小姐听到这一消息非常焦急，因为航班一改将牵扯到游览、用餐、行李、送机和通知游客等一系列问题。而此时大部分游客已经休息了，司机也早回家了，怎么办呢？她马上与旅行社联系，旅行社的内勤人员告诉李小姐情况属实，并让她去旅行社取机票。李小姐质问内勤人员为什么不及早通知她，对方讲已经通过 BP 机传呼过她，也给她的手机打了电话，但没联系上。李小姐没有继续与其争辩，而是请他帮助联系第二天的用车、退餐等事宜，然后又请全陪通知客人第二天早晨出运行李和出发的时间，在与饭店联系落实有关早餐、出运行李、退房等事宜后，她赶去旅行社取机票，夜里12点才赶回饭店。那时,旅游团的随员和全陪正在等着她,等一切都安排妥当后已经是凌晨1点了。

（资料来源：马宜斐编著《旅游人际沟通》,中国人民大学出版社2007年版）

2. 带客购物服务礼仪

旅游者在旅游过程中,总有人喜欢选购一些富有当地特色的土特产和纪念品,以留作纪念或馈赠亲友,导游人员在带客购物时应注意以下的礼仪：

(1) 根据旅游团客人的要求,合理安排客人购物。如旅游团多数人要求增加购物次数,经与领队协商并告知接团社后应予以满足。如少数人无此要求,不得强加于人。如少数人有特殊要求时,一般自打出租车前往,但必须经领队同意。

(2) 导游员应善于将购物活动巧妙地安排在有关游览活动中,应对某一旅游景点出售什么样的纪念品、何处购物最信得过、价钱最公道等信息了如指掌,并且事先向大家交代。在旅游者购物时可做些参谋和咨询工作,这样既节省了时间,又满足了旅游者急于购物的要求。

(3) 导游人员应严格遵守导购职业道德,不向客人直接销售商品,不要求客人为自己选购商品。应将游客带到商品质量好、物价公平合理的商店,而不应该唯利是图,为了一点"好处费",昧着良心违背职业道德,把游客带进贩卖假冒伪劣商品的"黑店",给中国旅游业和所在旅行社抹黑。

(4) 带团购物必须去旅游定点商店,客人下车前,要向客人讲清停留时间和有关购物的注意事项。当服务人员不懂外语时,导游员要协助服务人员做好翻译工作。

(5) 商店不按质论价、抛售假冒伪劣商品,导游人员有权维护消费者权益,向商店经理直接反映情况,要求商店向客人赔礼道歉,并退还、赔偿所购商品。

(三) 导游讲解的服务礼仪与艺术

国际旅游界有这样的看法,"没有导游的旅行是不完美的旅行,甚至是没有灵魂的旅行"。导游之所以重要,关键就在于其导游、讲解,而导游讲解的灵魂和核心所在,便是导游技巧和语言艺术。俗话说："祖国山河美不美,全凭导游一张嘴",它充分说明了翻译导游讲解艺术的重要性。

1. 讲解服务的内容

导游讲解的基本要求是正确、简练、清楚、生动和灵活。讲解内容力求深入浅出、生动形象、博古通今、妙趣横生,激起游客的观赏兴趣。导游人员讲解服务的主要内容包括：

(1) 导游说明服务,包括参观游览点、市内观光、沿途的导游说明,解答旅游者的提问,就旅游者关心的问题进行交谈,报告时事新闻等。

(2) 口语翻译服务,包括座谈会翻译、参观介绍翻译、观赏影剧翻译、会见领导人或拜会有关部门时的翻译等。

(3) 提供各类技术、知识性问题的咨询服务,包括旅游机构、政策法规、通信交通等问题。

2. 讲解时的仪表仪态

导游讲解时要做到着装得体、整洁，持证上岗、挂牌服务。在为游客提供服务时，做到微笑迎客、主动热情、端庄大方。具体要求如下：

(1) 服饰得体，举止大方。在导游工作中应穿制服或穿比较正式的服装，并佩戴导游标志。仪态举止应当自然大方、稳重高雅、充满活力，令人有亲切感和可信感。讲解时目光要巡视全体游客，面部表情亲切自然，给人以落落大方的感觉，并灵活机智地回答客人的提问。

(2) 注意把握讲解的时间和站立的位置。讲解时间不宜太长太久，否则会显得过于单调，难以集中游客的注意力。需要进行较长的讲解时，中间最好穿插一些适当的对话形式，以设问、答问等形式来传达所要讲解的内容，这样要比导游员搞"一言堂"似的讲解生动活泼。

讲解时间的长短，要根据游客的兴趣而定。发现游客有兴趣，讲的时间长一点，不然就要适当减少讲解的内容。或者与游客的观赏时间相交叉，即讲一段时间，再让游客自己观赏一段时间，然后又讲一段时间，如此反复。

讲解时的站立位置，应在游客围成的扇面中心的高处，与游客保持良好的"视觉交流"，目光应关照全体在场者，以示一视同仁，表情自然。手持话筒，音量适当，规范讲解。手势力求到位，动作不宜过多，幅度不宜过大。

(3) 手势运用恰当。有时要生动地表达讲解语言所无法表达的内容，使讲解生动形象，需要借助手势。在手势的运用上必须注意：一要简洁易懂，二要协调合拍，三要富有变化，四要节制使用，五要避开忌讳。此外还要掌握手势的运用技巧，具体表现如下：

第一，用来表达讲解的情感时，使之形象化、具体化，可用"情意手势"，即用握拳的手有力地挥动一下，既可渲染气氛，也有助于情感的表达。

第二，用来指示具体的对象时，可用"指示手势"。比如："现在我们来到了王府井大街，这里是北京最繁华的商业街，东边的(用手指东边)是东安市场，西边的(用手指西边)是百货大楼，这是王府井大街的心脏部分。"

第三，用来模拟状物时，可用"象形手势"。比如：当讲到"有这么大的鱼"时，就要用两手食指比一比。当讲到"五公斤重的西瓜"时，就要用两手手指比成一个球形状。

【补充规范 6-7】 现场导游规范十要点

导游规范是指能够体现导游职业特点的、统一的做法。狭义的导游规范包括以下十点内容：

(1) 引导标志。导游应左手举导游旗，要保持正直，不要扛在肩上或插在腰带里，也不能来回摇晃或拖在地上。

(2) 社徽。社徽或旅行社标牌应佩戴在上衣左胸正上方。

(3) 导游证。根据规定,导游带团应佩戴导游证(胸卡)。导游证(胸卡)挂在脖子上,让其自然下垂在胸前即可。

(4) 话筒持法。导游应右手拿话筒(扩音器),应斜拿在嘴边,不要靠在嘴上,也不要遮住面部。

(5) 所站位置。在旅游车内,导游应站在旅游车中前部的中间位置(车内过道上)。在景点内,导游应站在游客围成的扇面的中心。

(6) 面对客人。导游讲解时,导游应面对客人(指点景物时除外)。

(7) 点人方法。清点人数时,要使用国际通用的点人方法,以示对客人的尊重。具体做法是:用目光默数,但不能数出声来,切忌用手指指点点。

(8) 上下车做法。上车时,导游应站在车门一侧,招呼大家上车,同时帮助年老体弱者登车。下车时,导游应先下车,站在车门一侧,照顾大家下车。

(9) 面部表情。导游要坚持微笑服务。

(10) 使用敬语。对游客提出要求或者回答游客问题时,导游应使用敬语。

(资料来源:通达职业培训学校网·导游实务 http://www.dy999.com.cn)

3. 把握好讲解的音量、语速和节奏

在旅游巴士上,导游的讲解服务既要根据景点的不断变化来解说,让客人能够一目了然地理解和欣赏,还要根据场合、人数、客人的年龄和接受能力等,把握好讲解的音量、语速和讲解的节奏。

(1) 调节好音量和音调。

"讲话的艺术在于适中"。讲解时要注意控制好自己的音量,一般以游客能听清为原则。首先,要根据游客多少及导游地点、场合来调节音量。游客多时,音量要大些;游客少时,音量则要小一些。在室外讲解,音量要适当大些,在室内则要小一些。其次,要根据讲解内容调节音量,强调主要信息关键词语时加大音量,有时为造成一种紧张气氛,以增强感染力,可故意压低嗓门,先抑后扬。

音调的把握,应随讲解内容有起伏变化,切忌平直。导游讲解中,有高潮,也有低潮。高潮时,音色应明亮些、圆润些;低潮时,音色深沉些、平稳些。抑扬顿挫的语调变化往往能使语言具有音乐般的节奏感,使人爱听。

(2) 控制好语速。

导游讲解应善于根据讲解的内容、游客的理解能力及反应等来控制讲解的语速。什么时候放慢语速?需要特别强调的事情,想引起游客注意的事情,严肃的事情,容易招致疑惑误解的事情,以及数字、人名、地名、人物对话等。什么时候加快语速?众所周知的事情,不太重要的事情,故事进入高潮时等。

讲解语言速度的快与慢是相辅相成的,必须注意节奏急缓有序。长时间语速过快,容易使人精神高度紧张,特别容易疲劳,注意力自然就会涣散;相反,长时间语速太慢,不能给人以流利舒畅的美感。一般来说,讲解的语速应该掌握在每分钟

200 个字左右。

(3) 运用好停顿节奏。

停顿是导游员讲解中短暂的中止。导游讲解时，并不是讲累了需要休息一下，才停顿片刻而沉默，而是为了使讲解能收到心理上的反应效果，突然故意把话头中止，沉默下来。所以导游讲解运用的停顿，是指语句之间、层次之间、段落之间有意识实施的间歇。

【补充知识 6-8】　导游礼仪八忌讳

一忌沉默寡言，不苟言笑；二忌不能一视同仁地对待游客；三忌对游客老说“不知道”和“没办法”；四忌让游客等导游；五忌关键时刻故意回避；六忌说不负责任和不吉利的话；七忌当着客人的面和同事议论旅行社内部问题；八忌打听和议论客人的隐私。

(资料来源：王春林主编《旅游接待礼仪》，上海人民出版社 2006 年版)

4. 导游讲解服务的语言艺术

导游语言，即是在导游活动中实际使用的具有丰富表达力的、形象生动的一种口头语言，导游语言具有职业特点。一名优秀的导游员在导游语言的把握与运用上，应清楚准确、生动有趣、幽默活跃、符合礼仪。

(1) 言之有礼。所谓言之有礼，就是指导游人员言语要文雅，谦虚敬人。在导游接待过程中尽量多地使用礼貌语言，如“大家好”、“早上好”、“请坐”、“请跟我来”、“请走这边”、“对不起”、“打扰了”、“麻烦您了”、“祝各位旅途愉快”、“再见”等。此外，说话声调、语气也能体现是否礼貌。说话温和友好是有礼貌的表现，粗声大气是缺乏礼貌的表现。

(2) 令人信服。导游员的讲解必须有根有据，令人信服。遇到游客提问，要客观回答、实事求是，不得胡编乱造、张冠李戴。介绍史实时要根据出版物如实讲解，不能信口开河。即使讲神话传说也应有本有据，并根据游客的理解能力，要深浅、粗细适度。要做到言之有据，需要导游接待人员精通业务，特别是精通旅行业务，还要特别熟悉自已的工作程序和自己的业务范围。

【案例思考 6-9】　面对客人的问题出现尴尬怎么办？

一次，一位海外游客问一位导游：“为什么客人一来，中国人总要先给客人沏一杯茶?”导游员回答说：“我们中国人爱喝茶，所以就沏一杯茶呗!”客人笑了，说：“你这不是把因果等同起来了吗? 你们中国人也喝酒呀，为什么不给客人斟一杯茅台酒呢?”导游员语塞了，一时竟不知道该如何回答，非常尴尬。

这位导游员确实犯了一个逻辑不清、因果等同的错误。但是，这又有什么大不了的，每个人都可能犯错误，导游员可以这样回答：“对，您说的有道理。看来您对中国的文化还是很了解的。”不知不觉给游客戴了顶高帽子，想必他心里美滋滋的，然后再给他讲一讲中国的茶文化和喝茶的功效，他一定迫不及待地想喝一口了。

（资料来源：马宜斐编著《旅游人际沟通》，中国人民大学出版社 2007 年版）

（3）增加趣味。导游员在导游讲解时注意生动有趣，定会使游客心情愉悦并留下深刻印象。如在讲解历史背景时，可穿插叙述传说神话故事，增加趣味性。讲解技巧中有一种叫"埋下伏笔"，即先由导游人员提出问题，但要经过游客亲自行动，去数、去找、去观察，才能找出答案。如杭州六和塔，可问到塔顶有多少台阶？让游客自己去数。说对了，自然本人很高兴，说不对，哈哈大笑，也颇惬意。讲话诙谐风趣是导游语言艺术性的重要体现，它使导游讲解锦上添花，使听者欢笑，轻松愉快，使气氛活跃，能提高旅游者的游兴。而讲解语言风趣幽默，可以调节情绪，制造气氛。

（4）活用修辞。修辞即修词，又称词式、修词格，它是在运用口头语言和书面语言中创造的增强表达效果的格式。恰当地运用修辞，能使导游语言鲜明生动，更趋艺术化。修辞在导游语言讲解中有比喻、比拟、夸张、引用、换算、映衬等手法。

比喻，如："苗家姑娘特别喜欢唱歌，她们的歌声就像百灵鸟的声音一样清亮动听。"这种抽象变形象的比喻，使得抽象的歌声得以形象化了。

比拟，如："看，山上的迎客松正在微笑着，向我们伸出了热情的手，欢迎各位远道而来的客人呢。"这种拟人的比拟，赋予人的思想感情之后从而增添了形象性。

夸张，如："瞧，这湘绣被面上的芙蓉花，似能散发一种浓郁的芬芳，招引着一只只纷飞的蜜蜂和蝴蝶。"这种强调事物特征的夸张手法，形容湘绣技巧的高超，引起了人们美好的想象。

引用，如：说话中引用名人名言、古今中外典故、寓言、谚语、诗句文章等，往往能生动感人，并能增强说服力。

换算，如："故宫规模宏大。假如安排刚出生的孩子在每个宫室里各住一夜，当他把所有宫室都住一遍后，他就成了一位 27 岁的青年"。这既形象又生动的换算，给人以极其深刻的印象。

映衬，如："天下观日出的胜地很多：海南的'天涯海角'地处中国最南端，那里碧波万顷，水天相接；泰山地处华东，眼底一马平川；这里是南岳祝融峰的观日台，地处南国，眼下却是千山相连。在这里看日出，别有一番景象。导游员用天下闻名的观日出胜地进行对比映衬，可以激发游客的兴趣。

（5）善用手法。在导游讲解的过程中，几乎每个导游都有自己一套娴熟的导游方法和技巧，而且各有特色。常用的讲解艺术手法如下：

第一，描绘法。运用具体形象、富有文采的语言对眼前的景观进行描绘，使其细微的特点显现于游客眼前。例如，在景色如画的苏州西湖洞庭山的石公山上，一位导游员对游客描绘说："朋友们，我们现在身处仙山妙境，请看我们的背后是一片葱翠的丛林，面前是无边无垠的太湖。青山绕着湖水，湖水映着青山。山石伸进了湖面，湖水'咬'住了山石，头上有山，脚下有水。真是天外有天，山外有山，岛中有岛，湖中有湖，山如青龙伏水，水似碧海浮动。”情景交融的描绘，使游客就像在观看彩色宽幅风景影片的同时，又听着那优美的画外音。

第二，简述法。用准确、简洁的语言，把景观介绍给游客，使他们在具体欣赏、品味景观之前，对景观有一个初步的印象。

第三，感慨法。用寓情于景、富有哲理性的语言激发游客的情绪，使他们得到一种愉悦的启迪。在号称“海天佛国”的普陀风景区，导游员带着游客登上佛顶山，俯瞰大海。这时，导游员在一旁启发似地感慨道：“朋友们，眼前这锦鳞片片、白帆点点的水面就是东海，多少年来以它特有的气势启迪着人们：海是辽阔的，胸怀无比宽广；海是厚实的，什么都能容纳；海是深沉的，永远那么谦逊……常看大海，烦恼的人会开朗，狭隘的人会豁达，急躁的人会沉稳……”听着这些充满人生哲理的话语，游客们获得的又岂止是山水美景？

第四，述古法。向游客叙述有关历史人物、事件、神话故事、轶闻典故等，以丰富游客的历史知识，使他们运用形象思维，更好地了解眼前的景观。

第五，逗趣法。用幽默风趣的语言进行导游讲解，让游客在乐趣中得到精神享受。例如：在苏州西园的五百罗汉堂里，导游人员指着那尊“疯僧”塑像逗趣说：“朋友们，这个疯和尚有个雅号叫‘九不全’，就是说有九样毛病：歪嘴、驼背、斗鸡眼、招风耳朵、癞痢头、烧脚、鸡胸、斜肩胛，外加一个歪鼻头。大家别看他相貌不完美，但他残而不丑，从正面、左面、右面看，你会找到喜、怒、哀、乐等多种感觉。另外，那边还有五百罗汉，大家不妨去找找看，也许能发现酷似自己的‘光辉形象’。”风趣的话，逗得游客乐此不疲，游兴顿增。

第六，猜谜法。根据旅游景观的内容和特点，以谜语的形式引发游客的兴致。游无锡蠡园时，导游员让游客先看春、夏、秋、冬四个亭中的春亭，指着匾说：“春亭挂的匾额是‘滴翠’，表达了春天的形象，有特色。那么夏、秋、冬三个亭子会用什么题匾呢？各位朋友是否能猜中？”一石激起千层浪，游客边猜边看，猜中的笑逐颜开，未猜中的纷纷敬佩题匾者的文笔之妙。

第七，玄虚法。导游员讲解中故意用停顿和“吊胃口”或“卖关子”来故弄玄虚，以吸引游客。玄虚式的导游讲解可以把本来不怎么吸引人的一些内容说得有声有色，令人着迷。

第八，悬念法。根据不同的导游内容，有意识地创造连环套似的情境，先抑后扬地提出问题，以造成“欲知结果如何，且听下回分解”的悬念，使游客由被动地听讲解变为主动探寻，以激起欲知其究竟的好奇心。

第九，类比法。用游客熟悉的事物进行类比，帮助游客理解和加深印象。由于地理的、历史的、民族的、文化的以及宗教信仰的差异性，导游员要把每个游览点解释得使游客容易理解，一听就明白，并非易事。因此，导游员有时须借助类比的手法。在讲解西安半坡文化村时，如果导游员加上这么一句话：“半坡人的生活在很大程度上和当今美国居住在'保留地'的印第安人的生活习性很相似。"这样讲解，美国客人就会恍然大悟。

第十，变换法。将外国游客难以理解的词或句子意译或变换成他们所熟悉易懂的词或句子。例如："三个臭皮匠，顶一个诸葛亮。"如果直译成日语，有的日本人不一定懂，若意译成日本民谚："三人凑一块，可顶上文殊菩萨的智慧"，效果就好得多。

（四）送别游客的服务礼仪

送别是导游接待工作的尾声，为客人送行时，应使客人感受到导游人员的热情、诚恳、有礼貌和有修养。自然、贴切的送别用语和合乎规范的送别礼仪可以圆满地结束接待服务，并给宾客留下深刻美好的印象。

1. 送别客人的礼仪规范

送别客人要讲究送客语言和导游礼仪规范，具体来讲要做到以下各个方面：

第一，当宾客离开饭店、旅行社或一次服务过程结束时，应很有礼貌地与客人告别。对乘飞机离境回国的宾客，说上"祝您一路平安"要比"祝您一路顺风"为好，因为顺风对飞机的飞行和降落反而不利。

第二，游客结束当地活动次日离去时，导游人员应提醒客人整理好自己的物品，打好托运的行李，并通知客人交运行李的时间、地点等，同时提醒客人和饭店结账，付清所住房间的电话、饮料、洗衣等一切费用。与客人分手前，要准确通知次日客人的出发、用餐时间及集合地点等。要通知饭店叫早。

第三，出发临行前，要提醒客人不要遗忘自己的物品。导游要将验后的客人的各种证件、护照和机票等，亲手交给客人或领队。客人上车后，要认真清点人数。

第四，送国内、国际航班，要按航空公司规定的时间到达机场；送火车，须按铁路部门有关规定提前将客人送上车厢落座，千万不要忘记将行李托运单交给领队、全陪或客人。

第五，火车、轮船开动或飞机起飞以后，应向客人挥手致意，祝客人旅途愉快，然后再离开。如果自己有其他事情需要处理，不能等候很长时间，应向客人说明原因并表示歉意。

【补充案例 6-10】 日本人的送客礼仪

日本的服务是举世公认的。在送客的礼仪方面也有独到之处，表现得谦和有礼。有一批企业家去参观日本工厂，参观结束后坐大巴离开时，工厂的领导、员工都在门口恭送客人。每个人都是 90 度的鞠躬，很有礼貌。

尤其令人惊讶的是，参观团的一个成员看到：后面还有一个工人装束的人在鞠躬，这是一位接近退休年纪的老先生。此时所有的代表团成员都在跟工厂的领导道别，这一切本来与这位老先生无关，可是他依然以厂为家，以公司为荣，用一样的礼仪欢送贵宾离开。

（资料来源：德信诚企业培训网·送客的服务礼仪 http://wwwqs100.com）

2. 致欢送词的礼仪

导游欢送词，是完美旅行的小结。如果说“导游欢迎词”给游客留下美好的第一印象是重要的，那么在送别时说一段漂亮的“导游欢送词”，给游客留下的最后印象将是深刻和终生难忘的。任何不“辞”而别或草率收场，都是对游客不礼貌、不负责任的行为。

(1) 欢送词的要素。导游欢送词，通常具有以下五个要素：

- 表示惜别。导游欢送词中应含有对分别表示惋惜之情、留恋之意，讲这些内容时，面部表情应深沉，不可嬉皮笑脸，要让团友感觉到“人走茶更热”。
- 总结旅程。与团友们一起回忆一下这段时间所游览的项目、参加的活动，给游客一种总结、归纳之感，将许多感官的认知上升到理性的认识，帮助游客提高。
- 征求意见。告诉游人，我们知有不足，经过大家帮助，下一次接待会更好！
- 期盼重逢。表达对游客的情谊和自己的热情，希望游客成为回头客。
- 感谢合作。感谢在旅游中游客给予的支持、帮助、合作、谅解，没有这一切的一切，就难以保证旅游的成功。

(2) 欢送词的形式。导游“欢送词”除文采之外，更要讲“情深”、“意切”，让每一位游客终生难忘。由于每一个旅行团情况各不相同，欢送词在形式上可以随团而异。比如：对东方人可以讲一些关怀体贴的话，而对西方人则大可不必。因为，东方人需要的关怀与温暖，在西方人看来是对他个人自理能力的怀疑和轻视。欢送词大致可分为抒情式和总结式两种。

① 抒情式，即借助抒情语言的感化力，以此打动客人的心，使双方产生强烈的情感共鸣。导游人员以热情洋溢的语言，抒发惜别之情，对巩固和加深与游客相处期间所建立的友情具有积极的促进作用。

采取抒情式欢送词应注意这么几点：第一，强调情感真挚，有感而发，倾注个人的真情实感；第二，遣词造句中比喻要恰当，切忌情感过分夸张，以免使游客产生虚伪之感；第三，可借助声调效果、体态语言，造成一种情景交融的气氛，以弥补欢送词创作方面的不足。

② 总结式，此种欢送词情感朴实，主要用叙述性的语言对全程旅游情况做一个简单的回顾，并对游客合作配合表示感谢，期待重逢，然后用祝福语收尾。总结式欢送词简单、朴实，导游采用较多。

附录：抒情式导游欢送词一例

各位嘉宾：

我们的旅行车已行驶在去机场的路上。透过车窗可以看见，南京的天空又下起了小雨。一千多年前唐朝诗人王维有一首著名的诗，叫《渭城曲》，他在诗中写道：

渭城朝雨邑轻尘，
客舍青青柳色新。
劝君更尽一杯酒，
西出阳关无故人。

今天，南京也下起了小雨，我们也在雨中与各位分别，不同的是，王维送的人要西出阳关，没有故人，而大家走是要飞回某地，去见亲人。也许雨还是当年的雨，南京人常说：下雨天留客。按我们南京人的习俗，但凡下雨的时候，是不放客人走的，一则下雨路滑，客人走路不方便；再则下雨无事，正是陪客的好时候。但是，由于行程的安排，我们不得不违反南京这一民俗，在此相送。

“好花不常开，好景不常在，今日离别后，何日君再来？”邓丽君小姐这首《何日君再来》是我们常常唱起的一首歌。但我相信，我们之间友情的花朵会常开，华东地区的美景永远常在，今日离别后，什么时候你会再来？也许从此之后我们不会再相见。在大家这次华东黄金之旅的最后时刻，我想说：这一趟旅行大家都非常辛苦，但最辛苦的人却是我们的领队小姐。她一路照顾大家的饮食起居，心系大家安全，力求大家快乐，同时给我的工作以极大的支持。有位伟人这样说道：服务人类是最崇高的职业。我和领队小姐同做导游工作的不同层面，更能体会这种工作的艰辛，因此，在这里，我要表达一个××导游对领队真诚的谢意和崇高的敬意，请大家给我们领队小姐一点掌声。谢谢！我还不得不谢谢一个人，就是我们的×师傅，×师傅用他高度的责任心和高超的车技，给了我们一个安全的旅行，也请大家给我们亲爱的×师傅一点掌声。谢谢！一会儿下车之后各位小姐不要忘了给我们×师傅一个 good-bye kiss。

在华东的这几天，我们一同走过了……（回顾行程）

好了，各位贵宾，我们的旅行车马上会到达我们行程的终点——南京禄口机场，几天前我们在这里开始起程，今天大家终于回到了起点，我们几天的行程马上就要结束了。有一首诗大家不会陌生，“轻轻地我走了，正如我轻轻地来，我挥一挥衣袖，不带走一片云彩。”天下之大，没有不散的宴席。短暂的相逢就要结束，挥挥手就要和大家告别，值此分别之时，（稍微停顿）小×要代表××旅行社感谢大家几天以来对领队小姐、对师傅和对小×工作的关心、支持与配合，并对行程中不尽如人意的地方表示深深的歉意。（鞠躬）

各位到了机场后，即将乘坐飞机，回到自己温暖的家，在这里小×祝大家一路平安、旅途愉快。（鞠躬）

最后，祝大家在以后的日子里，生活好、工作好、样样都好，亲戚好、朋友好、人人都好。羊年洋洋得意！欢迎各位再来华东！谢谢大家！再见！（鞠躬）

（资料来源：导游网·导游词 http://www.zizhuxing.net）

复习与练习

一、主要概念

1. 旅行社 2. 情意手势 3. 停顿 4. 修辞 5. 玄虚法

二、学习理解

1. 旅行社接待礼仪有哪些基本要求？

2. 简述旅行社门市接待中有关售中服务礼仪的程序。

3. 导游员带团游览途中要遵循哪些礼仪规范？

4. 导游员讲解服务的主要内容有哪些？

5. 一般来说导游欢送词包括哪几个要素？

三、判断题

1. 旅行社门市服务中，接受来电查询时、电话铃响时，应在五声内接听。（　　）

2. 旅行社接待人员对顾客的提问，应该多用肯定的语言。（　　）

3. 导游在清点游客人数时，切忌用手指点游客。（　　）

4. 对客人提出的涉及旅游和机票等问题，门市必须要与总经理商量讨论后才能作出回答。（　　）

5. 一般来说，导游讲解的语速应该掌握在每分钟 400 个字左右。（　　）

四、选择题

单选题

1. 下列关于涉外导游在仪表仪容礼仪要求上不正确的是：（　　）。

A. 导游接待人员在工作时应着工作制服或比较正式的服装

B. 导游员在工作中必须佩戴导游证

C. 女性导游，请注意不宜穿过短或过长的衣裙，也不宜佩戴过大过重的首饰

D. 男性导游着装应规范。在一些特殊场合，如游乐场或登山时，必须着西装

2. 下列关于涉外导游在送客礼仪要求上不正确的是：（　　）。

A. 为宾客安排好返程事宜

B. 出发前提醒客人不要遗忘自己的物品等

C. 为客人送行时，应使客人感受到导游员的热情、诚恳和有礼貌

D. 不用等客人乘坐的车、船开动就可以离开

3. 下列关于导游在解说技巧要求上正确的是：（　　）。

A. 导游在对客沟通时要把握好发音，要特别注意克服方言语音的影响，避免出现声、韵、调的失误

B. 依据游客的多少来调整音量，依据室内外来调整音量，依据导游心情来调整音量

C. 导游在讲解时，应主要用高音大声解说

D. 导游在讲解时，语速要快，这样可以节省游览时间

多选题

1. 人算不如天算，旅游行程计划如有变化，遵循的三大原则是：（　　）。

A. 变更最小的原则　　　　B. 少数服从多数的原则

C. 向总经理请示的原则　　　　　　D. 宾客至上的原则

E. 同级变通的原则

2. 导游与游客交谈时，下列(　　)话题应忌谈。

A. 电影电视的话题　　　　　　　　B. 议论对方国家内政的话题

C. 令人反感的话题　　　　　　　　D. 低级趣味的话题

E. 年龄、婚姻、收入、住址、经历等话题

3. 导游接站服务礼仪要求包括：(　　)。

A. 提前 10 分钟抵达机场、车站或码头迎接客人

B. 地陪接站要佩戴导游胸卡、打社旗和接站站牌

C. 客人抵达后，主动持接站牌上前迎接

D. 对乘飞机抵达的旅游团，要协助客人集中并清点行李，填写行李交接单

E. 引领客人前往乘车地方，扶助客人上车，客人落座后，认真清点人数

五、案例分析

案例：这种问法是否妥当？

一次，在去昆明的旅游团中，导游小姐告诉游客有关少数民族的风俗习惯和禁忌。其中讲到摩梭人实行走婚制，一般没有父亲，只有舅舅。家庭地位最高的是外祖母，其次是母亲和舅舅，如母系社会一般。因此游客不能像通常一样摸着小孩的头部问："小朋友，你的父亲呢？"这样会激怒他们的。

可是到了民俗文化村，有一位客人在摩梭人的院落里，一边看着图片，一边自问："他们真的没有父亲吗？"没有人答应。这位客人又转向文化村的讲解员，问道："他们真的不知道自己的父亲吗？"这位讲解员哭了，激动地说："你才没有父亲呢？"这位客人原本是位县长，从来没有人敢这么跟他说话，气得要打这位讲解员，被其他客人劝解下来，结果闹得很不愉快。

(资料来源：陈刚平、周晓梅编著《旅游社交礼仪》，旅游教育出版社 2003 年版)

案例思考题：

1. 这位游客的问题是否妥当，为什么？
2. 讲解员的表现是否妥当，为什么？

模块 2　旅行社接待礼仪训练

训练项目一：模拟门市接待旅游咨询训练

【训练目的】 熟练掌握旅行社门市接待一般流程和服务礼仪规范，学会有针

对性地提供大型旅游团、小包价旅游团和组合式旅游团的接待咨询服务及相应的礼仪规范。

【训练内容】

（一）各种类型旅游团的接待咨询服务

（二）门市接待咨询情景模拟

【训练要点和标准】

（一）各种类型旅游团接待咨询服务的训练要点和标准

1. 大型旅游团接待流程的训练

标准：

(1) 掌握接待流程：请学生描述接待大型旅游团服务的基本程序。

(2) 请其他学生补充、点评。

(3) 教师对大型旅游团正确的接待流程总结。

2. 小包价旅游团接待流程的训练

标准：

(1) 掌握接待流程：请学生描述接待小包价旅游团服务的基本程序。

(2) 请其他学生补充、点评。

(3) 教师对小包价旅游团正确的接待流程总结。

3. 组合式旅游团接待流程的训练

标准：

(1) 掌握接待流程：请学生描述接待组合式旅游团服务的基本程序。

(2) 请其他学生补充、点评。

(3) 教师对组合式旅游团正确的接待流程总结。

4. 门市接待服务礼仪规范的训练

标准：

(1) 请学生说出门市接待人员的仪容、化妆要求。

(2) 请学生说出门市接待人员着装、饰品的佩戴要求。

(3) 请学生说出门市接待人员的站、坐的仪态要求。

(4) 请学生说出门市接待人员的接待表情要求。

(5) 请学生对门市接待仪容、仪表和仪态表情要求进行补充和点评。

(6) 请学生说出门市接待人员语言服务的基本要求。

(7) 请学生对门市接待人员语言服务的基本要求进行补充和点评。

(8) 教师对门市接待服务礼仪规范进行总结。

（二）门市接待咨询情景模拟的训练要点和标准

1. 角色模拟训练

标准：

(1) 请两位学生分别模拟旅游咨询的客人和门市接待员。

(2) 请两位学生给全班学生演练：去某地旅游的咨询和接待人员的服务。

(3) 请其他学生对门市接待员的业务和礼仪服务规范点评：哪些是正确的？指出存在的错误或欠缺。

(4) 教师最后进行总结。

2. 情景模拟训练

情景：一天上午，旅行社门市接待比较忙碌，有数位老人一同前来旅行社进行赴云南丽江旅游咨询，你作为旅行社门市接待人员，该怎么接待好这些老人，让他们满意？

标准：

(1) 请数位学生扮演难对付的老人，让一位学生扮演比较忙碌的门市接待员，进行表演。

(2) "数位老人"和门市接待人员再现咨询和接待情景。

(3) 对欠讲道理的老人，接待人员用正确和规范的服务表现出来。

(4) 对欠讲道理的老人，接待人员用"以牙还牙"的不规范服务表现出来。

(5) 请其他学生点评情景中接待人员哪些是正确的，哪些是错误的？

(6) 教师最后进行总结。

训练项目二：导游欢迎词训练

【训练目的】 掌握导游欢迎词常规格式及其不同欢迎词类型，提高致欢迎词的语言艺术，并能根据不同国籍、年龄、职业、旅游动机等方面因素，选择不同的欢迎词模式。

【训练内容】

(一) 导游欢迎词表达的基本格式训练

(二) 导游欢迎词模拟训练

【训练要点和标准】

(一) 欢迎词基本格式的训练要点和标准

1. 清楚导游欢迎词格式

标准：

(1) 提问：请学生说说欢迎词基本格式有哪些要点？

(2) 老师总结，给出导游欢迎词基本格式：问候语、欢迎语、介绍语、游览注意事项和对游客的希望等。

2. 导游欢迎词基本格式应用举例

标准：

（1）基本格式例 1：

来自×地的朋友们：

大家好！大家辛苦了！首先请允许我代表我们××旅行社欢迎各位朋友来我市观光旅游。我姓桂，是××旅行社的一名导游，大家叫我“桂导”好了。这位是我们的司机×师傅。在我市旅游期间就由×师傅和我为大家提供服务，我们十分荣幸！大家在此旅游，可以把两颗心交给我们：一颗是“放心”，交给×师傅，因为他的车技娴熟，有 12 年的驾龄，从未出过任何事故；另一颗是“开心”，就交给桂导我好了。旅游期间，请大家认清导游旗的标志，以免跟错队伍。请大家记清集中和游览时间，以免因一人迟到而影响大家的活动。大家有什么问题和要求请尽量提出来，我将尽力解决。最后祝大家这次旅游玩得开心、吃得满意、住得舒适。谢谢！

（2）基本格式例 2：

各位来宾，大家早上好！首先，我代表司机，代表××旅行社欢迎大家来到美丽的海滨城市——大连，我是××旅行社的导游员，我叫何立宁，何是人加可，立志的“立”，安宁的“宁”，大家可以叫我小何。年龄小的可以叫我立哥。前方的是司机×师傅，×师傅有多年的驾驶经验，驾驶技术高超，所以大家在乘车过程中可以完全放心。开车的朋友可能听过这样一句话：到了吉林是吉（急）开，到了内蒙古是蒙（猛）开，到了上海是沪（胡）开，那到了大连就是黑白两道都能开。这是因为大连春有百花秋有月，夏有凉风冬有雪，是四季分明的城市，在夏天我们的马路是黑色的，到了冬天我们的马路是白色的，所以我们的师傅是黑白两道混得都熟的，大家尽可以放心。

接下来这几天就由我和×师傅为大家服务。中国有句俗话说的好：百年修得同船渡。今天我们就是：百年修得同车行。我们大家由不同的地方走到同一个目的地，乘坐在同一辆车里，大家由不相识到相见相知，这真是一种很奇妙而又美好的缘分，那么就让我们将这个美好的缘分进行到底。那小何先在这里预祝大家大连之行愉快，希望我们大连的好山、好水、好导游、好司机给大家带来一份好的心情，使大家带着对大连的期待和憧憬而来，带着对大连的满意和流连而归。最后祝大家在大连吃得舒心，玩得开心，住得爽心。

（二）导游欢迎词模拟训练要点和标准

1. 小组训练

标准：

（1）分成小组，每人写一篇或找一篇导游欢迎词交流。

（2）各小组派出一名学生在班级交流。

2. 现场模拟训练

标准：

（1）模拟场景：导游向外校参观交流的客人介绍我校情况

(2) 具体操作步骤：

第一,随机性地抽取学生扮演导游。

第二,其他学生扮演客人。

第三,要求扮演导游的学生仪表整洁、仪态规范,口齿清晰,可以清楚、有条理地把我校的地理位置、发展历史、规模、校园建设和文化等内容介绍给客人。

第四,要求扮演客人的学生能够作出适当的回应与配合。

训练项目三：导游语言训练

【训练目的】 在导游活动中力求使导游语言达到：表达能力丰富、形象生动,讲究语言艺术、礼貌规范,语言把握与运用上清楚准确、幽默活跃。

【训练内容】

(一) 模拟场景沿途讲解训练

(二) 特殊情况和客人沟通训练

(三) 劝导游客改变主意训练

(四) 对游客不满情绪的安抚训练

【训练要点和标准】

(一) 模拟场景沿途讲解的训练要点和标准

1. 沿途讲解要求的询问和掌握

标准：

(1) 请同学回答沿途讲解有哪几个要求。

(2) 请其他同学补充。

(3) 老师给予总结或给出正确的答案：

第一,要把握讲解的同步性。

第二,要注意讲解的节奏和信息传递的量。

第三,指示要明确。

第四,要善于借景生情。

第五,要随时准备解答游客的提问。

2. 分组模拟演示沿途讲解的训练

标准：

(1) 将学生分成若干小组,以小组为单位选定一个沿途讲解线路进行练习准备。

(2) 提出要求：每个小组在规定的时间汇报一个线路的沿途讲解,并给出评分标准。

(3) 老师给出一个线路模拟讲解的模板,给学生演练参考：

模板线路：上海浦东国际机场——陆家嘴金融贸易区

导游员在浦东国际机场接到了来沪的旅游团，经孙桥现代农业开发区、上海新国际博览中心、上海科技馆、上海东方艺术中心、世纪大道，到陆家嘴金融贸易区参观游览。

要求对沿途经过的以上建筑或旅游点进行讲解，小组成员可以每人准备一个景点，然后协调衔接进行讲解，或小组选派一个人进行讲解，其他成员帮助组织讲解材料等。

(4) 各小组演练汇报，由老师和各组组长评分。

(二) 特殊情况和客人沟通的训练和标准

1. 提问：预防特殊情况发生的措施

标准：

(1) 请学生回答：预防客人旅途得病的措施有哪些？

(2) 请其他学生补充后老师给予总结。

(3) 请学生回答：预防司机驾驶出错和交通事故的措施有哪些？

(4) 请其他学生补充后老师给予总结。

2. 各类特殊情况发生后如何和客人沟通的训练

标准：

(1) 请学生回答：旅游路线变更如何和客人沟通？并请其他学生补充。

(2) 请学生回答：客人行李丢失和损坏如何沟通和处理？并请其他学生补充。

(3) 请学生回答：旅游者病危或死亡如何沟通和处理？并请其他学生补充。

(4) 请学生回答：旅游者财物被盗如何沟通和处理？并请其他学生补充。

(5) 请学生回答：发生了交通事故后如何沟通和处理？并请其他学生补充。

(6) 老师给予以上各类特殊情况发生后沟通和处理的指导性建议，以下举例说明。

举例：在途中突发交通事故，如撞车、翻车等，旅行社必须迅速派人前往出事地点，指挥现场救护，及时处理事故。同时，导游人员须采取如下措施：

第一，立即将伤员送往距出事地点最近的医院抢救，并立即向接团和组团社汇报，请示事后处理意见。

第二，保护现场，并尽快报告交通警察和治安部门。

第三，做好全团人员的安全工作。事故发生后，除有关人员留在医院外，应尽可能使其他团员按原定日程继续活动。

第四，做好事故善后工作。交通事故的善后工作将由公安和旅行社出面处理，导游人员应照顾好受伤游客，写好事后情况报告，请医院开具诊断和治疗书，请公安局开出交通事故证明书，以供客人向投保险种的保险公司索赔。

第五，交通事故处理就绪或该团接待工作结束后，导游人员应立即写出事故发生及处理的书面报告。

（三）劝导游客改变主意的训练和标准

1. 情景模拟训练

情景：某旅游团原定从北京乘飞机去南京，因没有订上飞机票，只能改乘火车。游客对此十分不悦，表示坚决不坐火车。

标准：

（1）请两位学生以导游身份，分别劝导游客改变主意。

（2）请其他学生对前面的劝导进行点评。

（3）教师给出参考性答案：

导游员在说明了改乘火车的原因后，向游客劝导："大家外出旅游不是想多看看一些地方吗？"游客说："当然想啊。"导游员说："如果乘火车去南京，沿途还有不少景点值得一看，有许多风味小吃值得尝一尝，乘飞机在时间上是快了一些，但却领略不到这种旅游情趣。"导游又把乘火车的旅游情趣作了一番有声有色的描述，然后补充道："假如大家坚持要坐飞机去南京，那么只能等到三天以后，同样将影响以后的游程。"权衡之后，游客们同意了计划更改。

2. 案例情景训练

案例：一个旅游团在自由活动期间，一位游客在挑选西瓜时不小心将一个西瓜弄碎了，卖西瓜的小贩一定要这位游客将碎瓜买下，而这位游客坚决不肯，小贩手里拿着一把切西瓜的刀，游客手里也拿着一块砖头，眼看一场流血冲突就要发生。

标准：

（1）请一位学生对案例中的场景如何进行调解劝导发言。

（2）请第二位学生对第一位学生调解劝导进行点评，并提出自己的劝导方案。

（3）教师给出参考性解决方案：

"朋友！大家都住手！"导游员大声吼道，"两个大男人为了一个西瓜值得吗？"说完他从口袋里掏出10元钱放进小贩的上衣口袋里。争执中的双方这才从冲动中猛然醒悟过来，两人的手慢慢地垂了下来。

后来那位游客诚恳地对导游说："要不是你在关键时刻说的那些话，我可能要闯大祸了，谢谢你！"说完他把10元钱递到了导游员的手中。

（四）对游客不满情绪的安抚训练和标准

1. 提问：如何安抚游客情绪？

标准：

（1）请学生回答：游客有哪些不满情绪需要安抚？请其他学生补充。

（2）请学生回答：如何安抚情绪才能有效？请其他学生补充。

（3）教师给出指导性建议，参见以下要点：

第一，安抚的本身是安抚者传递温情的表示，而对被安抚者来说得到必要的慰藉也是必然的心理需求。

第二，安抚不能掺杂不必要的怜悯，否则会伤害被安抚者的自尊心和自信心，也不能起到安抚的积极作用。

第三，举例：游客在不顺心的时候可能会心情烦躁，甚至会失去对自己或对他人的信心。这时候有经验的导游员就会用激励的方式去安抚游客，这种激励式的安抚既能够消除对方的苦恼，又能够增强其自信；反之，导游员如果被对方的情绪感染，顺着对方的消极心理说一些泄气的话，不仅不能解脱对方的烦恼，反而会陡增对方的痛苦。

2. 安抚游客技巧及案例学习

标准：

(1) 请学生回答，安抚游客情绪有哪些有效的技巧？并请其他学生补充。

(2) 教师给予总结性参考答案：安慰的技巧有很多，如体贴式、比较式、实例式、允诺式等，在导游交际过程中常用的主要有体贴式、允诺式两种技巧。

(3) 体贴式安抚技巧的案例分析及其学习领会：

案例：两位游客没有在约定时间到达指定地点集合，全体游客等了他们很长时间，当他们最终到来时，有些游客会明显地表现出对他们的不满，这往往会使事态往不良的方向发展。这时，细心的导游员很快就会发现迟到的游客不是故意不配合，而是事出有因。这位导游员很快就这两位游客迟到的客观原因向其他游客做了解释说明，希望大家谅解，并真诚地安慰这两位游客说："在旅程中人生地不熟，会有许多偶然情况发生，你们一定着急死了，我太理解你们现在的心情了。不过忍耐一点，大家的抱怨也是正常的，一定忍着点啊！大家这种不满情绪一会儿就过去了，一定请你们相信我。"这种体贴式的安慰既使迟到的游客受到了极大的感动，又使其他一些牢骚满腹的游客的过激反应平息了。这位导游员的安慰对象实际上有两方面：一方面是迟到的游客，一方面是等待的游客。导游员上述的表达十分巧妙，沟通了双方的情感，使两方面的游客都得到了妥当的安慰，消除了将会影响整个旅游团的不良情绪，使事态一下子得到了积极扭转。

案例提示：体贴式安慰主要是以情感沟通为主要目的的安慰。这种安慰完全从游客的心理需要出发，不仅要晓之以理，而且要动之以情，达到与游客情感上的交融。在安慰中，导游员与游客的情感沟通十分重要，导游员从感情上的特别关注，能够融化游客心中的各种消极的感觉，从而起到积极的作用。

3. 角色现场模拟演练

情景描述：由广州开往汕头的大巴发生故障，停靠在路边。客人发出抱怨，部分客人情绪激动，有三位客人需要赶时间去处理紧急事务。司机与客人发生语言冲突。

标准：

(1) 由学生分别扮演客人、司机、导游员。

(2) 客人表现情绪激动,说话难听。

(3) 司机表现不够冷静,和客人发生语言冲突。

(4) 导游员出面调解,解释原因,稳定客人情绪。

(5) 学生对情景演练中的导游员表现、语言能力、沟通技巧进行点评。

(6) 教师给出进行安抚情绪的语言沟通技巧参考建议:第一步建立和客人的亲和关系,包括语言和副语言表现;第二步进行换位思考的沟通思维,学会进入他人的心境,体谅客人的心情;第三步有效的语言艺术:解释原因,稳定客人情绪。

训练项目四:致导游欢送词礼仪训练

【训练目的】 掌握导游欢送词常规内容及其不同欢送词类型,提高致欢送词的语言艺术,并能根据东西方人的情感需要,选择恰当的语言表达和不同的欢送词种类。

【训练内容】

(一) 掌握导游欢送词主要内容的训练

(三) 导游欢送词模拟训练

【训练要点和标准】

(一) 导游欢送词主要内容的训练要点和标准

1. 熟悉欢送词主要内容的要点构成

标准:

(1) 提问:欢送词主要内容包括哪几个方面?

(2) 请其他学生补充。

(3) 教师总结,给出导游欢送词主要内容的要点:感谢、惜别、征求意见、致歉、祝愿。

2. 导游欢送词基本格式应用举例

标准:

(1) 基本格式例 1:

各位朋友:

(语速放慢)虽然舍不得,但还是不得不说再见了,感谢大家几天来对我工作的配合和给予我的支持与帮助,我自问是一个有责任心的人,但是在这次旅游过程中,还是有很多地方做得不到位,比如大家如何帮助我;什么时候我又出现疏漏了,等等,大家不但理解我而且还十分支持我的工作,我这里不用一一枚举了,就是这些点点滴滴的小事情使我感动。也许我不是最好的导游,但是大家却是我遇见的最好的客人,能和最好的客人一起度过这难忘的几天,也是我导游生涯中最大的收获。作为一个导游,虽然走的都是一些自己已经熟得不能再熟的景点,不过每次带不同的客人却能让我有不同的感受,在和大家初次见面的时候我曾说,相识即是缘,我们能同车而行即是修来的缘分;而现在我觉得不仅仅是缘,而是一种幸运,能为最好的游客做导游是我的幸运。

我由衷地感谢大家对我的支持与配合。其实能和大家达成这种默契真的是很不容易,大家出来旅游,收获的是开心和快乐;而我作为导游带团,收获的则是友情和经历。我想这次我们都可以说是收获颇丰吧。也许大家登上飞机后,我们以后很难会有再见面的机会,不过我希望大家回去以后和自己的亲朋好友回忆华东之行的时候,除了描述上海的外滩如何漂亮、上海的历史如何饱经沧桑之余,不要忘了加上一句,在上海有一个导游小戚,那是我的朋友!

(2) 基本格式例 2:

各位朋友:

眼看火车站就要到了,桂导我也要和大家说再见了。常言道,"相见时难别亦难","送君千里终有别"。在此,桂导我非常感谢各位朋友对我工作的支持。短短几天时间,大家给我留下了非常深刻的印象,谢谢大家的合作!在几天的游览过程中,若有不尽如人意之处,还请各位批评指正,您的意见将是我们努力的方向,您的建议将是我们改进的目标。在返程途中,如果有什么不足之处,还请多谅解。希望大家有机会能再来我市,欣赏我们的春季湖水、夏日荷香、秋天红叶和冬季的雪光。一年四季的美景等着您,到时桂导我再来给各位当导游。最后祝愿大家一路平安!合家欢乐!身体健康!

(二) 导游欢送词模拟训练要点和标准

1. 小组训练

标准:

(1) 分成小组,每人写一篇或找一篇导游欢送词交流。

(2) 各小组派出一名学生在班级交流。

2. 现场模拟训练

标准:

(1) 模拟场景:导游向模拟客人的班级同学进行欢送词演说。

(2) 具体操作步骤:

第一,随机性地抽取学生扮演导游或由学生举手自荐。

第二,其他学生扮演客人。

第三,要求扮演导游的学生仪表整洁、仪态规范、口齿清晰、声情并茂地演说一段欢送词。

第四,要求扮演客人的学生能够作出适当的回应和配合。

第五,由学生对扮演导游员的欢送词内容及其表情、声音、手势、仪表等进行点评。

第六,教师给出总结性点评。

第七单元

国际交往礼仪

学习目标

☆ **应知**：认识国际交往礼仪对旅游接待服务工作的重要意义，熟悉国际礼仪的基本常识和基本礼节。

☆ **应会**：较好地掌握国际交往礼仪中常见的礼宾次序、迎送、会见、会谈、签字仪式，以及国旗悬挂等礼仪规范。

☆ **能力**：对掌握的国际交往中各种礼仪规范能进行运用，能熟练地安排礼宾次序、迎送程序、会见会谈及签字仪式的现场布置等具体操作。

模块1 国际交往礼仪规范

引导案例：恰到好处的礼宾礼仪

在外交活动中，到位的礼宾，会给外交活动增色不少，而欠妥的礼仪，也会给双方带来尴尬。外交礼仪既代表国家的形象，又是一面镜子，能体现国与国之间的外交关系。

1992年12月，时任俄罗斯总统叶利钦将对我国进行国事访问，这是叶利钦就任俄罗斯总统后的第一次访华，对两国关系具有重要影响。为使接待工作做得圆满，外交部礼宾司早早地就做了周密的准备。

17日，迎着灿烂的朝阳，叶利钦的专机稳稳地停在了北京首都国际机场。按照国际礼宾惯例，应由被访问国的礼宾司长登机欢迎，于是礼宾司长就在俄驻华大使罗高寿的陪同下登上了飞机。为表示欢迎，礼宾司长用熟练的俄语对叶利钦说："热烈欢迎总统阁下首次访华，今天天气晴朗，天气也在欢迎您。"叶利钦听后兴奋地说："这是我担任总统后首次访华，在踏上中国土地之后，你是我见到的第一个中国外交部官员，又用流利的俄语和我交谈，我感到很亲切，我十分高兴，这是访问圆满成功的预兆。”短短几句话，立即拉近了双方的距离，叶利钦也由刚才的握手改为热情的拥抱。

俄罗斯人喜欢喝酒，尤其喜爱烈性酒。可是按国际惯例做法，一般国宴只喝红白葡萄酒。为了使叶利钦一行能喝得尽兴，在欢迎宴会上，遵照中央领导同志的指示，我们打破了宴会不用烈性酒的做法，为叶利钦准备了茅台酒。果然，叶利钦当晚情绪高涨，足足喝了半斤多，使宴会的气氛十分热烈。

第二天，江泽民同志要在钓鱼台国宾馆举行小型宴会招待叶利钦。招待会前，江泽民同志非常谦虚地问起叶利钦的小名，礼宾司长告诉他是“鲍利斯”。当江泽民同志见到款款走来的叶利钦时，用俄语亲切地说：“你好，我的兄弟鲍利斯！”叶利钦非常惊喜，他紧紧地握着江泽民同志的手说：“这是我第一次听到一个外国领导人这样亲切地称呼我，我很激动，我们的关系多么亲密啊！”

叶利钦的这次访问取得了丰硕的成果，恰到好处的外交礼仪，给叶利钦留下了良好的第一印象，为访问的圆满成功起到了不可忽视的作用。

（资料来源：中国礼仪网·涉外礼仪 http://www.cnliyi.net）

旅游业是涉外服务接待行业，许多涉外活动，往往是通过各种交际礼宾活动进行的，如迎送、会见、会谈、外交仪式等。涉外接待活动是否符合国际礼宾惯例，将直接关系到我国旅游事业在国际上的声誉，关系到我国的外交形象和尊严。因此，每一位旅游职业人员都应学习国际礼仪知识，掌握国际礼仪交际规范。

一、常见的礼宾次序

任何一次交往、社会活动中，参加者都有上下之分、高低之别、长幼之差。所谓礼宾次序礼仪，就是涉外交往活动和社交活动中，特别是在重要的礼仪场合，为了体现参与者的身份、地位、年龄等的差别，给予某些人以必要的尊重，或者为了体现所有参与者一律平等，而按一定的惯例和规则对出席者进行排列的礼仪规范。

常见的礼宾次序有两大类：一类是不对等关系的礼宾次序，排列目的在于明确区分参与者的高低、上下、长幼等方面的关系，从而给予高者、上者以尊重和礼遇，表现主人的谦谦风度；另一类是对等关系的礼宾次序，排列目的是为了显示所有参与者在权利地位上是一律平等的。具体应按哪一类排定次序，应根据具体情况酌定。

（一）不对等关系礼宾次序的排列规则

有些重要的礼仪和社交活动，如庆典、仪式、纪念等活动中，必须明确按照地位的高低、职位的上下、关系的亲疏、年龄的长幼，以及实力的强弱来排列的，这种排列规则就是不对等关系的礼宾次序。

1. 主席台座次

排定主席台位次的一般规则是：就前后排关系而言，前排就座者为尊、为大、为高、为强；第二排次之，第三排更次，依次类推。就同一排的关系而言，中者为尊、为大，两侧次之；两侧的礼仪次序原则按照国际惯例是右贵左轻，因此同位者，右者为大、为尊，左者为小、为次。

但在我国国内的重大会议的主席台座次是按传统惯例排列：中为尊，两侧是左贵右轻。当领导同志人数为奇数时，1 号领导居中，2 号领导排在 1 号领导左边，3 号领导排右边，其他依次排列。当领导同志人数为偶数时，1 号、2 号领导同时居中，1 号领导排在居中左边座位，2 号领导排在居中右边座位，其他依次排列。

2. 室内座次

在室内是以对门的座位为尊，面向正门，我国民间认为是正位，西方认为是大位。背门者为次。两人并排坐以右为尊，三人并坐，中者为大，右者次之，左边更次。室内围坐时，面对门口的中间位置为尊。总的来说，室内座次安排应遵循以下几点原则：

(1) 面门为上。采用“相对式”就座时，通常以面对房门的座位为上座，应让之于来宾；以背对房门的座位为下座，宜由主人自己在此就座。

(2) 以右为上。“并列式”排位的标准做法，是宾主双方面对正门并排就座。此时，以右侧为上，应请来宾就座；以左侧为下，应归主人自己就座。

(3) 居中为上。如果来宾较少，而东道主一方参与会见者较多之时，往往可以由东道主一方的人员以一定的方式围坐在来宾的两侧或者四周，而请来宾居于中央，呈现出“众星捧月”之态。

(4) 以远为上。道理十分简单：离房门近者易受打扰，离房门较远者则受到的打扰较少。

(5) 佳座为上。长沙发优于单人沙发，沙发优于椅子，椅子优于凳子，较高的座椅优于较低的座椅，宽大舒适的座椅优于狭小而不舒适的座椅。

(6) 自由为上。有时，未及主人让座，来宾便自行选择了座位，并且已经就座，此刻主人应顺其自然。在客人登门拜访之时，主人务必要使自己临场的一切表现都中规中矩。

【小思考 7-1】 什么是“上座”？

我国民间在接待来宾时，有一条规矩，叫作“坐，请坐，请上座。”所谓“上座”，在待客时通常是指：宾主并排就坐时的右座；距离房门较远的位置；宾主对面就坐时的面对正门的位置；或是以进门者面向为准，位于其右侧的位置。另外，较高的座位与较为舒适的座位，往往也被视为“上座”看待。

（资料来源：李慧中著《现代礼仪讲座》，中国商业出版社 2002 年版）

3. 行走次序

走路时应遵循的礼仪次序是：前为尊，后为卑，右边大，左边小。

两人前后行走，前者为尊；男女两人行，以男左女右为原则。三人前后行，前者为尊；两人并行，右为尊；三人并行，中为尊，再右贵左轻。三人行，如全为男士，则以中间为尊，右边次之，左边为末。如一男二女行，则男士应走最左靠行车道位置。二男一女同行时，女士居中。多人行，以最前面为大，依前后秩序，越后越小。

上楼梯时，前者为尊，下楼梯时，一人之后为尊。男女上楼梯时，男子应走在后面，而在下楼梯时，男子则应走在女子的前面。乘电梯时，应让客人、长者、女士先上。

迎接客人给其引路时，主人走在前，送客时主人走在后。

【补充知识 7－2】　引导来宾的位次

来宾的引导，指的是迎宾人员在接待来宾时，为之亲自带路，或是陪同对方一道前往目的地。引导来宾的人，多为来宾接待单位的接待人员、礼宾人员、专门负责此事者。在宾主双方并排行进时，引导者应主动在外侧行走，而请来宾行走于内侧。若三人并行时，通常中间的位次最高，内侧的位次居次，外侧的位次最低。宾主之位此时可酌情而定。在单行行进时，应由引导者行走在前，而使来宾行走于其后，以便由前者为后者带路。在出入房门时，引导者须主动替来宾开门或关门。此刻，引导者可先行一步，推开或拉开房门，待来宾首先通过，随之再轻掩房门，赶上来宾。出入无人控制的电梯时，引导者须先入后出，以操纵电梯。出入有人控制的电梯时，引导者则应后入先出，这样做主要是为表示对来宾的礼貌。出入轿车。如果引导者与来宾出行，宾主不同车时，一般引导者座车在前，来宾座车居后；宾主同车时，则大都讲究引导者后登车、先下车，来宾先登车，后下车。

（资料来源：中国礼仪培训网·国际礼仪 http://www.chinaliyi.cn）

4. 轿车座次

乘坐小轿车的座次是比较讲究的，为轿车具体排座的时候，必须要注意不同数量座位的轿车，在排位时具体方法各不相同。原则上：右为上，左为下；后为上，前为下。以下是不同座位数量轿车的具体座次规范：

(1) 双排五座的轿车。双排五座一般后排右侧靠窗的位置是上座，为主宾的座位；后排左边的位置次之；如果后排是三个座位，则中间位置为第三位；司机旁边的位置为低。

司机驾车的话，座次尊卑顺序：后排右座—后排左座—后排中座—前排右座。

主人驾车的话，座次尊卑顺序：前排右座（客人中地位最高者坐）—后排右座—后排左座—后排中座。

有时候出于安全考虑，也会请贵客坐在司机后面，即后排左座。还有一种原则就是根据客人自己的喜好而定，客人愿意坐哪里，哪里就是上座。

(2) 双排六座轿车。司机驾车的话，座次尊卑依次为：后排右座—后排左座—后排中座—前排右座—前排中座。

主人驾车的话，座次尊卑依次为：前排右座—前排中座—后排右座—后排左座—后排中座。

(3) 三排七座轿车。当轿车有三排座时，最后一排是上座，中间一排次之，前排最次。

司机驾车的话，座次尊卑依次为：后排右座—后排左座—后排中座—中排右座—中排左座—前排右座。译员或秘书则应坐在主人前边的加座上。

主人驾车的话，座次尊卑依次为：前排右座—后排右座—后排左座—后排中座—中排右座—中排左座。

如果主人夫妇驾车时，主人夫妇坐前座，客人夫妇坐后座。

5. 巴士座次

如九人座小巴，其座位之尊卑：以司机之后车门开启处第一排座位为尊，后排座位次之，司机座前排座位为小。

中型或大型的巴士，以司机座后第一排，即前排为尊，后排依次为小。其座位的尊卑大小，依每排右侧往左侧递减。

6. 飞机火车座次

飞机或火车的座位次序，一般靠窗边的位置是上席，向着火车或车辆前进的方向更好。

在火车上，座次的常规通常为：距离火车头愈近的车厢，其位次便愈高。距离车厢中部越近的包厢、铺位或座位，其位次便愈高。皆以面对火车行进方向的一侧为上位，而以背对火车行进方向的另一侧为下位。卧铺则以下铺高于中铺，中铺高于上铺。在同一排座位之中，以临窗者为上座，以临通道者为下座。在同一行座位之中，则以右座高于左座。

如在火车上，四人对坐的位置，向着前进方向靠窗口的为第一位，对面为第二位，第一位旁边为第三位，对面为第四位。

【知识链接 7-3】 尊位与左右的位次

尊位，也叫上位，是一场活动当中最重要、最尊贵的位置。这种位置可以是座位，也可以是站位、行位。尊位具有三个特征：居于中心意义的位置，具有视野上的最佳位置，具有行动上的最便利条件。这三个特征在会谈、会见、宴请、乘车、出行、观看演出等各种不同礼仪场合中的尊位位置上都有很好的体现。

关于左右尊位的位置如何安排，我国传统观念和当前国际通行的做法有所不同。我国传统的做法是“以左为贵”，而国际通行的做法是“以右为贵”。我国古人认为，“左吉右凶”，认为左代表阳，右代表阴。西方文化中，认为右贵左贱。

在当代的国际交往和商务活动中，甚至我国国内的绝大多数社交和商务活动都采用国际通行的以右为贵、右高左低的原则。

（资料来源：文泉著《国际商务礼仪》，中国商务出版社 2005 年版）

（二）对等关系次序排列方法

如果礼仪活动的双方或多方的关系是对等的，则可参考以下三种排列方法。

1. 按汉字的笔画、笔顺排列

如果是国内的礼仪活动，参与者的姓名或所在单位名称是汉字的，可以采用这种方法，以示各方的关系平等。

其具体排法：首先按个人姓名或组织名称的第一个字的笔画多少，依按由少到多的次序排列。比如参加者有丁姓、李姓、胡姓时，其排列顺序就是丁、李、胡。

当两者第一字的笔画数相等时，则按第一笔的笔顺横、竖、撇、点、横勾（即一、丨、丿、丶、乛）的先后关系排列。例如，参加者中有张、李二姓时，两姓笔画相同，则根据笔顺，李姓应排在张姓前面。当第一笔笔顺相同时，可依第二笔，依次类推。当两者的第一个字完全相同时，则用第二字进行排列，依此类推。

2. 按字母顺序排列

在涉外活动中，则一般应将参加者的组织或个人按英文或其他语言的字母顺序进行排列。

具体方法：先按第一个字母进行排列。例如，如果选用英文字母顺序排列，则 Barry 应排在 Kerry 之前，Chong Qing 应排在 Washington 之前。

当第一个字母相同时，则以第二个字母的先后顺序排列；当第二个字母相同时，则以第三个字母的先后顺序，依此类推。

需要注意的是，每次只能选一种语种的字母顺序排列，不能在中间穿插其他语种的字母顺序。

3. 按回执或抵达的时间先后排列

这种方法多见于运动队、参展团等团体的排次。具体来讲主要有以下两种情况：一种按组织寄来的回执的日期先后排列，一般以邮戳或电传日期为准；二是按各团体抵达活动地点的时间先后排列。

二、国际礼宾次序

国际礼宾次序，就是依照国际惯例，对参与国际交往的国家、团体和个人的位次按某些规则和惯例进行排列的先后次序。礼宾次序体现了东道国对各国宾客所给予的礼遇，在一些国际性的集会上，则表示各国主权平等的地位。礼宾次序的排列，尽管国际上已有一些惯例，但各国有各国的具体做法。有些排列顺序和做法已由国际法或国内法所肯定，如外交代表位次的排列，在《维也纳外交关系公约》中就有专门的规定。虽然各国礼宾次序排列的做法并不完全一致，但常用的有以下三种排列法。

1. 按身份与职务的高低排列

这是礼宾次序排列的主要根据。一般的官方活动，经常是按身份与职务高低安排礼宾次序。如按国家元首、副元首、政府总理（首相）、副总理（副首相）、部长、副部长等顺序排列。各国提供的正式名单或正式通知是确定职务的依据。由于各国的国家体制不同，部门之间的职务高低不尽一致，因此要根据各国的规定，按相当的级别和官衔进行安排。如果外宾的身份、职务相仿，则应以声望、资历和年龄为礼宾次序。

2. 按国名的字母顺序排列

多边活动中的礼宾次序有时按参加国国名字母顺序排列，一般以英文字母排列居多，少数情况也有按其他语种的字母顺序排列。这种排列方法多用于国际会议、体育比赛等。在国际会议上，公布与会者名单、悬挂与会国国旗、安排座位等，均按各国国名英文拼写字母的顺序排列。为了避免一些国家总是占据前排席位，因此用每年抽签一次的办法来决定本年度大会的席位以哪一个字母起首，以便让各国都有机会排列在前。

在国际体育比赛中，体育代表队名称的排列，开幕式出场的顺序一般也按国名字母顺序排列（东道国一般排在最后），代表团观礼或召开理事会、委员会等，则按出席代表团的团长身份高低排列。

3. 按时间先后次序排列

在一些国家举行的多边活动中，东道国对同等身份的外国代表团，按时间排列礼宾次序。具体有这么几种情况：一是按派遣国给东道国通知中组成代表团的日期排列；二是按代表团抵达活动地点的时间先后次序排列；三是按派遣国决定应邀派遣代表团，参加该项活动的答复时间先后次序排列。具体采用何种排列法，东道国往往会在邀请书中事先加以说明。在国际交往中，有时还可见到在同一个多边活动中，东道国采用多种排列法或本国排列在最后的方法。

在实际工作中，遇到的情况往往是复杂的，如有的国家不管以上种种惯例，把关系密切的国家排列在最前列。所以，礼宾次序的排列常常不能按一种排列方法，而是几种方法的交叉，并考虑其他的因素。如在某一多边国际活动中，对与会代表团礼宾次序的排列，首先是按正式代表团的规格，即代表团团长的身份高低来确定，这是最基本的。在同级代表团中，则按派遣国通知代表团组成日期先后来确定，对同级和同时收到通知的代表团，则按国名英文字母顺序排列。

【相关案例 7-4】 破格接待

在国际交往中，各国为了体现自己的外交政策，往往打破“对等”、“平衡”的机械理解，作出一些特殊的安排。例如，1984 年，英国首相撒切尔夫人来华访问，中英双方达成了关于香港问题的联合公报，在她访华的短短 36 个小时中，中方为她安排了14场活动。邓小平、胡耀邦、李先念等在同一天会见了她，被认为是一次“破格”的接待。可见，礼仪规则不应当是机械的条条，其巧妙应用还在于结合实际情况善于安排。从这个意义上说，国际礼仪程序的运用也是一种外交艺术。

（资料来源：中国礼仪网·涉外礼仪 http://www.cnliyi.net/）

三、国宾迎送礼仪

许多外事(涉外)活动，往往是通过各种交际礼宾活动进行的。迎来送往是常见的社交礼节。对外国来访的客人，通常要视其身份、访问的性质和目的、国际惯例以及两国关系等因素，安排相应级别的领导人前往机场、车站、码头迎送。也有的在特定的场所举行，如总统府、议会大厦、国宾馆等地方。这是外宾进入国门后的第一项正式活动，是对外交往中的重要礼仪活动，各国对此都十分重视。

各国对外国国家元首、政府首脑的正式访问，往往都举行隆重的迎送仪式。对军方首脑来访也举行一定的欢迎仪式，如安排检阅三军仪仗队等。

对其他人员的来访一般不举行欢迎仪式。然而，对应邀来访的任何代表团，无论官方的或民间的，在他们抵离时，均安排相应身份的官员(或有关人员)前往机场(车站、码头)迎送。对长期在华工作的外国人士、外交使节、专家等，在他们到离任时，亦要安排相应人员出面迎送。

1. 各国迎送仪式基本程序

各国的迎送仪式不尽一致，大体上欢迎仪式有以下程序：

(1) 东道国身份相当的领导人和若干高级官员在现场迎候，接到通知的对方驻东道国使节及其他外交官参加迎候。

(2) 有的国家对乘专机来访的国宾派战斗机护航，护航战斗机一般在离首都100公里处迎接，向主机发致敬信号，也有的国家从专机进入国境线即开始护航迎接。护卫主机下降后，护航机绕场一周离去。

(3) 贵宾下舷梯(火车)后，东道国领导人上前握手(拥抱)问候。少年儿童或女青年向贵宾献鲜花。

(4) 当主人陪同贵宾在检阅台或其他指定位置站定后，乐队开始奏两国国歌，先奏宾国国歌，后奏本国国歌，并开始鸣放礼炮，国家元首21响，政府首脑19响，副总理级领导人17响。歌乐起鸣炮，歌乐落炮停。

(5) 检阅仪仗队，仪仗队队长趋前报告，请求检阅，来访国宾在主人陪同下检阅陆海空三军仪仗队。

(6) 检阅后，有的国家还安排致欢迎辞和答辞，也有的由来访者散发书面讲话。

(7) 为了表示盛情隆重，可安排群众欢迎场面，人数愈多，夹道愈长，气氛愈热烈,表明对贵宾的礼遇愈高。

2. 我国迎送仪式基本程序

我国对外国国家元首和政府首脑的迎送仪式的程序如下:

(1) 国宾抵达北京首都国际机场或车站时,由国家指定的陪同团团长或外交部级领导人及级别相当的官员赴机场或车站迎接。

(2) 国宾抵达北京的当日或次日,在人民大会堂东门外广场举行隆重的欢迎仪式。如天气不适于举行此项仪式,则在人民大会堂东门内的中央大厅举行。中方出席相当的国家领导人和有关部门负责人等,不邀请各国驻华使节出席。广场挂两国国旗,组织首都少年儿童欢迎队伍,少年儿童献花。

(3) 欢迎国宾的正式仪式,内容主要有三项:奏两国国歌、鸣礼炮和检阅三军仪仗队。

(4) 我国元首或政府首脑将陪同主宾登上检阅台立正站立。接着,军乐团依照先宾后主的顺序,演奏两国国歌。在演奏两国国歌的同时,应鸣放礼炮,而且必须做到国歌声起,礼炮声鸣;国歌声止,礼炮声停。一丝不差,同步行动。

(5) 当国歌与礼炮声停止后,由我国陆、海、空三军战士组成的仪仗队开始接受检阅。接受外国元首或政府首脑检阅的我国三军仪仗队,目前一般由 151～178 人组成。

(6) 国宾离京返国或到外地访问,我方出面接待的国家领导人到宾馆话别,由陪同团团长或外交部部级领导人陪同客人前往机场车站送行或陪同赴外地访问。

(7) 我国不安排为来访国宾护航。乘车时有摩托车为其开道,主宾所乘车辆挂两国国旗,也可按对方要求,挂总统旗或国王旗。

(8) 当来访的国家元首或政府首脑结束访问,离开北京时,由国家主席或政府总理前往宾馆送行。

【相关知识 7-5】 国宾迎送规格

所谓国宾,一般是指在任的、正式前来我国进行访问的国家元首或者政府首脑。国宾迎送规格是根据国宾来访的性质、目的、两国关系的现状以及主宾的身份加以确定。一般而言,迎送国宾的主要人员应与对方的身份相同。遇到特殊情况时,也可由职位相当者,或是对口部门的副职出面。例如,在我国首都举行欢迎某国政府首脑的正式仪式时,应由我国国务院总理出席。当外国政府首脑前往外地参观访问时,应由当地的省长、市长,或者是代表省长、市长的副省长、副市长出面接待,同时还应由担任我国政府陪同团团长的某位国务院部长或副部长陪同始终。

(资料来源:胡静编著《实用礼仪教程》,武汉大学出版社 2007 年版)

3. 组织迎送活动注意要点

组织安排领导参加迎送活动要注意以下几点:

(1) 要确定迎送的规格。对来宾的迎送规格各国做法不尽一致。确定迎送规格的因素很多,一般主要依据来访者的身份和来访的性质(目的),适当考虑两国关系,同时要注意国际惯例,进行综合平衡。

(2) 准确掌握外宾的抵达时间,从何处来,到何处去等信息。接待人员必须准确掌握来宾的抵达时间,及早通知全体迎接人员和有关单位。迎接领导和工作人员要提前到达机场(车站、码头)。要事先掌握飞机停机位置(出口的门号)、列车停靠的月台、车厢号码,以免临时来回奔跑或接空。

(3) 献花。如安排献花活动时,必须用鲜花,并保持花朵整洁、鲜艳。根据来访国的习惯选购鲜花,一般忌用菊花、杜鹃花、石竹花和黄颜色的花。通常由女青年或少年儿童在主人和客人握手后,将花献上。

(4) 礼宾介绍。礼宾介绍时,通常先将前来欢迎的中方主人介绍给来宾。客人初次到访,一般较为拘谨,主人宜主动与客人寒暄。所以,当客人下机(车、船)后,迎接人员要主动迎上前表示欢迎,由礼宾官或迎接人员首先将中方前来欢迎的主要领导(职务及全称)介绍给来宾,其他领导可简明扼要地介绍给来宾。

(5) 乘车安排。介绍结束后,引导客人上车。如安排主人陪车,则请客人从车的右侧门上车,中方主人从车的左侧门上车。有时客人上车后先坐到了主人的座位上,一般不必请客人挪动座位。

【相关链接 7-6】　外宾迎送规矩

除国家元首和政府首脑外,其他外宾,如议会代表团、内阁部长、地方行政首长,以及社会知名人士等的迎送,亦均应有一定的规格。一般来说,应由邀请单位的负责人或代表出面迎送,不举行正式的欢迎仪式。对于从不同国家同时来访的客人,其身份地位相似的,还应适当注意规格的平衡,避免厚此薄彼。对于有互访关系的来宾,还可以参考对方接待我人员时的规格,适当讲求对等。对于双方关系比较密切、熟识友好、常来常往的客人,可视不同情况,以亲切友好的方式,表达迎接老朋友的高兴心情或送行时的良好祝愿,不必过分拘泥于一般迎送时的礼宾程序。对于常驻的外交使节到、离任,按照国际通常做法,由驻在国外交部礼宾司官员到机场迎送。有的友好使节之间也有迎送活动。

(资料来源:中国礼仪培训网·国际礼仪 http://www.chinaliyi.cn)

四、会见会谈及其座位安排

在国际交往中,会见与会谈是一种常见的也是十分重要的交往方式。因为它既具有礼仪性,又具有实质性。它有广泛的适用范围,可以在不同的层次和各个不同方面的人员中进行。而国家领导人之间的会见与会谈,无疑具有最为重要的性质。

(一) 会见及座位安排

1. 会见

会见在国际上一般称接见或拜会。凡身份高的人士会见身份低的人士,或是主人会见客人,这种会见可称为接见或召见。凡身份低的人士会见身份高的人士,或是客人会见主人,这种会见就称为拜会或拜见。拜见君主,又称谒见、觐见。接见和拜会后的回访称回拜。

依照国际惯例与我国的习惯做法,重要国宾抵达北京后的当日或次日,应正式拜会我国领导人。拜会的对象,首先应当是与之身份对等或出面接待对方的人士。例如,外国元首应拜会我国元首,外国政府首脑则应当拜会我国政府首脑。然后,东道主还会安排上一级的领导人与之会面。比方说,当外国政府首脑拜会我国政府首脑后,我国元首还将会见对方。

从会见内容上看,可分为礼节性的、政治性的和事务性的,或兼而有之。礼节性的会见时间较短,话题较为广泛;政治性会见一般涉及双边关系、国际局势等重大问题;事务性会见则有一般外交交涉、业务商谈等。

在会见前,通常会安排双方一起合影留念。在合影时,双方人员均须站立。主人居中,主宾居于其右侧,其他的双方人员皆间隔排列。若人数较多,可以排成数行。

2. 会见的座位安排

为了便于摄影、摄像,在会见时,主人与主宾均正面而坐,宾、主分坐两边,主人居左,主宾居右。有时穿插坐在一起。双方的其他人员,均依照职务高低为序,分别在左右两侧就座。

我国领导人与国宾会见,通常均安排在人民大会堂、中南海或钓鱼台国宾馆的会客厅内举行。我国习惯来宾坐在主人的右边一侧,主宾席紧靠主人席,译员、记录员安排坐在主人和主宾的后面。主方陪见人在主人左边一侧按身份高低依次就坐。如座位不够,可在后排加座。

(二) 会谈及其座位安排

会谈是指双方或多方就某些重大的政治、军事、经济、文化问题以及其他共同关心的问题交换意见。会谈也可以是指洽谈公务,或就具体业务进行谈判。一般来说,会谈的内容较为正式,政治性或专业性较强。

正式会谈,在会场挂两国国旗或在会谈桌上放置双方小国旗。在每个人的位置上放置座位卡,并放一些纸、笔以及水杯和矿泉水。如会谈时间过长,可在休息时,上咖啡、茶及小点心等。如会谈规模较大,可放置无线的扩音器。

会谈的座位安排一般是:双边会谈通常用长方形、椭圆形或圆形桌子,宾主相对而坐,以正门为准,主人占背门一侧,来宾面向正门,双方主谈人居中。我国习惯把译员安排在主谈人右侧,但也有些国家让译员坐在后面,一般应尊重主人的安排。其他人按礼宾顺序左右排列就座。记录员通常安排在后面,如参加会谈的人数少，也可安排在前面就坐。

如会谈长桌一端朝向正门，则以入门方向为准，右边为客方，左边为主方。

多边会谈，座位可摆成圆形、方形等。如会谈参加者只有少数人，亦可考虑不用长桌，而只用沙发。座位排列按圆桌会谈座位安排。

五、常见的仪式

除以上所述各种礼仪活动之外，在国际交往中还根据实际需要，举行一些其他仪式，常见的有签字仪式、谒墓仪式、开幕式及授勋仪式等。

（一）签字仪式

在涉外交往中，通过谈判，就政治、军事、经济、科技文化等领域的相互关系达成协议，缔结条约、协定或公约时，一般都举行签字仪式。各国所举行的签字仪式各有特点，在我国举行签字仪式通常应遵循以下礼仪：

1. 签字仪式的场所布置

签字仪式开始前，事先均应布置好签字厅，通常做法为，签字厅内设一张长方形桌子，桌面覆盖深绿色台呢布，为专用签字桌，桌后放两把椅子，为双方签字人座位，主左客右。桌子上放置好签字文本，文本前放置签字文具，桌子中间摆有一旗架，上面悬挂着双方的国旗。

2. 参签人员及位置安排

参加签字仪式的，基本上是双方参加会谈的全体人员。如一方要求让某些未参加会谈的人员出席，另一方应予同意，但双方人数最好大体相等。不少国家为了对签订的协议表示重视，往往由更高或更多的领导人出席签字仪式。签字人由签字双方各自确定，但是身份必须与待签文件的性质相符，同时双方签字人的身份和职位应该大体相当。

签字仪式中，宾、主各方按身份高低顺序排列于各签字人座位后。东道国签字人的座位位于签字桌左侧，客方签字人的座位位于签字桌右侧。双方身份最高者站立中央。双方的助签人分别站在各自签字人的外侧，协助翻揭文本，指明签字处。

各国举行的签字仪式的安排不尽相同。有的国家安排签字仪式设置两张方桌为签字桌，双方签字人员各坐一桌，双方的小国旗分别悬挂在各自的签字桌上，参加仪式的人员坐在签字桌的对面，有的国家安排一张长方桌为签字桌，但双方参加仪式的人员在签字桌前方两旁，双方国旗挂在签字桌的后面。

3. 签字仪式的程序

双方出席签字仪式的人员步入签字厅后，签字人入座，其他人员各就各位。双方签字人首先在本国保存的文本上签字；再由各自一方的助签人相互传递文本，请签字人在对方保存的文本上签字；最后由双方签字人交换业已签字的文本，并相互握手。此时,双方参加签字仪式的其他人员应以鼓掌表示祝贺,随后上香槟酒,参加签字仪式人员共同举杯相庆。

如有三四个国家缔结条约,其签字仪式与上述相仿,只要相应增添签字人员的座位、国旗、文具等用品即可。如签订多边公约,通常只设一个座位,由公约保存国代表先带头签字,然后由各国代表按一定的次序轮流在公约文本上签字。

(二) 授勋仪式

许多国家常对外国领导人、外国驻本国外交使节或其他知名人士授予勋章,以表彰其为发展两国关系所作的贡献。授勋既可以在会见、宴会时或大型会议上举行,也可以专门举行仪式。

1. 授勋仪式庄重

各国在国内通常是由国家元首或政府首脑出面授勋,在国外,一般是通过驻该国使节代表国家元首或政府首脑举行授勋仪式。如国家元首或政府首脑去该国访问,便借此机会在访问国举行。不少国家也借外国领导人访问本国之机,向来访者授勋。

在授勋、授奖或授予荣誉称号时,一般都要举行一定的仪式。仪式简短而庄重。重要的授勋仪式有时由国家领导人亲自主持。1993 年 1 月,美国总统布什亲自把总统自由勋章挂在里根的脖子上,1993 年 3 月,法国总统密特朗把勋章别在意大利艺术家吉纳·洛罗布里吉达(曾在影片《巴黎圣母院》中饰演女主角)的胸前。1993 年 1 月 24 日,约旦国王侯赛因将一级独立勋章授予即将离任的中国大使章德良。1993 年 11 月 21 日,古巴国务委员会主席卡斯特罗将一枚以民族英雄何赛·马蒂命名的最高荣誉勋章亲自别在中国国家主席江泽民胸前。

2. 授勋按礼仪程序

一般的授勋仪式,可由授勋人员与受勋者相对而立,相隔适当距离,先由授勋人宣读授勋决定,然后将勋章佩戴在受勋人胸前,再将勋章证书递交给受勋人。有时双方还先后致辞。

有的授勋要举行庄严隆重的仪式。授勋大厅设主席台与宾客席,授勋人与受勋人在主席台相对站立,其他人员在宾客席就座。两国国旗和勋章由仪仗队护卫在军乐声中进入授勋大厅。然后两国国旗竖立于主席台两侧,乐队奏两国国歌,授勋人致词,并将勋章佩挂在受勋人胸前,受勋人致答词。

【补充知识 7-7】 "哈马舍尔德勋章"授勋仪式

2010 年 5 月 28 日,联合国在纽约联合国总部举行授勋仪式,授予在过去一年牺牲的联合国维和人员"哈马舍尔德勋章",以表彰他们为联合国维和行动作出的贡献。

在 2009 年 1 月至 2010 年 2 月间,共有 218 名联合国维和人员牺牲,其中包括在海地地震中牺牲的我国维和警察 4 名。

我国常驻联合国代表李保东出席了授勋仪式并代表中国政府接受了勋章。联合国副秘书长在向李保东授勋时表示，感谢中国多年来对国际维和行动作出的贡献，在海地地震中牺牲的中国维和警察是为维护世界和平而献身，向他们表示深切悼念。

“哈马舍尔德勋章”是联合国为表彰牺牲的维和人员而专门设立的，每年举行一次授勋仪式。

（资料来源：人民网·国际 http://world.people.com.cn）

（三）谒墓仪式

各国领导人正式出访他国期间，都按各国习惯做法，前往谒墓或向纪念碑献花圈，以表示对被访问国人民友好亲善的态度和对先烈的敬意。我国领导人出国访问时，也往往按对方的习惯谒墓或向无名英雄纪念碑献花圈。前来我国访问的国宾和其他重要的外国宾客，根据其意愿，安排向天安门广场人民英雄纪念碑献花或瞻仰毛泽东遗容。

谒墓仪式庄严肃穆，参加人员应穿素色服装，肃立致敬时应脱帽，军人若不脱帽应行举手礼。如来访国宾向人民英雄纪念碑献花圈，由外交部副部长或礼宾司司长陪同，花圈由来访代表团或来访国驻华使馆准备。

献花圈仪式程序为：国宾乘车抵达纪念碑前，由中国人民解放军两名礼兵抬扶花圈走在前列。国宾及其随行人员缓步走向纪念碑，军乐团奏乐，陆海空三军仪仗队分列两旁，礼兵持枪向国宾致敬，搁置花圈时，谒墓人往往上前扶一下，或整理一下花圈上的飘带，然后稍退几步，肃立默哀，军乐团奏致敬曲，全体肃立。礼毕，绕纪念碑一周。

六、国旗悬挂礼仪

国旗是国家的一种标志，是国家的象征。人们往往通过悬挂国旗，表示对本国的热爱或对他国的尊重。但是，在一个主权国家领土上，一般不得随意悬挂他国国旗。不少国家对悬挂外国国旗都有专门的规定。在国际交往中，还形成了悬挂国旗的一些惯例，为各国所公认。

1. 悬挂国旗的场合

按照国际关系准则，一国元首、政府首脑在他国访问期间，在其下榻处及乘坐的交通工具上悬挂国旗，这是一种外交特权。东道国接待来访的国家元首、政府首脑时，在隆重的场合，在贵宾下榻的宾馆、乘坐的汽车上，悬挂对方（或双方）的国旗，这是一种特殊的礼遇。此外，国际上公认一个国家的外交代表在所驻国境内有权在其办公处和官邸，以及交通工具上悬挂本国国旗。

在国际会议上，除会场悬挂与会国国旗外，各国政府代表团团长亦可按会议组织者有关规定，在一些场所或车辆上悬挂本国国旗。有些体育比赛、展览会等国际性活动，也悬挂有关国家的国旗。

【小知识 7－8】 国旗摆放三原则

第一，国旗高于其他旗的原则。在国际交往或商务活动中，如果有诸如厂旗、公司旗及国旗等不同种类的旗帜出现时，国旗应占主要的、突出的、中心的位置。摆放时，其他旗帜不能高过、超出和盖过国旗，也不能将国旗放在下位。

第二，"以右为贵"的原则。国际上的惯例是将客方的国旗放在右侧。如Alice公司举办合作开发某一项目的协议签字仪式，协议的另一方是另外一个国家的公司。此时，Alice公司所代表的国家的国旗应放在最左侧，另外那家公司代表的国旗放在右则。

第三，东道国为主的原则。当国际会议或活动在一国举行，会议的参与者来自很多国家，包括举办国一方也只是会议的一员时，在国旗摆放时大多采取以东道主国旗为主的原则。东道主国旗一般放在最中央，或者最右侧，或者最前面。

（资料来源：文泉著《国际商务礼仪》，中国商务出版社 2005 年版）

2. 悬挂国旗的方式

在建筑物上或在室外悬挂国旗，一般应日出升旗，日落降旗。升降国旗时，旗手和护旗手的服装要整齐，要立正脱帽行注目礼，不能使用破损和污损的国旗。国旗一定要升至杆顶。

如需降旗志哀，通常的做法是降半旗，即先将旗升至杆顶，再下降至离杆顶相当于杆长 1/3 处。降旗时，先将旗升至杆顶，然后再下降。也有的国家不降半旗，而是在国旗上方挂黑纱志哀。

悬挂双方国旗，按国际惯例，以右为上，左为下。国际礼仪的左右概念，是从事物本身的角度来划分的，而不是以观众的观察角度来区分的。两国国旗并挂，以旗本身面向为准，右挂客方国旗，左挂本国国旗。汽车上挂旗，则以汽车行进方向为准，驾驶员左手为主方，右手为客方。所谓主客，不以活动举行所在国为依据，而以举办活动的主人为依据。例如，外国代表团来访，东道国举行的欢迎宴会，东道国为主人；答谢宴会，来访者是主人。也有个别国家，把本国国旗挂在上首。

悬挂国旗有并挂、竖挂、交叉挂等几种方式。国旗不能倒挂，一些国家的国旗由于文字和图案的原因，也不能竖挂或反挂。有的国家明确规定，竖挂需另制旗，将图案转正。例如朝鲜民主主义人民共和国国旗竖挂时，五角星的星尖依然朝上。有的国家则无明确规定。因此，正式场合悬挂国旗宜以正面（即旗套在旗的右方）面向观众，不用反面。如果旗是挂在墙壁上，避免交叉挂法和竖挂。如果悬空挂旗，则不成问题。如果并列悬挂不同规格、尺寸的国旗，应将其中一面放大或缩小，以使国旗的面积相等一致。

【小资料 7－9】　我国国旗的通用尺寸

根据中国人民政治协商会议第一届全体会议主席团公布的《国旗制法说明》，我国国旗的通用尺寸应为以下 5 种：其一，长 288 厘米，高 192 厘米；其二，长 240 厘米，高 160 厘米；其三，长 192 厘米，高 128 厘米；其四，长 144 厘米，高 96 厘米；其五，长 96 厘米，高 64 厘米。

（资料来源：甘孜政务接待网·外事礼仪 http://www.GZJDB.CN）

常用的几种悬挂国旗的方法[参见图 7－1(一)(二)(三)(四)(五)(六)(七)(八)]：

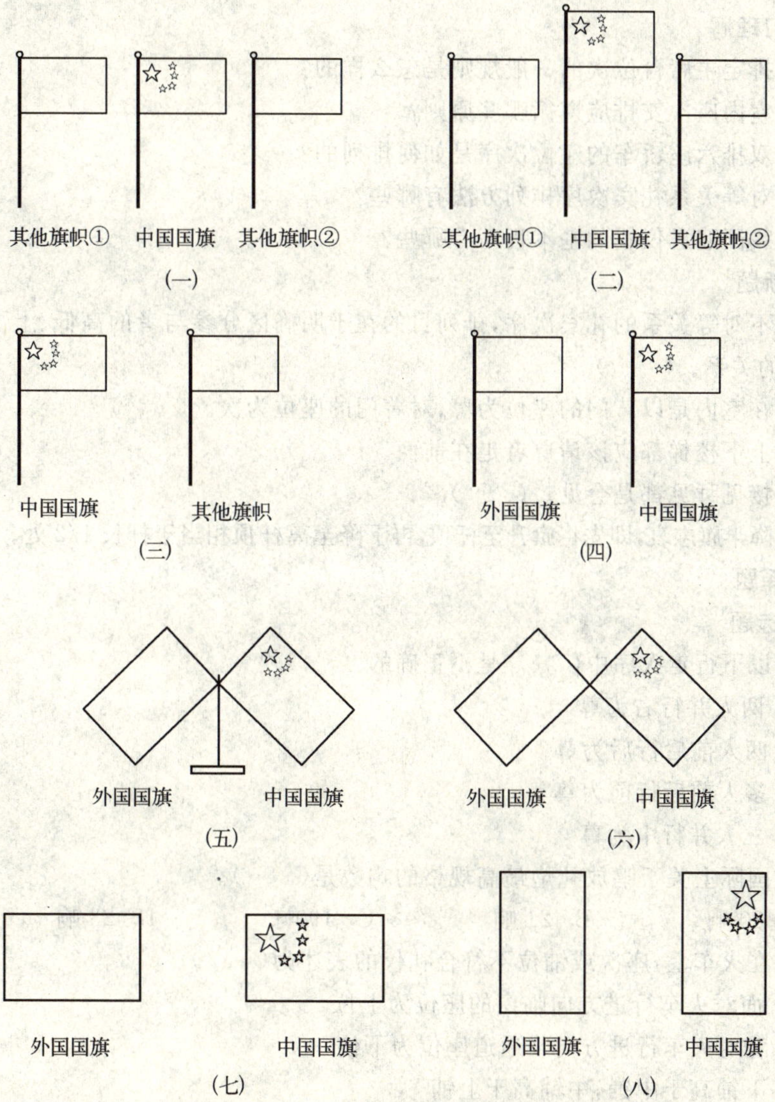

图 7－1　常用的悬挂国旗方法

复习与练习

一、主要概念

1. 礼宾次序 2. 接见 3. 拜见 4. 会谈 5. 授勋

二、学习理解

1. 排定主席台位次的一般规则是怎么样的？
2. 室内座次安排应遵循哪些原则？
3. 双排六座轿车的座位次序是如何排列的？
4. 对等关系礼宾次序排列方法有哪些？
5. 我国迎送仪式的基本程序有哪些？

三、判断题

1. 不对等关系的礼宾次序，排列目的在于明确区分参与者的高低、上下、长幼等方面的关系。（　）
2. 在室内是以背门的座位为尊，对着门的座位为次。（　）
3. 上下楼梯都应该请尊者走在前面。（　）
4. 接见拜见都是会见。（　）
5. 降半旗志哀，即先将旗升至杆顶，再下降至离杆顶相当于杆长 1/2 处。（　）

四、选择题

单选题

1. 以下行走次序中（　）是不正确的。

A. 两人并行右为尊

B. 两人前后行后为尊

C. 多人前后行前为尊

D. 三人并行中为尊

2. 国际上关于鸣放礼炮最高规格的响数是（　）。

A. 20 响　　B. 21 响　　C. 19 响　　D. 23 响

3. 在火车上，座次或铺位不符合礼仪的表述为（　）。

A. 面对火车行进方向临窗的座位为上位

B. 背对火车行进方向临通道座位为下位

C. 下铺高于中铺，中铺高于上铺

D. 同一排座位之中，则以左座高于右座

多选题

1. 欢迎国宾的正式仪式上，以下（　　）内容是不可缺少的。

A. 奏两国国歌

B. 群众夹道欢迎

C. 派战斗机护航

D. 鸣放礼炮

E. 检阅三军仪仗队

2. 在我国举行的签字仪式，以下（　　）是正确的做法。

A. 桌子中间摆有一旗架，上面悬挂着双方的国旗

B. 客方签字人的座位位于签字桌左侧

C. 东道国签字人的座位位于签字桌右侧

D. 双方身份最高者站立中央

E. 双方签字人首先在本国保存的文本上签字

3. 关于国旗的悬挂以下（　　）是符合礼仪的。

A. 悬挂双方国旗，按国际惯例以右为上，左为下

B. 正式场合悬挂国旗宜以正面（即旗套在旗的右方）面向观众

C. 汽车上挂旗，则以汽车行进方向为准，驾驶员左手为主方，右手为客方

D. 在一个主权国家领土上可以随意悬挂他国国旗

E. 如要降下志哀的半旗时，先将旗升至杆顶，然后再下降

五、案例分析

案例：一次特殊的礼宾次序安排

1995 年 3 月，在丹麦首都哥本哈根召开联合国社会发展世界首脑会议，出席会议的有近百位国家元首和政府首脑。3 月 11 日，与会的各国元首与政府首脑合影。按照常规，应该按礼宾次序名单安排好每位元首、政府首脑所站的位置。首先，这个名单怎么排，究竟根据什么原则排列？哪位元首、政府首脑排在最前？哪位元首、政府首脑排在最后？这项工作实际上很难做。丹麦和联合国的礼宾官员只好把丹麦首脑（东道国主人）、联合国秘书长、法国总统以及中国、德国总理等安排在第一排，而对其他国家领导人，就任其自便了。好事者事后向联合国礼宾官员“请教”，答道：“这是丹麦礼宾官员安排的。”向丹麦礼宾官员核对，回答说：“根据丹麦、联合国双方协议，该项活动由联合国礼宾官员负责。”

（资料来源：马保奉编著《外交礼仪漫谈》，中国铁道出版社 1996 年版）

案例思考题：

1. 你对此案例中丹麦和联合国礼宾官员安排的次序有什么想法？

2. 从这个案例中，你对国际礼宾礼仪的掌握有什么提高？

模块2 国际交往礼仪训练

训练项目一：常见礼宾次序排列训练

【训练目的】 熟悉常用礼宾次序排列原则，能熟练排列各种次序，并运用到实际的接待工作中。

【训练内容】

（一）主席台座次排列

（二）室内座次排列

（三）行走次序排列

（四）轿车座次排列

（五）巴士座次排列

（六）火车座次排列

【训练要点和标准】

（一）主席台座次排列的训练要点和标准

1. 国际惯例座次排列

标准：

（1）前后排，前排就座者为尊、为大，二排次，三排更次。

（2）同一排，中为尊，两侧右贵左轻。

（3）按标准动手制作坐席卡模拟排列。

2. 我国惯例前排人数为单数时座次排列

标准：

（1）前后排，前排就座者为尊、为大，二排次，三排更次。

（2）同一排，中间一位为尊，两侧左贵右轻。

（3）按标准动手制作坐席卡模拟排列。

3. 我国惯例前排人数为双数时座次排列

标准：

（1）前后排，前排就座者为尊、为大，二排次，三排更次。

（2）同一排，中间1号2号位为尊，两侧左贵右轻，1号居中左边，2号居中右边。

（3）按标准动手用课桌椅和坐席卡模拟排列。

我国主席台人数为单数时座次安排效果图（参见图7-2）：

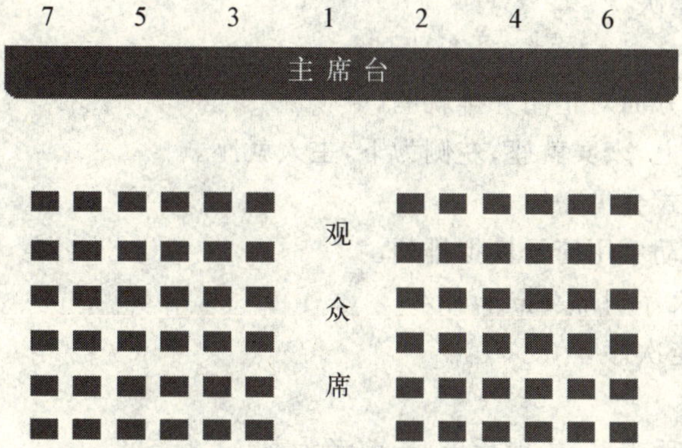

图 7-2　主席台人数为单数时座次安排

我国主席台人数为双数时座次安排效果图(参见图 7-3):

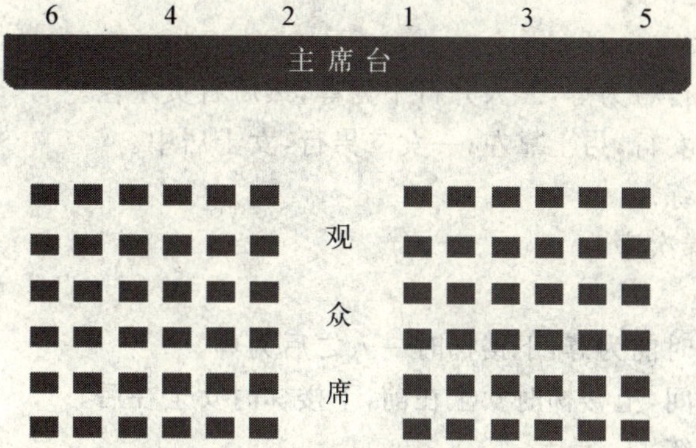

图 7-3　主席台人数为双数时座次安排

(二) 室内座次训练要点和标准

1. 面向门背向门式座次

标准:

(1) 面向门座位为尊,背向门座位为次。

(2) 宾客方面向门,主人方背向门。

(3) 适宜双边会谈或商务洽谈。

(4) 按标准动手用课桌椅和坐席卡模拟排列。

2. 围坐式座次

标准:

(1) 围坐时面向门中间座位为尊。

(2) 来宾居面向门中央,主人方围坐于来宾两侧或四周。

(3) 按标准动手用课桌椅和坐席卡模拟排列。

3. 并排式座次

标准：

(1) 宾主双方面对正门并排就座。

(2) 右侧为上，来宾就座；左侧为下，主人就座。

(3) 适宜正式会见。

(4) 按标准动手用椅子模拟排列。

(三) 行走次序训练要点和标准

1. 前后行走次序

标准：

(1) 两人前后走，三人前后走，皆前者为尊。

(2) 多人行，以最前面为大，依前后秩序，越后越小。

(3) 模拟不同角色互相演练。

2. 并排行走次序

标准：

(1) 两人并行右为尊，三人并行中为尊，然后右贵左轻。

(2) 一男二女行，男士靠左；一女二男行，女士居中。

(3) 模拟演练。

3. 上下楼梯次序

标准：

(1) 上楼梯时前为尊，下楼梯时一人之后为尊。

(2) 男女之间，上楼梯时女士在前，下楼梯时女士在后。

(3) 模拟演练。

(四) 轿车座次训练要点和标准

1. 双排五座轿车座次

标准[参见图 7-4(一)(二)]：

(1) 司机驾车依次的尊卑顺序：后排右座—后排左座—后排中座—前排右座。

(2) 主人驾车依次的尊卑顺序：前排右座—后排右座—后排左座—后排中座。

(3) 用图画让学生填数字进行训练。

2. 双排六座轿车座次

标准[参见图 7-5(一)(二)]：

(1) 司机驾车依次的尊卑顺序：后排右座—后排左座—后排中座—前排右座—前排中座。

(2) 主人驾车依次的尊卑顺序：前排右座—前排中座—后排右座—后排左座—后排中座。

(3) 用图画让学生填数字进行训练。

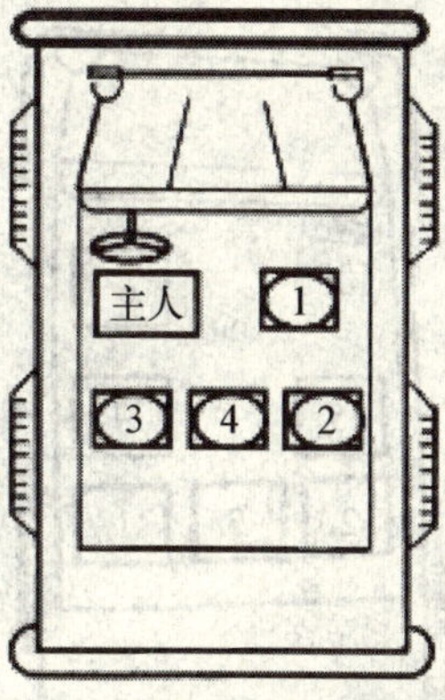

(一)

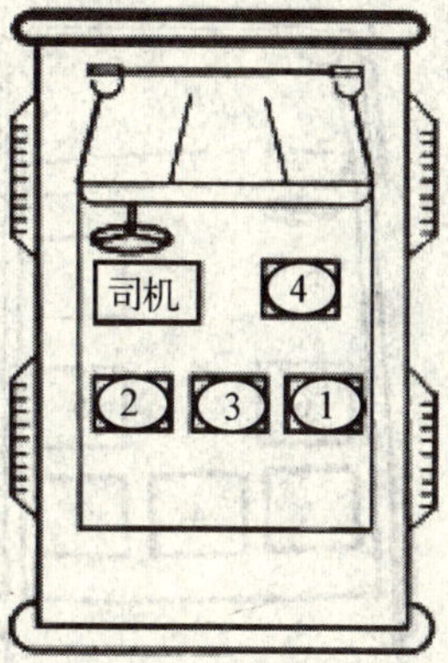

(二)

图 7-4 双排五座轿车座次

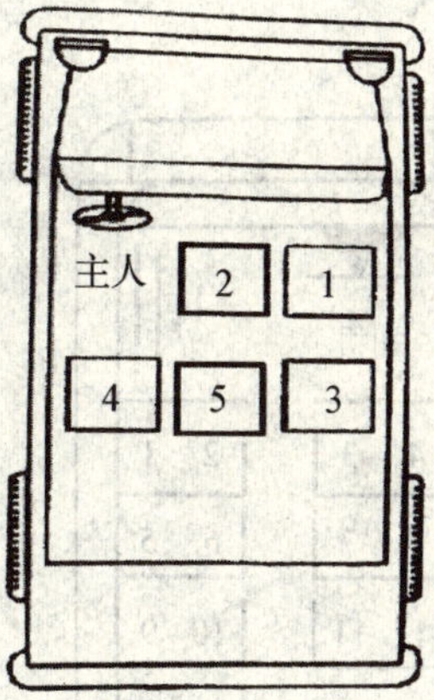

(一)

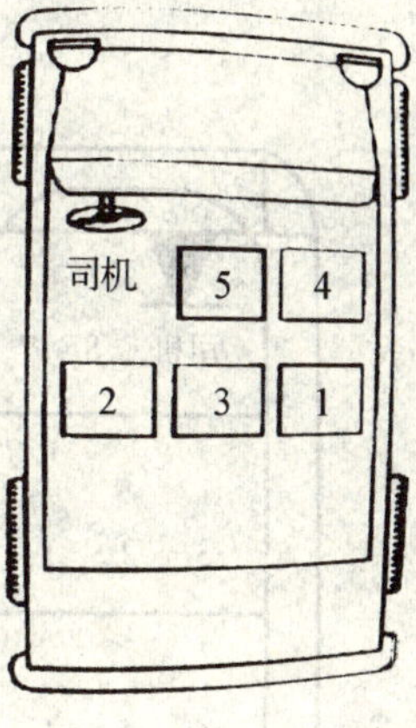

(二)

图 7-5 双排六座轿车座次

3. 三排七座轿车座次

标准[参见图 7-6(一)(二)]:

(1) 司机驾车依次的尊卑顺序:后排右座—后排左座—后排中座—中排右座—中排左座—前排右座。

(2) 主人驾车依次的尊卑顺序:前排右座—后排右座—后排左座—后排中座—中排右座—中排左座。

(3) 用图画让学生填数字进行训练。

(五) 巴士、火车座次训练要点和标准

1. 小巴座次

标准[参见图 7-7(一)]:

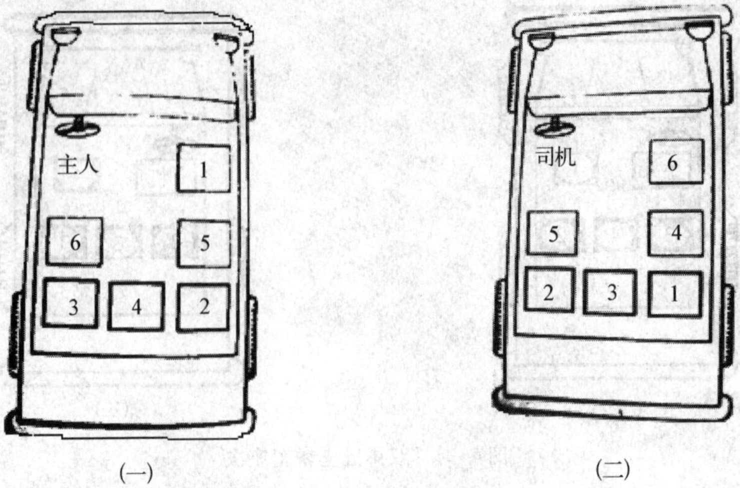

图 7－6　三排七座轿车座次

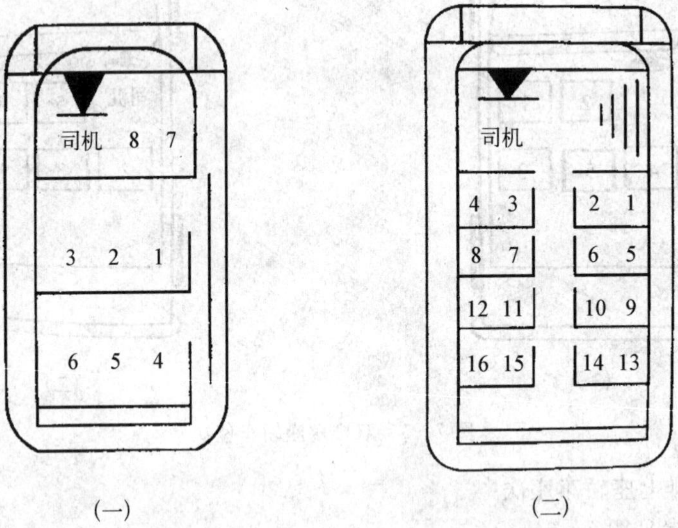

图 7－7　巴士座次训练

(1) 司机座之后第一排座位为尊，后排座位次之，司机座前排座位为小。

(2) 用图画让学生填数字进行训练。

2. 中巴座次[参见图 7－7(二)]

标准：

(1) 司机座之后第一排为尊，后排依次为小。其座位的尊卑大小，依每排右侧往左侧递减。

(2) 用图画让学生填数字进行训练。

3. 火车座次

标准(参见图 7-8):

(1) 距离火车头愈近的车厢,其位次便愈高。

(2) 距离车厢中部越近的包厢、铺位或座位,其位次便愈高。

(3) 面对火车行进方向的一侧为上位,背对火车行进方向的另一侧为下位。

(4) 靠窗边的位置是上席。

(5) 用图画让学生填数字进行训练。

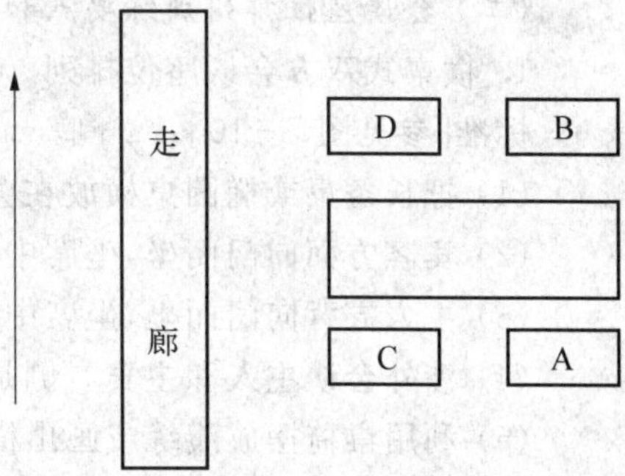

图 7-8　火车座次

训练项目二:会见会谈座位排列训练

【训练目的】 熟悉会见会谈座位排列原则,能熟练排列各种类型会见会谈座位次序,并运用到实际的接待工作中。

【训练内容】

(一) 会见座位排列

(二) 会谈座位排列

【训练要点和标准】

(一) 会见座位排列训练要点和标准

1. 与国宾会见座位排列

标准(参见图 7-9):

(1) 选择大会客厅。

(2) 面向入口处,主宾席在右,主人席在左。

(3) 译员、记录员坐在主人和主宾的后面。

(4) 宾、主双方其他人员分坐右、左两侧。

(5) 利用椅子摆放演练或画出会见座位图。

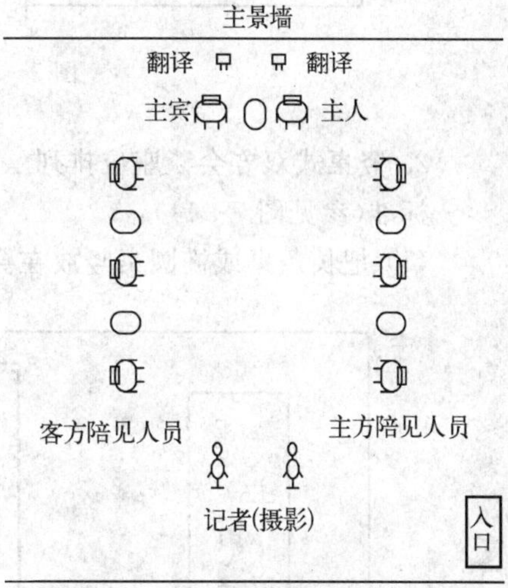

图 7-9　与国宾会见座次安排

2. 事务性会见座位排列

标准:

(1) 选择会客室。

(2) 主人主宾面向竖摆式长方形桌子,主宾居右,主人居左。

(3) 客方参加会见人员依次列坐右边,主方参加会见人员依次列坐左边。

(4) 利用桌椅摆放演练或画出会见座位图。

（二）会谈座位排列训练要点和标准

1. 横桌式双方会谈座位排列

标准[参见图 7 - 10]：

（1）把长条桌或椭圆桌横放在会议室。

（2）宾客方面向门而坐，坐席中为尊，两侧右贵左轻。

（3）主人方背向门而坐，坐席中为尊，两侧右贵左轻。

（4）涉外会谈主人和主宾右侧是译员；国内会谈，主人和主宾右侧是副手。

（5）利用桌椅摆放演练或画出横桌式会谈座位图。

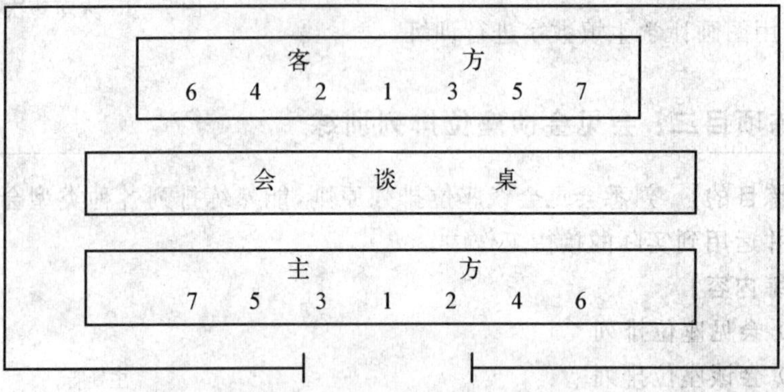

图 7 - 10 会谈座位排列

2. 竖桌式双方会谈座位排列

标准（参见图 7 - 11）：

（1）把长条桌或椭圆桌竖放在会议室。

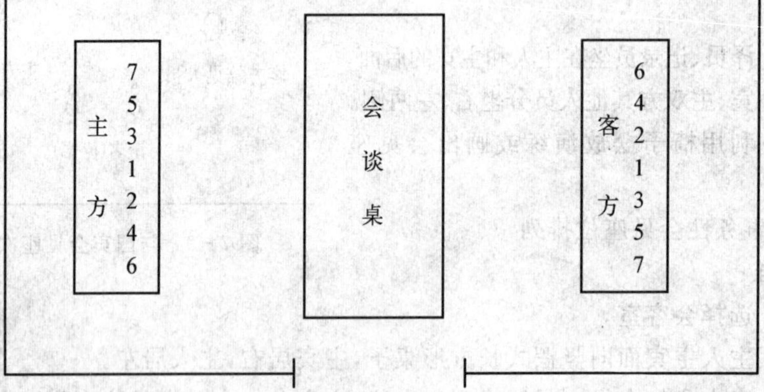

图 7 - 11 竖桌式双方会谈座位排列

(2) 以进门时的方向为准,右侧是宾客一方就座,坐席是中为尊,两侧右贵左轻。

(3) 以进门时的方向为准,左侧是主人一方就座,坐席是中为尊,两侧右贵左轻。

(4) 利用桌椅摆放演练或画出竖桌式会谈座位图。

3. 多方会谈桌位排列。

标准:

(1) 可摆成大圆形或方形会谈桌。

(2) 具体坐席一:主席式,在发言时才可以在主席位就座。

(3) 具体坐席二:自由式,即自由就座,不具体安排座次。

训练项目三:常见仪式程序训练

【训练目的】 熟悉常见仪式的主要环节与操作流程,并能熟练主持和安排常用仪式的运行。

【训练内容】

(一) 迎送仪式

(二) 签字仪式

(三) 授勋仪式

【训练要点和标准】

(一) 迎送仪式训练要点和标准

1. 熟悉迎送操作程序

标准:

(1) 按相应规格布置迎送场景。

(2) 我国对国宾迎送正式程序:机场迎送,当日或次日举行隆重欢迎仪式。流程:引见—献花—鸣炮—奏乐—检阅仪仗队—国宴。

(3) 我国对内宾迎送非正式程序:无迎送仪式。迎送活动大体流程:迎送—陪车—会见—合影—宴请。

2. 熟悉国宾迎送流程规格

标准:

(1) 接待规格与接待对象身份相符。

(2) 献花:用鲜花,花朵整洁鲜艳。一般忌用菊花、杜鹃花、石竹花和黄颜色的花。

(3) 鸣放礼炮:国家元首 21 响,政府首脑 19 响,副总理级领导人 17 响。

(4) 奏两国国歌。

(5) 检阅仪仗队人数:国家元首和政府首脑级检阅陆海空三军 151～178 人,国防部长三军总参谋长检阅陆海空三军 127 人,陆海空军主要领导人检阅本军种

104人。

(6) 致迎送辞和答辞。

(7) 国宴接待：对国家元首和政府首脑级以最高规格的礼宴(国宴)招待。

(二) 签字仪式训练要点和标准

1. 签字厅的布置

标准：

(1) 庄重、整洁、清静的氛围。

(2) 铺满地毯，签字必要的桌椅。

(3) 签字桌上：签字文本、旗架、文具。

(4) 规范服饰：深色西装套装、中山装套装或西装套裙。

2. 熟悉签字仪式四项正式程序

标准：

(1) 宣布开始。

(2) 签署文件。

(3) 交换文本。

(4) 饮酒祝贺。

3. 签字仪式的座次排列

标准(参见图7-12)：

(1) 掌握并列式位次的排列。

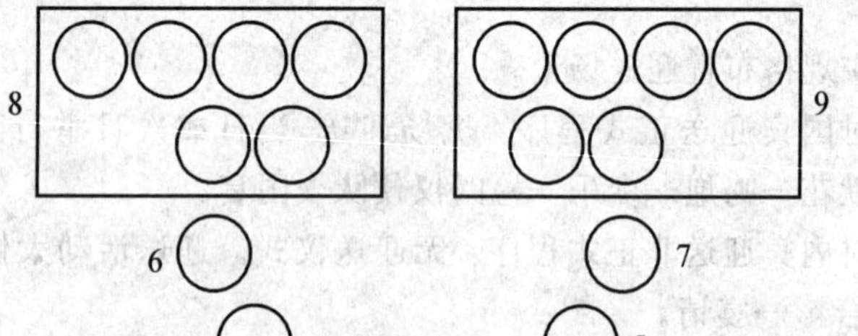

1. 签字桌
2. 双方国旗
3. 签字用文具
4. 客方签字人
5. 主方签字人
6. 客方助签人
7. 主方助签人
8. 客方参加签字仪式人员
9. 主方参加签字仪式人员

图7-12 常见签字仪式排法

(2) 掌握相对式位次的排列。

(3) 掌握主席式位次的排列。

(4) 让学生分组模拟排列。

(三) 授勋仪式训练要点和标准

1. 熟悉授勋仪式的要求

标准：

(1) 举行时机：会见、宴会时、大型会议上、专门的仪式。

(2) 授勋仪式要求：简短、庄重。

(3) 授勋内容：各种勋章、奖励基金、奖章、荣誉称号。

2. 一般授勋仪式的程序

标准：

(1) 授勋人与受勋者相对而立，相隔数步。

(2) 授勋人宣读授勋决定。

(3) 将勋章佩戴在受勋者胸前，再将勋章证书递交给受勋者。

(4) 有时双方还先后致辞。

3. 隆重授勋仪式的程序

标准：

(1) 授勋人与受勋者在主席台上，其他来宾在台下就座。

(2) 仪仗队护送两国国旗与勋章在军乐声中进入授勋大厅。

(3) 两国国旗竖立于主席台两侧，乐队奏两国国歌。

(4) 授勋人致词并宣读授勋决定，将勋章佩挂在受勋者胸前。

(5) 受勋者致答词。

第八单元

涉外常见礼俗

学习目标

☆ **应知**：认识主要客源国常见礼俗知识对提高针对性和人性化的服务工作所具有的重要意义，熟悉涉外常见礼俗的基本常识。

☆ **应会**：较好地掌握涉外交往中常见的礼仪、习俗、忌讳，以及主要客源国的国旗、国歌、国花等规范与知识。

☆ **能力**：通过训练能熟练地识别主要客源国的国旗、国歌、国花和货币；清楚主要客源国的礼俗禁忌，从而能在以后的旅游服务中和客人融洽地交流交往。

模块1　涉外常见礼俗

引导案例：列车上的午餐风波

一对阿拉伯夫妇乘火车旅游。上车前，他们特别要求翻译向列车长说明他们是阿拉伯人。午餐时间到了，一位列车员笑容可掬地给他们送来了午餐。她右手拿着托盘，左手将餐具、午餐一一礼貌地递到他们面前。这时候，他俩脸色突然大变，那位先生猛地站起来，把桌布一掀，桌上的食物全都摔到了地上，并用本民族语言大声说着什么。看他的表情好像是非常愤怒，而那位夫人则捂着脸呜呜地哭了。列车员一下呆在那儿，一脸茫然，不知所措。

原来，全是左手惹的祸，在阿拉伯人看来，左手是不洁的，绝对不可以用来端送食物，否则，是莫大的污辱！而刚才列车员就是用左手递送的食物。虽然列车长赶来后，总算平息了这场风波，但在这对夫妇心里，这次旅行无疑是不愉快的。

（资料来源：未来之舟编著《服务礼仪》，中国经济出版社 2006 年版）

作为一名合格的旅游业接待人员，必须要注意各国不同文化差异带来的不同习俗，熟悉并掌握一些主要客源国和地区的习俗、礼节知识、忌讳是非常必要的，是提高旅游职业人员的素质、开阔视野改善服务质量的需要。

一、港澳台地区礼节习俗

香港、澳门、台湾自古以来就是中国领土不可分割的一部分。在香港、澳门和台湾地区生活的居民，95%以上是炎黄子孙。作为中华民族大家庭中的一员，他们的语言文字、风俗习惯、礼俗禁忌、道德伦理规范等与内地基本相同，他们热爱祖国和中华民族。

（一）香港地区礼俗

1. 香港简介

香港特别行政区位于广东省南面、珠江口东侧，南临南中国海，北接广东省深圳市，总面积为 1 070 平方公里。香港包括香港岛、九龙半岛、新界与离岛四大部分。九龙与港岛间的维多利亚港，是亚洲及世界的重要海港。

1984 年中英签署关于香港问题的联合声明。1997 年香港回归中国，实行“一国两制”、“高度自治”。1997 年 7 月 1 日，中华人民共和国香港特别行政区政府成立，董建华为香港特别行政区第一任行政长官。

香港总人口 700.86 万(截至 2008 年年底)，华人占 97%，大部分是广东籍；外籍占 3%。香港是世界上人口最稠密的城市之一，市区人口密度平均高达每平方公里 2.1 万人。在香港，宗教有：佛教、道教、基督教、天主教、伊斯兰教。

2. 礼节习俗

(1) 注重礼节。香港人待人接物非常注重礼节。在社交场合，与香港人见面或告别时通常采用握手。与人见面前，需要先电话预约。去做客应事先准备一些水果、饼食作为礼物，不可空手去拜访。就餐时，等主人先饮酒进食后再开始进食。

一般的男士称“先生”，女士称为“小姐”。如果遇到年纪大的男子就称作“阿叔”或“阿伯”，年长的女子称作“阿婶”。而对男侍者应称作“伙计”，对女侍者称作“小姐”。

(2) 信神佛和风水。香港人的家庭中有很多的神。供奉祖先的牌位，厨房里供奉灶公，大门口供奉土地爷。

盖房子、装饰店铺时，有很多人请风水先生占卜。位于尖沙咀的丽晶酒店的大厅可以眺望香港岛的玻璃式的设计，据说是不妨碍具有龙脉地相的龙在大海里游泳而设计的。位于中环的香港上海汇丰银行的超现代化的大楼门口放置的一对狮子像，也是风水的原因。

(3) 喜欢吉祥号。香港人喜欢吉祥号码，电话号码 666 和 888 最受欢迎。家庭汽车牌号也争配吉祥号码，以 2、3、8 最受欢迎，因为它们在粤语中谐音为“易”、“生”、“发”。

3. 禁忌

在香港，忌称丈夫或妻子为“爱人”，因为在英语中“爱人”指的是“情人”。忌称中，老年人不可称“伯父”、“伯母”，而称“伯伯”、“伯娘”，因为“伯父”、“伯母”与“百无”谐音，即一无所有的意思。

香港人避免说“4”字。因为“4”与“死”谐音，所以一般不说不吉利的“4”。

探望病人或亲友，忌送剑兰、茉莉、梅花，因为剑兰与“见难”（意为日后难见了）谐音，茉莉和“没利”、“末利”谐音，“梅”与“霉”谐音。在酒家、饭馆用餐，忌对伙计说“炒菜”、“炒饭”，因为“炒”字有“解雇”（即炒鱿鱼）的意思。

逢年过节，香港人习惯说“恭喜发财”，而不愿说“新年快乐”和“节日快乐”，写信也不用“祝您快乐”，因为“快乐”的谐音为“快落”（失败、破产的意思）。由于长期受西方的影响，也忌“13”、“星期五”等。

(二) 澳门地区礼俗

1. 澳门简介

澳门位于中国东南沿海珠江口西岸，与广东省珠海市相连。澳门古称“蠔镜”，由澳门半岛、凼仔岛和路环岛组成。陆地面积至 2008 年为 29.2 平方公里。截至 2008 年 9 月 30 日，澳门的居住人口估计为 55.7 万人，96%为中国居民，其余以葡萄牙人居多。

1985 年 5 月，中国政府和葡萄牙政府就举行谈判解决澳门问题达成协议。1999 年 4 月，由 200 名澳门永久性居民组成的澳门特别行政区第一届政府推选委员会成立。5 月 15 日，第一任行政长官何厚铧当选。1999 年 12 月 20 日，澳门回到祖国怀抱。

2. 礼节习俗

以博彩业著称的澳门，与美国的拉斯维加斯和摩洛哥的蒙地卡罗并称世界三大赌城，因而被冠誉为“东方拉斯维加斯”。博彩带动了旅游业，它也成为澳门四大经济支柱之一和外汇主要来源。

澳门的婚俗也兼有中西文化的色彩。澳门人的结婚仪式大致有两种：一是按照中国传统的形式，新郎要到新娘家“迎亲”；一是按照西方的形式，夫妻要进教堂。澳门土生葡人，有的进教堂举行西式婚礼，有的则中西式兼用。

3. 禁忌

澳门居民过年期间的禁忌有：大年初一不能扫地，不然会扫走“财气”，如果非扫地不可的话，也要由外向内扫，以象征聚财，这一点与中国内地许多地方的民俗是一样的。

在澳门，不能骂他们你怎么那么好赌啊！不要说关于输的忌讳词，因为有的赌徒是很在意的。

在澳门，忌讳“13”。要是13日碰巧又是个星期五，人们会特别小心谨慎。此外，澳门人祝贺生日的习惯也不同于内地人，按澳门人的习俗，生日不得提前祝贺。

在澳门，年龄、职业、婚姻状况、宗教信仰、政治面目甚至个人收入都是隐私，相识或共事多年而不知对方底细是司空见惯的事。另外，别人买到一样东西，即使喜欢，也不要问价格。

【相关链接8-1】　澳门的博彩业

澳门的博彩业主要有幸运博彩、跑狗、跑马、白鸽票（彩票）等，营业收入十分可观。澳门的赌场与美国的拉斯维加斯大西洋城相比，虽然其建筑、设施和繁华程度都较为逊色，但这里的一些赌客所下的赌注却大得惊人，通常情况下他们在几张赌台上的豪赌额就占赌场总收入的半数。

（资料来源：中国新闻网·港澳新闻　http://www.chinanews.com.cn）

（三）台湾地区礼俗

1. 台湾简介

台湾是我国最大的岛屿，总面积为36 006平方公里，为中国的“多岛之省”。截至2009年5月底，台湾人口数达到2 306多万人。

1894年日本发动甲午战争，1895年清政府战败，于4月17日被迫签订丧权辱国的《马关条约》，把台湾割让给日本。从此，台湾沦为日本的殖民地达50年之久。1945年8月，抗战胜利后终于收复了台湾。至此，台湾、澎湖重归中国主权管辖之下。

台湾问题不同于香港、澳门问题，是国内战争遗留下来的问题，其本质是中国的内政问题。如何实现两岸的互助双赢？如何实现台湾问题的和平解决？国共两党都抛出了和平的橄榄枝，均同意以“九二共识”为基础，开启两岸和平谈判。这是一场世纪的谈判，它考验着两岸中国人的智慧。1993年4月，“海协会”会长汪道涵和“海基会”会长辜振甫在新加坡举行“汪辜会谈”，取得了积极成果，产生了广泛影响。

1995年1月30日，中共中央总书记、国家主席江泽民发表题为《为促进祖国统一大业的完成而继续奋斗》的重要讲话，进一步阐述了邓小平关于“和平统一、一国两制”思想的精髓，提出了现阶段发展两岸关系、推动祖国和平统一进程的八项主张。这八项主张，是“一国两制”构想的具体化，是系统阐述中国共产党和中国政府对台政策的纲领性文件。

2. 礼节习俗

台湾人礼节至上。在社交场合与客人见面时，一般都以握手为礼。在亲朋好友相见时，也惯以拥抱为礼，或吻面颊的亲吻礼。台湾信奉佛教的人为双手合十礼。在台湾也保留如拱手、抱拳、鞠躬等中国传统的见面礼节。

台湾人讲究要面子。如果台湾人感到没面子，那他们对你的宽容度就很有限。你提问题的措辞听起来应该是解释性的，而不是挑战性的。

台湾喜欢通过送些小礼物来融洽人际关系。台湾人把“千里送鹅毛，礼轻情义重”这一点做到了极致。他们送礼有这样的特征：包装精美，物件小巧。

台湾人的民情风俗丰富多彩。一般从 50 岁时起开始称寿。60 岁为下寿，70 岁为中寿，80 岁为上寿，90 岁为耆寿，百岁为期颐。每逢寿期，由子孙发起庆祝，邀请亲朋，颇为隆重。

3. 禁忌

台湾人忌讳别人打听他们的工资、年龄以及家庭住址。台湾人最讨厌有人冲他眨眼，认为这是一种极不礼貌的行为。台湾的阿美人十分忌讳打喷嚏，他们把碰上有人打喷嚏，视为遇到了很不吉利的事情。

台湾人忌讳数字“4”，因其与“死”音近似，所以，极为反感。他们平时无论干什么都要设法避开“4”，或改“4”为“两双”来说。

台湾人在赠送礼品时的忌讳有很多：

(1) 禁以手巾赠人。从前，台湾民间丧家在办完丧事后送毛巾给吊丧者，用意在于让吊丧者与死者断绝来往。若赠人手巾，即不禁令人想起不吉利的丧事与断绝、永别之意。

(2) 禁以扇子赠人。“送扇，无期见”，基于此种心理，恋爱中的青年男女赠送扇子表示快冷的意思，说明心不诚。

(3) 禁以剪刀赠人。剪刀属伤人的利器，其含有“一刀两断”、“一剪两断”的意思。

(4) 禁以雨伞赠人。“伞”与“散”同音，若拿伞来赠人，有送“散”给对方之意，难免会引起对方误解。

(5) 禁以镜子送人。因为镜子容易打碎，“破镜难圆”。

(6) 禁以钟送人。因为“钟”与“终”同音，送钟会使人想到“送终”。

【小知识 8-2】 什么是九二共识？

“九二共识”是指 1992 年 11 月，代表大陆官方的海协会与代表台湾官方的海基会“就解决两会事务性商谈中如何表明坚持一个中国原则的态度问题所达成的以口头方式表达的‘海峡两岸均坚持一个中国原则’的共识”。

（资料来源：中国网 · 华人社区 http://www.china.com.cn）

二、主要客源国常见的礼节习俗

据 2008 年下半年的资料显示，世界上共有 224 个国家和地区，其中国家为

193个，地区为31个。旅游接待是面向全世界的工作，由于各国文化背景及民族习俗等的差异，这就需要了解世界各国各民族，特别是我们常常要接触的主要客源国的基本概况、饮食起居、风俗习惯、礼貌礼节等情况。具备了这些方面的基础常识，将有助于我们开阔视野，增强做好服务工作的适应性。

（一）亚洲地区常见的礼节习俗

亚洲是世界上第一大洲，目前有48个国家和地区，截至2007年上半年，亚洲人口为35.13亿。亚洲是世界三大宗教的发源地，现在亚洲国家绝大多数居民信奉佛教，其次是伊斯兰教，也有一部分信奉基督教。亚洲地区的主要客源国有日本、韩国、印度、泰国、新加坡、菲律宾、印度尼西亚等。

1. 日本

（1）简介。日本是亚洲东部的一个群岛国家，面积377 800平方公里，首都：东京。截至2005年10月，人口1.28亿，是世界人口密度最大的国家之一。民族主要是大和族，仅在北海道有2.5万阿伊努人。居民主要信奉神道教和佛教。少数信基督教和天主教。日语为国语。货币名称为日元。1972年9月29日同中国建交。

日本国歌为《君之代》。国花为樱花。国旗被称为"太阳旗"，旗面上一轮红日居中，辉映着白色的旗面。红色圆象征太阳。

（2）礼节习俗。日本是一个注重礼仪的国家。日本人传统的问候方式是鞠躬，许多日本人愿意用握手的方式问候，也有不少日本人既握手又鞠躬。初次见面，互相鞠躬，交换名片，一般不握手。

日本人非常守时，约会时应准时到达。在一般场合，日本人谈话声音轻，很少大笑，特别是女性，否则会被认为是失态、缺乏教养的行为。

日本人吸烟从来都是各吸各的，不像中国的烟民，喜欢互相敬烟。因为日本人认为每个人喜欢的香烟品牌、品味都不尽相同，不必强迫别人吸自己喜欢的烟。

日本人也同中国人一样爱喝茶，但他们斟茶时不像中国人那样一次斟满，而是以半杯为敬，并且一般不再续茶。这常使喝惯大碗茶的中国人感到难以解渴。

花道又称"插花"，是日本特有的一种传统艺术，它起源于佛教的供花，是随着佛教一起从中国传入日本的。这种艺术讲究的是将鲜花的素材结构与天、地、人的形态相结合，从而创造出优美的形态。

"相扑"很受日本人的喜爱，被他们称为"国技"。日本人以新家建成之日收到一个相扑选手的名片为荣。相扑运动的基本形式是两个胖胖的选手在一个圆环里进行肉搏战。

（3）饮食习惯。日本人爱吃鱼，还有吃生鱼片的习惯。每逢喜事，日本人爱吃红豆饭，不加任何调料，只在碗里撒一些芝麻盐，十分清香适口。日本人不吃羊肉、猪内脏及肥猪肉。

日本料理以鱼、虾、贝等海鲜品为烹饪主料，并有冷、热、生、熟各种食用方法。日本人讲究食品营养学，讲究菜点的色泽和形状，口味多为咸鲜，清淡少油，稍带甜酸和辣味。

“便当”和“寿司”在日本是受欢迎的两种传统方便食品。“便当”就是盒饭，“寿司”就是人们在逢年过节时才吃的“四喜饭”。

日本人喜欢吃中国的广东菜、北京菜、上海菜。喜欢餐前餐后喝一杯茶，特别喜欢喝绿茶。喜欢喝日本清酒，中国的绍兴酒、茅台酒，英国的威士忌，法国的白兰地等。

2. 韩国

(1) 简介。韩国位于朝鲜半岛南部。总面积为 99 000 平方公里。首都：汉城，现中文名称改称首尔(Seoul)。截至 2007 年，韩国人口为 1 050 万。全国为单一的民族——朝鲜族。通用朝鲜语。货币名称为韩元。1992 年 8 月 24 日同中国建交。

韩国国歌为《爱国歌》。国花是木槿花。韩国国旗为太极旗，白色底，中间是红色和蓝色的阴阳符号，加上八卦中的四卦。

(2) 礼节习俗。韩国人讲究礼貌，特别敬重长辈。晚辈、下级走路时遇到长辈或上级应鞠躬、问候，站在一旁，让其先行，以示敬意。晚辈见长辈、下级对上级规矩很严格。与长辈握手时，除右手相握外，还要把左手轻置于其右手之上，以示尊重。

韩国男子见面时微微一鞠躬，相互握手问候；上级人士见面时先握手，下级人士见面时则先鞠躬。不要直呼韩国人的名字，他们一般用头衔、职称等尊称来称呼。

韩国人喜欢本地出产的东西，故应尽量地送本国、本地区的特产为好，而不是到超市去选购洋货。韩国人同样对 4 字非常反感，送礼要忌“4”和“4”的倍数有关的数量。

同韩国人约定洽谈时间后，要准时赴约。韩国人说话比较直率。无论在什么场合，韩国人不大声说笑，不喜欢喧闹的场面。他们珍视一种“内在”的气质。

(3) 饮食习惯。韩国人的主食主要是米饭、冷面。爱吃辣椒、泡菜。酱是韩国各种菜汤的基本佐料。喜欢吃牛肉、精猪肉、鸡和海味，不爱吃羊肉、鸭和肥猪肉。最爱吃的是“炖汤”，这是用辣椒酱配以豆腐、鱼片、泡菜或其他肉类和蔬菜等烹制而成。

韩国人口味偏清淡，一般不喜欢吃过油、过腻、过甜的食物，不喜欢吃带甜酸味的热炒菜肴，但特别喜欢吃辣味菜肴。韩国人通常不喝稀粥，不喜欢喝清汤。

3. 印度

(1) 简介。印度位于亚洲南部，和古埃及、巴比伦、中国被称为世界四大文明古国。首都：新德里。国土面积 328.7 万平方公里，居世界第七。印度人口截至

2008 年 3 月已达到 10.27 亿，正式成为继中国之后，世界上第二个人口超过 10 亿的国家。居民大多信奉印度教。印地语为国语，英语为官方语言。货币名称为卢比。1950 年 4 月 1 日同中国建交。

印度国歌为《人民的意志》。国花为荷花。国旗由橙、白、绿三色的横带所组成。国旗上橙色表示克己和献身精神，白色表示纯洁和真理，绿色表示信心和勇敢。

(2) 礼节习俗。印度人在见面和告别时，总免不了说一句“那摩斯戴”，这是印地语，意即“您好”。常见的礼节有双手合十和拥抱。

献花环，在印度是欢迎客人常见的礼节，主人要献上一个花环，戴到客人的脖子上。客人越高贵，所串的花环也越粗。

点吉祥痣也是印度人欢迎宾客的礼数。每逢喜庆节日，印度人爱用朱砂在前额两眉中间涂上一个圆点。他们认为，吉祥痣可以驱邪避灾。在姑娘出嫁之前，父母要选吉日，请僧侣专门给姑娘点吉祥痣，祝愿她终身幸福。

印度人喜爱 3、7、9 数字，喜欢红、黄、蓝、绿、紫色及其他鲜艳的颜色。他们认为红色表示生命、活力、朝气和热烈，蓝色表示真诚，阳光似的黄色表示光辉壮丽，绿色表示和平、希望，紫色表示心境宁静。

印度人只准用右手递接食物，他们认为左手肮脏，右手干净。吃饭用右手抓取，不但吃米饭用手抓，就连稀粥也能用手抓入口中。在印度，除上洗手间外均不使用左手。伸左手就是对别人的侮辱。

(3) 饮食习惯。印度的食物在世界上独具特色。印度人做菜喜欢用调料，如咖喱、辣椒、黑胡椒、豆蔻、丁香、生姜、大蒜、茴香、肉桂等，其中用得最普遍、最多的还是咖喱粉。

由于宗教的原因，印度人的饮食习惯也不同。虔诚的印度教徒绝对不吃牛肉，因为他们把牛奉为神牛。穆斯林不吃猪肉，但大啖牛肉。因此，杀牛和吃牛肉常成为印度教徒和穆斯林冲突的导火索。

【案例链接 8－3】 更换牛皮沙发的原因

在一次印度官方代表团前来我国某城市进行友好访问时，为了表示我方的诚意，有关方面做了积极准备，就连印度代表下榻的饭店里也专门换上了宽大、舒适的牛皮沙发。可是，在我方的外事官员事先进行例行检查时，这些崭新的牛皮沙发却被责令立即撤换掉。原来，印度人大多信奉印度教，而印度教是敬牛、爱牛，奉牛为神的，因此无论如何都不应该请印度人坐牛皮沙发。这个事例表明，旅游服务人员是很有必要掌握一些宗教礼仪的。

（资料来源：薛建红主编《旅游服务礼仪》，郑州大学出版社 2006 年版）

4. 泰国

(1) 简介。泰王国位于亚洲中南半岛中南部，首都曼谷，面积 513 115 平方公里。泰国人口截至 2005 年 7 月是 6 476 万。泰国盛产大象，尤以白象为珍贵，故有“白象国”之称。佛教是泰国的国教，90%的人信奉佛教。僧人身穿黄衣，故又有“黄衣国”之称。泰语为国语，货币名称为泰铢(1元人民币约合5泰铢)。1975年7月1日同中泰两国建交。

泰国国歌为《泰王国国歌》。国花为睡莲。国旗由红、白、蓝三色的五个横长方形平行排列构成。上下方为红色，蓝色居中，蓝色上下方为白色。

(2) 礼节习俗。泰国人不习惯握手、拥抱和接吻，对人表示敬意和问候的礼仪就是“拜”(泰国人称“WAI”)：双手合十，举高至头部，手指位于下巴前，并且头部略作鞠躬姿。在“拜”的同时，可以说问候语：“刹哇里·卡”(“您好！”之意)。

合十礼和跪拜礼都属佛教的“拜礼”。而跪拜则是拜礼中最高的礼节，佛教称“礼之极也”。“跪拜”也称“五体投地”。所谓五体投地，即两肘、两膝和头着地，是跪拜的基本要求。

握手礼只在政府官员，学者和知识分子中盛行，男女之间不行握手礼。泰国人不是按姓来称呼对方，如“陈先生”、“张女士”，一般用名字来称呼对方，如“建国先生”、“秀兰女士”等。

在泰国，如有长辈在座，晚辈只能坐在地上，或者蹲跪，以免高于长辈头部，否则被视为对长辈极大的不尊。给长者递东西必须用双手，一般人递东西要用右手，表示尊敬，如不得已用左手时，要说一声“请原谅，左手”。

(3) 饮食习惯。泰国人主食为大米，副食主要是鱼和蔬菜。特别喜爱吃辣椒，不喜欢酱油，不爱吃牛肉和红烧的菜肴，也不习惯放糖。泰国人特别喜欢喝啤酒，也爱喝白兰地兑苏打水。喝咖啡、红茶时，爱吃小蛋糕和干点心。饭后有吃苹果、鸭梨等习惯，但不吃香蕉。泰国人爱吃鱼、虾、鸡、鸡蛋等。

泰国菜的特点是酸辣，开胃，让人一吃就上瘾。那是因为泰国菜的调料很独特，许多调料是东南亚甚至是泰国特有的。最常用的几种调料有：泰国柠檬、鱼露(像酱油一样的调味品)、朝天椒、咖喱酱。泰国民族风味“咖喱饭”，是用大米、肉片(或鱼片)和青菜调以辣酱油做成的。

【小知识8-4】 泰国合十礼的四种规格

一是举到前额下，用于晚辈向长辈施礼；二是举于胸前，多用于长辈向晚辈还礼；三是举到鼻子下，一般用于平辈间；四是举过头顶，只用于平民拜见泰王时。

(资料来源：中国礼仪网·泰国人的习俗礼仪 http://www.welcome.org.cn)

5. 新加坡

(1) 简介。新加坡位于东南亚马来半岛的南端，面积699.4平方公里。首都：新加坡。人口截至2007年6月是468.06万，华人占76.9%，其余为印度人、巴基斯坦人、斯里兰卡人和欧洲人。马来语为国语，汉语、泰米尔语和英语为官方语言，英语为行政语言。货币名称为新加坡元。1990年10月2日同中国建交。

新加坡国歌为《前进吧，新加坡！》。国花为兰花。新加坡国旗由上红下白两个相等的横长方形组成，左上角有一弯白色新月和五颗白色五角星。

(2) 礼节习俗。新加坡人十分讲究礼貌礼节，他们的礼貌口号是“真诚微笑”，生活信条是“人人讲礼貌，生活更美好”。在新加坡，华人见面时作揖、鞠躬或握手。印度血统的人仍保持印度的礼节和习俗。马来血统、巴基斯坦血统的人则按伊斯兰教的礼节行事。

和新加坡的印度人或马来人吃饭时，注意不要用左手。到新加坡人家里吃饭，可以带一束鲜花或一盒巧克力作为礼物。谈话时，避免谈论政治和宗教。

和新加坡人的商务来往中，他们总是恪守信誉，认真履约，因而在国外商人的眼中，新加坡籍商人一向有勤奋、诚实、谦虚、可靠的美德。

(3) 饮食习惯。新加坡是一个多民族的国家，有华人、马来人、印度人以及西欧人等，因其种族的多元化，新加坡的饮食因而丰富多彩。无论是中式菜肴、西式快餐、日本料理、韩国烧烤、泰国餐、印尼餐，还是马来风味、印度风味的饮食，这里都有。新加坡被称为美食天堂，在这里不用出门，就可以吃到异国的饮食。

主食为米饭、包子，不吃馒头。副食主要为鱼虾等海鲜，如炒鱼片、炒虾仁等。不信佛教的人喜欢吃咖喱牛肉，爱吃桃子、荔枝、梨等水果。下午爱吃点心，早餐喜欢吃西餐，午餐和晚餐偏爱中国广东菜。

6. 印度尼西亚

(1) 简介。印度尼西亚位于亚洲东南部，面积 1 904 443 平方公里，由 13 700 多个大小岛屿组成，有“千岛之国”之称。首都：雅加达。印度尼西亚是世界第四人口大国，截至 2008 年为 2.375 亿多人。印尼也是一个多民族的国家，有 100 多个民族，其中爪哇族占总人口的 40.6%。全国约 87.2%的居民信奉伊斯兰教，是世界上穆斯林人口最多的国家。印尼语为国语，英语是第二语言。货币名称为盾。1950 年 4 月 13 日同中国建交。

印度尼西亚国歌为《大印尼歌》。国花为茉莉花。国旗旗面由上红下白两个相等的横长方形构成。红色象征勇敢和正义，还象征印度尼西亚独立以后的繁荣昌盛；白色象征自由、公正、纯洁。

(2) 礼节习俗。印度尼西亚人在社交场合与客人见面时，一般习惯以握手为礼。与熟人、朋友相遇时，传统礼节是用右手按住胸口互相问好。宾主初次见面一般要交换名片。印尼人懂礼貌、重深交、讲旧情，老朋友在一起可以推心置腹，但决不讲别人的坏话。

在印尼，遵守时间虽很重要，但并不受到十分注意，事先约会是受人欢迎的。交谈时不要谈论有关当地的政治、社会以及外援等话题。应邀赴宴时送鲜花是合乎礼貌的。由于多数人信奉伊斯兰教，在递送物品时，都要用右手而不能用左手，也不用双手。

印尼人最喜欢笑，心情舒坦就笑，顺利完成某件事就笑，笑是他们的另一种语言。他们也喜欢开玩笑，他们甚至认为“笑口常开”是社交上的一种礼貌。

(3) 饮食习惯。印度尼西亚的饮食文化已趋国际化。在首都雅加达，世界各国的风味菜肴，如中国菜、欧式菜、泰国菜、越南菜、日本菜、印度菜，应有尽有。

印度尼西亚人的饮食特点是中西餐均可，早点一般都是吃西餐，午餐、晚餐吃中餐。印度尼西亚人的口味是喜欢吃脆、酥、香、酸、甜的食物，尤其喜欢吃辣的，如咖喱、胡椒、辣椒等。喜欢炸、烤、煮、爆、炒等方法制作的菜肴，喜欢牛、羊、鱼、虾、鸡、鸭及动物的内脏和新鲜的蔬菜。

印度尼西亚人大部分信仰伊斯兰教，生活习惯基本上与印度人相仿，忌吃猪肉，不吃海参、鱼肚和带骨刺的鱼。印度尼西亚人不喝烈性酒或根本不喝酒，进餐时爱喝冷开水。

【相关链接 8-5】 印尼巴厘岛的“静居日”

静居日，是巴厘岛印度教徒的新年，时间在巴厘历十月初一。这是个庆祝方式非常独特的节日。节日前一天是个欢庆日，人们兴高采烈，喜气洋洋，身穿艳丽民族服装去参加欢庆活动。节日那天，巴厘岛则出现另一番完全不同的景象：街上没有任何其他行人车辆，所有店铺都大门紧闭，停止营业。入夜后，家家都不点灯，整个巴厘岛一片漆黑，所有娱乐场所都停止活动，没有一点响声。人们整天闭门不出，不生火，不做饭，不欢乐也不悲伤，只是静静地思过，净化自己的灵魂，达到真正的“空”和“静”，以便在新的一年里一切从零开始，按神的启示和意志去生活。

(资料来源：侨友乐网 · 印尼巴厘行 http://www.qiaou.com)

7. 菲律宾

(1) 简介。菲律宾位于太平洋西部，亚洲东南部，面积 299 700 平方公里。首都：马尼拉。截至 2008 年，菲律宾人口 8 947 万。主要民族马来族占全国人口的 85%以上。有 70 多种语言。国民约 84%信奉天主教。国语是以他加禄语为基础的菲律宾语，英语为通用语言。货币名称为比索。1975 年 6 月 9 日同中国建交。

菲律宾国歌为《马达洛菲律宾进行曲》。国花为“三巴吉塔”茉莉花。国旗呈横长方形，靠旗杆一侧为白色等边三角形，中间是放射着八束光芒的黄色太阳，三颗黄色的五角星分别在三角形的三个角上。旗面右边是红蓝两色的直角梯形，两色的上下位置可以调换。平时蓝色在上，战时红色在上。

(2) 礼节习俗。菲律宾人在社交场合与客人相见时，无论男女都习惯以握手为礼。在与熟人或亲朋好友相见时，一般都很随便，有的男友之间相逢时，常以拍肩膀示礼。菲律宾人热情好客，常把茉莉花串成花环，套在宾客的脖子上，以示尊敬。

菲律宾人十分尊重妇女与老人。年轻人与长辈相见时，要吻长辈的手背，以示对老人的敬重；年轻姑娘见长辈时，则要吻长辈的两颊为礼；如果晚辈遇见长辈时，说话前要把头巾摘下放在肩上，深深鞠躬，并称呼长辈为“博”(意为大爷)。

到菲律宾朋友家里拜访，最好准时赴约，以显示对主人的尊敬。许多菲律宾人的家庭，有进门脱鞋的习惯，客人要注意主人的举动，主人脱鞋，客人便跟着脱鞋，主人会认为客人是注重礼节的人。很多菲律宾人有咀嚼槟榔的习惯，因而也送上槟榔请客人咀嚼。

(3) 饮食习惯。菲律宾人口味一般不喜太咸，喜香、甜、微辣味。烹调受西班牙的影响，使用香辣调味品者颇多。

菲律宾人讲究菜肴色彩悦目，注重菜品要鲜嫩。对煎、炸、烤等烹调方法制作的菜肴偏爱。喜爱牛肉、羊肉、鸡、鸭、鱼、精猪肉等；也喜欢西红柿、菜花、青椒、冬笋、口蘑等蔬菜；调味品喜用糖、香醋、胡椒、辣椒、咖喱粉等。爱喝浓咖啡、酸牛奶、啤酒、橘子水、可口可乐、椰子汁等饮料。对中餐他们喜爱中国的川菜、苏菜。

饭后，主人会用各种各样的水果招待客人。菲律宾盛产各种热带水果，素有“太平洋上的果篮”之称，椰子、香蕉、芒果、凤梨、榴莲漫山遍野，举目皆是。

(二) 美洲和大洋洲地区的礼节习俗

美洲是南美洲和北美洲的合称，美洲地区的美国、加拿大、墨西哥、巴西等国，是我国旅游市场主要客源国，大多信仰天主教或基督教。大洋洲是世界第七大洲，是由澳大利亚、新西兰等许多岛屿组成。澳大利亚现在是大洋洲经济最发达的国家，也是中国的主要客源国。

1. 美国

(1) 简介。美国位于北美洲中部，领土还包括北美洲西北部的阿拉斯加和太平洋中部的夏威夷群岛。面积 9 372 614 平方公里。首都：华盛顿。截至 2010 年 1 月，美国人口为 3.08 亿，成为中国、印度之后的世界人口第三大国。美国是一个多民族的移民国家，有“民族熔炉”之称，80%以上是欧洲移民的后裔。50%的居民信奉基督教和天主教，其他人信仰犹太教和东正教。美国的绰号叫“山姆大叔”。英语为国语。货币为美元。1979 年 1 月 1 日同中国建交。

美国国歌为《星条旗歌》。国花：玫瑰花，象征着美丽、芬芳、热忱和爱情。国旗星条旗，呈横长方形，主体由 13 道红、白相间的宽条组成，7 道红条，6 道白条；旗面左上角为蓝色长方形，其中分 9 排横列着 50 颗白色五角星。13 道宽条代表最早发动独立战争并取得胜利的 13 个州，50 颗五角星代表美利坚合众国的州数。

(2) 礼节习俗。美国人在礼节习俗和待人接物方面，主要具有这么几个特点：随和友善，容易接近；热情开朗，不拘小节；城府不深，喜欢幽默；自尊心强，好胜心重。

美国人讲究文明礼貌，举止大方，以不拘礼节著称。初次见面时，常直呼对方的名字，不一定以握手为礼。在分手时，也不一定跟别人道别或握手，而是向大家挥挥手，或者说声“明天见”、“再见”。

美国人与人交往，时间观念强，很少迟到。前往赴约时，最好准时到达。如果迟到，让人等候你，显然是不礼貌的。

在美国崇尚“女士优先”，在餐桌上，女主人是无形中的首脑人物。上菜之后，客人一般要待女主人动手吃后才开始吃。饭后，也应由女主人领头离席客人才离席。

美国人谈话时不喜欢双方离得太近，一般应保持在120～150厘米之间，最少也不得小于60厘米。他们喜欢别人直接叫自己的名字，并视这是亲切友好的表示。

美国人认为单数是吉利的。美国人收到礼物，一定要马上打开，当着送礼人的面欣赏或品尝礼物，并立即向送礼者道谢。

(3) 饮食习惯。美国人的口味特点是咸中带甜，喜欢清淡，常吃西餐，也爱吃中国的川菜和粤菜。美国人不喜欢吃奇形怪状的东西，如鸡爪、猪蹄、海参等，不爱吃动物内脏，不爱吃肥肉、红烧和蒸的食物。烹调以煎、炸、炒、烤为主，菜的特点是生、冷、淡，就是热汤也不烫。他们喜欢把佐料放在餐桌上任进餐者选用，而不是在烹调时放入。

随着美国人生活节奏的加快，快餐食品便应运而生。其快餐连锁店遍及世界各地，其中，影响最大的当属麦当劳快餐连锁店。供应的快餐食品有：汉堡包、烤牛肉、牛排、火腿、三明治、油炸土豆片、烘馅饼、冰淇淋以及各种碳酸饮料等。炸土豆条则是深受人们喜爱且几乎成了餐桌上必不可少的食物。

【小思考8-6】 为什么把美国称为“山姆大叔”？

“山姆大叔”这一绰号产生于1812年美英战争时期。纽约州的洛伊城有一位肉类包装商，名叫塞缪尔·威尔逊。他诚实能干，富于创业精神，在当地很有威信，人们亲切地叫他“山姆大叔”。战争期间，他担任纽约州和新泽西州的军需检验员，负责在供应军队的牛肉桶和酒桶上打戳。

1812年1月，纽约州长带领一些人前往其加工厂参观，看到牛肉桶上都盖有E. A.—U. S.的标记，便问是何意思。工人回答，E. A.是一个军火承包商的名字，U. S.是美国的缩写。凑巧的是，“山姆大叔”的缩写也是U. S.，所以一个工人开玩笑地说，U. S.就是“山姆大叔”(Uncle Sam)。这件趣事传开后，“山姆大叔”名声大震。人们把那些军需食品都称为“山姆大叔”送来的食物。美国人还把“山姆大叔”诚实可信、吃苦耐劳以及爱国主义的精神视为自己民族的骄傲和共有的品质。从此这个绰号便不胫而走。1961年，美国国会正式承认“山姆大叔”为美国的民族象征。

(资料来源：综合交流社区网·论坛 http://www.hnup.com)

2. 加拿大

(1) 简介。加拿大位于北美洲北半部，面积9 970 601平方公里，居世界第二位。首都：渥太华。截至2008年底，人口总数已达3 520万。加拿大民族大部分是欧洲英法等国移民的后裔。英裔居民占40%,法裔居民占27%。居民大部分信奉天主教与基督教。英语和法语为官方语言。货币名称为加元。1970年10月31日同中国建交。

加拿大国歌为《啊! 加拿大》。国花为枫叶。加拿大以枫树为国树,枫林遍及全国,素有“枫叶国”的美誉。国旗,自左向右由红、白、红两色组成。红色为垂直长方形,白色为正方形。白色中央绘有一片11个角的红色枫树叶。两块红色表示太平洋和大西洋,白色表示加拿大广阔无垠的国土,红色枫叶表示居住在这片土地上的加拿大人民。

(2) 礼节习俗。加拿大人热情好客,讲究礼貌,遵守时间。见面一般握手致意,不像美国人那么随便。熟人之间用拥抱礼节。分手时也行握手礼。熟人相见,直呼其名。

加拿大人时间观念强,约会要事先约定,准时赴约。加拿大人讲究实事求是,与他们交往不必过于自谦,不然会被误认为虚伪和无能。

加拿大人的衣着与美国人相近,但不像美国人那么随便。在非正式场合,他们穿着随意。在正式场合,如上班、上教堂、观看表演、赴宴等,他们着装整洁、讲究,男子穿西装,女子穿裙服。

交谈要选择众人共同关心的话题,喜欢谈加拿大经济文化发展、天气、体育、旅游、风俗等话题。不能询问年龄、收入、家庭状况、婚姻状况、女士体重等私人生活问题。

(3) 饮食习惯。由于历史的原因和人种的构成因素,加拿大人的生活习俗及饮食习惯与英、法、美相仿,其独特之处是他们养成了特别爱吃烤制食品的习惯。这主要是由于地理环境天寒地冻的影响。加拿大人在饮食嗜好上有如下特点:

注重:讲究菜肴的营养和质量,注重菜肴的鲜和嫩。喜欢吃牛肉、鸡等肉食,特别喜欢吃沙丁鱼和野味,喜欢生吃蔬菜。

口味:口味清淡,偏甜酸,不喜欢太咸。

主食:一般以米饭为主。

副食:喜欢吃牛肉、鸡、鸡蛋、沙丁鱼、野味类等,以及西红柿、洋葱、青菜、土豆、黄瓜等新蔬菜,调料爱用番茄酱、盐、黄油等。

制法:偏爱用煎、烤、炸等烹调方法制作的菜肴。

菜谱:喜吃咕噜肉、拔丝苹果、炸土豆条、糖醋鱼、香酥鸡、洋葱土豆片、炒山鸡片、软炸鸡、银芽鸡丝、鸡火煮干丝等。

3. 墨西哥

(1) 简介。墨西哥位于北美洲西南部,墨西哥是拉美第三大国,面积1 972 546平方公里。首都:墨西哥城。墨西哥城是世界著名的旅游城市。截至2007年12月,人口是10 745万,绝大多数是印欧混血种人。89%的居民信奉天主教。西班牙语是墨西哥的官方语言。货币名称为比索。1972 年 2 月 14 日同中国建交。

墨西哥国歌为《墨西哥合众国国歌》。国花为仙人掌。墨西哥是仙人掌的故乡,有"仙人掌王国"的美誉。国旗长方形,旗面从左至右由绿、白、红三个平行相等的竖长方形组成,白色部分中间绘有墨西哥国徽。绿色象征独立和希望,白色象征和平与宗教信仰,红色象征国家的统一。

(2) 礼节习俗。墨西哥是一个非常重视礼节的国家,墨西哥人讲究礼仪,注重礼貌。墨西哥人在社交场合最常用的礼节是微笑和施握手礼。墨西哥人与熟人、亲戚朋友或情人之间相见,一般都惯以亲吻并拥抱为礼节。对老人和妇女十分尊重。平时见面以握手为礼。

墨西哥人十分注意礼节风度和言谈举止。他们在公共场合,一般都表现得十分文雅,而且讲究礼貌和热情。他们无论对谁,总愿以笑脸相待。他们在赴约时,一般都不习惯准时到达,总要迟到 15 分钟至半小时左右。他们把这看成是一种礼节风度。

墨西哥人以热情好客著称。墨西哥人喜欢邀请朋友到家中作客,用民族膳食招待。墨西哥人讲究用餐礼节。进餐过程中,手臂不能放在餐桌上,身体活动幅度不宜太大,坐姿要端正,吃相文雅。吃完饭,主人先离座,客人再起身离座,并向主人道谢。

(3) 饮食习惯。墨西哥人口味清淡,喜欢咸中带甜酸味,烹调以煎、炒、炸为主。大多数人吃西餐,也爱吃中国的粤菜。早餐爱吃牛奶、各种水果汁和烤面包。爱喝冰水、矿泉水、可口可乐、啤酒、威士忌和白兰地等。墨西哥人在饮食嗜好上有如下特点:

注重:讲究菜肴的营养价值,注重菜肴的鲜美味道。

口味:一般口味不喜太咸,偏爱辣味。

主食:以玉米为主食,爱吃玉米面做的薄饼。

副食:爱吃牛肉、猪肉、鸡、火鸡、海味品、奶酪等;蔬菜爱吃西红柿、洋葱、辣椒、土豆、柿子椒、卷心菜等;调料爱用辣椒酱、芝麻、胡椒等。

制法:偏爱用煎、炸、烤等烹调方法制作的菜肴。

菜谱:很欣赏大拼盘、香酥鸡、蚂蚁上树、炸叉烧肉、豆瓣鱼、烧鸡、干煸牛肉丝、辣子肉丁、红烧牛肉、煎泡蛋汤等风味菜肴。

水酒:喜欢饮用葡萄酒、香槟酒和桂花陈酒;乐于喝冰奶、咖啡、红茶。

4. 巴西

(1) 简介。巴西位于南美洲东南部,面积 8 547 403 平方公里,是南美洲面积最大的国家。首都:巴西利亚。巴西人口截至 2008 年 6 月是 1.869 亿,居南美洲首位,排位世界第五。88.7%的居民信奉天主教。葡萄牙语为官方语言。货币名称为雷亚尔。1974 年 8 月 15 日同中国建交。

巴西国歌为《听！伊比朗加的呼声》。国花为兰花。国旗呈长方形，旗底为绿色，中间是一个黄色菱形，其四个顶点与旗边的距离均相等。菱形中间是一个蓝色天球仪，其上有一条拱形白带。绿、黄色是巴西的国色。绿色象征该国广阔的丛林，黄色代表丰富的矿藏和资源。天球仪上的拱形白带将球面分为上下两部分，下半部象征南半球星空，其上大小不同的白色五角星代表巴西的26个州和一个联邦区。

(2) 礼节习俗。巴西人的习俗和葡萄牙、南欧的习俗非常相似。在巴西，熟人相见，男士之间互相拥抱，相互拍打后背，以示关系非同一般；女士之间，或女士遇到熟识的男士，则要亲吻面颊，表示亲热。在巴西也有握手的礼节，这一般在初次见面或在不太熟悉的人之间发生。

巴西人在人际交往中大都活泼好动，幽默风趣，爱开玩笑。巴西人与别人见面往往不太守时，约定几点见面，往往要推迟若干分钟。像大部分拉美人一样，巴西人对时间和工作的态度比较随便。和巴西人打交道时，主人不提起工作时，你不要抢先谈工作。

洗澡是巴西印第安人生活中重要的内容之一，他们对宾客最尊敬的礼节是请宾客同主人一起洗澡，洗澡次数越多，表示越客气。这样，一天往往洗澡十多次。

巴西人在接受别人送礼时，总是当面打开礼品包装，然后致谢，把礼品收下。拿到礼品后，要把原来包扎的纸剪掉一点，因为他们认为包扎纸是管运气的，剪掉一点就不会把别人的好运气带走。

(3) 饮食习惯。巴西人以欧式西餐为主，中菜也吃。以牛、羊、猪肉和水产品为主，煎、炸、烤、烩的菜较多，爱吃干烧鱼、糖醋桂鱼、辣子鸡丁、炒里脊、黄瓜氽里脊片汤。早上喝红茶，面包要现烤。午餐、晚餐都喝咖啡，喜食甜点心，爱吃香蕉，平时爱喝葡萄酒。

“黑豆”是巴西人每天必不可少的主食品，用以做黑豆饭。“烤肉”是巴西人最喜欢吃的风味菜之一，又是一品国菜，还是一种大众菜。巴西人最爱吃里脊肉；大多人都喜欢辣味菜肴。巴西有“咖啡王国”之称，巴西人最爱喝咖啡，每天就像中国人饮茶一样，对咖啡一杯接一杯地喝个够。

【相关链接8-7】 巴西的狂欢节

巴西狂欢节被称为世界上最大的狂欢节，有“地球上最伟大的表演”之称。狂欢节在复活节前47天(一定是星期二)，而复活节是春分月圆后的第一个星期日，由于这一因素，导致每年狂欢节的日期不确定性，一般在二月的中旬或下旬。狂欢节的活动从狂欢节那天的前三天(星期六)就开始了，每天晚上进行，接连举行三天。在狂欢节期间，巴西举国上下，从蹒跚学步的幼童到白发苍苍的老人，从贫民窟的主妇到名媛淑女，都会拥向街头尽情狂欢，从白天跳到黑夜，快乐可以传染，不满得以宣泄。

(资料来源：搜搜问问网 · 节日假期 http://wenwen.soso.com)

5. 澳大利亚

(1) 简介。澳大利亚位于太平洋西南部和印度洋之间，面积 7 682 300 平方公里，首都：堪培拉。人口数截至 2008 年为 2 100 多万。澳大利亚是典型的移民国家，被社会学家喻为“民族的拼盘”。澳居民中 70％是英国及爱尔兰后裔，18％为欧洲其他国家后裔。98％的居民信奉基督教。英语为通用语言。货币名称为澳元。1972 年 12 月 21 日同中国建交。

澳大利亚国歌为《澳大利亚，前进》。国花为金合欢花。国旗呈横长方形，旗底为深蓝色，左上方是红、白“米”字，“米”字下面为一颗较大的白色七角星。旗底右边为五颗白色的星，其中一颗小星为五角，其余均为七角。澳大利亚为英联邦成员国，英国女王为澳大利亚的国家元首。国旗的左上角为英国国旗图案，表明澳大利亚与英国的传统关系。

(2) 礼节习俗。澳大利亚人待人诚恳、热情，见面时喜欢热烈握手，彼此称呼名字，表示亲热。关系亲密的男性相见时，可亲热地拍打对方的后背；女性密友相逢，常行亲吻礼。

澳大利亚人办事认真爽快，喜欢直截了当，崇尚友善，谦逊礼让，重视公共道德，组织纪律强。时间观念强，赴约准时并珍惜时间。

澳大利亚人喜欢体育活动，游泳和日光浴是他们的癖好，如果有谁不会游泳，还会成为众人嘲讽的对象。

澳大利亚人真诚、踏实，与人交谈时不喜欢自夸与吹牛，且交谈的语气平和，声音高低适度，不喜欢转弯抹角、拖泥带水。

澳大利亚人最喜爱的动物是袋鼠与琴鸟，前者被澳大利亚人视作澳洲大陆最早的主人，后者则是澳大利亚的国鸟。

(3) 饮食习惯。澳大利亚人口味与英国人大致相同。菜要清淡，对中国菜很感兴趣。爱吃各种煎蛋、炒蛋、火腿、虾、鱼、牛肉等。当地的名菜是野牛排。不爱吃辣味的食品。无论中西餐，他们都喜欢用很多调味品。喜欢喝啤酒、葡萄酒，也喜欢茶和咖啡，喝茶也可和喝咖啡一样加牛奶和糖。啤酒是最受欢迎的饮料，其中达尔文城的居民以喝啤酒闻名。

主食，澳大利亚人愿意吃面，特别爱吃中国风味的清汤饺子。澳大利亚人对煎、炒、炸等烹调方法制作的菜肴很偏爱，豆芽菜、西红柿、黄瓜、生菜、菜花等蔬菜，味精、酱、姜、胡椒粉是他们常用的调料品。对水果中的荔枝、苹果、枇杷、葡萄、西瓜、梨都爱吃，喜欢干果、花生米等。

6. 新西兰

(1) 简介。新西兰位于大洋洲的西南方，紧邻澳大利亚，面积 270 534 平方公里，首都：惠灵顿。人口截至 2008 年 12 月为 429 万。其中欧洲移民后裔占 67.6％。70％的居民信奉基督教新教和天主教。官方语言为英语、毛利语。货币名称为新元。1972年12月22日同中国建交。

新西兰国歌为《上帝保护新西兰》。国花为银蕨。国旗呈横长方形，旗底为深蓝色，左上方为英国国旗红、白色的"米"字图案，右边有四颗镶白边的红色五角星，四颗星排列均不对称。新西兰是英联邦成员国，红、白"米"字图案表明同英国的传统关系；四颗星表示南十字星座，表明该国位于南半球，同时还象征独立和希望。

(2) 礼节习俗。新西兰人见面和告别均行握手礼，习惯的握手方式是紧紧握手，目光直接接触，男士应等候妇女先伸出手来。鞠躬和昂首也是他们的通用礼节。新西兰的毛利人会见客人的最高礼节是施"碰鼻子"，碰鼻子的次数越多、时间越长，礼就越重。

新西兰人热情好客，有尊敬长辈的传统。新西兰毛利人能歌善舞，男子跳舞时还用丰富的面部表情(吐舌头、瞪眼睛、做鬼脸等)来表达自己的心情；女性多头戴花环，腰系蒲草裙，用手的姿势及抖动方式来抒发自己的感情。

新西兰人时间观念较强，约会须事先商定，准时赴约。交谈以气候、体育运动、国内外政治、旅游等为话题，避免谈及个人私事、宗教、种族等问题。

(3) 饮食习惯。新西兰人的基本饮食习惯还与其祖先英国移民一致，喜欢吃西餐，特别爱喝啤酒。由于盛产乳制品和牛羊肉，所以新西兰人的饮食中少不了这些食物。

新西兰人嗜好喝茶，一般每天喝7次茶(早茶、早餐茶、午餐茶、午后茶、下午茶、晚餐茶和晚茶)。新西兰人在饮食嗜好上有如下特点：

注重：讲究菜肴花样，注重菜品量少质精。

口味：一般口味不喜太咸，爱甜、酸、微辣味道。

主食：以米饭为主食。

副食：爱吃牛肉、羊肉、猪肉、鸡、鸭、蛋品、野味、鱼、虾等，喜欢西红柿、芋头、南瓜、土豆、青菜、辣椒、菜花、黄瓜等蔬菜；调料爱用咖喱、番茄酱、味精、胡椒粉等。

制法：偏爱用炒、煎、烤、炸等烹调方法制作的菜肴。

中餐：喜爱中国的苏菜、京菜、浙菜。

菜谱：很欣赏鸡火煮干丝、番茄牛肉、糖醋鱼、脆皮鸡、油爆虾、黄油菜花、烤鸭、炒山鸡片、烤肉等风味菜肴。

(三) 欧洲地区的礼节习俗

欧洲国家众多，人口相当密集，民族较多，语言各不相同。习惯上，人们把欧洲细分为东、西、南、北、中五个区域。每年大量的欧洲游客也涌向世界各地，它是世界上最大的客源地区。对我国来说，欧洲的主要客源国有英国、法国、德国、意大利、俄罗斯、西班牙、瑞士、瑞典等。

1. 英国

(1) 简介。英国是位于欧洲西部的岛国。由大不列颠岛(包括英格兰、苏格兰、威尔士)、爱尔兰岛东北部和一些小岛组成。面积244 100平方公里。首都：伦敦。截至2005年6月底,英国人口为6 021万,其中英格兰人占80%以上。居民绝大部分信奉基督教,只有少部分人信奉天主教。英语为国语。货币名称为英镑。1954年6月17日,同中国建立代办级外交关系,1972年3月13日升为大使级外交关系。

英国国歌为《神佑女王》。国花为蔷薇花。国旗呈横长方形,为"米"字旗,由深蓝底色和红、白色"米"字组成。旗中带白边的红色正十字代表英格兰守护神圣乔治,白色交叉十字代表苏格兰守护神圣安德鲁,红色交叉十字代表爱尔兰守护神圣帕特里克。

(2) 礼节习俗。英国人十分注重礼貌礼节。初次相见时,一般都要握手,而平时相见则很少握手,只彼此寒暄几句,或对变化无常的天气略加评论,有时只是举一下帽子略示致意而已。

英国人待人彬彬有礼,讲话十分客气,"谢谢"、"请"字不离口。英国人对于妇女是比较尊重的,在英国,"女士优先"的社会风气很浓。

英国人讲究穿戴,只要一出家门,就得衣冠楚楚,养成了一种传统的"绅士"、"淑女"风度。但他们守旧,一般都热衷于墨守成规,矜持庄重。

英国人性格孤僻,生活刻板,办事认真,对外界事物不感兴趣,往往寡言少语,对新鲜事物持谨慎态度,具有独特的冷静的幽默。他们保守、冷漠,感情轻易不外露,即便有很伤心的事,也不常表现出来。

英国人的时间观念很强,拜会或洽谈生意,访前必须预先约会,准时很重要,最好提前几分钟到达为好。他们相处之道是严守时间,遵守诺言。

(3) 饮食习惯。英国人讲究口味清淡,菜肴要求质好量精,花样多变,注意营养成分。他们喜欢吃牛肉、羊肉、蛋类、禽类、甜点、水果等食品。进餐时一般先喝啤酒,还喜欢喝威士忌等烈性酒。

英国人一般较喜爱的烹饪方式有：烩、烧烤、煎和油炸。对肉类、海鲜、野味的烹调均有独到的方式。在佐料的使用上则喜好奶油及酒类;在香料上则喜好肉桂等新鲜香料。较为人知的英国料理菜名有：牛肉腰子派、炸鱼排、皇家奶油鸡等。

英国人都有早上喝"被窝茶",午后喝"下午茶"的习惯,午茶一般都在下午四点左右。一般以红茶为主。晚餐一般在晚上7点到8点之间。

2. 法国

(1) 简介。法国位于欧洲大陆的西部,面积551 602平方公里。首都：巴黎。截至2008年1月1日,法国人口接近6 380万,其中法兰西人约占90%左右,在欧盟各国中人口数量排名第二,仅次于德国。绝大多数居民信奉天主教。法语是国语。法语也是联合国的工作语言之一。1964年1月27日同中国建交。

法国国歌为《马赛曲》。国花为鸢尾花。国旗呈长方形，旗面由三个平行且相等的竖长方形构成，从左至右分别为蓝、白、红三色。白色居中，代表国王，象征国王的神圣地位；红、蓝两色分列两边，代表巴黎市民。三色旗曾是法国大革命的象征，据说三色分别代表自由、平等、博爱。

(2) 礼节习俗。法国人性格开朗，具有良好的社交风范。通行握手礼，不论什么场合都要握手。亲朋好友相遇，以亲吻礼和拥抱礼代替握手礼。

法国人爱好社交，善于交际，没有社交活动的生活是难以想象的。法国人十分注重谈话的礼貌，与人交谈时，态度热情大方，语气自然和蔼。听别人讲话时，眼睛平视对方，不轻易打断别人的话。平时谈话时不要以个人、政治或钱作为话题，那样会引起别人的反感。

法国人诙谐、幽默、天性浪漫，他们在人际交往中大都爽朗热情。善于雄辩，高谈阔论，好开玩笑，讨厌不爱讲话的人，对愁眉苦脸者难以接受。

与法国人打交道，约会必须事先约定，赴约要准时，不然会被认为是缺乏礼貌的表现。法国男士有骑士风度，尊重妇女。男子都严格遵循“女士优先”的礼貌规则。

法国人自尊心强，偏爱“国货”。法国的时装、美食和艺术是世人有口皆碑的，在此影响之下，法国人拥有极强的民族自尊心和民族自豪感。

(3) 饮食习惯。法国的烹调技术和菜肴居欧洲之首，烹调用料讲究，制作精细，品种繁多。法国人口味特点喜肥浓、鲜嫩，配料爱用大蒜头、丁香、香草、洋葱、芹菜、胡萝卜等。在调味上，用酒较重。法国人爱喝啤酒、葡萄酒、苹果酒、牛奶、咖啡、红茶等；喜食清汤及酥食点心；爱吃各种水果。

法国菜以其美味可口出名，且菜肴种类繁多，烹调方法独特。法国菜具有选料广泛、用料新鲜、装盘美观、品种繁多的特点。菜肴一般较生，法国人还有吃生菜的习惯。

进餐时，冷盘为整块肉，边切边吃。名菜有：马赛鱼羹、雀肉会利、巴黎龙虾、火焗蜗牛、红酒山鸡、沙福罗鸡、鸡肝牛排、牡蛎杯、马令古鸡。

【规范应用 8-8】　法国贴面礼 BISOUS

贴面礼，法语名字叫“BISOUS”。贴面礼并非我们所理解的亲吻，而只是一种普通见面礼节而已，跟浪漫不浪漫没关系。

简单来说，就是在亲朋好友之间见面或分手时，通常双方都会互相用脸颊碰一下，嘴里同时发出“啧啧”的声音，声音越大表示越热情。通常从右颊开始，左右各碰一下。或者不一定真的碰上，只是在脸颊附近虚张声势一下，也要发出“啧啧”声。

作为打招呼和彼此交流感情的媒介，必须拿捏清楚 BISOUS 的时机和场合，如果在商业场合或者其他正式场所，除非老朋友老主顾，否则还是握手为好。

（资料来源：中国礼仪网·欧洲礼仪　http://www.welcome.org.cn）

3. 德国

(1) 简介。德国位于中欧西部，面积357 020.22平方公里，首都：柏林。德国人口数截至2006年12月为8 180万。绝大多数是德意志人。外籍人占人口总数的8.8%左右。居民中信奉基督教的人约占一半，另有约46%的人信奉天主教。德语为国语。1972年10月11日同中国建交。

德国国歌为《德意志之歌》。国花为矢车菊。国旗呈横长方形，自上而下由黑、红、黄三个平行相等的横长方形相连而成。1990年10月3日，统一后的德国仍沿用德意志联邦共和国国旗。三色国旗可在机场、宾馆、宴会和其他场合悬挂。联邦政府机构和驻外使馆等悬挂带有黑鹰图案的国旗。

(2) 礼节习俗。德国人在人际交往中对礼节非常重视。与德国人握手时，特别注意两点：一是握手时务必要坦然地注视对方；二是握手的时间宜稍长一些，晃动的次数宜稍多一些，握手时所用的力量宜稍大一些。

德国人重视称呼，对德国人称呼不当，通常会令对方大为不快。接电话时要首先将姓名告诉对方。一般情况下，切勿直呼德国人的名字。称其全称，或仅称其姓，则大都可行。

德国人待人接物严肃拘谨，即使是对亲朋好友、熟人，见面时一般也行握手礼，只有夫妻和情侣见面时才行拥抱、接吻礼。

德国人在交往中，时间观念十分强，准时赴约被看得很重。会晤一般要尽早安排。和德国人谈话可谈德国的乡村风光、个人爱好或体育运动，但不要谈论棒球、篮球或美式足球。

(3) 饮食习惯。德国菜以酸、咸口味为主，调味较为浓重。烹饪方法以烤、焖、串烧、烩为主。德国美食有著名的德式清豆汤、德式生鱼片、德式烤杂肉、德式肉肠、酸菜、德式苹果酥、煎甜饼等。

与中国的饮食习惯不同，德国人最讲究、最丰盛的不是午餐、晚餐，而是早餐。早餐大都是自助形式，有主食、肉类、蔬菜、饮料、水果等，不仅品种丰富，且色香味俱佳。

德国人喜欢吃土豆、鸡蛋、牛肉和瘦猪肉，不大吃羊肉、鱼虾、海味和动物内脏。主食是面包、蛋糕，也吃面条、米饭。口味清淡、酸甜、不宜辣。晚餐一般吃冷餐。德国人特别爱喝啤酒，还喜欢吃甜点心和各种水果。

4. 意大利

(1) 简介。意大利共和国大部分国土位于欧洲南部亚平宁半岛，还包括西西里岛和撒丁岛等，面积301 277平方公里，首都：罗马。人口截至2006年为5 813万。94%的居民为意大利人。意大利语为官方语言。除西北部与东北部的少数民族分别讲法语、德语和斯洛文尼亚语外，绝大多数居民讲意大利语。大部分居民信奉天主教。1970 年 11 月 6 日同中国建交。

意大利国歌为《马梅利之歌》。国花为雏菊、玫瑰，民间公认紫罗兰。国旗呈长方形，旗面由三个平行相等的竖长方形相连构成，从左至右依次为绿、白、红三色。

(2) 礼节习俗。意大利人热情、爽快，同事见面常行握手礼，熟人、友人之间见面还行拥抱礼，男女之间见面通常贴面颊。初次见面谈问题都比较直爽，单刀直入，不拐弯抹角。

意大利人交谈的话题一般有足球、家庭事务、公司事务以及当地新闻等，避免谈美式足球和政治。

意大利人讲究穿着打扮，在服饰上喜欢标新立异，出席正式场合都注意衣着整齐得体。

意大利人的时间观念不强，参加一些重大的活动、重要的会议、谈判或者一般的约会，常常迟到。因此会议不能准时开始，活动推迟 10 多分钟是常事。

(3) 饮食习惯。意大利人饮食特点：意大利的菜肴讲究原汁原味，做鱼和鸡大多不放什么作料，只在锅里煎或烤制，然后浇上柠檬汁，或撒点胡椒面和盐即可上桌。

烹调上以炒、煎、炸、红焖等方法著称，并喜用面条、米饭作菜，而不作为主食用；意大利人吃饭的习惯一般在六七成熟就吃，这是其他国家所没有的。

口味爱好：喜吃烤羊腿、牛排等和口味醇浓的菜，意大利人喜欢吃通心粉、馄饨、葱卷等面食。各种面条、炒饭、饺子、面疙瘩也爱吃。

西餐非常注重甜品，而意式甜品极为出色。意大利文中甜品 Dlolce 本身就是“甜”的意思，通常是在享用主菜后才点选的。

吃饭离不开饮料和酒，连喝咖啡时也喜欢兑一些酒。意大利旅游者对我国粤菜、川菜比较喜欢。

5. 西班牙

(1) 简介。西班牙位于欧洲西南部的伊比利亚半岛，面积 505 925 平方公里，首都：马德里。人口数截至 2008 年 1 月 1 日为 4 606 万，西班牙人占人口总数的 70%以上。官方语言和全国通用语言为卡斯蒂利亚语，即西班牙语。96%居民信奉天主教。货币名称为比塞塔。1973 年 3 月 9 日同中国建交。

西班牙国歌为《皇家进行曲》。国花为石榴花。国旗呈长方形，旗面由三个平行的横长方形组成，上下均为红色，各占旗面的 1/4；中间为黄色。黄色部分偏左侧绘有西班牙国徽。红、黄两色是西班牙人民喜爱的传统颜色，并分别代表组成西班牙的不同古老王国。

(2) 礼节习俗。西班牙人的见面礼节一般采取握手、亲吻和拥抱三种方式。两人初次相识边握手边问候。熟人、朋友、同事、亲属之间，大多以亲吻、拥抱为主。

在西班牙，人们经常需要交换名片，这是一种有礼貌的表示。

在西班牙做客，必须事先约定。对于约会，西班牙人只有在斗牛时才准时到达。西班牙人做客一般都不会准时到达，大多是晚 10～15 分钟，如迟到太多，是一种失礼行为。

在交谈时，他们很少谈及个人隐私。他们喜欢谈论政治、体育和旅行。

西班牙妇女善于使用扇子表达感情，据说，当妇女打开扇子，把脸的下半部遮起来，这意味着她在问人："你喜欢我吗？"或者她在说："爱你。"如果妇女一个劲快速地扇扇子，那意思是说：离开我。如果把扇子一会儿打开，一会儿合上，表示我非常想念你。

(3) 饮食习惯。西班牙人的主食以面食为主，也吃米饭，喜食酸辣味的食品，一般不吃过分油腻和咸味太重的菜。

西班牙人喜欢食鸡、鱼、虾及水果、蔬菜。有的喜生食洋葱、西红柿和辣椒。口味偏厚重浓郁。爱饮啤酒和葡萄酒。西班牙人以西餐为主，也乐于品尝中国菜肴。他们喝汤不像中国人那样爱喝热汤，但却喜欢喝冷汤。

菜谱：很欣赏烤肉、西瓜盅、烤乳猪、炸雏鸡、脆鳕鱼、炸龙虾、炒杂烩、宫保鸡丁、松鼠鱼、干煎大虾、鲜蘑素什锦、香酥肥鸭、雪耳烧素烩、三丝燕菜汤等风味菜肴。

6. 俄罗斯

(1) 简介。俄罗斯联邦位于欧洲东部和亚洲北部，面积 1 707.54 万平方公里，首都：莫斯科。俄罗斯人口总数截至 2008 年 1 月 1 日为 1.42 亿，居世界第 7 位。民族 130 多个，其中俄罗斯人占 82.95%。俄居民 55%信奉宗教，其中 91%信奉东正教，5%信奉伊斯兰教。俄语是官方语言。货币名称为卢布。1949 年 10 月 2 日，中国与苏联建交。1991 年 12 月，苏联解体，俄罗斯联邦宣告成立。1998 年 11 月，中俄两国在莫斯科发表了《关于世纪之交的中俄关系的联合声明》。

俄罗斯国歌为《牢不可破的联盟》。国花为向日葵。国旗呈横长方形，旗面由三个平行且相等的横长方形相连而成，自上而下分别为白、蓝、红三色。俄罗斯幅员辽阔，国土跨寒带、亚寒带和温带三个气候带，用三色横长方形平行相连，表示了俄罗斯地理位置上的这一特点。

(2) 礼节习俗。俄罗斯人养成了注重礼貌的良好习惯。与客人相见，总要相互问好。问好后再握手致意，朋友间则拥抱和亲吻面颊。对于熟悉的人，尤其是久别重逢时，他们大多要与对方热情拥抱。

俄罗斯人对妇女颇为尊敬，"女士优先"在他们的国家里很盛行。凡在公共场所，无论是行走让路，还是乘车让坐，他们总要对女士有特殊的优待。

俄罗斯人时间观念很强，对约会总习惯准时赴约。在迎接贵宾之时，俄罗斯人通常会向对方献上"面包和盐"。这是给予对方的一种极高的礼遇，来宾必须对其欣然笑纳。

他们对马怀有特殊的感情。认为马能驱邪，会给人带来好的运气。他们一般都偏爱"7"。认为"7"预兆着会办事成功。人们都把红色视为美丽和吉祥的象征。

(3) 饮食习惯。黑面包是俄罗斯人爱吃之物，并常用来作为待客的食品。他们喜食牛羊肉，不大爱吃猪肉。喜欢焖、煮、烩的菜，炸、烤也可。喜欢酸、甜、咸和微辣食品。饮食习惯上还有以下特点：

酸：俄罗斯人喜欢吃酸的食品。面包、牛奶是酸的，菜、汤也多为酸的。

汤：俄罗斯人午餐、晚餐喜欢喝汤。有各种肉汤、鱼汤、酸菜汤、红菜汤、白菜汤等。

酒：俄罗斯人喜欢喝烈性酒，而且一般酒量都大。俄罗斯人喝啤酒用以佐餐，爱饮烈性酒，特别是伏特加，酒量一般都很大。对中国烈性酒也有兴趣，不爱喝葡萄酒。

茶：俄罗斯人喜欢喝红茶，在茶中加柠檬片和糖。倒茶时，先从茶炊里倒出一些酽茶，然后用水冲淡。

(四) 非洲地区的礼节习俗

非洲位于东半球的西南部，地跨赤道南北。约 3 020 万平方公里(包括附近岛屿)，为世界第二大洲。人口 9.24 亿，仅次于亚洲，居世界第二位。非洲居民多信奉原始宗教和伊斯兰教，少数人信奉天主教和基督教。他们的礼节礼俗往往是由宗教信仰决定的。

1. 埃及

(1) 简介。埃及共和国位于非洲东部，小部分领土位于亚洲西南角，是地跨亚、非两洲的国家，面积 100.2 万平方公里。首都：开罗。埃及是阿拉伯世界中人口最多的国家，截至 2008 年底，人口达 7 522 万。居民主要为阿拉伯人，约占 87%，科普特人约占 11.8%。居民多信奉伊斯兰教。阿拉伯语为官方语言，通用英语和法语。货币名称为埃镑。1956 年 5 月 30 日同中国建交。

埃及国歌为《阿拉伯埃及共和国国歌》。国花为莲花。国旗呈长方形，自上而下由红、白、黑三个平行相等的横长方形组成，白色部分中间有国徽图案。红色象征革命，白色象征纯洁和光明前途，黑色象征埃及过去的黑暗岁月。

(2) 礼节习俗。埃及人正直、爽朗、宽容、好客，见面时异常热情。一般情况下，见到不太熟悉的人，先致问候的人说全世界穆斯林通行的问候语——"安塞俩目尔来库姆"(直译为"和平降于你"，意为"你好")。如果是老朋友，则拥抱行贴面礼，即用右手扶住对方的左肩，左手搂抱对方的腰部，先左后右，各贴一次或多次。而且还会说出一串问候语："你好吧？""你怎么样？""你近来可好？"等。

埃及人把绿色比喻为吉祥之色，把白色视为"快乐"之色。一般人都比较喜欢"5"和"7"，认为"5"会给人们带来吉祥，"7"是个受人崇拜的完整数字。

埃及人认为“右比左好”，右是吉祥的，做事要从右手和右脚开始，握手、用餐、递送东西必须用右手，穿衣先穿右袖，穿鞋先穿右脚，用左手与他人握手或递东西是极不礼貌的，甚至被视为污辱性的。

(3) 饮食习惯。现代埃及人早餐多为奶酪、面包及咖啡或牛奶；午餐、晚餐比较讲究，常有肉食、米饭、面食及水果。埃及人主食为不发酵的面饼。副食爱吃豌豆、洋葱、萝卜、茄子、西红柿、卷心菜、土豆等蔬菜。忌食猪肉、海味以及奇形怪状的食物。喜欢喝红茶和咖啡。

埃及菜以烧烤煮拌为主，多用盐、胡椒、辣椒、咖喱粉、柠檬汁和番茄酱调味，口感偏重，特色是麻辣、焦香、浓郁、软滑。名品有烤全羊、烤鸡、牛肉豌豆、茄汁煮肉块、牛奶烙大饼、西红柿沙拉、洋葱拌辣椒、橄榄油炒豌豆泥等。

【补充资料 8-9】 埃及的“闻风节”

每年的4月9日，尼罗河畔阳光和煦、绿草如茵，埃及民众迎来了古老的传统节日“闻风节”。男女老少纷纷走出家门，尽情呼吸春风带来的阵阵花香，享受春日的勃勃生机。

在古埃及，闻风节是庆祝春天来临的节日，因此也被称为“春节”。“闻风”是阿拉伯语“夏姆纳西姆”的意译。“夏姆”意为吸、嗅，“纳西姆”意为微风、柔风。闻风节的由来可以追溯到公元前2700年甚至更早。一说是古埃及人根据节气变化而确定的，他们认为这一天是世界的诞生日；一说是古埃及传说中慈善之神战胜凶恶之神的日子。

不论闻风节来历如何，数千年来，它都是埃及人祈愿世界祥和的节日。这个节日让成千上万的埃及人尽情呼吸春天的气息，分享对生活的热情和希望。

（资料来源：四川省中国旅行社网·埃及旅游 http://www.sc5757.cn）

2. 苏丹

(1) 简介。苏丹位于非洲东北部，红海西岸，面积2 505 813平方公里，是非洲面积最大的国家。首都：喀土穆。苏丹是世界上最热的国家之一，首都喀土穆是有名的“世界火炉”。截至2008年5月，苏丹人口已达3 915.44万人。70%以上的居民信奉伊斯兰教，多属逊尼派。阿拉伯语为官方语言，通用英语。货币名称为苏丹镑。1959年2月4日同中国建交。

苏丹国歌为《苏丹共和国国歌》。国花为扶桑花，又名朱槿。国旗呈横长方形，靠旗杆一侧为绿色等腰三角形，右侧为三个平行且宽度相等的宽条，自上而下依次为红、白、黑三色。红色象征革命，白色象征和平，黑色象征属非洲黑色人种的南方居民，绿色象征北方居民所信奉的伊斯兰教。

(2) 礼节习俗。苏丹是一个礼仪之邦，人们讲究礼貌。苏丹人遇见外国客人，即使是素不相识者，也会主动打招呼，热情问候。在苏丹社会交往活动中非常重视职业头衔，可将职业头衔和姓名联起来称呼。

苏丹人素以热情好客闻名非洲和阿拉伯世界。当苏丹朋友邀请你到他家中做客,如果你爽快答应,并按时赴约,苏丹人会欣喜若狂。一旦有宾客临门,往往要现宰肥羊,把生羊肝切成片,撒上一些辣椒和香料,端上桌子,盛情款待客人。

他们新年习惯互相馈赠核桃,以此来相互祝愿幸福。他们有纹面、纹身的习俗,认为在面部、手臂、身上纹出图案既能增加人的美观,还可以避邪。

(3) 饮食习惯。苏丹人以东欧式西餐为主,也非常喜欢中餐。他们用餐惯以右手抓食取饭。他们最喜欢喝本国咖啡。苏丹人在饮食嗜好上有如下特点:

注重:讲究菜肴肉多量大,注重菜品经济实惠。

口味:一般口味喜清淡,爱酸辣味。

主食:一般以面食为主,也常把肉当主食。

副食:喜食牛肉、羊肉、骆驼肉、鸡、鸭、蛋品等;常吃蔬菜有西红柿、洋葱、黄瓜、土豆、豌豆等;调料爱用辣椒、胡椒粉、芝麻等。

制法:偏爱用煎、烤、炸、炒、熘等烹调方法制作的菜肴。

中餐:喜爱中国的清真菜。

菜谱:很欣赏香酥鸡、洋葱炒牛肉线、烤肉、番茄牛肉片、奶油煨菜心、清炖鸡、烤羊肉串、番茄鸡蛋、辣子汤等风味菜肴。

3. 摩洛哥

(1) 简介。摩洛哥位于非洲西北端,面积 459 000 平方公里,首都:拉巴特。人口数截至 2007 年约为 3 272.58 万人。摩洛哥在历史上被阿拉伯人占领,居民构成主要以阿拉伯人为主。阿拉伯语为其官方语言,贸易活动通用法语。绝大多数人信奉伊斯兰教。货币名称为迪拉姆。1958 年 11 月 1 日同中国建交。

摩洛哥国歌为《摩洛哥颂》。国花为香石竹,又名康乃馨。国旗呈长方形,旗底为红色,中央有一颗由五根绿色线条交叉组成的五角星。红色来自摩洛哥古国早期国旗的颜色。绿色五角星有两种解释:第一,绿色是穆罕默德后代所喜欢的颜色,五角星象征人民对伊斯兰教的信仰;第二,这一图案是驱病避邪的所罗门护符。

(2) 礼节习俗。摩洛哥人与客人相见和告别时,一般都惯施拥抱礼,握手礼也较为普及。摩洛哥女人与宾客见面时往往施屈膝礼。不过朋友之间通常以亲吻相迎。

摩洛哥人与客人约会总乐于迟到,认为这是一种社交风度。虽然摩洛哥人很少遵守时间,但事先约会仍是可取的。

他们把茶视为迎宾待客的佳品,若给你敬上一杯薄荷绿茶,那表示对你尊敬。即使是招待各国贵宾,也用这种茶代替酒类。饭后要饮茶三道。

他们喜爱绿色,视绿色为春天和美好的象征。他们对“3”、“5”、“7”、“40”较为喜欢,认为这些数字都带有积极意义。

(3) 饮食习惯。摩洛哥人喜欢吃用小麦粉加上清水、橄榄油、肉汤、牛羊肉、蔬菜等做成的家乡风味“古斯古斯”和鲜美浓郁的“烤全羊”、“烤鱼”、“烤虾”。他们酷爱饮茶，每天要饮4～5次，每次的饮量还都挺大。摩洛哥人在饮食嗜好上有如下特点：

注重：讲究菜肴的香、脆，注重菜肴的丰盛。

口味：一般口味喜清淡，爱微辣味道。

主食：以面食为主，喜食摩洛哥式面包。

副食：喜欢牛肉、羊肉、鱼、虾等，蔬菜喜欢黄瓜、西红柿、洋葱、土豆等，调料爱用橄榄油等。

制法：偏爱用烤、煎、炸等烹调方法制作的菜肴。

中餐：喜爱中国的鲁菜、川菜、粤菜。

菜谱：很欣赏冷拼盘、番茄牛肉、烤鸭、烤羊肉串、煎牛肉扒、炒里脊丁、糖醋鱼、炒什锦、香酥鸡等风味菜肴。

4. 坦桑尼亚

(1) 简介。坦桑尼亚位于非洲东部，东临印度洋，面积945 087平方公里，首都：达累斯萨拉姆。截至2006年，坦桑尼亚人口为3 945.9万，居民中35%信奉天主教和基督教，45%信奉伊斯兰教。斯瓦希里语为国语，与英语同为官方通用语。货币名称为先令。1964年4月26日同中国建交。

坦桑尼亚国歌为《上帝保佑非洲》。国花为丁香花。国旗呈长方形，旗面由绿、蓝、黑、黄四色构成，左上方和右下方为绿色和蓝色的两个相等的直角三角形，带黄边的黑色宽条从左下角斜贯至右上角。绿色代表土地，还象征对伊斯兰教的信仰；蓝色象征河流、湖泊和海域；黑色代表非洲黑人；黄色象征丰富的矿产资源和财富。

(2) 礼节习俗。坦桑尼亚民风古朴，风俗独特。在待人接物方面，他们热情、爽朗、朴实、友好。在交际应酬中，坦桑尼亚人一般都以握手或拥抱作为见面礼节。

在人际交往中，坦桑尼亚人所采用的称呼有一定的特色。对于尊敬的长者，他们一般会以“老人家”，或是“爸爸”、“妈妈”相称。

坦桑尼亚普通老百姓所起的名字大都十分有趣。世上所有的词，差不多都可以被他们用来当作自己的名字。在坦桑尼亚，名叫“没关系”、“打火机”、“再见吧”、“坏工作”、“部长”、“少校”、“鸵鸟”、“大象”、“打扰”、“麻烦”、“你好”、“明天”的人，几乎到处可见。

【补充资料8-10】 坦桑尼亚人独特的见面礼节

除了一般的握手和拥抱以外，坦桑尼亚人也会采用一些方法独特的见面礼节：

鼓掌礼。在迎接贵宾时，有些地方的坦桑尼亚人习惯于先拍拍自己的肚子，或是对自己的肚子指一指，接着热烈鼓掌，然后再与交往对象握手。此举表明他们口腹如一，对来宾欢迎之至。

举拳礼。这是坦桑尼亚人最高级别的迎宾礼。在行礼时，行礼者要举起握紧的右拳,轻轻地晃动。行礼者如欲表示自己见到对方万分高兴,则还须双手握拳高举,上上下下地反复晃动。这一做法,表示对对方无比爱戴与崇敬。

屈膝礼。在坦桑尼亚,妇女们相见时,通常彼此屈膝,作为致意的一种方式。

尖叫礼。在乡间,坦桑尼亚妇女在迎接女宾之际,往往习惯于围绕对方转圈跑动,同时在口中发出带有一定节奏的尖叫声,以表示对对方的光临倍感高兴。

(资料来源:指南针旅游网·旅游宝典 http://www.ly321.com)

(3) 饮食习惯。大多数坦桑尼亚人以羊肉为主要副食品,还爱吃带汁的豆豉鱼、辣味鱼、咖喱牛肉、咖喱鸡等。坦桑尼亚人在饮食嗜好上有如下特点:

注重:讲究菜肴鲜、嫩、香,注重菜肴的色彩。

口味:一般口味喜清淡。

主食:以面食为主,也喜欢吃米饭,尤以羊肉大米饭为好。

副食:爱吃牛肉、羊肉、蛇、鱼、鸡、蛋类等;蔬菜爱吃茄子、西红柿、葱头、黄瓜、辣椒等;调料爱用椰子油、咖喱、糖等。

制法:偏爱用煎、炸、烤等烹调方法制作的菜肴。

中餐:喜爱中国的粤菜、京菜、川菜。

菜谱:很欣赏冷拼盘、五香酱牛肉、烤羊肉、五彩炒蛇丝、脆皮鸡、樟茶鸭子、炸鱼仁、干煸牛肉丝、干烧牛肉丝、干烧鸡脯、冬瓜盅等风味菜肴。

三、主要客源国的礼俗禁忌

礼俗禁忌是指各个国家和民族礼仪、习惯、风俗禁止的事物和犯忌讳的言行举止。它主要包括颜色、数字、交谈、动物与图案、食物、送礼、行为等方面的禁忌。了解并尊重主要客源国的各种忌讳习惯,不仅有利于旅游职业人员自身文化素养的提高,也有利于促进与各国客人的友好交往。

(一) 亚洲客源国的礼俗禁忌

1. 日本人的礼俗禁忌

(1) 送礼忌。菊花是日本皇族的标志,尤其是黄色16瓣的菊花,被认为是日本皇族的徽号,一般不能用来送礼。荷花,在日本人心目中象征宇宙精髓,有佛教的神圣含义,所以不可用作商标。馈赠中,严禁用4、6、9等不吉利的数字为礼品。日语"梳子"和"苦死"谐音,因此也不以梳子送礼。

日本人忌讳"破损",送礼要包装好,外包装不要弄脏弄破。忌送玻璃、陶瓷等易碎物品。不要当着送礼人的面打开礼品。

(2) 习俗忌。日本人用筷有忌八筷,即:舔筷、迷筷、移筷、扭筷、剔筷、插筷、跨筷、掏筷。日本人睡觉的朝向是很有讲究的,最忌头朝北睡,因为死人停尸时都是头朝北的。

(3) 数字忌。日本人忌讳与“苦”字发音相同的“9”字，认为“9”是个不吉利的数字。日本人把元旦前三日叫“三贺日”，从12月27日起，人们在三贺日做年糕，但绝不在29日这天做年糕，因为这天做的年糕是“苦饼”，吃了“苦饼”，来年的生活一定会很苦。

(4) 谈话忌。要避免谈论家庭问题、贸易摩擦问题、个人财产价值和政治问题。此外还有宗教问题，少数民族(朝鲜人、阿伊努人)、贱民和无家可归的人也应尽量避开不谈。日本人对残疾人很尊重，在谈话时，忌谈他人的生理缺陷。

(5) 其他忌。忌绿色，认为绿色是不祥之兆。忌倒贴邮票，因为这表示绝交。忌三人并排合影，认为中间的人有受制于人之嫌，是不幸的预兆。

2. 韩国人的礼俗禁忌

(1) 送礼忌。不要送食物做礼物，因为它们可能不适合韩国人的口味。在送礼时，还要注意礼品上不能有韩国制造或日本制造的标志。韩国人一般不当着别人的面打开礼物。

(2) 习俗忌。逢年过节相互见面时，不能说不吉利的话，更不能生气、吵架。农历正月头三天不能倒垃圾、扫地，更不能杀鸡宰猪。

韩国人姓“李”的很多，但绝不能说“你是姓十八子李”之类的话。因为在朝鲜语中，“十八子”与一个淫荡词相近。特别是不能在女子面前说此话，否则会被认为有意侮辱人。

(3) 数字忌。韩国人非常忌讳“4”，“4”在朝鲜语中的发音、拼音与“死”字完全相同。许多楼房的编号严忌“4”字，军队、医院、餐馆等也不用“4”编号。在饮茶或饮酒时忌饮4壶、4杯，主人总是以1、3、5、7的数字来敬酒、布茶。

(4) 谈话忌。与韩国人交谈，要避免议论有关社会政治等话题，也不要批评他们的政府。韩国政府禁止人们谈论政治问题，所以，和韩国人谈政治，会给他们带来麻烦。

3. 印度人的礼俗禁忌

(1) 送礼忌。忌讳弯月图形，忌讳送人百合花，不喜欢玫瑰花。

(2) 习俗忌。印度教徒奉牛为神圣，忌食牛肉。一般人忌穿牛皮鞋和使用牛皮箱。信奉伊斯兰教的印度人不吃猪肉。在印度，当众吹口哨乃是失礼之举。印度教徒忌讳众人在同一盘中进食，也不吃别人接触过的食物。忌用左手握手和递、取东西。

忌用澡盆给孩子洗澡，认为盆中之水是“死水”，用澡盆给孩子洗澡是不人道行为。切莫抚摸小孩的头，在印度摸小孩的头，对方一定翻脸。

(3) 数字忌。印度人把1、3、7视为不吉利的数字。一般要避免说这些数字，或用其他办法代替这些数字。这种忌讳不仅在一般人中流行，在一些有文化的大人物中也流行。

(4) 谈话忌。同印度人交谈时，对宗教与民族矛盾、印巴冲突、核武器、两性关系等问题，千万不要主动涉及。

(5) 颜色忌。在印度，黑色、白色和灰色，被视为消极的不受欢迎的颜色。印度人忌白色，认为白色象征着内心的悲哀，所以人们习惯于用百合花作悼念品，黑色亦被认为是不祥的颜色。

4. 泰国人的礼俗禁忌

(1) 习俗忌。泰国人最忌讳触摸别人的头部，认为头颅是智慧所在，神圣不可侵犯。拿着东西从泰国人头上通过，被视作一种侮辱。泰国人忌讳外人抚摸小孩(尤其是小和尚)的头部，小孩子的头只允许国王、僧侣和自己的父母抚摸。

脚被认为是低下的，忌把脚伸到别人跟前。就座时，最忌跷腿，把鞋底对着别人，被认为是把别人踩在脚底下，是一种侮辱性的举止。当着泰国人的面，不要踩门坎，因为他们认为门槛下住着善神。

泰国人认为人的右手清洁而左手不洁，因此，重要东西用左手拿会招来嫌弃。

忌讳睡觉时头朝西，因日落西方象征死亡。泰国人不用红笔签名，因为泰国人死后，要在棺材口写上其姓氏，写时用的是红笔。

(2) 颜色忌。泰国人忌讳褐色，过去白色用于丧事，现在改为黑色。

(3) 其他忌。在泰国，人们忌讳狗的图案。买佛饰时，严忌用购买之类的词语，而必须用“求租”或“尊请”之类的词语。

【小思考 8－11】　她们为什么被拦在外面？

某旅游团在泰国旅游期间，导游告诉游客在芭提雅穿着西装革履的人，并不被认为是有钱人。于是在游览曼谷大皇宫时，有些客人穿着就很随便。其中有一位苏小姐，穿着没有后带的拖鞋式凉鞋，被拦在外面，还有一位王女士穿着贴身的健美裤，也不准进去，这是为什么呢？

(资料来源：陈刚平，周晓梅编著《旅游社交礼仪》，旅游教育出版社 2003 年版)

5. 新加坡人的礼俗禁忌

(1) 送礼忌。新加坡人认为当着送礼人的面打开礼品的做法是不礼貌的。因此，当你告辞时见到礼物仍原封不动地搁在一边，千万别见怪。

(2) 习俗忌。新年期间不扫地、不洗头，否则好运会被扫掉洗掉；不要打破屋里的东西，尤其是不要打破镜子，因为那将预示着家庭的分裂或发生其他不幸的事；不穿旧衣，不用针和剪刀，它们会带来坏运气。忌说“恭喜发财”之类的话，认为这有教唆他人发“横财”和“不义之财”的意思。

(3) 数字忌。禁忌 4、6、7、13、37 和 69。新加坡人认为 4、6、7、13、37 和 69 是消极的数字，他们最讨厌 7，平时尽量避免这个数字。

(4) 谈话忌。在社交性的谈话中，切忌议论政治得失、种族摩擦、宗教是非和配偶情况等。在新加坡，公开表露幽默感的人是很少的，而且不是所有的笑料都能为人们所欣赏，因此在不太了解别人之前，最好少开玩笑。

(5) 颜色忌。新加坡人忌黑色和黄色，视紫色、黑色为不吉利，黑、白、黄为禁忌色。

(6) 其他忌。在标志上，禁止使用宗教词句和象征性标志。忌讳猪、乌龟的图案，认为是不祥的动物。新加坡人非常讨厌男子留长发，对蓄胡子者也不喜欢。

6. 印度尼西亚人的礼俗禁忌

(1) 习俗忌。忌讳用左手传递东西或食物，认为左手是肮脏、下贱之手，认为使用左手是极不礼貌的。他们忌讳有人摸他们孩子的头部，认为这是缺乏教养和污辱人的举止。

忌食猪肉，伊斯兰教徒禁食猪肉和使用猪制品，大多数人不饮酒，忌饮烈性酒。印尼人一般都不喜欢吃带骨刺的菜肴。

(2) 谈话忌。忌谈论政治性、国外援助等话题。

(3) 颜色忌。印度尼西亚巴杜伊人衣着色彩除了他们只崇尚的白色、蓝色和黑色之外，禁忌穿戴其他色彩的衣服，甚至连谈论都不允许。

(4) 其他忌。忌讳乌龟，认为乌龟给人以“丑陋”、“污辱”等极坏的印象。爪哇人忌夜间吹口哨，认为这是一种下流举止，并会招来游荡的幽灵或挨打。他们忌讳老鼠，认为老鼠是一种害人的动物，给人以“肮脏”、“瘟疫”和“灾难”的印象。

7. 菲律宾人的礼俗禁忌

(1) 送礼忌。在菲律宾，收受或者赠送礼物不要当众打开，否则客人会有被当众羞辱的感觉。

(2) 习俗忌。菲律宾马来族人忌用手摸他们的头部和背部，认为触摸头部不尊敬，触摸背部给人带来厄运。忌用左手取食或传递物品。在菲律宾，忌进门时脚踏门槛，认为门槛下住着神灵，不可冒犯。

(3) 数字忌。菲律宾人忌讳“13”和星期五，认为是不吉利的，如果遇上是13日又是星期五，便认为是大不吉利的日子，这一天不举行宴请、聚会等活动，提心吊胆地过日子，仿佛灾难随时都要降临似的。

(4) 谈话忌。忌谈政治、宗教等敏感话题。交谈时要避免菲律宾的政治纷争、宗教、近代史等话题。

(5) 颜色忌。颜色上忌茶色和红色，认为红色是不祥之色。

(6) 饮食忌。菲律宾人不爱吃生姜，也不喜欢吃兽类内脏和腥味大的东西，对整条鱼也不感兴趣。伊斯兰教徒忌讳猪，禁食猪肉和使用猪制品，也不喝牛奶和烈性酒。

(7) 其他忌。忌鹤和龟以及印有这两种动物的图形。与人打交道，如果你面无表情或一声不发，他们会认为你不怀好意，或是不愿意跟他们打交道。

（二）美洲和大洋洲客源国的礼俗禁忌

1. 美国人的礼俗禁忌

（1）送礼忌。美国人特别忌讳赠送带有你公司标志的便宜礼物，因为这有让别人义务做广告的嫌疑。一般情况下送礼忌送厚礼，忌对妇女送香水、化妆品或衣物（可送头巾）。

（2）习俗忌。与美国人初次见面，不宜问"What's your name"，也不宜问"What are you doing"或"Where are you going"等，否则会被误认为是窥探他人的私事。

美国人忌讳冲人伸舌头。如果是小孩子，伸伸舌头被当作是很可爱的表现，但是如果是成人，美国人认为这是污辱人的动作。

美国人忌用一根火柴点燃三支香烟，认为这样会给人带来灾难。

（3）数字忌。美国人对"13"这个数字最为忌讳，也忌讳"星期五"等。认为"13"是个不吉利的数字，会给人带来灾难。不少街道没有13号门牌，吃饭不设13道菜，也不会13人同一桌，甚至远行都避开13日起程，以求心安。

（4）谈话忌。美国人十分重视隐私权，最忌打听别人的私事。交谈的话题忌谈年龄、婚姻、体重、收入和宗教信仰等。另外应该注意的是，基督徒视自杀为罪恶，在美国，"自杀"这个话题是不受欢迎的，不论何时何地还是少谈为妙。

（5）其他忌。美国人讨厌蝙蝠，认为是凶神恶煞的象征，因此，忌用蝙蝠做图案的商品或包装。还忌讳黑色的猫，认为黑色的猫会给人带来厄运。

在宴会上喝酒要适量，始终保持斯文的举止。在美国人的宴会上，很少看到烂醉如泥的人，如果当场酩酊大醉、惹是生非，会招来众人的鄙视。

2. 加拿大人的礼俗禁忌

（1）送礼忌。白色百合花用于丧礼，不能用作一般礼品。

（2）习俗忌。遵循《圣经》中的摩西十诫，对圣人圣事不直呼其名。忌说"老"字，养老院称"保育院"，老人称"高龄公民"。在家不吹口哨，不讲不吉利的事情，吃饭时不谈悲伤的事。

（3）数字忌。加拿大人忌讳"13"、"星期五"，认为"13"是厄运的数字，"星期五"是灾难的象征。

（4）谈话忌。在加拿大人敏感的话题名单中，金钱问题列在宗教、政治、体重以及其他被认为比较敏感的话题之前。交谈时忌讳谈及死亡、灾难、性等方面的话题，也不要就魁北克的独立问题随便表态，更不要对加拿大分成法语区和英语区两部分的问题发表意见。

（5）颜色忌。加拿大人一般不喜欢黑色和紫色。

（6）饮食忌。他们在饮食上，忌吃虾酱、鱼露、腐乳和臭豆腐等有怪味、腥味的食物；忌食动物内脏和脚爪；也不爱吃辣味菜肴。

(7) 其他忌。他们不喜欢外来人把他们的国家和美国进行比较，尤其是拿美国的优越方面与他们相比，更是令人不能接受。

3. 墨西哥人的礼俗禁忌

(1) 送礼忌。忌送手帕和刀剪，因为手帕与眼泪联系在一起，刀剪是友谊破裂的象征。他们忌讳有人送给他们黄色的花和红色的花。他们认为黄色意味着死亡，红色花会给人带来晦气。也忌菊花，认为是"妖花"，只有在人死亡后才拿它放在灵前作祭奠之用。

(2) 习俗忌。他们虽说常用亲吻方式施礼，但却忌讳相互不熟悉的男子之间亲吻或吻手。他们认为只有没教养的人才会这样做。

墨西哥人忌讳用中国人惯用的手势来比画小孩的身高。因为用手心朝下，与地面平行的比画在小孩头部的位置，在他们看来，这一手势只可用来表示动物的高度，他们会认为你在侮辱人。

(3) 数字忌。墨西哥人忌讳"13"、"星期五"。认为这些都是不吉利和令人可怕的数字和日期。

(4) 谈话忌。交谈时，墨西哥人不喜欢听别人说他们受到美国的影响而取得进步，更不喜欢听到别人对墨西哥不平等和贫困的社会状况加以评论。

(5) 颜色忌。他们忌讳紫色，认为紫颜色是一种不祥之色，因为只有棺材才涂这种颜色。

(6) 饮食忌。他们在饮食上不喜欢油腻的菜品和用牛油烹调的菜肴，也不愿意吃用鸡油做的点心。

(7) 其他忌。他们忌讳蝙蝠及其图案和艺术造型，因为他们认为蝙蝠是一种吸血鬼，给人以凶恶、残暴的印象。墨西哥的恰姆拉人有一种迷信忌讳，他们认为照相是一种十分可怕的巫术，相机能把人摄进黑洞里去，变成一个形体丑陋的魔鬼。

4. 巴西人的礼俗禁忌

(1) 送礼忌。与巴西人打交道时，不宜向其赠送手帕或刀子，他们认为送手帕会引起吵嘴和不愉快。女士应避免送礼给男伙伴，否则容易引起误解。在双方已建立较好的个人关系以后，不应再送商务范畴的礼物。

(2) 数字忌。他们忌讳数字"13"，他们普遍认为"13"为不祥之数，是会给人带来厄运或灾难的数字。因此，人们都忌讳见到或听到"13"。

(3) 谈话忌。对巴西人不谈带有种族意识的笑话。还应回避谈论政治、宗教以及其他有争议的话题。

(4) 颜色忌。巴西人忌讳紫色、黄色、棕黄色、深咖啡色等，他们认为紫色表示悲伤，黄色表示绝望，深咖啡色会招来不幸。他们认为人死好比黄叶落下，所以忌讳棕黄色。

(5) 饮食忌。巴西人饮食上忌吃奇形怪状的水产品和用两栖动物肉制作的菜品,不爱吃用牛油制作的点心。

(6) 其他忌。忌用拇指和食指联成圆圈,并将其余三指向上升开,形成"OK"的手势,认为这是一种极不文明的表示。对未经许可,私入宅门的人是极为讨厌的,认为不怀好意的歹徒才这样做。

5. 澳大利亚人的礼俗禁忌

(1) 送礼忌。忌送菊花、杜鹃花、石竹花和黄颜色的花。

(2) 习俗忌。在澳大利亚,即使是很友好地向人眨眼(尤其是妇女),也会被认为是极不礼貌的行为。澳大利亚人不喜欢"外国"或"外国人"这类称呼,认为这样抹杀个性,因为人与人是不同的,应当区别对待,过于笼统的称呼比较失礼。

周日是澳大利亚基督徒的"礼拜日",所以一定不要在周日与其约会,否则被认为是不尊重对方的举动。

(3) 数字忌。信奉基督教的澳大利亚人对于"13"与"星期五"普遍反感至极,认为"13"会给人们带来不幸和灾难。

(4) 谈话忌。谈话时忌谈工会、种族、宗教、个人生活等问题,也不谈澳大利亚土人问题和袋鼠数量的控制等敏感话题。澳大利亚人不喜欢将本国和英国处处联系在一起,虽然不少人私下里会对自己与英国存在某种关系而津津乐道,但在正式场合,却反感将两国混为一谈。

(5) 饮食忌。澳大利亚人在饮食上不吃辣味,不吃海参,个别人也不吃酸味食品。澳大利亚的伊斯兰教徒恪守教规,禁食猪肉和使用猪制品。

(6) 其他忌。在澳大利亚人眼里,兔子是一种不吉利的动物,认为看到它会倒霉的,因为这预示着厄运将要临头。他们忌讳"自谦"的客套语言,认为这是虚伪和无能或看不起人的表现。

6. 新西兰人的礼俗禁忌

(1) 习俗忌。在男女交往方面较为拘谨保守,有种种清规戒律。他们忌讳男女同场活动,即使看戏或看电影,通常他们也分为男子场和女子场。他们视当众闲聊、吃东西、抓头皮、紧裤带等作风为失礼的举止。

(2) 数字忌。受基督教、天主教的影响,新西兰人讨厌"13"与"星期五"。他们把"13"视为凶神,无论做什么事情,都要设法回避"13"。要是有一天既是13日又是星期五,那么新西兰人不论干什么事都会提心吊胆。

(3) 谈话忌。新西兰人奉行所谓"不干涉主义",即反对干涉他人的个人自由。对于交往对象的政治立场、宗教信仰、职务级别等,他们一律主张不闻不问。在交谈时,也不要将新西兰视为澳大利亚的一部分,谈及其国内种族问题,他们则更为反感。

(4) 其他忌。新西兰人虽然大都讲英语,但是他们却不喜欢像英国人那样,用

"V"字手势去表示胜利。毛利人信奉原始宗教，相信灵魂不灭，因此对拍照、摄像十分忌讳。

（三）欧洲客源国的礼俗禁忌

1. 英国人的礼俗禁忌

(1) 送礼忌。英国人忌以黄玫瑰为礼花。英国传统习俗认为，黄玫瑰象征亲友分离。忌讳百合花，并把百合花看作是死亡的象征，送花严忌百合花。

(2) 习俗忌。在英国不能加塞，英国人有排队的习惯。你可以看到他们一个挨一个地排队上公共汽车、火车或买报纸。加塞是一种令人不齿的行为。不能砍价，在英国购物，最忌讳的是砍价。英国人不喜欢讨价还价，认为这是很丢面子的事情。

英国人忌讳四人交叉式握手，认为这样交叉握手会招来不幸，因为四个人的手臂正好形成一个十字架。忌系有条纹的领带，因为带纹的领带可能被认为是军队或学生校服领带的仿制品。

英国人忌讳打碎玻璃，认为打碎玻璃预示着家中要死人或起码要有 7 年的不幸。他们忌讳在餐桌上使水杯任意作响，认为这样既有失观瞻，又会给人招来不测。

(3) 数字忌。他们很忌讳"13"和"星期五"这些数字与日期，一般都视其为"厄运"和"凶兆"。用餐时，不准 13 人同桌，如果 13 日又是星期五的话，则认为这是双倍的不吉利。他们还忌讳"3"数，尤其在点烟的时候，他们认为一次火点 3 人的烟是不吉利的。

(4) 谈话忌。与人交谈不能问女士的年龄，英国人非常不喜欢谈论男人的工资和女人的年龄。忌讳别人过问他们的活动去向、政治倾向及个人生活上的私事，他们认为这是个人的秘密，不需要别人干涉和了解。

(5) 颜色忌。英国人对墨绿色很讨厌，认为墨绿色会给人带来懊丧。

(6) 其他忌。英国人特别不喜欢大象及其图案，认为大象笨拙，令人生厌。也很忌讳黑猫，尤其是黑猫若从面前穿过，更会使人恶心，认为将预示遭到不幸。忌讳孔雀，认为孔雀是淫鸟、祸鸟，连孔雀开屏也被认为是自我吹嘘和炫耀。

【小案例 8-12】 这样对待礼品恰当吗？

国内一个金融界的高级代表团来伦敦访问，英国接待方在豪华的 Ritz 酒店设宴招待。宴会结束后，英方为每位中国客人赠送了一份包装精美的小礼品。结果不少人嫌礼物太轻而随后就弃之于桌面，这样的举止使英方尴尬不已，也对代表团产生了不好的印象。

（资料来源：北京未来之舟：中国礼仪培训网 http://www.chinaliyi.cn）

2. 法国人的礼俗禁忌

(1) 送礼忌。不喜欢初次见面就送礼，否则法国人会认为你不善交际，甚至是粗俗。在接受礼品时若不当着送礼者的面打开其包装，则是一种无礼的表现。忌讳男人向女人送香水，因为这有过分亲热和图谋不轨之嫌。

忌送菊花，认为菊花代表哀伤，只有在葬礼上才送菊花。在法国，康乃馨被视为不祥的花朵。送花时要注意，送花的支数不能是双数，男人不能送红玫瑰给已婚女子。

(2) 习俗忌。在法国一定的社会阶层中，“吻手礼”也颇为流行。施吻手礼时，注意嘴不要触到女士的手，也不能吻戴手套的手，不能在公共场合吻手，更不得吻少女的手。

(3) 数字忌。法国人所忌讳的数字是“13”与“星期五”。

(4) 谈话忌。法国人交谈时忌问别人的隐私，不愿意别人打听他们的政治倾向、工资待遇以及个人的私事。

(5) 颜色忌。法国人忌墨绿色，因第二次世界大战期间，德国纳粹的军服是墨绿色。忌黄色的花，因为法国人传统的习俗认为：黄色花象征着夫妻间的不忠贞。

(6) 其他忌。忌用黑桃图案，认为不吉祥。法国人还视孔雀为恶鸟，并忌讳仙鹤及其图案，认为仙鹤是蠢汉和淫妇的代称。

3. 德国人的礼俗禁忌

(1) 送礼忌。德国人忌讳蔷薇、菊花，认为这些花是为悼念亡者所用的，因此不能随意作为礼品送人的。他们不喜欢客人随便赠送玫瑰花，因玫瑰花在德国有浪漫的含义。

不要给德国女士送玫瑰、香水和内衣，因为它们都有特殊的意思，玫瑰表示“爱”，香水与内衣表示“亲近”，即使女性之间，也不宜互赠这类物品。

(2) 习俗忌。德国人忌讳他人过问自己的年龄、工资、信仰、婚姻状况等问题，认为这些都是个人的私事，无须他人过问干涉。他们忌讳四人交叉握手，认为这是不礼貌的。他们忌讳在公共场合窃窃私语，因为这容易引起他人的疑心。忌讳目光盯视他人，认为这有不轨之嫌。

遇到别人生病，除伤风感冒或外伤等常见的病外，不要问及病因及病情，否则会招来窥视别人秘密之嫌。访友时，切不可搞“突然袭击式”的登门拜访，都要事先约定。

在德国切勿直呼德国人的名字，即使青少年，也得加上“先生”、“小姐”和“您”等尊称。此外，德国人相信，拿起电话却听不到对方的声音，意味着不吉祥，解决的方法是一定要把这个电话打通。

(3) 数字忌。德国人忌讳“13”和“星期五”，认为“13”是厄运的数字，如“13”与“星期五”在同一日，就更为不吉利，恐怕要大难临头了。

(4) 谈话忌。德国人不喜欢听恭维话，更不爱听过分的恭维话，他们认为过分的恭维实际上是对人的看不起，甚至是对人的污辱。与德国人交谈时，不宜涉及纳粹、宗教与党派之争。

(5) 颜色忌。德国人忌讳茶色、黑色、红色和深蓝色,对掺有红色或红黑色相间的颜色都不感兴趣。以褐色、白色、黑色的包装纸和彩带包装、捆扎礼品,也是不允许的。

(6) 其他忌。德国人认为核桃是不吉祥之物,忌讳吃核桃。服饰和其他商品包装上忌用纳粹标志“卐”。在德国,男士不宜剃光头,免得被人当作“新纳粹”分子。德国人穿鞋子不能黑鞋白带,他们从不系白色鞋带,因为那是纳粹的标志。

4. 意大利人的礼俗禁忌

(1) 送礼忌。意大利人忌讳菊花,因为菊花是放在墓前为悼念故人用的花,切忌送菊花作送礼用,也不能送带有菊花图案的礼品。红玫瑰表示对女性的一片温情,一般不宜送。有些意大利人不喜欢黄玫瑰,他们认为黄玫瑰寓意人与人之间的妒忌。送鲜花时要注意送单数为好,1、3、5 支都行。

意大利人还忌讳用手帕作为礼品送人,认为手帕是擦泪水用的,象征着亲人的离别,是一种令人悲伤的东西。

(2) 习俗忌。意大利人忌讳别人用目光盯视他们,认为目光盯视人是对人的不尊敬,可能还有不良企图。在与不认识的人打交道时,忌讳用食指侧面碰击额头,因为这是骂人“笨蛋”、“傻瓜”。意大利人忌讳交叉握手,因为形成一个“十”字,形似十字架,这被认为不吉利。

(3) 数字忌。意大利人忌讳“13”和“星期五”,认为“13”这一数字象征着“厄兆”。“星期五”也是不吉利的象征。如果星期五那天碰巧又是 13 号,那么办事就更要格外地小心了。他们也忌讳数字“17”。

(4) 谈话忌。意大利人不喜欢谈论有关政治方面的问题,以及美国的橄榄球和美国政治等话题。在日常交谈中要避免涉及个人私事,比如对方的年龄、家庭生活、婚姻状况、子女情况、收入、宗教信仰和政治派别等问题,也忌谈有关疾病和死亡等令人不愉快的事情。

(5) 颜色忌。意大利人视紫色为消极色彩。

5. 西班牙人的礼俗禁忌

(1) 送礼忌。西班牙人不能送给亲友大丽花和菊花,因为这两种花和死亡有关。每月的 13 日一般都不送花,送花时也不送 13 支,因为“13”这个数字在西班牙人心目中不吉利。

(2) 习俗忌。西班牙人举止文雅,对当众接吻是看不惯的,认为这是极不雅观的举止,是伤风败俗的行为,外来人士最好要入乡随俗。

他们认为小孩在元旦那天打架骂人和哭啼都是不吉利的,是不祥的征兆。因此,大人们在这天为了换得孩子的笑颜,一般孩子提什么要求他们都答应。

在西班牙,妇女参加应酬是一定要戴耳环的,否则便会处处引来别人大惊小怪的目光，西班牙人认为妇女外出不戴耳环，简直就像一个正常的人没有穿衣服一样。

(3) 数字忌。西班牙人最忌讳"13"和"星期五"，认为这些数字及日期都是很不吉利的，因此也忌讳在周五和13号这样的日子办喜事。

(4) 谈话忌。西班牙人视家庭问题及个人工作问题为私人秘密，因此交谈时不愿谈论宗教、家庭及个人工作等问题。斗牛是西班牙的传统活动，他们崇尚斗牛士，外来人士最好不要扫他们的兴，不要说斗牛活动的坏话。

(5) 颜色忌。西班牙人忌讳的颜色是黄色。据说是因为法国著名剧作家莫里哀在1673年演完《没病找病》最后一幕后，突然咯血倒下，当晚在家逝世，终年51岁，而他突然病倒时就穿着黄色的衣服。

6. 俄罗斯人的礼俗禁忌

(1) 送礼忌。俄罗斯人认为双数是不吉利的，所以送花一枝、三枝、五枝等。忌送野花或黄色的花或三色以上混杂的花。送礼不得送刀和手帕，刀意味着断绝交情或彼此将发生打架、争执，手帕则象征着离别。最忌讳送钱给别人，这意味着施舍与侮辱。

(2) 习俗忌。俄罗斯人忌讳打碎镜子，这意味着灵魂的毁灭，个人生活中将出现不幸。而打碎杯子和碗特别是盘子和碟子，则意味着富贵和幸福。

俄罗斯人视盐为珍宝和祭祀用的供品，认为盐具有驱邪除灾的力量。如果有人不慎打翻了盐罐，或是将盐撒在地上，便认为是家庭不和的预兆。

交往中切忌用肩膀相互碰撞，这种行为一般只发生在挚交朋友之间，其他人这样碰撞是极为失礼的行为。不得在桥上或桥下告别，这样的告别意味着永远地离去。

(3) 数字忌。俄罗斯人忌讳数字"13"。认为"13"是个凶险和预示灾难的数字。他们厌恶666这个数字，因为在圣经中这是魔鬼的代号。

(4) 谈话忌。与俄罗斯人交谈，不要涉及个人私事及妇女的年龄等话题。不能说"你发福了"之类的话，朋友久别重逢寒暄问候时，切不可论胖谈瘦，俄罗斯人觉得这是在形容其臃肿、丑陋。

(5) 颜色忌。俄罗斯人忌黑色，认为它是不吉利的颜色，是丧葬的代表色。至于黄色则象征忧伤、离别、背叛和发疯，所以年轻的情侣或情人间忌讳送黄色的玫瑰花等黄色物品。

(6) 其他忌。俄罗斯人忌讳兔子，对兔子的印象很坏，认为兔子胆小无能，尤其如果兔子从面前跑过是不祥之兆。忌左脚先下床。忌在房屋里吹口哨。

（四）非洲客源国的礼俗禁忌

1. 埃及人的礼俗禁忌

(1) 送礼忌。如果送礼品给埃及朋友一定记住，千万不要是星星、猪、狗、猫及熊猫的图案，因为有悖民族习俗。

(2) 习俗忌。埃及人认为"右比左好"，右是吉祥的，做事要从右手和右脚开始，握手、用餐、递送东西必须用右手，用左手与他人握手或递东西是极不礼貌的。

异性拜访是禁止的，即使在埃及人之间，男女同学、同事也不能相互家访。在埃及人面前尽量不要打哈欠或打喷嚏，埃及人讨厌打哈欠，认为哈欠是魔鬼在作祟。

“针”在埃及是贬义词，如果一个妇女被人骂作针，便如同受了奇耻大辱，痛不欲生。

(3) 数字忌。忌讳13，认为它是消极的。

(4) 谈话忌。男士不要主动与妇女攀谈，不要夸人身材苗条。不要称赞埃及人家中的物品，否则会以为你是索要此物。不要与埃及人谈论宗教纠纷、中东政局及男女关系。

(5) 颜色忌。埃及人忌蓝色和黄色，认为蓝色是恶魔，黄色是不幸的象征。埃及人也讨厌黑色，埃及的丧服为黑色。

(6) 饮食忌。他们绝对禁食自死物、狗肉、血液和猪肉，以及非诵真主之名而宰的动物。不吃虾、蟹、动物内脏(除肝外)、鳝鱼、甲鱼等怪状的鱼。他们也不喜欢吃整鱼。

(7) 其他忌。埃及人不喜欢珍稀动物大熊猫，因为他们认为大熊猫的样子与猪的形象很近似。他们忌讳当众吐唾沫，因为在他们看来，吐唾沫是对仇人的诅咒举动。

2. 苏丹人的礼俗禁忌

(1) 习俗忌。苏丹人忌讳左手传递食物或东西，认为使用左手是不尊重人的表现。他们忌讳有人随便与他们国家的女人交谈、握手或接触。苏丹妇女忌讳挤奶，因为挤奶是男人的事。妇女挤奶，让人看到了将是莫大的耻辱，会成为别人的笑柄。苏丹的别扎部落，男人不准提及母亲和姐妹的名字，否则，便被认为没有教养。

(2) 饮食忌。苏丹伊斯兰教徒禁食猪肉和食用猪制品，不吃怪形食物，不饮酒。苏丹人不吃海鲜、虾、蟹等奇形怪状的食品，也不吃动物内脏(有人吃肝)，不爱吃红烩带汁的菜肴，贝贾人不爱吃鱼和蛋类。

(3) 其他忌。苏丹人忌用狗的图案做商标。

3. 摩洛哥人的礼俗禁忌

(1) 习俗忌。在摩洛哥，未经主人许可，不脱鞋不得进入其宅居。进清真寺必须脱鞋。他们宴请宾客一般要上茶三次，客人若谢绝，会被认为不礼貌。摩洛哥的妇女只能偷偷地吃鸡蛋，如果当着丈夫的面吃鸡蛋，会被认为干了一件败坏风俗的丑事而遭到谴责。

(2) 数字忌。忌讳“13”，认为“13”是个消极的数字。

(3) 颜色忌。摩洛哥人忌白色，认为白色象征着贫穷。白色衣服最令人厌弃。

(4) 饮食忌。摩洛哥人禁食猪肉，也忌讳食用猪制品。他们一般不爱吃红烩和带汁的菜肴。

(5) 其他忌。忌讳六角星和猫头鹰图案。

4. 坦桑尼亚人的礼俗禁忌

(1) 习俗忌。坦桑尼亚人忌讳左手传递东西或食物。认为右手是干净的，而左手因经常接触肮脏之物是不洁净的。客人在握手、行礼、进餐、接递物品时要注意使用右手，采用左手是极不礼貌的行为，并且带有侮辱人格的含义。

坦桑尼亚人不愿意陌生人随便进入自己家门，更不喜欢进入卧室。有前后门的家，客人须从前门进入，只有十分亲密的朋友才可走后门。

(2) 数字忌。坦桑尼亚信奉基督教的人忌讳“13”，认为这是不吉利并会给人带来厄运的数字。

(3) 饮食忌。坦桑尼亚的伊斯兰教徒禁食猪肉和食用猪制品，也忌讳谈论有关猪的话题。忌食动物内脏以及鱿鱼、甲鱼等奇形怪状的食物。坦桑尼亚哈亚人在饮食中最大的禁忌是忌食飞禽，其中包括鸡和鸡蛋。也忌食昆虫，还忌饮酒。

(4) 其他忌。坦桑尼亚人认为直呼其名是不懂礼貌的举止。他们不喜欢谈论有关当地政治等敏感的话题。还忌讳在公共场所随意吐痰，忌讳在厕所里同他人讲话，也不喜欢打听女士的情况。

复习与练习

一、主要概念

1. 禁忌 2. 习俗 3. 国歌 4. 国旗 5. 国花

二、学习理解

1. 说出欧洲、美洲和大洋洲客源国的国歌名和国花名。
2. 简述英国人礼节习俗的主要表现。
3. 非洲客源国的饮食爱好和饮食有哪些?
4. 韩国人有哪些礼俗禁忌?
5. 俄罗斯人有哪些礼俗禁忌?

三、判断题

1. 香港回归中国是在 1997 年。( )
2. 古称“蠔镜”的就是今天的台湾。( )
3. 澳大利亚人最喜爱的动物是袋鼠与琴鸟。( )
4. “白象国”指的是印度。( )

5. 法国人忌系有条纹的领带。(　　)

四、选择题

单选题

1. 中英签署关于香港问题的联合声明是在(　　)。

A. 1981 年　　B. 1982 年　　C. 1983 年　　D. 1984 年

2. 被冠誉为"东方拉斯维加斯"的是(　　)。

A. 香港　　B. 日本　　C. 澳门　　D. 韩国

3. (　　)的绰号叫"山姆大叔"。

A. 德国　　B. 美国　　C. 法国　　D. 意大利

多选题

1. 以下(　　)是和日本习俗相关的。

A. 爱吃泡菜　　B. 献花环

C. 寿司　　D. 国歌《君之代》

E. 花道

2. 忌讳数字"13"这一民俗的国家有(　　)。

A. 美国　　B. 英国　　C. 墨西哥　　D. 巴西

E. 菲律宾

3. 以下(　　)国家的居民大多数信奉伊斯兰教。

A. 埃及　　B. 苏丹　　C. 菲律宾　　D. 印度

E. 印度尼西亚

五、案例分析

案例：这位女生究竟做错了什么？

北京大学的合唱团到美国纽约参加世界大学生声乐合唱比赛，获得了第一名。这一天，合唱团的女生们心情愉快地外出游览，当她们乘坐在城市公交车上时，每个人都有一个座位，心情更加轻松，她们欣喜地注视着车窗外掠过的城市美景，并微笑着对那些向自己投来友好目光的每一位乘客表示友好的问候。中途上来一位 60 多岁的先生，几位女同学按照中国传统的做法，都站起来让座，这位先生非常礼貌地向女生们问好，并请所有向他让座的女生们就座。其中有一位女生坚持让这位先生就座，没想到这位先生非但不坐，而且十分生气，甚至恼怒了，这位女生真不知道自己究竟做错了什么，你能找出原因吗？

(资料来源：薛群慧著《现代旅游接待礼仪》，北京大学出版社 2006 年版)

案例思考题：

1. 这位先生为什么生气呢？

2. 和美国人、西方人交往时如何注意礼仪的差异性？

模块 2　涉外常见礼俗训练

训练项目一：主要客源国国旗、国歌、国花识别训练

【训练目的】　熟练识别主要客源国国旗的图案；熟练识别主要客源国国歌的音乐旋律；熟练识别主要客源国国花。

【训练内容】

（一）主要客源国国旗的识别

（二）主要客源国国歌的识别

（三）主要客源国国花的识别

【训练要点和标准】

（一）主要客源国国旗识别的训练要点和标准

1. 主要客源国国旗图案

标准：

(1) 清楚国旗上的图案。

(2) 图案表达的意思。

2. 主要客源国国旗的颜色

标准：

(1) 清楚国旗颜色构成。

(2) 国旗不同颜色的含义。

(3) 说出 PPT 显示的国旗图案对应的国家。

3. 小组动手训练

标准：

(1) 每个班分成若干个小组。

(2) 每个小组负责查找一个地区或一个洲的各客源国国旗。

(3) 每个小组将查找到的客源国国旗进行交流汇报。

（二）主要客源国国歌识别的训练要点和标准

1. 主要客源国国歌名称的识别

标准：

(1) 熟悉各主要客源国国歌的名称。

(2) 说出 PPT 显示的若干国歌名称对应的国家。

2. 主要客源国国歌音乐旋律的识别

标准：

(1) 熟悉各客源国国歌的音乐旋律

(2) 说出播放的若干国歌对应的国家。

3. 小组动手训练

标准：

(1) 每个班分成若干个小组。

(2) 每个小组负责查找一个地区或一个洲的各客源国。

(3) 每个小组将查找到的客源国国歌进行交流汇报。

(4) 每个小组选择其中一个国家的国家进行演唱表演。

(三) 主要客源国国花识别的训练要点和标准

1. 主要客源国国花的识别

标准：

(1) 熟悉各客源国是哪种国花。

(2) 熟悉各客源国国花的象征意义。

2. PPT 和学生的互动训练

标准：

(1) 说出 PPT 上有关亚洲国花对应的国家。

(2) 说出 PPT 上有关美洲和大洋洲国花对应的国家。

(3) 说出 PPT 上有关欧洲国花对应的国家。

(4) 说出 PPT 上有关非洲国花对应的国家。

3. 小组动手训练

标准：

(1) 每个班分成若干个小组。

(2) 每个小组负责查找一个地区或一个洲的各客源国的国花。

(3) 每个小组将查找到的客源国国花进行交流汇报。

训练项目二：主要客源国货币识别训练

【训练目的】 熟悉主要客源国货币名称和图案，能熟练识别主要客源国货币。

【训练内容】

(一) 主要客源国货币名称、图案的识别

(二) 主要客源国货币兑率和名称、图案的查找

【训练要点和标准】

(一) 主要客源国货币名称、图案识别的训练要点和标准

1. 主要客源国货币名称的识别

标准：

(1) 熟悉各主要客源国货币的名称。

(2) 教师用 PPT 显示若干客源国国名，要求学生回答对应的货币。

(3) 教师用 PPT 显示若干客源国货币名称，要求学生回答对应的国家。

2. 主要客源国货币图案的识别

标准：

(1) 熟悉各主要客源国货币的图案。

(2) 教师用 PPT 显示若干客源国货币照片，要求学生回答对应的国家。

(3) 教师用真实的若干客源国货币，向学生展示，并在学生中传看。

(二) 主要客源国货币兑率和名称、图案查找的训练要点和标准

1. 主要客源国货币和人民币的兑换比率

标准：

(1) 熟悉主要客源国货币和人民币的兑换比率。

(2) 教师用 PPT 显示若干客源国货币名称，请学生说出和人民币的兑换比率。

2. 学生动手查找交流

标准：

(1) 每个班分成若干个小组。

(2) 每个小组负责在网上或社会中查找到某一个国家的整套货币。

(3) 每个小组将查找到的某个国家整套货币的照片或真实货币在班级交流。

训练项目三：主要客源国常见礼俗训练

【训练目的】 熟悉主要客源国常见礼俗，尊重他们礼俗禁忌，以便更好地做好接待服务工作，并和客人融洽地交流交往。

【训练内容】

(一) 礼节习俗的训练

(二) 礼俗禁忌的训练

【训练要点和标准】

(一) 礼节习俗的训练要点和标准

1. 案例点评法训练

标准：

(1) PPT 显示相关客源国礼节习俗案例。

(2) 引导学生点评。

(3) 教师根据案例和所教学的礼仪理念进行总结性点评。

2. 选择典型事例播放影像

标准：

(1) 播放有关不规范礼节形式的影像。

(2) 引导学生发现错误以及如何纠正。

(3) 教师总结性点评。

(二) 礼俗禁忌的训练要点和标准

1. 小组对禁忌讨论

标准：

(1) 分成各个小组，对某个地区客源国，或某个国家的禁忌进行讨论。

(2) 教师列出讨论内容：如日本在颜色、数字、饮食、习俗、送礼等方面都有哪些禁忌。

(3) 各小组推举一个学生发言交流，看哪个小组发现的禁忌最多。

2. 小组小品演练礼俗禁忌

标准：

(1) 教师提出小组小品演练的要求：小品中模拟不同角色不同国别的客人，因不了解或不顾禁忌遭遇的尴尬和难堪。

(2) 分成各个小组，课后分头准备。

(3) 各组在班级汇报表演。